Auslegung und Inhaltskontrolle arbeitsvertraglicher Bezugnahmen auf Tarifverträge

Europäische Hochschulschriften

Publications Universitaires Européennes
European University Studies

Reihe II
Rechtswissenschaft

Série II Series II
Droit
Law

Bd./Vol. 4629

PETER LANG
Frankfurt am Main · Berlin · Bern · Bruxelles · New York · Oxford · Wien

Stefan Schwab

Auslegung und Inhaltskontrolle arbeitsvertraglicher Bezugnahmen auf Tarifverträge

PETER LANG
Internationaler Verlag der Wissenschaften

Bibliografische Information der Deutschen Nationalbibliothek
Die Deutsche Nationalbibliothek verzeichnet diese Publikation in der Deutschen Nationalbibliografie; detaillierte bibliografische Daten sind im Internet über <http://www.d-nb.de> abrufbar.

Zugl.: Kiel, Univ., Diss., 2007

D 8
ISSN 0531-7312
ISBN 978-3-631-57045-6

www.peterlang.de

Meinen Eltern

Vorwort

Die vorliegende Arbeit entstand während meiner Tätigkeit als wissenschaftlicher Mitarbeiter an der Rechtswissenschaftlichen Fakultät der Friedrich-Schiller-Universität Jena. Sie wurde im Frühjahr 2007 an der Christian-Albrechts-Universität zu Kiel als Dissertation angenommen. Für die Veröffentlichung wurde die Bearbeitung des Manuskripts Ende April 2007 abgeschlossen. Rechtsprechung und Schrifttum fanden bis zu diesem Zeitpunkt Berücksichtigung.

Für das Zustandekommen der Arbeit habe ich vielfachen Dank auszusprechen. Besonderer Dank gilt zunächst meinem Doktorvater, Herrn Univ.-Prof. Dr. Hartmut Oetker, für seine fachliche Unterstützung. Ferner danke ich auch Herrn Univ.-Prof. em. Dr. Dieter Reuter für die zügige Erstellung des Zweitgutachtens. Darüber hinaus möchte ich mich auch bei Herrn Dr. Christian Rebel bedanken, der mir stets ein hilfsbereiter Ansprechpartner war. Letztlich gilt ein ganz besonderer Dank meinen Eltern, Herbert und Christel Schwab, die mir während meiner gesamten Ausbildung stets mit Rat und Tat zu Seite standen.

Hamburg, im Juni 2007

Inhaltsübersicht

Inhaltsverzeichnis

Abkürzungsverzeichnis

a. A.	andere Ansicht
Abl.	Amtsblatt
Abs.	Absatz
AcP	Archiv für Civilistische Praxis
a. E.	am Ende
a. F.	alte Fassung
AGB	Allgemeine Geschäftsbedingungen
AGBG	Gesetz zur Regelung des Rechts der Allgemeinen Geschäftsbedingungen, in der Fassung der Bekanntmachung vom 29.06.2000 (BGBl. I, S. 946)
AiB	Arbeitsrecht im Betrieb
Anm.	Anmerkung
AöR	Archiv des öffentlichen Rechts
AP	Arbeitsrechtliche Praxis
ArbGG	Arbeitsgerichtsgesetz, in der Fassung der Bekanntmachung vom 02.07.1979 (BGBl. I, S. 853, ber. BGBl. I, S. 1036)
AR-Blattei	Arbeitsrechtsblattei
ArbR	Arbeitsrecht
ArbZG	Arbeitszeitgesetz, vom 06.06.1994 (BGBl. I, S. 1170)
Art.	Artikel
AuA	Arbeit und Arbeitsrecht
AuR	Arbeit und Recht
BAG	Bundesarbeitsgericht
BAT	Bundesangestelltentarifvertrag
BAT-O	Bundesangestelltentarifvertrag – Ost
BB	Betriebs-Berater
BBiG	Berufsbildungsgesetz, vom 23.03.2005 (BGBl. I, S. 931)
Bd.	Band
BetrAVG	Gesetz zur Verbesserung der betrieblichen Altersvorsorgung (Betriebsrentengesetz), vom 19.12.1974 (BGBl. I, S. 3610)
BetrVG	Betriebsverfassungsgesetz, in der Fassung der Bekanntmachung vom 25.09.2001 (BGBl. I, S. 2518)
BGB	Bürgerliches Gesetzbuch, in der Fassung der Bekanntmachung vom 02.01.2002 (BGBl. I, S. 42 und BGBl. 2003 I, S. 738)

BGBl.	Bundesgesetzblatt
BGH	Bundesgerichtshof
BGHZ	Entscheidungen des Bundesgerichtshofs in Zivilsachen
Bl.	Blatt
BMT	Bundes – Metall – Tarifvertrag
BR	Bundesrat
BR-Drucks.	Bundesratsdrucksache
BSchG	Bühnenschiedsgericht
bspw.	beispielsweise
BT	Bundestag
BT-Drucks.	Bundestagsdrucksache
BUrlG	Mindesturlaubsgesetz für Arbeitnehmer (Bundesurlaubsgesetz), vom 08.01.1963 (BGBl. I, S. 2)
BVerfG	Bundesverfassungsgericht
BVerfGE	Entscheidungen des Bundesverfassungsgerichts, herausgegeben von den Mitgliedern des Bundesverfassungsgerichts
bzw.	beziehungsweise
ca.	zirka
CGM	Christliche Gewerkschaft Metall
DAG	Deutsche Angestellten-Gewerkschaft
DB	Der Betrieb
DGB	Deutscher Gewerkschaftsbund
d. h.	das heißt
ders.	derselbe
dies.	dieselben
Diss.	Dissertation
DÖV	Die Öffentliche Verwaltung
DPG	Deutsche Postgewerkschaft
DVBl.	Deutsches Verwaltungsblatt
EAS	*Oetker, Hartmut / Preis, Ulrich* (Hrsg.): Europäisches Arbeits- und Sozialrecht – Rechtsvorschriften, Systematische Darstellungen, Entscheidungssammlungen
ebd.	ebenda
EFZG	Gesetz über die Zahlung des Arbeitsentgelts an Feiertagen und im Krankheitsfall (Entgeltfortzahlungsgesetz), vom 26.05.1994 (BGBl. I, S. 1014)
EG	Europäische Gemeinschaft
EGBGB	Einführungsgesetz zum Bürgerlichen Gesetzbuche, in der Fassung der Bekanntmachung vom

	21.09.1994 (BGBl. I, S. 2594, ber. BGBl. 1997 I, S. 1061)
EGV	Vertrag zur Gründung der Europäischen Gemeinschaft, in der Fassung des Amsterdamer Vertrages vom 02.10.1997 (BGBl. 1998 II, S. 386, ber. BGBl. 1999 II, S. 416)
Einl.	Einleitung
ErfK	*Dieterich, Thomas / Müller-Glöge, Rudi / Preis, Ulrich / Schaub, Günter* (Hrsg.): Erfurter Kommentar zum Arbeitsrecht, 7. Auflage, München 2007
EU	Europäische Union
EuGH	Europäischer Gerichtshof
EuGRZ	Europäische Zeitschrift für Grundrechte
EuR	Europa und Recht
EUV	Vertrag über die Europäische Union, vom 07.02.1992 (BGBl. 1992 II, S. 1253)
EWiR	Entscheidungen zum Wirtschaftsrecht
EWG	Europäische Wirtschaftsgemeinschaft
EzA	*Stahlhacke, Eugen* (Hrsg.): Entscheidungssammlung zum Arbeitsrecht
f., ff.	folgend(e)
Fn.	Fußnote
FTV	Firmentarifvertrag
gem.	gemäß
GewO	Gewerbeordnung, in der Fassung der Bekanntmachung vom 22.02.1999 (BGBl. I, S. 202)
GG	Grundgesetz, vom 23.05.1949 (BGBl. I, S. 1)
ggf.	gegebenenfalls
GK-BUrlG	*Stahlhacke, Eugen / Bachmann, Bernward / Bleistein, Franzjosef / Berscheid, Ernst-Dieter*: Gemeinschaftskommentar zum Bundesurlaubsgesetz, 5. Auflage, Neuwied 1992
GK-KR	*Becker, Friedrich / Hillebrecht, Wilfried* (u. a.): Gemeinschaftskommentar zum Kündigungsschutzgesetz und zu sonstigen kündigungsschutzrechtlichen Vorschriften, 7. Auflage, München 2004
Grundl.	Grundlagen
GS	Großer Senat
GVBl.	Gesetz- und Verordnungsblatt
Habil.	Habilitation
HBV	Gewerkschaft Handel, Banken und Versicherungen
h. L.	herrschende Lehre

h. M.	herrschende Meinung
Hrsg.	Herausgeber
i. E.	im Ergebnis
IG	Industriegewerkschaft
IG Bau	Industriegewerkschaft Bauen, Agrar, Umwelt
IG Medien	Industriegewerkschaft Medien, Druck und Papier, Publizistik und Kunst
IG Metall	Industriegewerkschaft Metall
i. d. R.	in der Regel
i. S. d.	im Sinne des/der
i. S. v.	im Sinne von
i. V. m.	in Verbindung mit
JArbSchG	Gesetz zum Schutze der arbeitenden Jugend (Jugendarbeitsschutzgesetz), vom 12.04.1976 (BGBl. I, S. 965)
JuS	Juristische Schulung
JZ	Juristenzeitung
KSchG	Kündigungsschutzgesetz, in der Fassung der Bekanntmachung vom 25.08.1969 (BGBl. I, S. 1317)
LAG	Landesarbeitsgericht
LAGE	Entscheidungen der Landesarbeitsgerichte
lit.	Litera (Buchstabe)
LS	Leitsatz
m. w. N.	mit weiteren Nachweisen
MDR	Monatszeitschrift für Deutsches Recht
MTV	Manteltarifvertrag
MünchArbR	*Richardi, Reinhard / Wlotzke, Otfried* (Hrsg.): Münchener Handbuch zum Arbeitsrecht, Band 1: Individualarbeitsrecht I und Band 3: Kollektives Arbeitsrecht, 2. Auflage, München 2000
MüKo	*Säcker, Franz Jürgen* u. a. (Hrsg.): Münchener Kommentar zum Bürgerlichen Gesetzbuch
n. F.	neue Fassung
n. v.	nicht amtlich veröffentlicht
NachwG	Gesetz über den Nachweis der für ein Arbeitsverhältnis geltenden wesentlichen Bedingungen (Nachweisgesetz), vom 20.07.1995 (BGBl. I, S. 946)
NJW	Neue Juristische Wochenschrift
Nr.	Nummer
NZA	Neue Zeitschrift für Arbeitsrecht

NZA-RR	Neue Zeitschrift für Arbeitsrecht, Rechtsprechungs-Report
ÖTV	Gewerkschaft Öffentliche Dienste, Transport und Verkehr
R	Rückseite
RdA	Recht der Arbeit
RL	Richtlinie
RdNr.	Randnummer
Rspr.	Rechtsprechung
S.	Satz, Seite
SAE	Sammlung Arbeitsrechtlicher Entscheidungen
SeemG	Seemannsgesetz, vom 26.07.1957 (BGBl. II, S. 713)
Slg.	Sammlung
sog.	so genannte(r, s, n)
st.	ständige
Std.	Stand
TdL	Tarifgemeinschaft deutscher Länder
TV	Tarifvertrag
TVG	Tarifvertragsgesetz, in der Fassung der Bekanntmachung vom 25.08.1969 (BGBl. I, S. 1323)
TVVO	Tarifvertragsordnung, vom 23.12.1918 (RGBl. 1918, S. 1456)
TVöD	Tarifvertrag öffentlicher Dienst
TVÜ	Überleitungstarifvertrag
TzBfG	Gesetz über Teilzeitarbeit und befristete Arbeitsverträge (Teilzeit- und Befristungsgesetz), vom 21.12.2000 (BGBl. I, S. 1966)
u. a.	und andere
UmwG	Umwandlungsgesetz, vom 28.10.1994 (BGBl. I, S. 3210, ber. BGBl. 1995 I, S. 428)
ver.di	Vereinte Dienstleistungsgewerkschaft
Verf.	Verfassung
vgl.	vergleiche
VkA	Vereinigung kommunaler Arbeitgeber
VOB/B	Verdingungsordnung für Bauleistungen Teil B
Vorb./Vorbem.	Vorbemerkung
WM	Zeitschrift für Wirtschafts- und Bankrecht
z. B.	zum Beispiel
ZfA	Zeitschrift für Arbeitsrecht
ZGS	Zeitschrift für das gesamte Schuldrecht
ZIP	Zeitschrift für Wirtschaftsrecht
zit.	zitiert

ZPO	Zivilprozessordnung, in der Fassung der Bekanntmachung vom 05.12.2005 (BGBl. I, S. 3202, ber. BGBl. 2006, S. 431)
ZTR	Zeitschrift für Tarif-, Arbeits- und Sozialrecht des öffentlichen Dienstes
zugl.	zugleich

§ 1 Einleitung

Auch in Zeiten einer zunehmend globalen Wirtschaftsordnung bilden Tarifverträge eine entscheidende Quelle des Arbeitsrechts. Die deutsche Tariflandschaft bietet hierbei ein differenziertes Bild von Verbandstarifverträgen, Firmentarifverträgen sowie unternehmensbezogenen Verbandstarifverträgen. Wie aus dem Tarifbericht des Bundesministeriums für Wirtschaft und Arbeit für das Jahr 2004 hervorgeht, belief sich die Gesamtzahl der am Jahresende gültigen Tarifverträge auf 61.722, wobei insbesondere der Abschluss von Firmentarifverträgen seit 1990 um mehr als das Dreifache auf 7.993 angewachsen war.[1] Damit waren bundesweit für ca. 84 % der sozialversicherungspflichtigen Beschäftigungsverhältnisse Tarifverträge ganz oder überwiegend maßgebend,[2] obgleich nach einer Studie des Instituts für Arbeitsmarkt und Berufsforschung der Bundesagentur für Arbeit im Jahr 2003 lediglich 67, 6 % aller Arbeitnehmerinnen und Arbeitnehmer von tarifgebundenen Arbeitgebern beschäftigt wurden.[3]

Grund für den beträchtlichen Einfluss tarifvertraglicher Arbeitsbedingungen, der deutlich über den Bereich der beiderseitig tarifgebunden Arbeitsverhältnisse hinausreicht, ist die weit verbreitete Praxis, Tarifbestimmungen auf der Grundlage des Arbeitsvertrages in Bezug zu nehmen, um so zumindest eine Tarifgeltung auf einzelvertraglicher Ebene zu erreichen. Speziell für einen tarifgebundenen Arbeitgeber erweist sich diese Form der Vertragsgestaltung als sinnvoll, da dieser bei Abschluss des Arbeitsvertrages eine Mitgliedschaft in der zuständigen Gewerkschaft und eine dadurch begründete Tarifbindung des Arbeitnehmers i. d. R. nicht kennt und auch nicht erfragen darf.[4] Die uneingeschränkte Übernahme tarifvertraglicher Arbeitsbedingungen begegnet daher der Gefahr, unterschiedliche Arbeitsbedingungen innerhalb eines Betriebes vorzufinden. Daneben kann die Aufnahme von Bezugnahmevereinbarungen aber auch wettbewerbspolitisch motiviert

---

1 Bundesministerium für Wirtschaft und Arbeit, Tarifvertragliche Arbeitsbedingungen im Jahr 2004, S. 6 f.

2 Bundesministerium für Wirtschaft und Arbeit, Tarifvertragliche Arbeitsbedingungen im Jahr 2004, S. 12.

3 Vgl. hierzu Bundesministerium für Wirtschaft und Arbeit, Tarifvertragliche Arbeitsbedingungen im Jahr 2004, S. 11.

4 BAG vom 28.03.2000, AP Nr. 27 zu § 99 BetrVG 1972 Einstellung; BAG vom 26.09.2001, AP Nr. 21 zu § 1 TVG Bezugnahme auf Tarifvertrag; BAG vom 14.12.2005, AP Nr. 39 zu § 1 TVG Bezugnahme auf Tarifvertrag; *Boemke*, NZA 2004, S. 142, 143 f.; *Fitting/Engels/Schmidt/Trebinger/Linsenmaier*, § 94 BetrVG, RdNr. 17; *Gamillscheg*, Kollektives Arbeitsrecht I, S. 195; *Lembke*, Die Arbeitskampfbeteiligung von Außenseitern, S. 191; *Preis*, in: ErfK, § 611 BGB, RdNr. 349; *Rieble*, Gedächtnisschrift für Heinze, S. 687, 690 f.; *Schrader*, BB 2005, S. 714, 714; *Seitz/Werner*, NZA 2000, S. 1257, 1260.

sein, etwa um die Attraktivität von Arbeitsplätzen zu erhöhen. So orientierten sich im Jahr 2004 allein in Ostdeutschland ca. 23,9 % der nichttarifgebundenen Unternehmen am einschlägigen Tarifvertrag.[5]

Arbeitsvertraglichen Verweisungen auf Tarifverträge kommt damit eine erhebliche praktische Bedeutung zu. Umso mehr verwundert es, dass ihre Abfassung im Arbeitsvertragstext nicht hinreichend bedacht wird. Dies resultiert zum einen aus der Vielzahl von Möglichkeiten, Bezugnahmevereinbarungen inhaltlich auszugestalten, andererseits aber auch aus einer nachlässigen Vertragsgestaltung. Besonders zeigt sich die Außerachtlassung einer sorgfältigen Klauselformulierung in den Fällen, in denen betriebliche oder ökonomische Rahmenbedingungen eine Flexibilisierung von Arbeitsbedingungen erfordern, beispielsweise bei der Verlagerung von Produktionsschwerpunkten aber auch im Rahmen gesellschaftsrechtlicher Umstrukturierungen eines Unternehmens bzw. Betriebes.

Wie das einschlägige Rechtsprechungsmaterial veranschaulicht, ist immer wieder klärungsbedürftig, wie die einzelvertragliche Übernahme des einbezogenen Tarifvertrages im Einzelfall gemeint ist. Da der Arbeitsvertragstext bei tarifgebundenen Arbeitgebern i. d. R. allgemein auf die für das Unternehmen „einschlägigen Tarifverträge in ihrer jeweils gültigen Fassung" verweist und dadurch die tarifrechtliche Geltung des Bezugnahmeobjekts weitestgehend ausblendet, bleibt nur die Auslegung, um den Inhalt der Verweisung hinreichend zu manifestieren. In der Vergangenheit hat das BAG daher den Bedürfnissen der Arbeitgeberseite regelmäßig dadurch Rechnung zu tragen versucht, dass die bei tarifgebundenen Arbeitgebern aufgenommene Bezugnahmevereinbarung typischerweise als Gleichstellungsabrede zu verstehen sei, der Zweck der Klausel sich also lediglich darauf beschränkt, die fehlende Tarifbindung des nicht oder anders organisierten Arbeitnehmers zu ersetzen. Hierdurch waren die Rechtsfolgen der Bezugnahmeabrede dieselben und keine weitgehenderen als diejenigen, die sich im Verhältnis zu einem tarifgebundenen Arbeitsverhältnis ohne einzelvertragliche Verweisung einstellen. Änderungen in den tarifrechtlichen Geltungsvoraussetzungen eines Tarifvertrages waren damit auch auf der Grundlage des Arbeitsvertrages sichergestellt, obgleich der Wortlaut der Bezugnahmevereinbarung dies keineswegs zwingend erkennen ließ.

Mit Inkrafttreten des Gesetzes zur Modernisierung des Schuldrechts gewinnt jedoch nunmehr die Kontrolle des Arbeitsvertrages zunehmend an Gewicht. Unterlag dieser nach § 23 AGBG a. F. noch nicht dem Recht der Allgemeinen Geschäftsbedingungen, bleibt die Bereichsausnahme des § 310 Abs. 4 BGB lediglich für Verträge auf dem Gebiet des Erb-, Familien- und Gesellschaftsrechts sowie für Tarifverträge und für Betriebs- und Dienstvereinbarungen aufrechterhalten. Damit

---

5 Bundesministerium für Wirtschaft und Arbeit, Tarifvertragliche Arbeitsbedingungen im Jahr 2004, S. 11.

sind standardisierte Arbeitsverträge, wie sie in der Praxis anhand vom Formulararbeitsverträgen regelmäßig vorzufinden sind, nun ausdrücklich einer gerichtlichen Überprüfung anhand der §§ 305 ff. BGB zugänglich, so dass neben der Einbeziehungs- und Inhaltskontrolle auch die spezifischen Vorgaben zur Auslegung Allgemeiner Geschäftsbedingungen an Bedeutung gewinnen. Allein das Transparenzgebot (§ 307 Abs. 1 Satz 2 BGB) sowie die Unklarheitenregel (§ 305c Abs. 2 BGB) bilden einen entscheidenden Beleg dafür, dass dem Arbeitgeber in Zukunft ein erhöhtes Maß an Verantwortung trifft, den Regelungshalt von Arbeitsbedingungen deutlich im Vertragstext auszuweisen. Infolgedessen sieht sich auch die Rechtsprechung in der Pflicht.[6] So stellt der 4. Senat des BAG jetzt ausdrücklich klar, seine bisherigen Auslegungsgrundsätze für das Vorliegen von Gleichstellungsabreden ändern zu wollen und den Inhalt arbeitsvertraglicher Bezugnahmevereinbarungen vor allem durch deren Wortlaut zu bestimmen.[7]

Die Arbeitvertragsgestaltung steht somit vor neuen Herausforderungen, Inhalt und Zweck von einzelvertraglichen Bezugnahmeabreden deutlich zum Zeitpunkt des Arbeitsvertragsschlusses gegenüber dem Arbeitnehmer auszuweisen. Dies ist umso bedeutsamer, da wachsender Konkurrenzdruck und hohe Personalkosten zahlreiche Unternehmen zunehmend zu betrieblichen Umstrukturierungen zwingen und so das Bedürfnis nach flexiblen Arbeitsbedingungen schaffen. Indem das BAG in seinem „Burda" – Beschluss[8] dem Unterlaufen des Tarifvertragssystems durch den Abschluss sog. betrieblicher Bündnisse für Arbeit die Gefolgschaft verweigert hat, sind die Handlungsmöglichkeiten auf Arbeitgeberseite ohnehin begrenzt. Im Kontext der Ankündigung des 4. Senats des BAG bereitet nunmehr allerdings der Arbeitsvertrag die größten Probleme, gefestigte Tarifstrukturen zu durchbrechen. Weil die einzelvertraglich Übernahme von Tarifbestimmungen ausnahmslos den Regeln der Rechtsgeschäftslehre unterliegt, folgt eine Tarifgeltung auf der Grundlage des Arbeitsvertrages somit nicht zwingend den Handlungsmöglichkeiten, welche das Tarifvertragsrecht für die Abänderung von Arbeitsbedingungen bereitstellt.[9]

---

6 BAG vom 19.03.2003, AP Nr. 33 zu § 1 TVG Bezugnahme auf Tarifvertrag; BAG vom 04.03.2004, AP Nr. 3 zu § 309 BGB; BAG vom 25.05.2005, AP Nr. 1 zu § 310 BGB; BAG vom 14.12.2005, AP Nr. 37 zu § 1 TVG Bezugnahme auf Tarifvertrag; BAG vom 14.12.2005, AP Nr. 39 zu § 1 TVG Bezugnahme auf Tarifvertrag; BAG 17.01.2006, AP Nr. 40 zu § 1 TVG Bezugnahme auf Tarifvertrag.

7 BAG vom 14.12.2005, AP Nr. 39 zu § 1 TVG Bezugnahme auf Tarifvertrag.

8 BAG vom 20.04.1999, AP Nr. 89 zu Art. 9 GG.

9 Statt aller BAG vom 19.01.1999, AP Nr. 9 zu § 1 TVG Bezugnahme auf Tarifvertrag; BAG vom 19.03.2003, AP Nr. 33 zu § 1 TVG Bezugnahme auf Tarifvertrag; BAG vom 14.12.2005, AP Nr. 39 zu § 1 TVG Bezugnahme auf Tarifvertrag; BAG vom 17.01.2006, AP Nr. 40 zu § 1 TVG Bezugnahme auf Tarifvertrag; BAG vom 15.03.2006, AP Nr. 38 zu § 1 TVG Bezugnahme auf Tarifvertrag.

Zu dieser Thematik will die vorliegende Arbeit einen entsprechenden Beitrag leisten. Dabei soll aufgezeigt werden, ob und unter welchen Voraussetzungen die Ausgestaltung des Arbeitsverhältnisses kraft Bezugnahmevereinbarung eine Angleichung an veränderte tarifvertragliche Rahmenbedingungen innerhalb eines Betriebes erfahren kann. Unter Berücksichtigung der Schuldrechtsreform liegt der Schwerpunkt der Untersuchung folglich auch auf den für das Arbeitsvertragsrecht eingetretenen Neuerungen. Deshalb wird in diesem Zusammenhang besonders darzustellen sein, inwieweit die Besonderheiten des AGB-Rechts auf die arbeitsvertragliche Übernahme tarifvertraglicher Arbeitsbedingungen ausstrahlen.

§ 2 Bezugnahmeklausel und Privatautonomie

A. Rechtsnatur der Verweisung

Wird in einem Arbeitsvertrag auf eine andere Rechtsquelle verwiesen, handelt es sich dabei zunächst um eine Teilregelung zwischen den Parteien des Arbeitsverhältnisses. Auf den ersten Blick gilt dies auch für die Bezugnahme auf tarifvertragliche Arbeitsbedingungen, obgleich ein Tarifvertrag bei beiderseitiger Tarifbindung der Arbeitsvertragsparteien bzw. im Fall seiner Allgemeinverbindlichkeitserklärung normativ wirkende Vorschriften beinhaltet. Nichtsdestotrotz ist bis heute die dogmatische Einordnung einer solchen Bezugnahmevereinbarung nicht abschließend geklärt. Im Folgenden ist daher zu untersuchen, welche Wirkung die einzelvertragliche Verweisung auf einen Tarifvertrag zeitigt. Hierbei greifen zwei Problemstellungen ineinander: die rechtliche Konstruktion der Verweisung auf der einen Seite und die hieraus resultierende Rechtswirkung des Bezugnahmeobjekts auf der anderen Seite.[1]

I. Berufung auf den Tarifvertrag gemäß § 1 Abs. 2 TVVO

Ihren Ursprung findet die Problematik bereits im Geltungsbereich der Tarifvertragsordnung (TVVO) vom 23.12.1918.[2] Danach waren am Tarifvertrag beteiligte Personen i. S. d. § 1 Abs. 2 TVVO auch solche Arbeitsvertragsparteien, „die den Arbeitsvertrag unter Berufung auf den Tarifvertrag abgeschlossen haben." Hieraus folgerte die herrschende Meinung,[3] dass die arbeitsvertragliche Verweisung als eine besondere, dem Tarifrecht angehörige Gestaltung des Arbeitsverhältnisses anzusehen sei und damit dieselbe Rechtswirkung auslöse, wie unter Berücksichtigung einer Tarifgeltung kraft beiderseitiger Tarifbindung von Arbeitgeber und Arbeitnehmer. Die Bezugnahme auf den Tarifvertrag wurde so als eigenes tarifrechtliches Rechtsinstitut von anderen obligatorischen Vertragsabreden abzugrenzen versucht. Infolgedessen war gemäß § 1 Abs. 2 TVVO nur eine Verweisung auf den gesamten sachlich und räumlich einschlägigen Tarifvertrag als solchen und nicht lediglich auf einzelne seiner Bestimmungen oder auf ein anderes Tarifwerk erlaubt.[4] Darüber hinaus folgte aus der Bezugnahmevereinbarung auch, dass

---

1 *Bock*, Tarifdispositives Arbeitnehmerschutzrecht und Tarifautonomie, S. 166.

2 RGBl. 1918, S. 1456.

3 So etwa *Dietz*, Die Berufung auf den Tarifvertrag, S. 3 ff.; *Herschel*, Tariffähigkeit und Tarifmacht, S. 57 f.; *Sinzheimer*, Grundzüge des Arbeitsrechts, S. 259. Andere Auffassung dagegen *Jacobi*, Grundlehren des Arbeitsrechts, S. 229.

4 *Dietz*, Die Berufung auf den Tarifvertrag, S. 16 ff.; *Sinzheimer*, Grundzüge des Arbeitsrechts, S. 259.

die Normenwirkung des einbezogenen Tarifvertrages nicht ohne weiteres durch eine entsprechende Aufhebung der Berufungsabrede im gegenseitigen Einvernehmen der Arbeitsvertragsparteien wieder zu beseitigen war.[5] Hierfür war nach Ansicht im Schrifttum vielmehr der Abschluss eines neuen Arbeitsvertrages[6] oder darüber hinausgehend die Beseitigung des Arbeitsverhältnisses[7] erforderlich.

II. Bezugnahmeklausel im Geltungsbereich des Tarifvertragsgesetzes

In das Tarifvertragsgesetz in der Fassung der Bekanntmachung vom 25.08.1969[8] hat eine dem Regelungsgehalt des § 1 Abs. 2 TVVO entsprechende Bestimmung hingegen keine Berücksichtigung gefunden. § 3 Abs. 1 TVG bezeichnet als tarifgebunden nunmehr allein die Mitglieder der Tarifvertragsparteien und den Arbeitgeber, soweit dieser selbst Partei eines Tarifvertrages ist.

1. Schuldrechtliche Abrede

Infolgedessen misst die Rechtsprechung der arbeitsvertraglichen Bezugnahmevereinbarung lediglich eine schuldrechtliche Wirkung bei.[9] Auch die herrschende Ansicht im Schrifttum wertet die Verweisung im Vertragstext lediglich als verkürzte Absprache über den Inhalt des Arbeitsvertrages, die weder eine Tarifbindung der Arbeitsvertragsparteien zu Folge habe noch das Arbeitsverhältnis an der normativen Wirkung des einbezogenen Tarifvertrages teilnehmen lasse.[10] Dem-

---

5 *Dietz*, Die Berufung auf den Tarifvertrag, S. 24; *Sinzheimer*, Grundzüge des Arbeitsrechts, S. 259.

6 *Dietz*, Die Berufung auf den Tarifvertrag, S. 25.

7 *Sinzheimer*, Grundzüge des Arbeitsrechts, S. 259.

8 BGBl. I, S. 1323.

9 Vgl. nur BAG vom 29.01.1975, AP Nr. 8 zu § 4 TVG Nachwirkung; BAG vom 07.12.1977, AP Nr. 9 zu § 4 TVG Nachwirkung; BAG vom 20.03.1991, AP Nr. 20 zu § 4 TVG Tarifkonkurrenz; BAG vom 19.01.1999, AP Nr. 9 zu § 1 TVG Bezugnahme auf Tarifvertrag; BAG vom 19.03.2003, AP Nr. 33 zu § 1 TVG Bezugnahme auf Tarifvertrag; BAG vom 14.12.2005, AP Nr. 39 zu § 1 TVG Bezugnahme auf Tarifvertrag; BAG vom 17.01.2006, AP Nr. 40 zu § 1 TVG Bezugnahme auf Tarifvertrag; BAG vom 15.03.2006, AP Nr. 38 zu § 1 TVG Bezugnahme auf Tarifvertrag.

10 *Annuß*, BB 1999, S. 2558, 2558; *ders.*, ZfA 2005, S. 405, 409; *Bauschke*, ZTR 1993, S. 416, 418; *Ebeling*, Die Bezugnahme auf Tarifverträge im Arbeitsvertrag, S. 79 ff.; *D. Gaul*, ZTR 1991, S. 188, 192; *Giesen*, NZA 2006, S. 625, 625; *Hanau/Kania*, Anm. zu BAG, AP Nr. 20 zu § 4 TVG Tarifkonkurrenz, Bl. 10; *dies.*, Festschrift für Schaub, S. 239, 241; *Hromadka/Maschmann/Wallner*, Tarifwechsel, RdNr. 74; *Kempen/Zachert*, § 3 TVG, RdNr. 153; *Löwisch/Rieble*, § 3 TVG, RdNr. 243; *Oetker*, in: Wiedemann, § 3 TVG, RdNr. 285; *Preis*, Grundfragen der Vertragsgestaltung im Arbeitsrecht, S. 391; *Reichel*, Die arbeitsvertragliche Bezugnahme auf den Tarifvertrag, S. 11 f.; *Rieble*, Arbeits-

entsprechend gelten in Bezug genommene Tarifbestimmungen ausschließlich als integraler Bestandteil des Arbeitsvertrages.

2. Unterwerfungserklärung

Nach einer anderen Strömung in der Literatur beinhaltet die arbeitsvertragliche Verweisung dagegen lediglich eine Übereinkunft hinsichtlich der Geltung von Tarifbestimmungen. Der Arbeitsvertrag beinhalt demnach nur eine Unterwerfungserklärung,[11] die eine mit der Rechtswahl im Internationalen Privatrecht vergleichbare Konstruktion darstellt.[12] Infolgedessen ist im Rahmen der Unterwerfungstheorie ausschließlich die Normenunterstellung Bestandteil des korrespondierenden Rechtsgeschäftswillens der Arbeitsvertragsparteien, nicht dagegen der Inhalt des Tarifvertrages.[13] Damit bleibt jedoch ungewiss, ob die Bezugnahmevereinbarung eine echte Tarifbindung der Arbeitsvertragsparteien schafft oder nicht.[14] Zumindest nach Ansicht von *Schaub*[15] soll die Abdingbarkeit des anzuwendenden Tarifvertrages nicht durch die Normenunterstellung ausgeschlossen werden.

Ausdrücklich weiter geht dagegen *v. Hoyningen-Huene*,[16] der für die Verweisung aufgrund gesetzlicher Zulassungsnormen einen Sondertatbestand der Tarifbindung annehmen will. Dies folge entscheidend aus dem Wortlaut der gesetzlichen Erstreckungsklauseln, die – wie bspw. in § 13 Abs. 1 Satz 2 BUrlG – eine „Geltung" des von gesetzlichen Mindestarbeitsbedingungen abweichenden Tarifvertrages kraft Bezugnahmevereinbarung anordnen.

---

markt und Wettbewerb, RdNr. 1724; *Schaub*, in: ErfK (5. Auflage), § 3 TVG, RdNr. 40; *Schliemann*, NZA 2003, Sonderbeilage Heft 16, S. 3, 6; *Schrader*, BB 2005, S. 714, 714; *Stein*, Tarifvertragsrecht, RdNr. 232; *Thüsing/Lambrich*, in: Tarifautonomie im Wandel, S. 123, 139 f.; *dies.*, RdA 2002, S. 193, 194.

11 *Däubler*, Tarifvertragsrecht, RdNr. 338 f.; *Herschel*, DB 1967, S. 245, 248; *v. Hoyningen-Hune*, RdA 1974, S. 138, 143; *Schaub*, ZTR 2000, S. 259, 260.

12 *Däubler*, Tarifvertragsrecht, RdNr. 338; *Herschel*, DB 1967, S. 245, 248; *v. Hoyningen-Hune*, RdA 1974, S. 138, 143; *Kothe*, Anm. zu BAG, AuA 1997, S. 171, 172; *Lorenz*, in: Däubler, § 3 TVG, RdNr. 223; *Schaub*, in: ErfK (5. Auflage), § 3 TVG, RdNr. 40; *ders.*, ZTR 2000, S. 259, 260.

13 *Schaub*, ZTR 2000, S. 259, 260.

14 Kritisch daher auch *Bock*, Tarifdispositives Arbeitnehmerschutzrecht und Tarifautonomie, S. 175; *Ebeling*, Die Bezugnahme auf Tarifverträge im Arbeitsvertrag, S. 79; *Kempen/Zachert*, § 3 TVG, RdNr. 154; sowie *Reichel*, Die arbeitsvertragliche Bezugnahme auf den Tarifvertrag, S. 9.

15 *Schaub*, in: ErfK (5. Auflage), § 3 TVG, RdNr. 40.

16 *v. Hoyningen-Huene*, RdA 1974, S. 138, 142 ff.

3. Stellungnahme

Das in § 1 Abs. 2 TVVO niedergelegte Institut der Tarifbeteiligung kraft einzelvertraglicher Berufung auf den Tarifvertrag ist dem derzeit geltenden Tarifvertragsrecht fremd. Wie schon zu Beginn erwähnt,[17] regelt das Tarifvertragsgesetz die Normenunterworfenheit unter einen Tarifvertrag vorwiegend auf einer mitgliedschaftlich-verbandsrechtlichen Grundlage. Die Annahme eines besonderen Tatbestandes der Tarifbindung neben den in § 3 Abs. 1 TVG ausgewiesenen Regelungsbefehl wäre daher nur möglich, sofern der Gesetzgeber auch an andrerer Stelle ausdrücklich eine entsprechende Anordnung trifft.

Ein Rückgriff auf den Wortlaut der gesetzlichen Zulassungsnormen begründet hierfür aber kein zwingendes Indiz. Dies zeigt allein die Gesamtschau der im tarifdispositiven Arbeitnehmerschutzrecht aufzufindenden Erstreckungsklauseln. Während § 13 Abs. 1 Satz 2 BUrlG; § 622 Abs. 4 Satz 2 BGB; § 17 Abs. 3 Satz 2 BetrAVG und § 48 Abs. 2 Satz 2 ArbGG die „Geltung" der betreffenden Tarifinhalte feststellen, ordnen § 14 Abs. 4 Satz 2 TzBfG sowie § 4 Abs. 4 EFZG lediglich die „Anwendung" bzw. „Vereinbarung" der abweichenden Tarifbestimmungen an. Mithin ist die „Geltung" der von gesetzlichen Mindestarbeitsbedingungen abweichenden Tarifnormen lediglich als Synonym für deren „Anwendung" im Arbeitsverhältnis zu verstehen,[18] wodurch der von *v. Hoyningen-Huene* hervorgehobene Wortlaut des Gesetzes keinen hinreichenden Anhaltspunkt für eine kraft Bezugnahmevereinbarung angeordnete Tarifbindung der Arbeitsvertragsparteien liefert.

Ohnehin kann die bloße Feststellung, in der Verwendung der Verweisung sei eine mit der Rechtswahl im Internationalen Privatrecht vergleichbare Regelung getroffen, wenig zur dogmatischen Erklärung der Bezugnahmevereinbarung beitragen. Allein die Tatsache, dass die Arbeitsvertragsparteien zumindest im Rahmen der gesetzlichen Zulassungsnormen gezwungen sind, auf den gesamten bzw. auf abgeschlossene Regelungskomplexe des einschlägigen Tarifvertrages zu verweisen,[19] macht die entsprechende Klausel des Arbeitsvertrages noch nicht zu einer Rechtswahl. Weder handelt es sich bei Einbeziehung eines Tarifvertrages um die Anwendung einer fremden Rechtsordnung, noch ist es Anliegen der Arbeitsvertragsparteien, sich der tarifvertraglichen Ordnung zu unterwerfen. Anderenfalls hätte man den tarifschließenden Verbänden auch beitreten können. Darüber hinaus kann die Unterwerfungstheorie nicht hinreichend erklären, welche

---

17 Vgl. § 2 A II.

18 *Bock*, Tarifdispositives Arbeitnehmerschutzrecht und Tarifautonomie, S. 172; *Ebeling*, Die Bezugnahme auf Tarifverträge im Arbeitsvertrag, S. 87; *Thüsing/Lambrich*, RdA 2002, S. 193, 195.

19 Hierzu sogleich unter § 2 B II 2.

Wirkung die in Bezug genommenen Tarifbestimmungen zeitigen.[20] Der Vergleich mit dem Internationalen Privatrecht ist somit lediglich ein Versuch, das Einwirken der Tarifnormen von außen auf das Arbeitsverhältnis auch bei lediglich individualvertraglicher Geltungsgrundlage zu konstruieren.[21]

Aufgrund der argumentativen Schwächen der vorgenannten Meinung hat sich daher mit Recht die Auffassung durchgesetzt, dass sowohl Bezugnahmevereinbarung als auch Bezugnahmeobjekt ausschließlich schuldrechtlich als Vertragsinhalt maßgebend sind. Da privatrechtlichen Rechtsetzungsakten nur aufgrund eines hoheitlichen Geltungsbefehls normative Wirkung gegenüber Dritten zugewiesen werden kann[22] und das Tarifvertragsgesetz unmittelbar und zwingend anzuwendende Tarifverträge neben der Allgemeinverbindlichkeitserklärung lediglich auf den in § 3 Abs. 1 TVG normierten Adressatenkreis beschränkt, ist ein vergleichbarer Geltungsanspruch für einzelvertraglich einbezogene Tarifbestimmungen die Grundlage genommen. Infolgedessen ist die Rechtsnatur des Bezugnahmeobjekts ausnahmslos nach der Rechtsnatur der Verweisung zu bestimmen.[23] Ist eine betreffende Abrede zwischen den Arbeitsvertragsparteien daher als rechtsgeschäftliche Vereinbarung zu werten, versteht sich der in Bezug genommene Tarifvertrag lediglich als integraler Bestandteil des Arbeitsvertrages. Entsprechend der herrschenden Meinung führen Bezugnahmevereinbarungen folglich weder zu einer Tarifbindung noch zu einer Normativwirkung des Bezugnahmeobjekts, sondern gestalten den Inhalt des Arbeitsverhältnisses in gleicher Weise, wie andere obligatorische Abreden eines Arbeitsvertrages.

B. Zulässigkeit der arbeitsvertraglichen Bezugnahmevereinbarung

I. Bezugnahmeklausel und Koalitionsfreiheit

Auf der Grundlage der Privatautonomie ist die Möglichkeit der arbeitsvertraglichen Einbeziehung von Tarifbestimmungen im Grundsatz heute allgemein anerkannt.[24] In der neueren Rechtsprechung bleibt dies mittlerweile ohne Erwägung.[25]

---

[20] *Reichel*, Die arbeitsvertragliche Bezugnahme auf den Tarifvertrag, S. 9.

[21] *Bock*, Tarifdispositives Arbeitnehmerschutzrecht und Tarifautonomie, S. 175 f.

[22] BVerfG vom 09.05.1972, BVerfGE 33, S. 125, 158; *Kirchhof*, Private Rechtsetzung, S. 48 ff.; *Rieble*, Arbeitsmarkt und Wettbewerb, RdNr. 1215; *Lambrich*, Tarif- und Betriebsautonomie, S. 214 ff.; *Thüsing/Lambrich*, RdA 2002, S. 193, 194.

[23] *D. Gaul*, ZTR 1993, S. 355, 356; *Löwisch/Rieble*, § 3 TVG, RdNr. 243.

[24] Siehe bereits BAG (GS) vom 29.11.1967, AP Nr. 13 Art. 9 GG; *Annuß*, ZfA 2005, S. 405, 404 f.; *Ebeling*, Die Bezugnahme auf Tarifverträge im Arbeitsvertrag, S. 36; *Etzel*, NZA 1987, Sonderbeilage Heft 1, S. 19, 28; *B. Gaul*, NZA 1998, Sonderbeilage Heft 1, S.

Tarifverträge unterliegen nicht dem Schutz des Urheberrechts.[26] Da den Tarifvertragsparteien keine Normensetzungsbefugnis gegenüber nichttarifgebundenen Arbeitsverhältnissen zukommt, ist es ihnen gleichermaßen untersagt, die einzelvertragliche Übernahme ihrer ausgehandelten Arbeitsbedingungen zu verbieten.[27] Entsprechende Auflagen, welche den Arbeitgeberverband verpflichten, die einzelnen Arbeitgeber anzuhalten, keine Bezugnahmevereinbarungen zu treffen, sind konstruktiv zwar denkbar, entfalten jedoch keine Rechtswirkung gegenüber entgegenstehenden Abreden des Arbeitsvertrages.[28]

In rechtspolitischer Hinsicht stößt die Verwendung von Bezugnahmeklauseln dennoch auf verfassungsrechtliche Bedenken.[29] Indem speziell ein tarifgebundener Arbeitgeber den nichtorganisierten Teil seiner Belegschaft freiwillig an den Ergebnissen einer Gewerkschaftspolitik teilhaben lässt, ohne dass diese entsprechende Vermögensopfer in Gestalt von Mitgliedsbeiträgen zu erbringen haben (sog. „Trittbrettfahrer“), mindere er die Attraktivität der Gewerkschaftszugehörigkeit und verschlechtere dadurch deren Durchschlagskraft. Allein diese seitens des Arbeitgebers gewollten bzw. zumindest billigend in Kauf genommenen Auswirkungen reichen jedoch nicht aus, um in der arbeitsvertraglichen Aufnahme von Bezugnahmevereinbarungen eine unzulässige Beeinträchtigung der kollektiven

---

9, 9; *Giesen*, NZA 2006, S. 625, 625; *Hanau/Kania*, Festschrift für Schaub, S. 239, 240 f.; *v. Hoyningen-Huene*, RdA 1974, S. 138, 139; *Hromadka/Maschmann/Wallner*, Tarifwechsel, RdNr. 73; *Kempen/Zachert*, § 3 TVG, RdNr. 157; *Lorenz*, in: Däubler, § 3 TVG, RdNr. 217; *Löwisch/Rieble*, § 3 TVG, RdNr. 277; *Oetker*, in: Wiedemann, § 3 TVG, RdNr. 286; *Preis*, Grundfragen der Vertragsgestaltung im Arbeitsrecht, S. 391; *Reichel*, Die arbeitsvertragliche Bezugnahme auf den Tarifvertrag, S. 8.

25 Vgl. nur BAG vom 30.08.2000, AP Nr. 12 zu § 1 TVG Bezugnahme auf Tarifvertrag; BAG 25.10.2000, AP Nr. 13 zu § 1 TVG Bezugnahme auf Tarifvertrag; BAG vom 29.08.2001, AP Nr. 17 zu § 1 TVG Bezugnahme auf Tarifvertrag; BAG vom 26.09.2001, AP Nr. 21 zu § 1 TVG Bezugnahme auf Tarifvertrag; BAG vom 21.08.2002, AP Nr. 21 zu § 157 BGB; BAG vom 19.03.2003, AP Nr. 33 zu § 1 TVG Bezugnahme auf Tarifvertrag; BAG vom 01.12.2004, AP Nr. 34 zu § 1 TVG Bezugnahme auf Tarifvertrag; BAG vom 14.12.2005, AP Nr. 37 zu § 1 TVG Bezugnahme auf Tarifvertrag; BAG vom 14.12.2005, AP Nr. 39 zu § 1 TVG Bezugnahme auf Tarifvertrag; BAG vom 17.01.2006, AP Nr. 40 zu § 1 TVG Bezugnahme auf Tarifvertrag.

26 BAG vom 23.03.1957, AP Nr. 16 zu Art. 3 GG; BAG vom 11.11.1968, AP Nr. 14 zu Art. 9 GG; *D. Gaul*, ZTR 1993, S. 355, 356; *Löwisch/Rieble*, § 3 TVG, RdNr. 277; *Nömeier*, Die Bezugnahme auf Tarifinhalte im Einzelarbeitsverhältnis, S. 65; *Oetker*, in: Wiedemann, § 3 TVG, RdNr. 288.

27 BAG (GS) vom 29.11.1967, AP Nr. 13 zu Art. 9 GG; *Oetker*, in: Wiedemann, § 3 TVG, RdNr. 289.

28 *Lorenz*, in: Däubler, § 3 TVG, RdNr. 217.

29 So jüngst wieder *Kempen/Zachert*, § 3 TVG, RdNr. 145.

Koalitionsfreiheit zu erblicken.[30] So resultiert aus Art. 9 Abs. 3 GG kein verfassungsrechtlicher Befehl, die Aktionsfähigkeit der Koalitionen zu optimieren,[31] zumal die Vereinbarung von Bezugnahmeabreden als Ausdruck der Vertragsfreiheit in gleicher Weise einen verfassungsrechtlichen Schutz genießt.

Mit Blick auf die Privatautonomie steht die Aufnahme von Bezugnahmevereinbarungen damit nicht in Widerspruch zu Art. 9 Abs. 3 GG. Dies gilt sowohl für die Verweisung auf einschlägige Tarifbestimmungen, als auch für die arbeitsvertragliche Übernahme fremder Tarifregelungen und zwar ungeachtet dessen, ob dem einschlägigen Tarifvertrag eine Allgemeinverbindlichkeitswirkung zukommt oder beide Arbeitsvertragsparteien Mitglieder der für sie zuständigen Tarifverbände sind. Letzteres wird nur noch vereinzelt bestritten.[32] Ausgehend von seiner originären Aufgabe beschränkt sich der Geltungsanspruch eines Tarifvertrages lediglich auf die Regelung der Arbeitsbedingungen, bei denen der Arbeitsvertrag eine funktionelle Richtigkeitsgewähr von privatautonomen Vereinbarungen vermissen lässt.[33] Unter Hinweis auf § 4 Abs. 3 Var. 2 TVG will das Tarifvertragssystem dabei lediglich Mindestarbeitsbedingungen garantieren, die die Interessen beider Arbeitsvertragsparteien angemessen berücksichtigen. Die Tarifautonomie beseitigt somit nicht die Vertragsfreiheit, sondern schränkt diese lediglich ein.[34] Gilt infolgedessen für das verweisende Arbeitsverhältnis bereits auf normativer Grundlage ein Tarifvertrag, ist die Rechtswirkung der Bezugnahmeabrede auf hiervon abweichende Tarifbestimmungen nicht anders zu beurteilen, als diejenigen sonstiger obligatorischer Abmachungen des Arbeitsvertrages. Damit können auch beiderseitig tarifgebundene Arbeitsvertragsparteien bis zur Grenze des Günstigkeitsprinzips fachfremde Tarifbestimmungen an die Stelle des einschlägigen Tarifvertrages setzen.[35]

---

30 Ebenso *Lorenz*, in: Däubler, § 3 TVG, RdNr. 217; *Oetker*, in: Wiedemann, § 3 TVG, RdNr. 287; sowie *Reichel*, Die arbeitsvertragliche Bezugnahme auf den Tarifvertrag, S. 7 f.

31 BVerfG vom 04.07.1995, BVerfGE 92, S. 365, 394; *Oetker*, in: Wiedemann, § 3 TVG, RdNr. 287.

32 So noch *Kempen/Zachert*, § 3 TVG, RdNr. 166 f., die eine Bezugnahme auf fremde Tarifbestimmungen lediglich in den Fällen zulassen wollen, in denen beide Arbeitsvertragsparteien keiner Tarifbindung unterliegen und die für sie zuständigen Tarifverbände keine Tarifverträge abgeschlossen haben.

33 Treffend *Käppler*, NZA 1991, S. 745, 747 f.

34 *Oetker*, in: Wiedemann, § 3 TVG, RdNr. 289 f.

35 BAG vom 22.03.1994, EzA § 4 TVG Geltungsbereich Nr. 10; BAG vom 22.01.2002, AP Nr. 55 zu § 11 BUrlG; *Annuß*, ZfA 2005, S. 405, 410 f.; *Däubler*, Tarifvertragsrecht, RdNr. 336; *Hanau/Kania*, Festschrift für Schaub, S. 239, 241; *Lorenz*, in: Däubler, § 3 TVG, RdNr. 220; *Lorenz*, in: Däubler, § 3 TVG, RdNr. 242; *Löwisch/Rieble*, § 3 TVG,

Als schwierig erweist sich allerdings die Durchführung des Günstigkeitsvergleichs, da bei der einzelvertraglichen Übernahme von Tarifbestimmungen unverändert dem korrespondierenden Rechtsgeschäftswillen der Arbeitsvertragsparteien zu entsprechen ist. Insoweit ist die Feststellung des Günstigkeitsurteils anhand des von der herrschenden Ansicht favorisierten Sachgruppenvergleichs[36] in den Fällen problematisch, in denen ein tarifgebundenes Arbeitsverhältnis insgesamt einer fremden Tarifvertragsordnung kraft einzelvertraglicher Bezugnahmevereinbarung unterworfen werden soll. Ein Vergleich von inhaltlich entsprechenden Regelungsgegenständen des Arbeits- und Tarifvertrages hätte hier eine Ausgestaltung des Arbeitsverhältnisses zur Folge, die so zum Zeitpunkt des Arbeitsvertragsschlusses nicht gewollt war. Deshalb legt der Wille der Arbeitsvertragsparteien, der gerade auf die Anwendung eines Tarifvertrages ausgerichtet ist, einen Gesamtvergleich der tarifvertraglichen Ordnung nahe,[37] womit sich das Bezugnahmeobjekt nur dann nach dem Günstigkeitsprinzip durchsetzt, wenn dessen Arbeitsbedingungen insgesamt gegenüber dem normativ geltenden Tarifvertrag günstiger sind.[38]

II. Bezugnahmeklausel und Vertragsfreiheit

1. Bezugnahme ohne gesetzliche Zulassungsnormen

a) Geltungsbereich des Tarifvertrages

In der Frage des Gegenstandes der Bezugnahmevereinbarung ermöglicht die Privatautonomie den Arbeitsvertragsparteien einen weiten Gestaltungsspielraum. Mithin können Arbeitgeber und Arbeitnehmer im Grundsatz frei entscheiden, welche Tarifbestimmungen Inhalt der Bezugnahmevereinbarung sein sollen. Dies erlaubt zum einen den Tarifvertrag anzuwenden, der bei Tarifbindung des Arbeitsverhältnisses nach seinem örtlichen, zeitlichen, fachlichen und personellen

---

RdNr. 283; *Oetker*, in: Wiedemann, § 3 TVG, RdNr. 291; *ders.*, Anm. zu BAG, AP Nr. 6 zu § 1 TVG Bezugnahme auf Tarifvertrag, Bl. 10.

36 Statt aller *Fuchs*, Tarifvertragsrecht, RdNr. 204 f.; *Gamillscheg*, Kollektives Arbeitsrecht I, S. 852 ff.; *Kempen/Zachert*, § 4 TVG, RdNr. 310 ff.; *Löwisch/Rieble*, § 4 TVG, RdNr. 299 ff.; *Stein*, Tarifvertragsrecht, RdNr. 605 f.

37 In diesem Sine wohl auch BAG vom 25.10.2000, AP Nr. 13 zu § 1 TVG Bezugnahme auf Tarifvertrag; BAG vom 25.09.2002, AP Nr. 26 zu § 26 zu § 1 TVG Bezugnahme auf Tarifvertrag.

38 Treffend *Löwisch/Rieble*, § 4 TVG, RdNr. 265; sowie *Oetker*, in: Wiedemann, § 3 TVG, RdNr. 291.

Geltungsbereich Anwendung finden würde.[39] Zwingend ist dies allerdings nicht. Vielmehr können Arbeitsvertragsparteien auch auf einen nichteinschlägigen Tarifvertrag verweisen.[40] Dies ist immer dann der Fall, wenn der Betrieb nicht dem fachlichen und/oder räumlichen Geltungsbereich des einzubeziehenden Normenvertrages unterliegt. Daneben kann die fehlende Einschlägigkeit des Bezugnahmeobjekts aber auch aus der Nachwirkung des Tarifvertrages erwachsen. Mit Blick auf die Privatautonomie begegnet dies ebenfalls keinen Bedenken. Deshalb ist es den Arbeitsvertragsparteien zusätzlich gestattet, lediglich nachwirkende Tarifbestimmungen einzelvertraglich in Anspruch zu nehmen.[41]

b) Bezugnahme auf unwirksame Tarifverträge

Ohnehin ist die tarifvertragliche Ordnungsmacht nicht deckungsgleich gegenüber der Vertragsfreiheit der Arbeitsvertragsparteien. Mit Ausnahme der Fälle, in denen der auf Tarifebene bestehende Nichtigkeits- bzw. Unwirksamkeitsgrund auch auf das Arbeitsverhältnis durchschlägt, ist die Wirksamkeit von Tarifbestimmungen keine Vorraussetzung für deren Anwendbarkeit als integraler Bestandteil des Arbeitsvertrages.[42] Demzufolge steht es den Arbeitsvertragsparteien auch frei, einen von Anfang an unwirksamen Tarifvertrag kraft einzelvertraglicher Verwei-

---

39 Allgemeine Ansicht vgl. nur BAG vom 19.01.1999, AP Nr. 9 zu § 1 TVG Bezugnahme auf Tarifvertrag; *Annuß*, BB 1999, S. 2558, 2558; *Bauschke*, ZTR 1993, S. 416, 417; *Däubler*, Tarifvertragsrecht, RdNr. 334; *Ebeling*, Die Bezugnahme auf Tarifverträge im Arbeitsvertrag, S. 96; *Franzen*, in: ErfK, § 3 TVG, RdNr. 34; *Gamillscheg*, Kollektives Arbeitsrecht I, S. 739; *D. Gaul*, ZTR 1993, S. 355, 356; *Hanau/Kania*, Festschrift für Schaub, S. 239, 245; *Hromadka/Maschmann/Walner*, Tarifwechsel, RdNr. 86; *Kempen/Zachert*, § 3 TVG, RdNr. 165; *V. Lindemann*, Flexible Gestaltung von Arbeitsbedingungen nach der Schuldrechtsreform, S. 121; *Lorenz*, in: Däubler, § 3 TVG, RdNr. 242; *Oetker*, in: Wiedemann, § 3 TVG, RdNr. 314; *Preis*, Grundfragen der Vertragsgestaltung im Arbeitsrecht, S. 396; *Reichel*, Die arbeitsvertragliche Bezugnahme auf den Tarifvertrag, S. 28; *Schaub*, Arbeitsrechts-Handbuch, § 208, RdNr. 11.

40 Statt aller BAG vom 10.06.1965, AP Nr. 13 zu § 9 TVG a. F.; BAG vom 21.08.2002, AP Nr. 21 zu § 157 BGB; sowie *Ebeling*, Die Bezugnahme auf Tarifverträge im Arbeitsvertrag, S. 46; *Gamillscheg*, Kollektives Arbeitsrecht I, S. 738; *Hanau/Kania*, Festschrift für Schaub, S. 239; 241; *Lorenz*, in: Däubler, § 3 TVG, RdNr. 242; *Oetker*, in: Wiedemann, § 3 TVG, RdNr. 314. Einschränkend jedoch *Kempen/Zachert*, § 3 TVG, RdNr. 166.

41 BAG vom 29.01.1975, AP Nr. 8 zu § 4 TVG Nachwirkung; BAG vom 22.07.1998, AP Nr. 32 zu § 4 TVG Nachwirkung; BAG vom 20.09.2006 – 10 AZR 770/05 – n. v.; *Däubler*, Tarifvertragsrecht, RdNr. 333; *Ebeling*, Die Bezugnahme auf Tarifverträge im Arbeitsvertrag, S. 52 f.; *B. Gaul*, NZA 1998, S. 9, 11; *v. Hoyningen-Huene*, RdA 1974, S. 138, 150; *Lorenz*, in: Däubler, § 3 TVG, RdNr. 243; *Löwisch/Rieble*, § 3 TVG, RdNr. 299; *Kempen/Zachert*, § 3 TVG, RdNr. 168; *Oetker*, in: Wiedemann, § 3 TVG, RdNr. 324.

42 Treffend *Lorenz*, in: Däubler, § 3 TVG, RdNr. 243.

sung zur Geltung zu verhelfen.[43] Das von ihnen übereinstimmend Gewollte ist ausschließlich durch Auslegung des Arbeitsvertrages zu bestimmen, wenngleich die Interpretation von Bezugnahmevereinbarungen regelmäßig ergeben wird, nur die Tarifbestimmungen einzelvertraglich zu übernehmen, die ihrerseits tarifrechtlich wirksam sind.[44] Dies folgt unter anderem aus dem mit der Klausel beabsichtigten Zweck, die Gleichbehandlung von tarifgebundenen und nichttarifgebundenen Arbeitsverhältnissen sicherzustellen.[45] Eine individualvertragliche Übernahme von unwirksamen Tarifinhalten wird somit nur dann in Betracht kommen, sofern beide Arbeitsvertragsparteien dies ausdrücklich vereinbaren.

c) Teil- und Einzelverweisung

Von der Inbezugnahme des ganzen Tarifvertrages ist die Teil- und Einzelverweisung auf tarifvertragliche Arbeitsbedingungen zu unterscheiden. Im Unterschied zur vollständigen Übernahme eines Tarifvertrages hat die schuldrechtliche Anwendung von einzelnen Tarifbestimmungen bzw. Regelungskomplexen den Vorteil, dass der Vertragssteller einen auf seine Bedürfnisse abgestimmten Arbeitsvertrag entwerfen kann. In Frage zu stellen ist allerdings, ob das Bezugnahmeobjekt hierdurch noch an der materiellen Richtigkeitsgewähr des gesamten Tarifvertrages teilnimmt.[46] Schon Teilverweisungen bergen die Gefahr in sich, dass dem Arbeitnehmer kraft Bezugnahmevereinbarung nur einseitig belastende Regelungen auferlegt werden. Obgleich eine Teil- und Einzelverweisung damit nicht frei von Bedenken ist, hat die Rechtsprechung vereinzelte Einwände des Schrifttums[47] gegen die Zulässigkeit derartiger Vertragsabreden jedoch mit Recht zurückgewiesen.[48] Teil- und Einzelverweisungen sind schon deswegen von der Privatautono-

---

43 *Däubler*, Tarifvertragsrecht, RdNr. 337; *Ebeling*, Die Bezugnahme auf Tarifverträge im Arbeitsvertrag, S. 75 f.; *Gamillscheg*, Kollektives Arbeitsrecht I, S. 737; *Lorenz*, in: Däubler, § 3 TVG, RdNr. 243; *Löwisch/Rieble*, in: MünchArbR, § 269, RdNr. 16; *Oetker*, in: Wiedemann, § 3 TVG, RdNr. 320; *Reichel*, Die arbeitsvertragliche Bezugnahme auf den Tarifvertrag, S. 8.

44 *Ebeling*, Die Bezugnahme auf Tarifverträge im Arbeitsvertrag, S. 75 f.; *Etzel*, NZA 1987, Sonderbeilage Heft 1, S. 19, 26; *Preis*, Grundfragen der Vertragsgestaltung im Arbeitsrecht, S. 393.

45 *Gamillscheg*, Kollektives Arbeitsrecht I, S. 731; *Hanau/Kania*, Festschrift für Schaub, S. 239, 245 f.; *Kempen/Zachert*, § 3 TVG, RdNr. 181; *Löwisch/Rieble*, § 3 TVG, RdNr. 227; *Preis*, Grundfragen der Vertragsgestaltung im Arbeitsrecht, S. 391.

46 Hierauf hinweisend unter anderem *Hanau/Kania*, Festschrift für Schaub, S. 239, 245.

47 Vgl. in diesem Zusammenhang noch *Kempen/Zachert* (3. Auflage), § 3 TVG, RdNr. 85; sowie *Lorenz*, in: Däubler, § 3 TVG, RdNr. 237.

48 BAG vom 19.01.1999, AP Nr. 9 zu § 1 TVG Bezugnahme auf Tarifvertrag. Aus dem Schrifttum unter anderem zustimmend *Annuß*, BB 1999, S. 2558, 2558; *Bauschke*, ZTR 1993, S. 416, 417; *Ebeling*, Die Bezugnahme auf Tarifverträge im Arbeitsvertrag, S. 99

mie gedeckt, weil es den Arbeitsvertragsparteien nicht verwehrt ist, einzelne Tarifbestimmungen inhaltsgleich in den Arbeitsvertragstext aufzunehmen.[49]

Zumindest für die Wirksamkeit von Teilverweisungen streitet daneben auch die Bezugnahme aufgrund gesetzlicher Zulassung. Dies gibt bereits der Wortlaut von § 13 Abs. 1 Satz 2 BUrlG als auch von § 4 Abs. 4 Satz 2 EFZG eindeutig zu erkennen, wenn die betreffenden Zulassungsnormen gegenüber nichttarifgebunden Arbeitvertragsparteien ausdrücklich die schuldrechtliche Anwendung der von gesetzlichen Mindestarbeitsbedingungen abweichenden „tarifvertraglichen Urlaubsregelungen" bzw. Bestimmungen über „die Fortzahlung des Arbeitsentgeltes im Krankheitsfall" gestatten. Entsprechendes erschließt sich auch aus der Gesetzessystematik. So fordert der Gesetzgeber lediglich in § 48 Abs. 2 Satz 2 ArbGG als auch gemäß § 89a Abs. 2 SeemG die einzelvertragliche Übernahme des „gesamten" Tarifvertrages. Ist im Umkehrschluss hieraus somit bereits für das tarifdispositive Arbeitnehmerschutzrecht die vollständige Inbezugnahme eines Tarifvertrages nicht zwingend zu verlangen, gilt dies für allgemeine Teilverweisungen, die nicht auf gesetzlichen Zulassungsnormen basieren, erst recht.

Gleichermaßen ist auch die vereinzelte Inanspruchnahme von Tarifbestimmungen durch Art. 2 Abs. 1 GG gedeckt.[50] Ob in diesem Zusammenhang allerdings noch von der inhaltlichen Angemessenheit des Bezugnahmeobjekts auszugehen ist, soll an dieser Stelle nicht entschieden werden.[51] In der Frage der vertragsrechtlichen Zulässigkeit entsprechender Vereinbarungen ist lediglich das Bestimmtheitsgebot zu beachten.[52] Insofern muss der Arbeitgeber als Vertragssteller klar herausarbeiten, welchem Komplex des Tarifvertrages bzw. welchen einzelnen

---

ff.; *Franzen*, in: ErfK, § 3 TVG, RdNr. 34; *Gamillscheg*, Kollektives Arbeitsrecht I, S. 739; *D. Gaul*, ZTR 1991, S. 188, 193; *Hanau/Kania*, Festschrift für Schaub, S. 239, 245; *Hromadka/Maschmann/Wallner*, Tarifwechsel, RdNr. 78; *Löwisch/Rieble*, in: MünchArbR, § 269, RdNr. 16; *Oetker*, in: Wiedemann, § 3 TVG, RdNr. 314; *Preis*, Grundfragen der Vertragsgestaltung im Arbeitsrecht, S. 397; *Reichel*, Die arbeitsvertragliche Bezugnahme auf den Tarifvertrag, S. 38; *Schaub*, Arbeitsrechts-Handbuch, § 208, RdNr. 12. In Abkehr zur bisherigen Auffassung nunmehr auch *Kempen/Zachert*, TVG, § 3 RdNr. 158.

49 Treffend *Kempen/Zachert*, § 3 TVG, RdNr. 158 f. und 173; sowie *Oetker*, Anm. zu BAG, AP Nr. 9 zu § 1 TVG Bezugnahme auf Tarifvertrag, Bl. 8 R.

50 Statt aller BAG vom 19.01.1999, AP Nr. 9 zu § 1 TVG Bezugnahme auf Tarifvertrag; *Ebeling*, Die Bezugnahme auf Tarifverträge im Arbeitsvertrag, S. 103; *Etzel*, NZA 1987, Sonderbeilage Heft 1, S. 19, 25 f.; *Kempen/Zachert*, § 3 TVG, RdNr. 172 f.; *Oetker*, in: Wiedemann, § 3 TVG, RdNr. 315; *Preis*, Grundfragen der Vertragsgestaltung im Arbeitsrecht, S. 397.

51 Zur Inhaltskontrolle tarifvertraglicher Arbeitsbedingen ausführlich unter § 8 C.

52 *Preis*, Grundfragen der Vertragsgestaltung im Arbeitsrecht, S. 397.

Tarifbestimmungen als integraler Bestandteil des Arbeitsvertrages zur Geltung zu verhelfen ist.

d) Dynamische Verweisung

Wollen die Arbeitsvertragsparteien zudem eine flexible Anwendung des einbezogenen Tarifvertrages erreichen, gestattet die Vertragsfreiheit neben der Verwendung von statischen Verweisungen auch die Vereinbarung eines dynamischen Bezugnahmeverfahrens, wobei letzteres sowohl in zeitlicher als auch in inhaltlicher Hinsicht eine Differenzierung ermöglicht.[53] Nachfolgend ist daher zwischen „kleiner" und „großer" dynamischer Bezugnahmeklausel zu unterscheiden.[54]

aa) Kleine dynamische Bezugnahmeklausel

Bei der Aufnahme einer kleinen dynamischen Verweisung in den Vertragstext grenzen Arbeitgeber und Arbeitnehmer das einbezogenen Tarifwerk bzw. den einbezogenen Tarifvertrag branchenmäßig ein. Der Arbeitsvertrag enthält dann eine Vereinbarung auf „die Tarifverträge der XY-Industrie in ihrer jeweils gültigen Fassung". Die Bezugnahmevereinbarung ermöglicht hierdurch zwar keinen Wechsel des Tarifsystems, trägt aber der Zukunftsbezogenheit des Arbeitsverhältnisses insoweit Rechnung, als dass dessen Durchführung an die stetige Fortentwicklung des in der Klausel benannten Branchentarifes geknüpft ist. Dabei steht es den Arbeitsvertragsparteien im Übrigen frei, die für sie maßgeblichen Arbeitsbedingen dem einschlägigen oder einem fremden Tarifniveau anzupassen.

bb) Große dynamische Bezugnahmeklausel

Arbeitsvertragliche Bezugnahmen „auf die für den Betrieb jeweils geltenden bzw. einschlägigen Tarifverträge" gestatten dagegen eine Flexibilisierung des Bezugnahmeobjekts sowohl in zeitlicher als auch in inhaltlicher Hinsicht. Eine solche Verweisung, von der Rechtsprechung zuweilen auch Tarifwechselklausel genannt,[55] führt grundsätzlich dazu, dass der Arbeitnehmer an den Tarifvertrag

---

[53] Zur Zulässigkeit dynamischer Bezugnahmevereinbarungen statt aller BAG vom 04.09.1996, AP Nr. 5 zu § 1 TVG Bezugnahme auf Tarifvertrag; BAG vom 30.08.2000, AP Nr. 12 zu § 1 TVG Bezugnahme auf Tarifvertrag; BAG vom 16.10.2002, AP Nr. 22 zu § 1 TVG Bezugnahme auf Tarifvertrag; *Ebeling*, Die Bezugnahme auf Tarifverträge im Arbeitsvertrag, S. 140 ff.; *Hanau*, NZA 2005, S. 489, 491 f.; *Hromadka/Maschmann/Wallner*, RdNr. 111 ff.; *Lorenz*, in: Däubler, § 3 TVG, RdNr. 230; *Kempen/Zachert*, § 3 TVG, RdNr. 176 ff.; sowie *Reichel*, Die arbeitsvertragliche Bezugnahme auf den Tarifvertrag, S. 44 ff. m. w. N.

[54] Begriffspaarung nach *Hromadka/Maschmann/Wallner*, Tarifwechsel, RdNr. 119.

[55] BAG vom 30.08.2000, AP Nr. 12 zu § 1 TVG Bezugnahme auf Tarifvertrag; BAG vom 16.10.2002, AP Nr. 22 zu § 1 TVG Bezugnahme auf Tarifvertrag.

schuldrechtlich gebunden wird, der gegenüber dem Arbeitgeber jeweils aufgrund Verbandszugehörigkeit, Firmentarifvertrag oder Allgemeinverbindlichkeitserklärung gilt.[56] Hierfür ist es nach Ansicht des 4. Senats des BAG entscheidend, dass der im Arbeitsvertrag zunächst als einschlägig bezeichnete Tarifvertrag auch derjenige ist, in dessen Geltungsbereich der Betrieb fällt und an den der Arbeitgeber ebenfalls tarifgebunden ist.[57] Mit Blick auf die Vertragsfreiheit ist letzteres allerdings nicht zwingend. Vielmehr ist es genauso denkbar, dass ein bei Arbeitsvertragsschluss nichttarifgebundener Arbeitgeber vorerst auf den für den Betrieb einschlägigen Tarifvertrag verweist, zugleich aber auch mögliche Änderungen im anzuwendenden Tarifsystem berücksichtigen möchte.[58]

2. Bezugnahme aufgrund gesetzlicher Zulassung

Mit Blick auf das tarifdispositive Arbeitnehmerschutzrecht sind der Privatautonomie indes Grenzen gesetzt. Unter tarifdispositiven Normen versteht man Gesetzesregelungen, die lediglich für die Arbeitsvertrags- bzw. Betriebsparteien halbzwingend ausgestaltet sind. Dagegen können Tarifverträge auch zum Nachteil des Arbeitnehmers abweichende Vereinbarungen von gesetzlichen Mindestarbeitsbedingungen enthalten. Hierdurch berücksichtigt der Gesetzgeber die Tarifautonomie der Koalitionen und bestätigt zugleich die Richtigkeitsgewähr und Ordnungsfunktion tarifvertraglicher Arbeitsbedingungen.[59]

Gestattet ist allerdings, die vom Mindeststandard des Arbeitnehmerschutzrechts abweichenden Tarifbestimmungen einzelvertraglich zur Anwendung zu bringen (sog. Bezugnahme aufgrund gesetzlicher Zulassung). Dafür spricht, dass der mit der Tarifdispositivität gesetzlicher Regelungen verfolgte Zweck auch auf der Grundlage des Arbeitsvertrages umsetzbar ist. Maßgeblich ist somit nicht der Geltungsgrund eines Tarifvertrages, sondern dessen Zustandekommen unter den Funktionsvoraussetzungen des Tarifvertragssystems.[60] Daneben trägt die gesetzliche Ausdehnung des Tarifvertrages auch der Schaffung einheitlicher Arbeitsbedingungen Rechnung.[61] Die Gleichstellung von tarifgebundenen und nichttarifgebundenen Arbeitnehmern ist teils betrieblich-organisatorisch veranlasst, andererseits aber auch sozialpolitisch notwendig, um die tarifgebundenen Arbeitnehmer

56 *Hanau*, NZA 2005, S. 489, 492.

57 BAG vom 16.10.2002, AP Nr. 22 zu § 1 TVG Bezugnahme auf Tarifvertrag.

58 Ebenso *Hanau*, NZA 2005, S. 489, 492.

59 Dazu unter anderem *Bock*, Tarifdispositives Arbeitnehmerschutzrecht und Tarifautonomie, S. 178 f.; *Richardi*, in: MünchArbR, § 12, RdNr. 17.

60 *Richardi*, in: MünchArbR, § 12, RdNr. 17.

61 *Oetker*, in: Wiedemann, § 3 TVG, RdNr. 376.

im Ergebnis nicht schlechter zu stellen, als die nichttarifgebundenen Mitarbeiter.[62] Daneben schützen die gesetzlichen Zulassungsnormen aber auch den nichtverbandsgebundenen Arbeitgeber im Wettbewerb.[63] Dieser soll keine Nachteile dadurch erleiden, weil es ihm wegen fehlender Tarifbindung verwehrt ist, die von gesetzlichen Mindestarbeitsbedingungen abweichenden Tarifbestimmungen innerhalb seines Betriebes anzuwenden.

a) Geltungsbereich des Tarifvertrages

Gesetzlich Bezugnahmeermächtigungen finden sich unter anderem in § 13 Abs. 1 Satz 2 BUrlG; § 4 Abs. 4 Satz 2 EFZG; § 622 Abs. 4 Satz 2 BGB; § 17 Abs. 3 Satz 2 BetrAVG; § 7 Abs. 3 Satz 1 ArbZG; § 89a SeemG; § 21a Abs. 2 JArbSchG; §§ 12 Abs. 3 Satz 2, 13 Abs. 4 Satz 2, 14 Abs. 2 Satz 4, 22 Abs. 2 TzBfG sowie den §§ 48 Abs. 2, 101 Abs. 2 Satz 3 ArbGG. Hierbei gilt es mit Blick auf den Zweck der tarifoffenen Regelungsmaterie zu berücksichtigen, dass der durch das Gesetz gewährleistete Mindeststandard nicht in der Weise umgangen wird, nachteilige Tarifbestimmungen zum Bestandteil des Arbeitsvertrages zu machen, ohne zugleich sicherzustellen, dass das Bezugnahmeobjekt auch auf der Grundlage des Arbeitsvertrages seine Schutzfunktion erfüllt. Wie bereits zu Beginn erwähnt, ist Ziel der Bezugnahme aufgrund gesetzlicher Zulassung, die durch die einzelvertragliche Unabdingbarkeit der tarifdispositiven Vorschriften hervorgerufene Begrenzung der Privatautonomie für den Fall aufzuheben, in dem der Vertragsinhalt mit den von gesetzlichen Mindestarbeitsbedingungen abweichenden Tarifbestimmungen identisch ist.[64] Nach den Vorstellungen des Gesetzgebers wird so garantiert, dass der von den Verbänden ausgehandelte Tarifinhalt auch gegenüber dem einbeziehenden Arbeitsverhältnis angemessen ist. Infolgedessen verlangen die Zulassungsnormen aber normenübergreifend eine Verweisung auf die Tarifverträge, die das Arbeitsverhältnis räumlich, fachlich und personell erfassen. Der Gesetzeswortlaut verweist in diesem Zusammenhang teils auf die „Einschlägigkeit" des Tarifvertrages (§ 17 Abs. 3 Satz 2 BetrAVG und § 13 Abs. 1 Satz 2 BUrlG), andererseits aber auch auf dessen „Geltungsbereich" (§ 7 Abs. 3 Satz 1 ArbZG; § 622 Abs. 4 Satz 2 BGB und § 4 Abs. 4 Satz 2 EFZG).[65]

---

62 *Oetker*, in: Wiedemann, § 3 TVG, RdNr. 376.

63 *Oetker*, in: Wiedemann, § 3 TVG, RdNr. 377.

64 *Bock*, Tarifdispositives Arbeitnehmerschutzrecht und Tarifautonomie, S. 173.

65 Hiervon abweichende Regelungen finden sich lediglich in § 22 Abs. 2 TzBfG sowie § 7 Abs. 3 Satz 3 ArbZG, wenngleich beide Zulassungsnormen vor einem gesonderten Hintergrund zu erklären sind. So ist der durch die öffentliche Hand bezuschusste Arbeitnehmer oftmals durch Auflagen verpflichtet, die für den öffentlichen Dienst maßgebenden Tarifverträge anzuwenden. Gelten hier Tarifbestimmungen i. S. v. § 22 Abs. 2 TzBfG oder § 7 Abs. 3 Satz 2 ArbZG, ohne dass deren einzelvertragliche Übernahme gesichert ist, wäre allen außerhalb des öffentlichen Dienstes stehenden aber öffentlich finanzierten Ar-

Muss im Arbeitsvertrag demnach auf den Tarifvertrag Bezug genommen werden, der bei Tarifbindung der Arbeitsvertragsparteien gelten würde, kann mitunter die Situation eintreten, dass der Geltungsbereich mehrerer von gesetzlichen Mindestarbeitsbedingungen abweichender Tarifverträge eröffnet ist. Für die Arbeitsvertragsparteien stellt sich dann die Frage, auf welchen der einschlägigen Regelwerke die Bezugnahme möglich ist.

Da der Wortlaut der Zulassungsnormen insoweit offen ist, kann von der Einschlägigkeit eines Tarifvertrages bereist dann ausgegangen werden, wenn sein Geltungsbereich im Allgemeinen eröffnet ist. Arbeitgeber und Arbeitnehmer stünde somit ein Wahlrecht zu, welchem der betreffenden Normenverträge der Vorrang gebührt.[66] Vertretbar erscheint aber auch, die geforderte Einschlägigkeit den tarifrechtlichen Vorgaben zur Auflösung von Tarifkollisionen zu unterstellen. In Anlehnung an den Grundsatz der Spezialität[67] wäre demnach lediglich der Tarifvertrag anzuwenden, der den spezifischen Besonderheiten des Betriebes am besten Rechnung trägt.[68]

Zur Lösung des Problems liegt der Schwerpunkt der Argumentation erneut auf dem Regelungszweck der tarifoffenen Gesetzesmaterie. Tarifdispsoitives Recht eröffnet den Koalitionen die Möglichkeit, sachnahe und somit angemessene Regelungen für einen bestimmten Wirtschaftszweig zu schaffen, da Arbeitgeber und Arbeitnehmer wegen des fehlenden Verhandlungsgleichgewichts bei der Aushandlung von Arbeitsbedingungen hierzu nicht in der Lage sind. Ist für die Tarifdispositivität gesetzlicher Mindestarbeitsbedingungen somit aber allein die Rich-

---

beitgebern eine entsprechende Abweichung vorenthalten. Mit § 22 Abs. 2 TzBfG als auch § 7 Abs. 3 Satz 3 ArbZG stellt der Gesetzgeber daher allgemein sicher, dass der Verwaltungsaufwand für die aus öffentlichen Mitteln geförderten Einrichtungen in den Grenzen gehalten wird, die gleichermaßen für den Staat gelten. Infolgedessen erweisen sich beide Vorschriften als Ausnahmetatbestände, die weder Einfluss auf den Grundsatz der Bezugnahmetauglichkeit des von gesetzlichen Mindestarbeitsbedingungen abweichenden Tarifvertrages ausüben, noch im Wege der Rechtsfortbildung auf andere Zulassungsnormen anzuwenden sind. Vgl. in diesen Zusammenhang unter anderem *Baeck/Deutsch*, § 7 ArbZG, RdNr. 129; *Meinel/Heyn/Herms*, § 22 TzBfG, RdNr. 12; sowie *Thüsing*, in: Annuß/Thüsing, § 22 TzBfG, RdNr. 16 m. w. N.

66 So *Neumann/Biebl*, § 7 ArbZG, RdNr. 45. Wohl auch *Richardi*, ZfA 1971, S. 73, 85, der feststellt, dass die Bezugnahme nur auf die Tarifverträge beschränkt ist, deren Geltungsbereich eröffnet ist, dass die Arbeitsvertragsparteien aber dennoch bei Überschneidungen der Geltungsbereiche die Wahl zwischen mehreren tarifvertraglichen Regelungen haben.

67 Vgl. in diesem Zusammenhang BAG vom 20.03.1991, AP Nr. 20 zu § 4 TVG Tarifkonkurrenz; BAG vom 28.05.1997, AP Nr. 26 zu § 4 TVG Tarifkonkurrenz; BAG vom 23.03.2005, AP Nr. 29 zu § 4 TVG Tarifkonkurrenz; *Däubler*, Tarifvertragsrecht, RdNr. 1490 ff.; *Hromadka/Maschmann/Wallner*, Tarifwechsel, RdNr. 139 ff.

68 So unter anderem *Bock*, Tarifdispositives Arbeitnehmerschutzrecht und Tarifautonomie, S. 178 f.

tigkeitsgewähr von Tarifbestimmungen maßgebend, ist diese anhand objektiver Kriterien festzustellen und darf nicht zur Disposition der Arbeitsvertragparteien stehen.[69] Infolgedessen bestimmt sich die Einschlägigkeit eines Tarifvertrages anhand der Grundsätze zur Auflösung von Tarifkollisionen bei Tarifkonkurrenz. Hierdurch ist unter Hinweis auf den Grundsatz der Spezialität nur der Normenvertrag einer Übernahme als integraler Bestandteil des Arbeitsvertrages zugänglich, der den Bedürfnissen und Eigenheiten des Betriebes am meisten gerecht wird.

b) Mindestumfang der Bezugnahmevereinbarung

Zweifelsfragen wirft auch der Umfang der Verweisungsabrede auf, obgleich schon an anderer Stelle gezeigt wurde,[70] dass eine vollständige Übernahme des von gesetzlichen Mindestarbeitsbedingungen abweichenden Tarifvertrages nicht zwingend zu fordern ist. Besondere Aufmerksamkeit verdienen damit die Bezugnahmeermächtigungen, die wie § 622 Abs. 4 Satz 2 BGB und § 14 Abs. 2 Satz 4 TzBfG allgemein anordnen, dass die Arbeitsvertragsparteien im Geltungsbereich eines Tarifvertrages die Anwendung der abweichenden tarifvertraglichen Regelungen vereinbaren können. Angesichts des Wortlauts scheint demnach auch die Möglichkeit eröffnet zu sein, Tarifbestimmungen lediglich vereinzelt in den Arbeitsvertrag aufzunehmen.[71] Hiergegen bestehen aber teleologische Bedenken.

Wiederum ist darauf hinzuweisen, dass für die Tarifdispositivität gesetzlicher Mindestarbeitsbedingungen nicht der Geltungsgrund eines Tarifvertrages, sondern dessen Zustandekommen unter den Funktionsvoraussetzungen des Tarifvertragssystems maßgebend ist. Deshalb bleibt zu berücksichtigen, dass die mit der Bezugnahme aufgrund gesetzlicher Zulassung eröffnete Möglichkeit zur Arbeitsvertragsgestaltung aus der vermuteten Sachgerechtigkeit der betreffenden Tarifinhalte hervorgeht. Ließe man daher eine individuelle Verweisung zu, die sich lediglich auf den verschlechternden Teil des Tarifvertrages beschränkt, wäre die Grundentscheidung des halbzwingenden Charakters gesetzlicher Mindestarbeitsbedingungen umgangen.[72] Infolgedessen muss der auf Tarifebene erzielte Interessenausgleich auch auf einzelvertraglicher Ebene durchschlagen. Dies erfordert aber, dass sämtliche Vor- und Nachteile der tarifoffenen Gesetzesmaterie in einem angemessenen Verhältnis zueinander stehen.

Ungeachtet der vollständigen Übernahme eines Tarifvertrages ist hierzu lediglich die Teilverweisung in der Lage. Zumindest die arbeitsvertragliche Bezug-

---

69 Treffend *Bock*, Tarifdispositives Arbeitnehmerschutzrecht und Tarifautonomie, S. 179.

70 Vgl. dazu erneut unter § 2 B II 1 c).

71 So ausdrücklich *Meinel/Heyn/Herms*, § 14 TzBfG, RdNr. 96.

72 *Richardi*, ZfA 1971, S. 73, 87.

nahme auf einen in sich geschlossenen Komplex des betreffenden Normenvertrags bietet die Gewähr, einen ausgewogenen Regelungsgegenstand in Anspruch zu nehmen. Die vereinzelte Übernahme von Tarifbestimmungen kann dieser Intention jedoch nicht genügen. Abgesehen von den Fällen, in denen der Gesetzgeber die Einbeziehung des gesamten Tarifvertrages ausdrücklich anordnet, verlangt die Bezugnahme aufgrund gesetzlicher Zulassung somit eine vollständige Verweisung auf den betreffenden von gesetzlichen Mindestarbeitsbedingungen abweichenden Tarifkomplex.[73]

c) *Bezugnahme im Nachwirkungszeitraum des Tarifvertrages*

Des Weiteren ist klärungsbedürftig, ob die Bezugnahme aufgrund gesetzlicher Zulassung an der Nachwirkung eines Tarifvertrages teilnehmen kann. Auch in dieser Frage besteht für das tarifdispositive Arbeitnehmerschutzrecht die Besonderheit, dass die arbeitsvertragliche Verweisung von der Wirksamkeit des Bezugnahmeobjekts abhängt. Deswegen ist vorab zu untersuchen, inwieweit ein von gesetzlichen Mindestarbeitsbedingungen abweichender Tarifvertrag im Stadium der Nachwirkung seine Vorrangwirkung gegenüber der tarifdispositiven Gesetzesmaterie verliert.

aa) *Vorrang des nachwirkenden Tarifvertrages*

In der Frage der Vorrangwirkung hat das BAG lediglich mittelbar in Bezug auf § 13 BUrlG Stellung bezogen. In seinem Urteil aus dem Jahr 1978 entschied der 6. Senat, dass den Arbeitsvertragsparteien auch im Zeitraum der Nachwirkung des Tarifvertrages eine Verweisung i. S. d. § 13 Abs. 1 Satz 2 BUrlG erlaubt sei.[74] Damit stellt das Gericht zugleich klar, dass tarifdispositive Vorschriften ebenfalls hinter nachwirkende Tarifnormen zurücktreten.

Teile des Schrifttums[75] bezweifeln allerdings die Vorrangwirkung lediglich nachwirkender Tarifbestimmungen. Die Abweichung von gesetzlichen Mindest-

---

73 Vgl. nur *Bock*, Tarifdispositives Arbeitnehmerschutzrecht und Tarifautonomie, S. 184 ff.; *Franzen*, in: ErfK, § 3 TVG, RdNr. 35; *Lorenz*, in: Däubler, § 3 TVG, RdNr. 267; *Müller-Glöge*, in: ErfK, § 622 BGB, RdNr. 83; *Neumann/Fenski*, § 13 BUrlG, RdNr. 23; *Reichel*, Die arbeitsvertragliche Bezugnahme auf den Tarifvertrag, S. 17; *Richardi*, ZfA 1971, S. 73, 87. Anders dagegen *Kempen/Zachert*, § 3 TVG, RdNr. 175, die die Wirksamkeit der Bezugnahme aufgrund gesetzlicher Zulassung von der Übernahme des gesamten Tarifvertrages abhängig machen wollen. Einschränkend auch *Oetker*, in: Wiedemann, § 3 TVG, RdNr. 394, der eine Bezugnahme auf das gesamte Tarifwerk immer dann verlangt, wenn infolge der besonderen Bedingungen einer Branche die Ausgeglichenheit der Arbeitsbedingungen nur durch eine Globalbezugnahme hergestellt werden kann.

74 BAG vom 27.06.1978, AP Nr. 12 zu § 13 BUrlG.

75 So *Däubler*, Tarifvertragsrecht, RdNr. 1461; *Lieb*, ZfA 1970, S. 197, 204 f.

arbeitsbedingungen sei nur aufgrund eines „voll wirksamen“ Tarifvertrages hinnehmbar. Hieran fehle es aber, da im Zeitraum der Nachwirkung ein Tarifvertrag nicht mehr auf der Willensentscheidung der Tarifvertragsparteien beruhe, sondern ausschließlich auf staatlichem Recht.[76]

Betrachtet man jedoch den Wortlaut von § 4 Abs. 5 TVG, so differenziert das Gesetz, anders als in § 3 Abs. 2 TVG, nicht nach Art und Qualität von Tarifbestimmungen. Tarifverträge wirken daher bis zur ihrer Ersetzung unabhängig davon nach, ob diese gesetzliche Mindestarbeitsbedingungen abändern oder nicht.[77]

Darüber hinaus besteht aber auch hinsichtlich des Zwecks der tarifdispositiven Gesetzesmaterie keine Notwendigkeit, die Vorrangwirkung abweichender Tarifbestimmungen allein auf ihren zeitlichen Geltungsbereich zu beschränken. Nach den Vorstellungen des Gesetzgebers kommt den Tarifvertragsparteien eine erhöhte Richtigkeitsgewähr ihrer ausgehandelten Arbeitsbedingungen zu, die es erlaubt, auch zum Nachteil des Arbeitnehmers von gesetzlichen Mindestarbeitsbedingungen abzuweichen. Den hierdurch erzielten Interessenausgleich jedoch nur an die vereinbarte Laufzeit des Tarifvertrages zu binden, wäre verfehlt, da tarifdipsoitive Arbeitnehmerschutzvorschriften auch bei Verlust der normativen Wirkung von Tarifbestimmungen ihren halbzwingenden Charakter gegenüber den Arbeitsvertragsparteien einnehmen. Dementsprechend erfüllt der Tarifvertrag auch im Stadium der Nachwirkung seine Schutzfunktion,[78] so dass kein Anlass zu der Annahme besteht, der Gesetzgeber habe den Vorrang tarifvertraglicher Normen ausschließlich für ihren zeitlichen Geltungsbereich festlegen wollen.[79]

bb) Konsequenz für die Bezugnahmetauglichkeit

Hierauf aufbauend ist nun zu untersuchen, ob das zur Vorrangwirkung des nachwirkenden Tarifvertrages erarbeitete Ergebnis auch auf die entsprechende Zuläs-

---

76 Vgl. in diesem Zusammenhang unter anderem BAG vom 29.01.1975, AP Nr. 8 zu § 4 TVG Nachwirkung; BAG vom 22.07.1998, AP Nr. 32 zu § 4 TVG Nachwirkung; BAG vom 15.10.2003, AP Nr. 41 zu § 4 TVG Nachwirkung; *Jacobs*, Tarifeinheit und Tarifkonkurrenz, S. 134 f.; sowie *Heinze*, Festschrift für Schaub, S. 275, 278 f.

77 Ausführlich dazu *Bock*, Tarifdispositives Arbeitnehmerschutzrecht und Tarifautonomie, S. 99 ff.

78 *Knorr*, RdA 1979, S. 201, 204 und 206; *Wiedemann*, Anm. zu BAG, AP Nr. 8 zu § 4 TVG Nachwirkung, Bl. 5 R. Für eine tarifvertragliche Ordnungsfunktion auch *Hanspach*, Umfang der Nachwirkung betrieblicher und betriebsverfassungsrechtlicher Tarifnormen, S. 54 f.

79 Allgemeine Auffassung vgl. nur *Bock*, Tarifdispositives Arbeitnehmerschutzrecht und Tarifautonomie, S. 99 ff.; *Gamillscheg*, Kollektives Arbeitsrecht I, S. 876; *Leinemann/Linck*, Urlaubsrecht, § 13 BUrlG, RdNr. 23; *Löwisch/Rieble*, § 4 TVG, RdNr. 373; *Neumann/Fenski*, § 13 BUrlG, RdNr. 12; *Oetker*, in: Wiedemann, § 3 TVG, RdNr. 397; *Stein*, Tarifvertragsrecht, RdNr. 133.

sigkeit einer einzelvertraglichen Verweisung ausstrahlt. Dabei ist normenübergreifend festzustellen, dass die Bezugnahme aufgrund gesetzlicher Zulassung stets die Einschlägigkeit des von gesetzlichen Mindestarbeitsbedingungen abweichenden Tarifvertrages voraussetzt. Aus tarifrechtlicher Sicht erfasst dies allerdings auch den zeitlichen Geltungsbereich, so dass es an der Bezugnahmetauglichkeit lediglich nachwirkender Tarifbestimmungen insofern fehlen könnte.[80]

Unter Hinweis auf die ständige Rechtsprechung, wonach ein im Nachwirkungszeitraum des Tarifvertrages begründetes Arbeitsverhältnis tarifrechtlich nicht von dessen Bestimmungen erfasst werde, lehnte anfänglich auch das BAG die arbeitsvertragliche Übernahme eines gemäß § 4 Abs. 5 TVG geltenden Tarifvertrages ab.[81] In seiner Nachfolgentscheidung zu § 13 Abs. 1 Satz 2 BUrlG hat das Gericht nunmehr allerdings anders entschieden.[82] Das BAG begründet seinen Rechtsprechungswechsel dabei im Wesentlichen anhand des Zwecks der Norm. Der Gesetzgeber wolle mit § 13 Abs. 1 Satz 2 BGB eine breite Anwendung des tariflichen Urlaubsrechts und somit eine gleichmäßige Behandlung aller Arbeitnehmer erreichen.[83] Würde die Bezugnahmetauglichkeit dagegen auf den zeitlichen Geltungsbereich des Tarifvertrages beschränkt, wäre die Vereinheitlichung von Urlaubsbedingungen eines Betriebes erheblich gefährdet.

Mit Recht hat sich auch der überwiegende Teil im Schrifttum dieser Auffassung angeschlossen.[84] Wiederum ist festzustellen, dass für die Tarifdispositivität gesetzlicher Mindestarbeitsbedingungen nicht der Geltungsgrund des Tarifvertrages entscheidet, sondern sein Zustandekommen unter den Funktionsvoraussetzungen des Tarifvertragsgesetzes ausschlaggebend ist. Bleibt bei nachwirkenden Tarifbestimmungen aber die Schutz- und Ordnungsfunktion erhalten, so dass unverändert von der Vorrangewirkung des Tarifvertrages auszugehen ist, besteht auch

---

80 Hierfür *Lieb*, ZfA 1970, S. 197, 205.

81 BAG vom 15.02.1965, AP Nr. 6 zu § 13 BUrlG. Zum Verhältnis von nachwirkendem Tarifvertrag und neu begründetem Arbeitsverhältnis vgl. nur BAG vom 06.06.1958, AP Nr. 1 zu § 4 TVG Nachwirkung; zuletzt BAG vom 07.11.2001, AP Nr. 11 zu § 3 TVG Verbandsautritt; BAG vom 11.06.2002, AP Nr. 113 zu § 87 BetrVG 1972 Lohngestaltung.

82 BAG vom 27.06.1978, AP Nr. 12 zu § 13 BUrlG.

83 BAG vom 27.06.1978, AP Nr. 12 zu § 13 BUrlG.

84 Statt aller *Bock*, Tarifdispositives Arbeitnehmerschutzrecht und Tarifautonomie, S. 181 ff.; *Dörner*, in: ErfK, § 13 BUrlG, RdNr. 55; *Ebeling*, Die Bezugnahme auf Tarifverträge im Arbeitsvertrag, S. 57 ff.; *Leinemann/Linck*, Urlaubsrecht, § 13 BUrlG, RdNr. 23; *Neumann/Fenski*, § 13 BUrlG, RdNr. 12; *Müller-Glöge*, in: ErfK, § 622 BGB, RdNr. 85; *Oetker*, in: Wiedemann, § 3 TVG, RdNr. 397; *Preis*, in: Staudinger, § 622 BGB, RdNr. 46; *Trieschmann*, Anm. zu BAG, AuR 1966, S. 284, 287 f.; *Schaub/Franzen*, in: EfK, § 3 TVG, RdNr. 49; *Stein*, Tarifvertragsrecht, RdNr. 249; *Wiedemann*, Anm. zu BAG, AP Nr. 12 zu § 13 BUrlG, Bl. 3 R f. m. w. N.

auf der Grundlage des Arbeitsvertrags kein Gebot, eine entsprechende Verweisung auf die Laufzeit des Tarifvertrages zu beschränken. Die Bezugnahme aufgrund gesetzlicher Zulassung erlaubt daher auch eine einzelvertragliche Übernahme lediglich nachwirkender Tarifbestimmungen.

C. Konstitutive / deklaratorische Wirkung arbeitsvertraglicher Bezugnahmen innerhalb eines tarifgebundenen Arbeitsverhältnisses

Ist eine der beiden Arbeitsvertragsparteien nicht tarifgebunden, wirkt eine arbeitsvertragliche Bezugnahmevereinbarung im Hinblick auf die übernommenen Tarifbestimmungen stets konstitutiv, da erst die vertragliche Abrede das Arbeitsverhältnis an der Geltung des Bezugnahmeobjekts teilnehmen lässt. Dessen ungeachtet und der standardisierten Verwendung von Arbeitsverträgen geschuldet, werden Verweisungen aber auch ungeachtet der Organisationszugehörigkeit von Arbeitgeber und Arbeitnehmer in den Vertragstext aufgenommen. In diesem Fall kann das Bezugnahmeobjekt zugleich kraft zwingendem Tarifrecht (§§ 4 Abs. 1 Satz 1, 3 Abs. 1 TVG) gelten, so dass sich ein Rückgriff auf den Arbeitsvertrag im Grundsatz erübrigt.

I. Meinungsstand in Rechtsprechung und Schrifttum

Während die herrschende Ansicht gleichwohl von der konstitutiven Wirkung arbeitsvertraglicher Bezugnahmevereinbarungen ausgeht,[85] unterscheiden Teile des Schrifttums[86] zwischen konstitutiven und deklaratorischen Verweisungen, wenn bei beiderseitiger Tarifbindung der Arbeitsvertragsparteien auf den einschlägigen Tarifvertrag verwiesen wird. Für diesen Fall sei die Klausel lediglich als Hinweis

---

85 Vgl. nur BAG vom 26.09.2001, AP Nr. 21 zu § 1 TVG Bezugnahme auf Tarifvertrag; BAG vom 27.11.2002, AP Nr. 29 zu § 1 TVG Bezugnahme auf Tarifvertrag; BAG vom 19.03.2003, AP Nr. 33 zu § 1 TVG Bezugnahme auf Tarifvertrag; BAG vom 17.01.2006, AP Nr. 40 zu § 1 TVG Bezugnahme auf Tarifvertrag; *Annuß*, Anm. zu BAG, RdA 2000, S. 178, 181; *ders.*, BB 1999, S. 2558, 2558; *ders.*, ZfA 2005, S. 405, 410 f.; *Däubler*, NZA 1996, S. 225, 228; *Ebeling*, Die Bezugnahme auf Tarifverträge im Arbeitsvertrag, S. 94 f.; *Feger*, AiB 1995, S. 490, 497; *B. Gaul*, Anm. zu BAG, BB 2000, S. 1086, 1087; *Hanau/Kania*, Festschrift für Schaub, S. 239, 248; *Hromadka*, DB 1996, S. 1872, 1877 f.; *Hromadka/Maschmann/Walnner*, Tarifwechsel, RdNr. 106; *Kania*, NZA 2000, Sonderbeilage Heft 3, S. 45, 46; *Lorenz*, in: Däubler, § 3 TVG, RdNr. 225 f.; *Löwisch/Rieble*, § 3 TVG, RdNr. 230; *Schliemann*, NZA 2003, Sonderbeilage Heft 16, S. 3, 6; *Seitz/Werner*, NZA 2000, S. 1257, 1260; *Thüsing/Lambrich*, RdA 2002, S. 193, 202.

86 *Etzel*, NZA 1987, Sonderbeilage Heft 1, S. 19, 25; *Frieges*, DB 1996, S. 1281, 1282; *Schaub*, ZTR 2000, S. 259, 259; *ders.*, Arbeitsrechts-Handbuch, § 208, RdNr. 3; *Schwab*, BB 1994, S. 781, 783.

auf die bestehende Tariflage zu verstehen, anhand dessen die Vertragspartner ausschließlich zu verstehen geben, dass sie eine einzelvertragliche Übernahme des in der Klausel benannten Bezugnahmeobjekts für überflüssig halten.[87] Mithin könne von einer konstitutiven Wirkung arbeitsvertraglicher Bezugnahmevereinbarungen nur ausgegangen werden, sofern ohne entsprechende Regelung im Arbeitsvertragstext eine Tarifanwendung entfällt[88] bzw. besondere Anhaltspunkte dafür vorliegen, dass die Arbeitsvertragsparteien ungeachtet eines möglichen Wegfalls der Tarifbindung, bspw. durch Verbandsaustritt, an der fortbestehenden Tarifentwicklung auch schuldrechtlich teilhaben wollen.[89]

Einen besonderen Weg beschreitet dagegen *Reichel*,[90] der zwischen teil-konstitutiven und teil-deklaratorischen Verweisungsabreden auf den einschlägigen Tarifvertrag unterscheiden will. Hierfür streite der Verwendungszweck der Klausel als „reine Gleichstellung", wodurch einzelvertraglich immer das maßgeblich sein soll, was bereits tarifrechtlich gilt. Dementsprechend sei die Verweisung für einen bei Arbeitsvertragsschluss tarifgebundenen Arbeitnehmer nur als Hinweis auf die tarifvertragliche Rechtslage zu verstehen. Was einzig bleibe, ist die nicht auszuschließende Möglichkeit eines Gewerkschaftswechsels bzw. Austritts, wenngleich die Arbeitsvertragsparteien auch in diesem Fall dafür Sorge tragen wollen, dass das Arbeitsverhältnis unverändert am tarifvertraglichen Niveau teilnimmt.[91] Für einen nicht verbandsangehörigen Arbeitnehmer stelle sich die Rechtslage dagegen umgekehrt dar. Infolgedessen sei hier von einer „quasi-konstitutiven" Wirkung (d. h. Verlust der konstitutiven Wirkung bei einem späteren Verbandsbeitritt) der Verweisungsabrede auszugehen, während für den organisierten Arbeitnehmer die Bezugnahmeklausel „quasi-deklaratorisch" (d. h. konstitutive Wirkung bei Wegfall der beiderseitigen Tarifgebundenheit) gelte.[92]

II. Stellungnahme

Ebenso wie die in einem Anerkennungstarifvertrag fixierte Verweisungsklausel ihren konstitutiven oder deklaratorischen Charakter dem Normensetzungswillen der Tarifpartner verdankt,[93] ist auch die Wirkungsweise arbeitsvertraglicher Be-

87 *Etzel*, NZA 1987, Sonderbeilage Heft 1, S. 19, 25; *Schwab*, BB 1994, S. 781, 783.

88 *Schaub*, ZTR 2000, S. 259, 259.

89 *Frieges*, DB 1996, S. 1281, 1282.

90 *Reichel*, Die arbeitsvertragliche Bezugnahme auf den Tarifvertrag, S. 82 ff.

91 *Reichel*, Die arbeitsvertragliche Bezugnahme auf den Tarifvertrag, S. 82.

92 *Reichel*, Die arbeitsvertragliche Bezugnahme auf den Tarifvertrag, S. 83.

93 Hierzu unter anderem BAG vom 27.08.1982, AP Nr. 133 zu § 1 TVG Auslegung; BAG vom 16.06.1999, AP Nr. 1 zu § 1 TVG Tarifverträge: TEREG; BAG vom 12.04.2000, AP Nr. 20 zu § 1 TVG Tarifverträge: Holz; *Hamacher*, Deklaratorische und konstitutive

zugnahmevereinbarungen durch Auslegung des Arbeitsvertrages zu bestimmen.[94] Dabei fällt ins Gewicht, dass der Arbeitgeber bei Vertragsschluss das Bestehen einer Mitgliedschaft in der zuständigen Gewerkschaft und eine dadurch begründete Tarifbindung des Arbeitnehmers i. d. R. nicht kennt[95] und auch nicht erfragen darf.[96] Aus Sicht des objektiven Empfängerhorizontes entäußert der Arbeitgeber deshalb eine gegenüber allen Arbeitnehmern einheitliche Vertragserklärung, die ungeachtet des Organisationsgrades der Belegschaft einen eigenständigen Rechtsgrund zur Einbeziehung des in der Bezugnahmeklausel benannten Tarifvertrages schafft. Eine Unterscheidung zwischen deklaratorischen und konstitutiven Bezugnahmevereinbarungen kann damit lediglich bei einer Verweisung auf gesetzliche Regelungen überzeugen, da solchen Bezugnahmeobjekten schon vorab ein absoluter Geltungsanspruch zukommt. Dagegen bleibt für die Anwendung von Tarifbestimmungen zu berücksichtigen, dass diese nur bei beiderseitiger Tarifbindung der Arbeitsvertragsparteien bzw. im Fall ihrer Allgemeinverbindlichkeitserklärung normative Wirkung entfalten. Steht in diesem Zusammenhang daher zumindest die Verbandsmitgliedschaft des Arbeitnehmers in Frage, ist es aus Sicht eines verständigen Dritten zwingend, die einzelvertragliche Übernahme von Tarifbestimmungen fortwährend konstitutiv zu verstehen. Infolgedessen weist die herrschende Ansicht mit Recht darauf hin, dass die Koalitionszugehörigkeit der Arbeitsvertragsparteien für die Wirkungsweise einzelvertraglicher Bezugnamevereinbarungen ohne Belang ist.

Ungeklärt bleibt damit allerdings, in welchem Rangverhältnis das Bezugnahmeobjekt zur normativen Geltung des Tarifvertrages steht. Nehmen unmittelbar tarifunterworfene Arbeitsvertragspartien auf Inhalte nicht normativ geltender Tarifverträge Bezug, bestimmt sich die Wirksamkeit solcher Vereinbarungen in ers-

---

Klauseln in Tarifverträgen, S. 131; *Umbach*, Rechtsfragen des Anerkennungstarifvertrages, S. 96.

94 *Hromadka/Maschmann/Wallner*, Tarifwechsel, RdNr. 105; *Seitz/Werner*, NZA 2000, S. 1257, 1260.

95 LAG Hamm vom 05.06.1998, AP Nr. 11 zu § 1 TVG Bezugnahme auf Tarifvertrag; *Hanau/Kania*, Festschrift für Schaub, S. 239, 248; *Hromadka/Maschmann/Wallner*, Tarifwechsel, RdNr. 10; *Seitz/Werner*, NZA 2000, S. 1257, 1260; *Thüsing/Lambrich*, RdA 2002, S. 193, 202.

96 BAG vom 28.03.2000, AP Nr. 27 zu § 99 BetrVG 1972 Einstellung; BAG vom 26.09.2001, AP Nr. 21 zu § 1 TVG Bezugnahme auf Tarifvertrag; BAG vom 19.03.2003, AP Nr. 33 zu § 1 TVG Bezugnahme auf Tarifvertrag; *Boemke*, NZA 2004, S. 142, 143 f.; *Fitting/Engels/Schmidt/Trebinger/Linsenmaier*, § 94 BetrVG, RdNr. 17; *Gamillscheg*, Kollektives Arbeitsrecht I, S. 195; *Lembke*, Die Arbeitskampfbeteiligung von Außenseitern, S. 191, *Preis*, in: ErfK, § 611 BGB, RdNr. 349; *Rieble*, Gedächtnisschrift für Heinze, S. 687, 690 f.; *Schrader*, BB 2005, S. 714, 714; *Seitz/Werner*, NZA 2000, S. 1257, 1260.

ter Linie nach dem in § 4 Abs. 3 Var. 2 TVG kodifizierten Günstigkeitsprinzip.[97] Weist ein Tarifvertrag demnach keinerlei Öffnungsklauseln auf, kommt abweichenden Abmachungen nur dann ein Vorrang gegenüber unmittelbar und zwingend wirkenden Tarifbestimmungen zu, sofern diese Änderungen zugunsten des Arbeitnehmers beinhalten. Infolgedessen ist für die Übernahme tarifvertraglicher Arbeitsbedingungen zwischen der Verweisung auf den einschlägigen und nichteinschlägigen Tarifvertrag zu unterscheiden, wobei der Arbeitsvertrag lediglich bei der Berufung auf fremde Tarifregelungen eine nicht in Zweifel zu ziehende „Abweichung" enthält. Mit Blick auf den hier in Rede stehenden Untersuchungsgegenstand ist dagegen zu konstatieren, dass das Bezugnahmeobjekt als integraler Bestandteil des Arbeitsvertrages zwar als „andere" Abmachung auszuweisen ist, inhaltlich jedoch nicht vom Tarifvertrag abweicht.[98] Eine Verweisung ist somit nur dann tarifrechtlich problematisch, wenn tarifunterworfene Arbeitsvertragsparteien einen anderen als den einschlägigen Tarifvertrag individualvertraglich einbeziehen.[99] Nimmt der Arbeitsvertrag dagegen solche Tarifinhalte in Bezug, die zugleich unter den Voraussetzungen des Tarifvertragsgesetzes, also auch im Fall ihrer Allgemeinverbindlichkeitswirkung anzuwenden sind, gelten Tarifbestimmungen im Umfang der Bezugnahme auf doppelter Grundlage.[100] Da das Vorliegen verschiedener Anspruchgrundlagen, die auf dieselbe Rechtfolge gerichtet sind, kein dem Privatrecht fremdes Phänomen ist, bestehen hiergegen auch keine rechtskonstruktiven Bedenken.[101] Tariferträge führen gegenüber inhaltsgleichen Bezugnahmevereinbarungen des Arbeitsvertrages somit weder zu deren Verdrängung noch zu deren Vernichtung.[102]

---

97 *Annuß*, ZfA 2005, S. 405, 410 f.; *Hanau/Kania*, Festschrift für Schaub, S. 239, 241; *Löwisch/Rieble*, § 3 TVG, RdNr. 283; *Oetker*, in: Wiedemann, § 3 TVG, RdNr. 291; *ders.*, Anm. zu BAG, AP Nr. 6 zu § 1 TVG Bezugnahme auf Tarifvertrag, Bl. 10. Vgl. dazu erneut auch § 2 B I.

98 Hierauf insbesondere hinweisend *Annuß*, ZfA 2005, S. 405, 410.

99 Ebenso *Annuß*, ZfA 2005, S. 405, 410; sowie *Löwisch/Rieble*, § 3 TVG, RdNr. 280 f.

100 BAG vom 23.03.2005, AP Nr. 29 zu § 4 TVG Tarifkonkurrenz; BAG vom 17.01.2006, AP Nr. 40 zu § 1 TVG Bezugnahme auf Tarifvertrag; *Annuß*, ZfA 2005, S. 405, 410 f.; *Hromadka*, DB 1996, S. 1872, 1878; *Löwisch/Rieble*, § 3 TVG, RdNr. 280; *Seitz/Werner*, NZA 2000, S. 1257, 1260; a. A. dagegen *Gamillscheg*, Kollektives Arbeitsrecht I, S. 737; sowie *Thüsing/Lambrich*, RdA 2002, S. 193, 202.

101 *Annuß*, ZfA 2005, S. 405, 411; *Seitz/Werner*, NZA 2000, S. 1257, 1260.

102 Hiervon ausdrücklich zu trennen ist jedoch die Frage, ob Tarifbestimmungen im Verhältnis zu „abweichenden" Regelungen des Arbeitsvertrages eine verdrängende oder vernichtende Wirkung zukommt. Vgl. in diesem Zusammenhang *Annuß*, ZfA 2005, S. 405, 449 ff.; *Däubler*, Tarifvertragsrecht, RdNr. 1459; *Frölich*, NZA 1992, S. 1105, 1110 f.; *Könitz*, Die Reichweite der Nachwirkung von Tarifverträgen, S. 155 ff.; *Löwisch/Rieble*, § 4 TVG, RdNr. 22; *Reuter*, Anm. zu BAG, JuS 1990, S. 855, 856; *Thüsing/Lambrich*, RdA 2002, S. 193, 204; sowie *Wiedemann*, Anm. zu BAG, AP Nr. 4 zu § 4 BAT, Bl. 3 R f.

D. Bezugnahmeklausel als Allgemeine Geschäftsbedingung

In der Praxis sind einzelvertragliche Verweisungen auf Tarifverträge ein geläufiges Instrumentarium zur inhaltlichen Ausgestaltung des Arbeitsvertrages. Schon *Preis* hat dies in seiner Habilitationsschrift von 1992 empirisch belegt.[103] Angesichts ihrer standardisierten Verwendung liegt daher der Schluss nahe, Bezugnahmevereinbarungen auch die Qualität von Allgemeinen Geschäftsbedingungen beizumessen.

I. Erweiterung der AGB-Kontrolle auf den Arbeitsvertrag

Vor dem Hintergrund des Gesetzes zu Modernisierung des Schuldrechts gewinnt dieser Umstand nun zunehmend an Gewicht. War nach dem Wortlaut des § 23 Abs. 1 AGBG a. F. das Recht der Allgemeinen Geschäftsbedingungen nicht auf das Arbeitsrecht anwendbar, ist mit Verabschiedung der Schuldrechtsreform die bisherige Bereichsausnahme aufgrund einer Stellungnahme des Bundesrates zum Regierungsentwurf hin[104] teilweise aufgehoben. Infolgedessen unterliegt gemäß § 310 Abs. 4 BGB nunmehr auch der vorformulierte Arbeitsvertrag der AGB-Kontrolle.

Wirken Tarifbestimmungen lediglich als integraler Bestandteil des Arbeitsvertrages, ist auch das Bezugnahmeobjekt einer Überprüfung anhand der §§ 305 ff. BGB zugänglich, obgleich für Tarifverträge das Verbot einer Klauselkontrolle unverändert Bestand hat.[105] Angesichts des eindeutigen Wortlauts sowie der Gleichstellung gegenüber Betriebs- und Dienstvereinbarungen erfasst § 310 Abs. 4 Satz 1 BGB jedoch nur Kollektivverträge, die unmittelbar und zwingend auf das Arbeitsverhältnis einwirken.[106] Insoweit bescheinigt der Gesetzgeber den Tarifvertragsparteien erneut die vermutete Richtigkeitsgewähr ihrer ausgehandelten Arbeitsbedingungen.[107] Im Gegensatz zu den Verhandlungen der Koalitionen stehen sich mit Blick auf den Arbeitsvertrag aber ausschließlich die Arbeitsver-

---

[103] *Preis*, Grundfragen der Vertragsgestaltung im Arbeitsrecht, S. 62.

[104] Vgl. dazu BT-Drucks. 14/6857, S. 17.

[105] BT-Drucks. 14/6857, S. 53 f.

[106] *Lakies*, AR-Blattei SD 35, RdNr. 78; *Richardi*, NZA 2002, S. 1057, 1058; *Witt*, NZA 2004, S. 135, 136; ähnlich auch *Joost*, Festschrift für Ulmer, S. 1199, 1205.

[107] BAG vom 10.03.1994, AP Nr. 117 zu § 1 TVG Tarifverträge: Metallindustrie; BAG vom 06.09.1995, AP Nr. 22 zu § 611 BGB Ausbildungsbeihilfe; BAG vom 06.11.1996, AP Nr. 1 zu § 10a AVR Caritasverband; *Gamillscheg*, Kollektives Arbeitsrecht I, S. 284 ff.; *Preis*, Grundfragen der Vertragsgestaltung im Arbeitsrecht, S. 398; *Säcker/Oetker*, Grundlagen und Grenzen der Tarifautonomie, S. 229 ff.; *Schliemann*, ZTR 2000, S. 198, 202 f.

tragsparteien gegenüber. Dass in diesem Zusammenhang von einer strukturellen Unterlegenheit des Arbeitnehmers auszugehen ist, sollte keiner näheren Begründung bedürfen. Anhand des Wechsels ihrer Geltungsgrundlage ist das Recht der Allgemeinen Geschäftsbedingungen damit grundsätzlich auf tarifvertragliche Arbeitsbedingungen anwendbar.

II. Angemessene Berücksichtigung der im Arbeitsrecht geltenden Besonderheiten

Nichtsdestotrotz steht auch die Kontrolle schuldrechtlich wirkender Tarifbestimmungen unter einem umfassenden Wertungsvorbehalt. So verlangt das Gesetz bei der gerichtlichen Überprüfung vorformulierter Arbeitsverträge eine angemessene Berücksichtigung der im Arbeitsrecht geltenden Besonderheiten (§ 310 Abs. 4 Satz 2 Halbsatz 1 BGB).

Abgesehen von dieser gesetzgeberischen Intention sind allerdings keine greifbaren Anhaltspunkte vorhanden, die eine Konkretisierung dieses Tatbestandes erlauben. Dies ist umso misslicher, als es sich hierbei um einen Gesetzesbegriff ohne historische Wurzeln handelt.[108] Infolgedessen wurden im Schrifttum unterschiedliche Ansätze zur Auslegung von § 310 Abs. 4 Satz 2 Halbsatz 1 BGB herausgearbeitet.[109] Dabei wird überwiegend betont, dass es sich um solche Besonderheiten handeln muss, die das Gebiet des Arbeitsrechts von anderen Rechtsgebieten abgrenzen. Uneinigkeit besteht allerdings, ob lediglich rechtliche Besonderheiten oder alle das Arbeitsverhältnis kennzeichnenden Aspekte erfasst werden.

Die Rechtsprechung lässt diese Frage derzeit noch offen.[110] Nicht erforderlich sei aber, § 310 Abs. 4 Satz 1 Halbsatz 1 BGB ausschließlich auf das Gebiet des Arbeitsrechts zu beschränken. Vielmehr könne es sich selbst dann um entsprechende Besonderheiten handeln, wenn bestimmte Umstände zwar nicht auf das Gebiet des Arbeitsrechts beschränkt sind, dort jedoch im Vergleich zu anderen Rechtsgebieten besondere Bedeutung haben. Ein anderes Auslegungsergebnis ist nach Ansicht des BAG sinnwidrig, da der Regelungsgehalt von § 310 Abs. 4 Satz 2 Halbsatz 1 BGB anderenfalls auf Null tendieren würde.[111] Auf dieser Grundlage ergibt sich eine im Arbeitsrecht geltende Besonderheit somit auch aus der fehlen-

---

108 Treffend *Annuß*, BB 2006, S. 1333, 1334.

109 Ausführliche Darstellung dazu bei *Bratz*, Arbeitsrechtliche Besonderheiten bei der AGB-Kontrolle, S. 99 ff. Vgl. in diesen Zusammenhang auch *Dorndorf*, Festschrift 50 Jahre BAG, S. 19 ff.; *Lingemann*, NZA 2002, S. 181, 183; sowie *Thüsing*, NZA 2002, S. 591, 592 ff.

110 BAG vom 25.05.2005, AP Nr. 1 zu § 310 BGB.

111 BAG vom 04.03.2004, AP Nr. 3 zu § 309 BGB.

den Vollstreckbarkeit der Arbeitsleistung gemäß § 888 Abs. 3 ZPO, obwohl der Vollstreckungsausschluss auch für solche Dienstverhältnisse gilt, die keine Arbeitsverträge sind.[112]

III. Vorliegen Allgemeiner Geschäftsbedingungen

Die Anwendbarkeit der §§ 305 ff. BGB folgt für das Arbeitsrecht im Grundsatz den gleichen Strukturen, wie denen des allgemeinen Zivilrechts.[113] Infolgedessen unterliegen Arbeitsbedingungen dann einer AGB-Kontrolle, wenn diese für eine Vielzahl von Verträgen vorformuliert sind und durch ihren Verwender (i. d. R. der Arbeitgeber) der anderen Vertragspartei (i. d. R. der Arbeitnehmer) bei Abschluss des Vertrages gestellt werden (§ 305 Abs. 1 BGB).

Für die Inhaltskontrolle einzelvertraglicher Vereinbarungen ist aber auch ausreichend, wenn der Arbeitsvertrag lediglich zur einmaligen Verwendung gegenüber dem Vertragspartner des Verwenders bestimmt ist. Mit Recht verweist die Rechtsprechung in diesem Zusammenhang auf § 310 Abs. 3 Nr. 2 BGB und die damit einhergehende Eigenschaft des Arbeitnehmers als Verbraucher.[114]

Wie schon der Wortlaut von § 13 BGB zeigt, bietet der Verbraucherbegriff eine breite Grundlage für die Berücksichtigung entsprechender Sondertatbestände. Der Verbrauchereigenschaft kommt damit kein abstrakt zu bestimmender Sinn zu, welchem insbesondere ein „konsumtiver“ Zweck innewohnt.[115] Dies unterstreicht auch die systematische Stellung der Vorschrift im Allgemeinen Teil des Bürgerlichen Gesetzbuches. Infolgedessen gewinnt § 13 BGB nur unter Zugrundelegung des gesamten Rechtsgebiets klare Konturen. Ist hierbei aber die sachgerechte Anwendung der auf den Verbraucherschutz bezogenen Regelungsgegen-stände nicht vornehmlich durch den Status einer Person, sondern anhand der konkret in Rede stehenden Normen zu bestimmen, steht der Einbeziehung des Arbeitnehmers als Verbraucher grundsätzlich nichts im Wege. Insoweit ist den betreffenden Sondertatbeständen nur dort eine Berücksichtigung im Arbeitsrecht verwehrt, wo sich kraft gesetzlicher Anordnung oder aus systematisch-teleologischen Gründen etwas anderes ergibt.[116]

---

112 BAG vom 04.03.2004, AP Nr. 3 zu § 309 BGB.

113 Statt aller *Gotthardt*, Arbeitsrecht nach der Schuldrechtsreform, RdNr. 240; sowie *Richardi*, NZA 2002, S. 1057, 1058.

114 BAG vom 25.05.2005, AP Nr. 1 zu § 310 BGB.

115 BAG vom 25.05.2005, AP Nr. 1 zu § 310 BGB.

116 BAG vom 25.05.2005, AP Nr. 1 zu § 310 BGB. Vgl. in diesem Zusammenhang auch BAG vom 27.11.2003, AP Nr. 1 zu § 312 BGB; sowie BAG vom 23.02.2005, NZA 2005, S. 694.

Ob vorformulierte Vertragsbedingungen für eine Vielzahl von Verträgen oder lediglich zur einmaligen Verwendung bestimmt sind, ist im Individualarbeitsrecht in gleicher Weise ohne Belang, wie im allgemeinen Vertragsrecht.[117] Demgemäß macht die aus § 310 Abs. 3 Nr. 2 BGB folgende Intention auch bei Arbeitsverträgen Sinn, weil dem Arbeitnehmer grundsätzlich ein bereits ausgearbeiteter Vertragstext zur Unterschrift vorliegen wird. Ungeachtet der Anforderungen von § 305 Abs. 1 BGB sind arbeitsvertragliche Bezugnahmevereinbarungen damit regelmäßig einer AGB-Kontrolle zugänglich. Entsprechendes gilt auch für das Bezugnahmeobjekt, da Tarifbestimmungen unter Berücksichtigung ihrer tarifrechtlichen Geltungskraft für eine Vielzahl von Arbeitsverhältnissen anzuwenden sind. Für ihre Einordnung als integraler Bestandteil des Arbeitsvertrages erschließt sich hieraus, tarifvertragliche Arbeitsbedingungen als für eine Vielzahl von Verträgen vorformulierter Vertragsbedingungen anzusehen.[118] Dass der Arbeitgeber in diesem Zusammenhang nicht zwingend bei der Ausgestaltung des Bezugnahmeobjekts beteiligt wird, ist im Hinblick auf § 305 Abs. 1 Satz 3 BGB zu vernachlässigen.

117 BAG vom 25.05.2005, AP Nr. 1 zu § 310 BGB.

118 *Hanau*, NZA 2005, S. 489, 492; *Preis*, Festschrift für Wiedemann, S. 425, 428.

§ 3 Bezugnahmeklausel und Auslegungsgrundsätze

A. Abgrenzung zwischen Bezugnahmeklausel und Bezugnahmeobjekt

Als Bestandteil des Arbeitsvertrages unterliegen Bezugnahmevereinbarungen uneingeschränkt den Grundsätzen der allgemeinen Rechtsgeschäftsauslegung.[1] Inhalt und Umfang der Verweisungsabrede sind damit unter Zugrundelegung eines objektiven Empfängerhorizontes zu bestimmen, wobei weniger der Wortlaut der Klausel, als vielmehr der von den Arbeitsvertragsparteien mit der Übernahme von Tarifbestimmungen verfolgte Zweck im Vordergrund steht.[2]

Berücksichtigt man in diesem Kontext die Rechtsnatur des Bezugnahmeobjekts, sind auch die durch die Verweisung erfassten Tarifbestimmungen nach den Maximen der Auslegung empfangsbedürftiger Willenserklärungen zu bestimmen.[3] Abzustellen wäre somit auf den übereinstimmenden Willen der Arbeitsvertragsparteien, wie er sich aus Sicht eines verständigen Dritten darstellt. Verweisen Arbeitgeber und Arbeitnehmer indes auf den gesamten Regelungsgegenstand eines Tarifvertrages, unterliegt dieser unverändert den für die Interpretation normativ geltender Tarifinhalte gesonderten Auslegungsmaßstäben.[4] Hier werden die Arbeitsvertragsparteien das einbezogne Regelwerk stets so anwenden wollen, wie innerhalb eines tarifgebunden Arbeitsverhältnisses.[5] Infolgedessen ist der Inhalt

---

1 Statt aller BAG vom 26.09.2001, AP Nr. 21 zu § 1 TVG Bezugnahme auf Tarifvertrag; BAG vom 19.03.2003, AP Nr. 33 zu § 1 TVG Bezugnahme auf Tarifvertrag; BAG vom 01.12.2004, AP Nr. 34 zu § 1 TVG Bezugnahme auf Tarifvertrag; BAG vom 14.12.2005, AP Nr. 39 zu § 1 TVG Bezugnahme auf Tarifvertrag; *Gamillscheg*, Kollektives Arbeitsrecht I, S. 735; *D. Gaul*, ZTR 1991, S. 188, 192; *Oetker*, in: Wiedemann, § 3 TVG, RdNr. 350; *Reichel*, Die arbeitsvertragliche Bezugnahme auf den Tarifvertrag, S. 22; *Seitz/Werner*, NZA 2000, S. 1257, 1259; *Zöllner*, DB 1995, S. 1401, 1405.

2 Beispielhaft hierfür BAG vom 04.09.1996, AP Nr. 5 zu § 1 TVG Bezugnahme auf Tarifvertrag; sowie *Etzel*, NZA 1987, Sonderbeilage Heft 1, S. 19, 28; *B. Gaul*, NZA 1998, S. 9, 10; *Reichel*, Die arbeitsvertragliche Bezugnahme auf den Tarifvertrag, S. 22; *Säcker/Oetker*, ZfA 1993, S. 1, 14.

3 *Kempen/Zachert*, § 3 TVG, RdNr. 208.

4 BAG vom 12.08.1959, AP Nr. 1 zu § 305 BGB; BAG vom 31.03.1966, AP Nr. 54 zu § 611 BGB Gratifikation; *Etzel*, NZA 1987, Sonderbeilage Heft 1, S. 19, 28; *Herschel*, DB 1969, S. 659, 662; *Löwisch/Rieble*, § 3 TVG, RdNr. 245; *Reichel*, Die arbeitsvertragliche Bezugnahme auf den Tarifvertrag, S. 24. Im Ergebnis auch *Kempen/Zachert*, § 3 TVG, RdNr. 209.

5 *Kempen/Zachert*, § 3 TVG, RdNr. 209; *Oetker*, in: Wiedemann, § 3 TVG, RdNr. 350.

des Bezugnahmeobjekts unverändert wie ein Gesetz objektiv und ohne Berücksichtigung von Einzelfallumständen zu bestimmen.[6]

Unbeantwortet bleibt in diesem Zusammenhang allerdings, ob das verweisende Arbeitsverhältnis bezüglich der Auslegung von Tarifbestimmungen auch an der Bindungswirkung des § 9 TVG teilnimmt. Hiernach erweitert das Gesetz die Rechtskraftwirkung von Entscheidungen, die in Rechtsstreitigkeiten zwischen Tarifvertragsparteien „aus dem Tarifvertrag" ergangen sind, im Hinblick auf Streitigkeiten zwischen tarifgebunden Parteien sowie zwischen diesen und Dritten. Obgleich der Wortlaut der Norm sowie der gesetzessystematische Gesamtzusammenhang damit grundsätzlich eine Normativwirkung des betreffenden Tarifvertrages voraussetzen[7] und nicht eine zur Disposition der Arbeitsvertragsparteien stehende Geltung von Tarifbestimmungen ausreichen lassen,[8] erstreckt sich die Bindungswirkung gemäß § 9 TVG gleichwohl dann auf ein nichttarifgebundenes Arbeitsverhältnis, wenn der Verweisung maßgeblich der Zweck inne wohnt, organisierte und nichtorganisierte Arbeitnehmer gleichzustellen. Damit wird eine Entscheidung zwischen den Tarifvertragsparteien zwar nicht i. S. d. Rechtskraftwirkung präjudiziell, hat als Vereinbarung des Arbeitsvertrages aber faktisch eine gleichwertige Wirkung.[9]

B. Besonderheiten bei der Auslegung Allgemeiner Geschäftsbedingungen

I. Grundsatz der objektiven Auslegung

Sind Bezugnahmevereinbarungen Bestandteil eines Formulararbeitsvertrages, gelten die für Allgemeine Geschäftsbedingungen modifizierten Auslegungsgrundsätze. Unter Zugrundlegung des Verkehrsschutzes ist hierbei zunächst ein objektiver Auslegungsmaßstab anzuwenden.[10] Infolgedessen sind bei der erklärenden

---

6 Vgl. in diesem Zusammenhang unter anderem BAG vom 12.09.1984, AP Nr. 135 zu § 1 TVG Auslegung; BAG vom 25.10.1995, AP Nr. 57 zu § 1 TVG Tarifverträge: Einzelhandel; *Däubler*, in: Däubler, Einl., RdNr. 489 ff.; *Kempen/Zachert*, Grundl., RdNr. 358 ff.; *Löwisch/Rieble*, § 1 TVG, RdNr. 547 ff.; *Reinecke*, BB 2006, S. 2637, 2638.

7 *Kempen/Zachert*, § 3 TVG, RdNr. 211 und § 9 TVG, RdNr. 15 f.; *Löwisch/Rieble*, § 9 TVG, RdNr. 65.

8 Insoweit handelt es sich dann um eine Rechtsstreitigkeit „aus dem Arbeitsvertrag".

9 In diesem Sinne auch *Franzen*, in: ErfK, § 9 TVG, RdNr. 15; *Kempen/Zachert*, § 3 TVG, RdNr. 211 und § 9 TVG, RdNr. 17; *Löwisch/Rieble*, § 9 TVG, RdNr. 67.

10 BGH vom 15.04.1998, NJW 1998, S. 2286, 2287; BGH vom 15.11.2000, NJW-RR 2001, S. 987, 988; BGH vom 25.09.2001, NJW 2002, S. 285, 286; *Däubler/Dorndorf*, AGB-Kontrolle im Arbeitsrecht, § 305c BGB, RdNr. 29; *Kreienbaum*, Transparenz und AGB-

Auslegung standardisierter Vertragsbestimmungen zufällige Besonderheiten des Vertragsschlusses außer Acht zu lassen[11] und somit lediglich auf den Empfängerhorizont eines Durchschnittskunden abzustellen.[12]

In Zweifel zu ziehen ist der objektive Auslegungsgrundsatz allerdings für vorformulierte Bedingungen eines Verbrauchervertrages. Hier bleibt unter der Maßgabe von § 310 Abs. 3 Nr. 3 BGB zu berücksichtigen, dass bei der Beurteilung der unangemessenen Benachteiligung i. S. d. § 307 Abs. 1 und 2 BGB auch die den Vertragschluss begleitenden Umstände zu beachten sind. Im Schrifttum wird daraus vereinzelt geschlossen, entsprechende Besonderheiten auch bei der Auslegung vorformulierter Verbrauchervertragsklauseln zu berücksichtigen.[13] Wortlaut und Systematik der Vorschrift stützen diese Auffassung jedoch nicht.[14] Erkennbar beschränkt sich § 310 Abs. 3 Nr. 3 BGB ausschließlich auf die Inhaltskontrolle von Verbraucherverträgen und lässt deren davon zu unterscheidende Auslegung unberührt.[15] Darüber hinaus hat die Gegenansicht die missliche Konsequenz zu vertreten, dass die Auslegungsmaßstäbe variieren, je nachdem, ob die in einem Verbrauchervertrag vorhandenen Bestimmungen Gegenstand eines Verbandsklageverfahrens sind, bei dem § 310 Abs. 3 Nr. 3 BGB unstrittig keine Berücksichtigung findet, oder im Rahmen eines Individualprozesses überprüft werden.[16]

Für den Arbeitsvertrag als Verbrauchervertrag erfolgt die Interpretation vorformulierter Vertragsregelungen somit weiterhin objektiv. Dementsprechend ist der Inhalt von Bezugnahmevereinbarungen ausschließlich anhand der typischen, arbeitsrechtlich vorstrukturierten Bedingungen bei Abschluss des Arbeitsvertrages zu bestimmen.[17] Von Bedeutung ist dies bspw. dann, wenn ein Formulararbeits-

---

Gesetz, S. 51; *Roth*, WM 1991, S. 2125, 2125; *Schmidt*, in: Bamberger/Roth, § 305c BGB, RdNr. 27; *Stein*, in: Soergel, § 5 AGBG, RdNr. 6; *Stoffels*, AGB-Recht, RdNr. 360; *Ulmer*, in: Ulmer/Brandner/Hensen, § 305c BGB, RdNr. 73. Kritisch dagegen *Lindacher*, in: Wolf/Horn/Lindacher, § 5 AGBG, RdNr. 6.

11 *Roth*, WM 1991, S. 2125, 2125; *Ulmer*, in: Ulmer/Brandner/Hensen, § 305c BGB, RdNr. 73.

12 BGH vom 25.09.2001, NJW 2002, S. 285, 286; *Stoffels*, AGB-Recht, RdNr. 360.

13 So *Lindacher*, in: Wolf/Horn/Lindacher, § 5 AGBG, RdNr. 48.

14 BAG vom 07.12.2005, AP Nr. 4 zu § 12 TzBfG; *Heinrichs*, NJW 1996, S. 2190, 2194; *Michalski*, DB 1999, S. 677, 679; *Stoffels*, AGB-Recht, RdNr. 363; *Ulmer*, in: Ulmer/Brandner/Hensen, § 305c BGB, RdNr. 107.

15 BAG vom 07.12.2005, AP Nr. 4 zu § 12 TzBfG; *Stoffels*, AGB-Recht, RdNr. 363; *Ulmer*, in: Ulmer/Brandner/Hensen, § 305c BGB, RdNr. 107.

16 *Stoffels*, AGB-Recht, RdNr. 363.

17 Vgl. hierzu unter anderem BAG vom 04.09.1996, AP Nr. 5 zu § 1 TVG Bezugnahme auf Tarifvertrag; BAG vom 26.09.2001, AP Nr. 21 zu § 1 TVG Bezugnahme auf Tarifvertrag; BAG vom 19.03.2003, AP Nr. 33 zu § 1 TVG Bezugnahme auf Tarifvertrag; *Sä-*

vertrag unverändert auf den einschlägigen Tarifvertrag verweist, obgleich beide Arbeitsvertragsparteien um die kongruente Tarifbindung des anderen Vertragspartners wissen, mithin der einbezogene Tarifvertrag unmittelbar und zwingend gilt. Insofern ist die konstitutive Wirkung einer standardisierten Bezugnahmeabrede nicht deshalb in Frage zu stellen, weil die einzelvertragliche Übernahme des in der Klausel genannten Tarifvertrages prinzipiell überflüssig ist.[18]

II. Einzelne Auslegungsmethoden im Überblick

Gilt für die Interpretation standardisierter Bezugnahmevereinbarungen der Grundsatz der objektiven Auslegung, ist hierdurch noch nicht entschieden, welche Auslegungsmethoden zur Bestimmung von Inhalt und Zweck einer Klausel anzuwenden sind bzw. in welchem Rangverhältnis diese zueinender stehen.

1. Auslegung des Wortlauts

Gleichermaßen wie bei der Auslegung von rechtsgeschäftlichen Einzelabreden hat auch die Auslegung von Formulararbeitsverträgen zunächst vom Wortlaut der betreffenden Bestimmungen auszugehen. Ist der mit der Verwendung Allgemeiner Geschäftsbedingungen beabsichtigte Rationalisierungseffekt allerdings nur durch eine objektive Auslegung zu erreichen,[19] wird zugleich klar, dass dem Wortlautargument ein entscheidendes Gewicht zukommt.[20] Inhalt und Reichweite arbeitsvertraglicher Bezugnahmevereinbarungen sind daher deutlich im Vertragstext zu kennzeichnen. Dies gilt sowohl für die Frage, ob eine Verweisung statisch oder dynamisch gemeint ist, als auch für die Auslegung hinsichtlich des Bezugnahmeumfangs.

2. Teleologische Auslegung

Neben dem Wortlaut lässt sich der Bedeutungsgehalt standardisierter Verweisungen aber auch durch deren typischen Zweck bestimmen. Zuweilen wird die teleo-

---

cker/Oetker, ZfA 1993, S. 1, 14 f.; sowie *Schliemann*, NZA 2003, Sonderbeilage Heft 16, S. 3, 8.

18 Vgl. in diesem Zusammenhang bereits § 2 C.

19 Hierzu unter anderem *Ulmer*, in: Ulmer/Brandner/Hensen, § 305c BGB, RdNr.75 m. w. N.

20 *Annuß*, ZfA 2005, S. 405, 426 ff.; *Bayreuther*, Anm. zu BAG, RdA 2003, S. 303, 308 f.; *Lambrich*, Anm. zu BAG, BB 2002, S. 1264, 1268; *Roth*, WM 1991, S. 2125, 2126; *Stein*, AuR 2003, S. 361, 363; *Stoffels*, AGB-Recht, RdNr. 360; *Ulmer*, in: Ulmer/Brandner/Hensen, § 305c BGB, RdNr. 73.

logische Auslegung von Bezugnahmevereinbarungen auch als vorrangige Auslegungsmethode angesehen.[21] Nichtsdestotrotz muss der Zweckgedanke innerhalb der Auslegungslehre zur Inhaltsbestimmung Allgemeiner Geschäftsbedingungen zur Vorsicht mahnen. Für die teleologische Interpretation spricht zwar, dass es nicht Sinn der objektiven Auslegung sein kann, unter Berufung auf den Wortlaut nur theoretische und wenig interessengerechte Auslegungsmöglichkeiten zu berücksichtigen.[22] Ist der beabsichtigte Klauselinhalt aber überhaupt nicht aus dem Vertragstext zu bestimmen, sondern nur unter Berücksichtigung des für den betreffenden Kundentyp nicht ohne weiteres zu erschließenden Zwecks, steht dies in Widerspruch zur Formulierungsverantwortung des Verwenders und damit grundsätzlich in Konflikt zu dem im AGB-Recht kodifizierten Transparenzgebot.[23]

Verfehlt wäre in diesem Zusammenhang allerdings, einer teleologischen Auslegung Allgemeiner Geschäftsbedingungen gänzlich die Gefolgschaft zu verweigern[24] und dadurch den Sinngehalt vorformulierter Bezugnahmevereinbarungen ausschließlich auf deren Wortlaut zu beschränken.[25] Hiergegen spricht bereits, dass eine Buchstabeninterpretation von Vertragsklauseln jeder natürlichen Erfassung eines Textes widerspricht.[26] Allenfalls besteht im Rahmen einer teleologischen Auslegung standardisierter Verweisungen die Gefahr, den Zweck der im Vertragstext enthaltenen Klausel ausschließlich auf die Bedürfnisse des Vertragstellers, also des Arbeitgebers, zu beschränken. Dem ist regelmäßig aber dadurch zu begegnen, Inhalt und Reichweite der Bezugnahmeabrede anhand der auf beiden Seiten bestehenden Interessen zu bestimmen. Vorformulierte Bezugnahmevereinbarungen sind demnach so auszulegen, wie sie von verständigen und

---

21 Vgl. nur BAG vom 04.09.1996, AP Nr. 5 zu § 1 TVG Bezugnahme auf Tarifvertrag; BAG vom 30.08.2000, AP Nr. 12 zu § 1 TVG Bezugnahme auf Tarifvertrag; BAG vom 26.09.2001, AP Nr. 21 zu § 1 TVG Bezugnahme auf Tarifvertrag; BAG vom 21.08.2002, AP Nr. 21 zu § 157 BGB; BAG vom 19.03.2003, AP Nr. 33 zu § 1 TVG Bezugnahme auf Tarifvertrag; *Löwisch/Rieble*, § 3 TVG, RdNr. 229 ff.; *Säcker/Oetker*, ZfA 1993, S. 1, 14 f.; *Schaub*, ZTR 2000, S. 259, 260 f.; *Schliemann*, NZA 2003, Sonderbeilage Heft 16, S. 3, 7 ff.; *Stein*, in: Soergel, § 5 AGBG, RdNr. 7.

22 *Ulmer*, in: Ulmer/Brandner/Hensen, § 305c BGB, RdNr. 81.

23 In diese Richtung nunmehr auch BAG vom 14.12.2005, AP Nr. 39 zu § 1 TVG Bezugnahme auf Tarifvertrag; sowie *Lambrich*, Anm. zu BAG, BB 2002, S. 1264, 1268; *Roth*, WM 1991, S. 2125, 2128; *Rüßmann*, BB 1987, S. 843, 845; *Schlechtriem*, Festschrift für Heinrichs, S. 503, 509 f.; *Thüsing/Lambrich*, RdA 2002, S. 193, 201; *Ulmer*, in: Ulmer/Brandner/Hensen, § 305c BGB, RdNr. 81.

24 In diese Richtung aber *Ulmer*, in: Ulmer/Brandner/Hensen, § 305c BGB, RdNr. 81.

25 So unter anderem *Annuß*, ZfA 2005, S. 405, 426 ff.; *Thüsing/Lambrich*, RdA 2002, S. 193, 195 ff.

26 Treffend *Kreienbaum*, Transparenz und AGB-Gesetz, S. 54 f.

redlichen Vertragspartnern unter Abwägung der Interessen der normalerweise beteiligten Kreise verstanden werden.[27]

3. Ergänzende Auslegung

Als Dauerschuldverhältnis haftet Arbeitsverträgen unweigerlich eine Zukunftswirkung an, in denen betriebliche und ökonomische Veränderungen nicht ausnahmslos zu berücksichtigen sind. Infolgedessen besteht auch bei Formulararbeitsverträgen die Gefahr, dass der Vertragstext nachträglich Lücken aufweist. Für den hier in Rede stehenden Untersuchungsgegenstand bleibt dies unter anderem in den Fällen zu bedenken, in denen der Arbeitgeber einem zu Sanierungszwecken abgeschlossenen Firmentarifvertrag uneingeschränkt zur Geltung verhelfen will, der Arbeitsvertrag indes ausschließlich den einschlägigen Verbandstarif in Bezug nimmt.[28]

Wie für die allgemeine Rechtsgeschäftslehre besteht daher auch bei der Auslegung von Formulararbeitsverträgen die Möglichkeit, die im Rahmen der Vertragsdurchführung aufgedeckten Regelungsdefizite im Wege der ergänzenden Vertragsauslegung zu schließen. Unter Berücksichtigung von § 306 Abs. 2 BGB ist dies jedenfalls dann zulässig, sofern die Vervollständigung Allgemeiner Geschäftsbedingungen nicht Folge der Einbeziehungs- oder Inhaltskontrolle ist.[29] Gleichwohl ist dem Vertragsformular ein hypothetisch – generalisierter Wille der Vertragspartner zugrunde zu legen.[30] Der Maßstab der ergänzenden Vertragsauslegung bestimmt sich damit nicht an den Vorstellungen der konkret am Vertrag beteiligten Parteien, sondern vielmehr am Willen und an den Interessen der typischerweise an den Geschäften dieser Art beteiligten Verkehrskreise.[31] Im Rahmen

---

27 BAG vom 31.08.2005, AP Nr. 8 zu § 6 ArbZG; BAG vom 09.11.2005, AP Nr. 4 zu § 305c BGB; *Däubler/Dorndorf*, AGB-Kontrolle im Arbeitsrecht, § 305c BGB, RdNr. 29; *Stein*, in: Soergel, § 5 AGBG, RdNr. 6; *Roth*, WM 1991, S. 2125, 2125; *Ulmer*, in: Ulmer/Brandner/Hensen, § 305c BGB, RdNr. 73.

28 Beispielhaft hierfür BAG vom 04.09.1996, AP Nr. 5 zu § 1 TVG Bezugnahme auf Tarifvertrag.

29 BGH vom 30.10.1984, BGHZ 92, S. 363, 370; BGH vom 08.02.1988, BGHZ 103, S. 228, 234; *Däubler/Dorndorf*, AGB-Kontrolle im Arbeitsrecht, § 306 BGB, RdNr. 22 ff.; *Lindacher*, in: Wolf/Horn/Lindacher, § 5 AGBG, RdNr. 22; *Roth*, WM 1991, S. 2125, 2130; *Schlosser*, in: Staudinger, § 305c BGB, RdNr. 138; *Schmidt*, in: Ulmer/Brandner/Hensen, § 306 BGB, RdNr. 31.

30 *Roth*, WM 1991, S. 2125, 2130; *Schmidt*, in: Ulmer/Brandner/Hensen, § 306 BGB, RdNr. 31; *Stein*, in: Soergel, § 6 AGBG, RdNr. 16; *Wolf*, in: Soergel, § 157 BGB, RdNr. 129 und 131. Kritisch dagegen *Lindacher*, in: Wolf/Horn/Lindacher, § 5 AGBG, RdNr. 22; sowie *Schlosser*, in: Staudinger, § 305c BGB, RdNr. 138.

31 *Roth*, WM 1991, S. 2125, 2130; *Schmidt*, in: Ulmer/Brandner/Hensen, § 306 BGB, RdNr. 31.

der Verwendung vorformulierter Bezugnahmevereinbarungen hat dies unter anderem die Konsequenz, hinsichtlich einer im Arbeitsvertrag zu schließenden Vertragslücke zwischen tarifgebundenen und nichttarifgebundenen Arbeitgebern zu differenzieren.

4. Unklarheitenregel

Abschließend ist noch auf eine für das Recht der Allgemeinen Geschäftsbedingungen spezifische Auslegungsmethode zu verweisen. Gemeint ist die sog. Unklarheitenregel des § 305c Abs. 2 BGB, wonach Zweifel bei der Auslegung vorformulierter Vertragsklauseln zu Lasten des Verwenders gehen.

Allgemein hat § 305c Abs. 2 BGB die Funktion, dem Verwender von Allgemeinen Geschäftsbedingungen das Auslegungsrisiko einer vorformulierten Vertragsklausel aufzubürden, deren Sinngehalt nicht eindeutig zu bestimmen ist.[32] Dies ist schon deswegen gerechtfertigt, weil der Vertragspartner des Verwenders keinerlei Einfluss auf den Inhalt des Vertragstextes nehmen kann. Mithin korrespondiert mit der einseitigen Vertragsgestaltungsmacht die besondere Pflicht, Inhalt und Zweck Allgemeiner Geschäftsbedingungen klar auszuweisen.[33]

Als Auslegungsregel setzt § 305c Abs. 2 BGB allerdings mehrdeutige Auslegungsergebnisse voraus. Dabei gilt es im besonderen Maße zu berücksichtigen, dass die Unklarheitenregel gegenüber den speziellen Auslegungsmethoden des Rechts der Allgemeinen Geschäftsbedingungen nachrangig ist. Infolgedessen kommt eine Interpretation vorformulierter Vertragsbestimmungen zu Lasten des Verwenders (also auch zu Lasten des Arbeitgebers) erst nach Erschöpfung aller Auslegungsmethoden in Betracht.[34] Ermöglicht die Auslegung aber, den Vertragsgegenstand auf einen für den Rechtsverkehr maßgebenden Zweck zu reduzieren, ist § 305c Abs. 2 BGB selbst dann unanwendbar, wenn der nunmehr zwei-

---

32 BAG vom 09.11.2005, AP Nr. 4 zu § 305c BGB; *Däubler/Dorndorf*, AGB-Kontrolle im Arbeitsrecht, § 305c BGB, RdNr. 24; *Lindacher*, in: Wolf/Horn/Lindacher, § 5 AGBG, RdNr. 24; *Roth*, WM 1991, S. 2085, 2085; *Stein*, in: Soergel, § 5 AGBG, RdNr. 1; *Stoffels*, AGB-Recht, RdNr. 365; *Ulmer*, in: Ulmer/Brandner/Hensen, § 305c BGB, RdNr. 61.

33 Treffend *Stoffels*, AGB-Recht, RdNr. 365.

34 Herrschende Meinung vgl. nur BGH vom 11.04.1984, BGHZ 91, S. 98, 103; BGH vom 11.03.1997, NJW 1997, S. 3434, 3435; BGH vom 22.03.2002, NJW 2002, S. 2102, 2103; BGH vom 03.07.2002, NJW 2002, S. 3232, 3233; *Kreienbaum*, Transparenz und AGB-Gesetz, S. 61; *Lange*, ZGS 2004, S. 208, 209 f.; *Lindacher*, in: Wolf/Horn/Lindacher, § 5 AGBG, RdNr. 28; *Roth*, WM 1991, S. 2085, 2086; *Schmidt*, in: Bamberger/Roth, § 305c BGB, RdNr. 33; *Stein*, in: Soergel, § 5 AGBG, RdNr. 2; *Stoffels*, AGB-Recht, RdNr. 370; *Ulmer*, in: Ulmer/Brandner/Hensen, § 305c BGB, RdNr. 85.

felsfrei zu bestimmende Erklärungsgehalt der Klausel für den Vertragspartner des Verwenders nachteilig ist.[35]

Gleichermaßen wie für den Verbandsprozess verlangt § 305c Abs. 2 BGB auch innerhalb des Individualprozesses eine zweistufige Vorgehensweise. Bestehen mehrere Auslegungsmöglichkeiten, ist zunächst der arbeitnehmerfeindlichste Regelungsgehalt auf seine inhaltliche Wirksamkeit i. S. d. §§ 307 ff. BGB zu untersuchen. Nur wenn die Klausel selbst in dieser für den Arbeitnehmer ungünstigen Variante der Inhaltskontrolle Stand hält, ist die Unklarheitenregel dahin anzuwenden, ihr die arbeitnehmerfreundlichste Auslegungsoption als maßgeblichen Vertragsinhalt zugrunde zu legen.[36]

Als Bestandteil eines Formulararbeitsvertrages unterliegen Bezugnahmevereinbarungen in gleicher Weise der Unklarheitenregel, wie andere standardisierte Arbeitsvertragsbedingungen.[37] Unberücksichtigt bleibt hierdurch allerdings, ob § 305c Abs. 2 BGB auch unklare Tarifbestimmungen erfasst, der einbezogene Tarifvertrag also bspw. selbst auf andere Rechtsquellen verweist (sog. Doppelverweisung), ohne dabei zugleich Inhalt und Reichweite der Bezugnahmeabrede klar zu manifestieren. Mit Recht erinnern Teile des Schrifttums[38] in diesem Zusammenhang an die Rechtswirkung des Bezugnahmeobjekts.[39] In der Verwendung von Bezugnahmevereinbarungen bedient sich der Arbeitgeber des Inhalts eines Tarifvertrages wie eines Vertragshandbuchs.[40] Insoweit erscheint es auch gerechtfertigt, dem Vertragssteller die Formulierungsverantwortung für die in den Arbeitsvertrag inkorporierten Tarifbestimmungen aufzuerlegen.[41] Eine Ausnahme ist

---

35 Hierzu unter anderem *Lange*, ZGS 2004, 208, 209 f.

36 Vgl. hierzu unter anderem *Lindacher*, in: Wolf/Horn/Lindacher, § 5 AGBG, RdNr. 30 ff.; *Stoffels*, AGB-Recht, RdNr. 371 ff.; *Ulmer*, in: Ulmer/Brandner/Hensen, § 305c BGB, RdNr. 90 ff. Zwischen Verbands- und Individualprozess noch differenzierend *Roth*, WM 1991, S. 2085, 2088 f.

37 Statt aller BAG vom 19.03.2003, AP Nr. 33 zu § 1 TVG Bezugnahme auf Tarifvertrag; BAG vom 09.11.2005, AP Nr. 4 zu § 305c BGB; BAG vom 14.12.2005, AP Nr. 37 zu § 1 TVG Bezugnahme auf Tarifvertrag; BAG vom 14.12.2005, AP Nr. 39 zu § 1 TVG Bezugnahme auf Tarifvertrag; BAG vom 17.01.2006, AP Nr. 40 zu § 1 TVG Bezugnahme auf Tarifvertrag; sowie *Däubler/Dorndorf*, AGB-Kontrolle im Arbeitsrecht, § 305c BGB, RdNr. 26.

38 So *Däubler/Dorndorf*, AGB-Kontrolle im Arbeitsrecht, § 305c BGB, RdNr. 26; sowie *Lindemann*, Flexible Gestaltung von Arbeitsbedingungen nach der Schuldrechtsreform, S.128.

39 Vgl. hierzu erneut § 2 A II.

40 Treffend *Lindemann*, Flexible Gestaltung von Arbeitsbedingungen nach der Schuldrechtsreform, S.129.

41 *Däubler/Dorndorf*, AGB-Kontrolle im Arbeitsrecht, § 305c BGB, RdNr. 26; *Lindemann*, Flexible Gestaltung von Arbeitsbedingungen nach der Schuldrechtsreform, S.128 f.

lediglich in den Fällen angezeigt, in denen der mit der Verweisung beabsichtigte Zweck der Gleichstellung von tarifgebundenen und nichttarifgebundenen Arbeitsverhältnissen dient. Hier wollen die Arbeitsvertragsparteien den einbezogenen Tarifvertrag so angewendet wissen, als gälte er unmittelbar und zwingend. Trotz seines schuldrechtlichen Charakters ist das Bezugnahmeobjekt damit aber wie ein Gesetz auszulegen,[42] so dass sich ein Rückgriff auf die Unklarheitenregel im Grundsatz verbietet.

---

42 Siehe dazu erneut § 3 A.

§ 4 Zweck der Bezugnahmevereinbarung; insbesondere Gleichstellungsabrede

Wie schon in Teilen angedeutet, kann die einzelvertragliche Bezugnahme auf einen Tarifvertrag unterschiedliche Zwecke verfolgen. Allgemein beinhaltet die Verweisung einen regelungstechnischen Weg zur Senkung von Verhandlungs- und Vertragsabschlusskosten.[1] Daneben kann die Verweisung aber auch wettbewerbspolitisch motiviert sein.[2] So ist es denkbar, dass ein Arbeitgeber im Kampf um qualifizierte Arbeitsplätze Tarifbestimmungen nur deshalb auf der Grundlage des Arbeitsvertrages anwenden will, um dadurch die Attraktivität seiner Arbeitsplätze zu erhöhen. Ungeachtet der arbeitskampfrechtlichen Voraussetzungen zum Streikaufruf kann der Arbeitgeber durch die Gewährung tarifvertraglicher Arbeitsbedingungen ferner das Ziel verfolgen, nicht der Gefahr zum Abschluss eines Anerkennungstarifvertrages ausgesetzt zu sein. Arbeitnehmer, die durch arbeitsvertragliche Bezugnahmevereinbarungen von den Vorteilen der Verbandstarife profitieren, sind für einen belastenden Arbeitskampf, aus dem keine nennenswerten Vorteile erwachsen, regelmäßig nicht zu motivieren.

Mit Blick auf die Praxis konzentriert sich der Zweck der Klausel jedoch im Wesentlichen auf die Vereinheitlichung von Arbeitsverhältnissen. Oft ist der Arbeitgeber bereits kraft eigener Tarifbindung zur Umsetzung des in der Bezugnahmeklausel benannten Tarifvertrages verpflichtet. Infolgedessen besteht bei Abschluss eines Firmentarifvertrages zumindest für die tarifschließende Gewerkschaft ein Anspruch auf Durchführung der vereinbarten Arbeitsbedingungen. Gehört der Arbeitgeber dagegen dem tarifschließenden Arbeitgeberverband an, ist er aus dem Mitgliedschaftsverhältnis kraft Satzung gebunden, die Tarifverträge des Verbandes mindestens gegenüber den kongruent tarifgebundenen Arbeitnehmern anzuwenden. Zur Reduzierung von Verwaltungskosten sowie zur Sicherung des Betriebsfriedens erweist es sich demzufolge als sinnvoll, die Angleichung aller Arbeitsverhältnisse mittels Bezugnahmeklausel sicherzustellen, zumal dem Arbeitgeber auch die Kenntnis über das Bestehen einer Mitgliedschaft des Arbeitnehmers in der zuständigen Gewerkschaft regelmäßig entzogen ist.[3] Die Verweisung ist dann als sog. Gleichstellungsabrede zu verstehen, wonach nichttarifgebundene Arbeitsverhältnisse des Betriebes in gleicher Weise an der Wirkung des maßgebenden Tarifvertrages teilnehmen sollen, wie im Fall der beiderseitigen Tarifbindung der Arbeitsvertragsparteien.

---

1 *Säcker/Oetker*, ZfA 1993, S. 1, 14.

2 So beispielsweise LAG Rostock vom 14.04.2002, PflR, 2003, S. 208 ff.; *Annuß*, AuR 2002, S. 361, 363; sowie *Thüsing/Lambrich*, RdA 2002, S. 193, 200.

3 Vgl. in diesem Zusammenhang erneut § 2 C II.

Dem ungeachtet verwundert es, dass der mit der Klausel beabsichtigte Zweck im Allgemeinen nicht ausdrücklich im Vertragstext aufgenommen ist. Da tarifgebundene Arbeitgeber lediglich auf den für den Betrieb (jeweils) einschlägigen Branchentarif in seiner jeweils gültigen Fassung verweisen und dadurch die tarifrechtliche Umsetzungspflicht des Bezugnahmeobjekts weitestgehend ausblenden, war speziell für den 4. Senat des BAG in einer Reihe von Entscheidungen immer wieder klärungsbedürftig,[4] ob und inwieweit die einzelvertragliche Übernahme des betreffenden Tarifvertrages ausschließlich die Gleichstellung von tarifgebundenen und nichttarifgebundenen Arbeitsverhältnissen des Betriebes unterstützt.

Während die Rechtsprechung hierbei zunächst einer durch die Tarifbindung des Arbeitgebers bedingten Gleichstellung Rechnung zu tragen versuchte, scheint sich das BAG unter Berücksichtigung der Schuldrechtsreform nunmehr in einem Umdenken zu befinden.[5] Angesichts der praktischen Relevanz avanciert die Auslegung über den Zweck von Bezugnahmevereinbarungen somit zu einer der wichtigsten und zugleich strittigsten Fragen des gesamten Tarifrechts.[6]

---

4 BAG vom 04.09.1996, AP Nr. 5 zu § 1 TVG Bezugnahme auf Tarifvertrag; BAG vom 30.08.2000, AP Nr. 12 zu § 1 TVG Bezugnahme auf Tarifvertrag; BAG vom 25.10.2000, AP Nr. 13 zu § 1 TVG Bezugnahme auf Tarifvertrag; BAG vom 29.08.2001, AP Nr. 17 zu § 1 TVG Bezugnahme auf Tarifvertrag; BAG vom 26.09.2001, AP Nr. 21 zu § 1 TVG Bezugnahme auf Tarifvertrag; BAG vom 21.08.2002, AP Nr. 21 zu § 157 BGB; BAG vom 25.09.2002, AP Nr. 26 zu § 1 TVG Bezugnahme auf Tarifvertrag; BAG vom 16.10.2002, AP Nr. 22 zu § 1 TVG Bezugnahme auf Tarifvertrag; BAG vom 27.11.2002, AP Nr. 29 zu § 1 TVG Bezugnahme auf Tarifvertrag; BAG vom 19.03.2003, AP Nr. 33 zu § 1 TVG Bezugnahme auf Tarifvertrag; BAG vom 01.12.2004, AP Nr. 34 zu § 1 TVG Bezugnahme auf Tarifvertrag; BAG vom 14.12.2005, AP Nr. 39 zu § 1 TVG Bezugnahme auf Tarifvertrag.

5 So ausdrücklich BAG vom 14.12.2005, AP Nr. 39 zu § 1 TVG Bezugnahme auf Tarifvertrag.

6 Vgl. nur *Annuß*, ZfA 2005, S. 405 ff.; *Bayreuther*, Anm. zu BAG, RdA 2003, S. 303, 306 ff.; *Boecken*, Anm. zu BAG, SAE 2003, S. 211, 214 ff.; *Buchner*, Anm. zu BAG, EzA § 3 TVG Bezugnahme auf Tarifvertrag Nr. 7, S. 11 ff.; *Danne*, Anm. zu BAG, SAE 1998, S. 107, 111 ff.; *Däubler*, Anm. zu BAG, RdA 2002, S. 299, 303 ff.; *Deinert*, Anm. zu BAG, AP Nr. 34 zu § 1 TVG Bezugnahme auf Tarifvertrag, Bl. 3 ff.; *Frieges*, DB 1996, S. 1281 ff.; *B. Gaul*, BB 2000, S. 1086 ff.; *Giesen*, NZA 2006, S. 625 ff.; *Gutzeit*, Anm. zu BAG, SAE 2003, S. 112, 114 ff.; *Hanau*, NZA 2005, S. 489 ff.; *Hanau/Kania*, Festschrift für Schaub, S. 239, 245 ff.; *Henssler*, Festschrift für Wißmann, S. 133 ff.; *Henssler/Heiden*, Anm. zu BAG, RdA 2004, S. 241, 242 ff.; *Hromadka*, DB 1996, S. 1872, 1876 ff.; *Kania*, NZA 2000, Sonderbeilage Heft 3, S. 45 ff.; *Klebeck*, NZA 2006, S. 15 ff.; *Lambrich*, Anm. zu BAG, BB 2002, S. 1264, 1267 ff.; *Möller*, NZA 2006, S. 579 ff.; *Schliemann*, ZTR 2004, S. 502, 507 ff.; *Seitz/Werner*, NZA 2000, S. 1257, 1260 ff.; *Stein*, Anm. zu BAG, SAE 2001, S. 298, 300 ff.; *Thüsing*, Anm. zu BAG, AP Nr. 21 zu § 1 TVG Bezugnahme auf Tarifvertrag, Bl. 5 R ff.; *ders.*, NZA 2003, S. 1184 ff.; *ders.*, NZA 2006, S. 473 ff.; *Thüsing/Lambrich*, RdA 2002, S. 193, 198 ff.

A. Rechtsprechungsentwicklung zur Gleichstellungsabrede

Eigentlich schien alles geklärt: „Die Verwendung einer dynamischen Bezugnahme auf den einschlägigen Tarifvertrag in einem vom tarifgebundenen Arbeitgeber formulierten Arbeitsvertrag ist typischerweise eine Gleichstellungsabrede“.[7] Dieser durch das BAG manifestierte Leitsatz ist Folge einer sich stetig fortentwickelten Rechtsprechung, die augenblicklich ins Wanken gerät.[8] Um die sich abzeichnende Trendwende in der Rechtsprechung vollständig zu durchleuchten, erscheint es daher unerlässlich, die Fülle des Rechtsprechungsmaterials grundlegend zu systematisieren.

I. Ursprung der Gleichstellungsabrede in der Sondersituation des öffentlichen Dienstes

Ihren Ursprung findet die Eigenschaft der Bezugnahmeklausel als Gleichstellungsabrede in der Sondersituation des öffentlichen Dienstes. In seiner Entscheidung vom 14.02.1973 hatte das BAG die Klage eines Angestellten zum Gegenstand, dessen Arbeitsvertrag u. a. eine Klausel enthielt, wonach sich das Arbeitsverhältnis „nach dem BAT und den diesen ergänzenden oder ändernden Fassungen“ bestimmt.[9] Das Gericht charakterisierte die Vereinbarung als typische Klausel für Angestellte des öffentlichen Dienstes, führte aber gleichsam aus, dass die mit einzelvertraglicher Geltungskraft anzuwendenden Tarifbestimmungen jeweils so umzusetzen seien, wie unter Berücksichtigung ihrer tarifrechtlichen Reichweite. Dic Bczugnahme könne daher lediglich das widerspiegeln, was ansonsten tarifvertraglich gelte.

---

7 Vgl. nur BAG vom 26.09.2001, AP Nr. 21 zu § 1 TVG Bezugnahme auf Tarifvertrag; BAG vom 21.08.2002, AP Nr. 21 zu § 157 BGB; BAG vom 27.11.2002, AP Nr. 29 zu § 1 TVG Bezugnahme auf Tarifvertrag; BAG vom 19.03.2003, AP Nr. 33 zu § 1 TVG Bezugnahme auf Tarifvertrag; BAG vom 01.12.2004, AP Nr. 34 zu § 1 TVG Bezugnahme auf Tarifvertrag. Aus dem Schrifttum unter anderem *Boecken*, Anm. zu BAG, SAE 2003, S. 211, 214 f.; *Buchner*, Anm. zu BAG, EzA § 3 TVG Bezugnahme auf Tarifvertrag Nr. 7, S. 16 ff.; *Gamillscheg*, Kollektives Arbeitsrecht I, S. 733 f.; *B. Gaul*, Anm. zu BAG, EzA § 3 TVG Bezugnahme auf Tarifvertrag Nr. 7, S. 34 ff.; *Hromadka/Maschmann/Wallner*, Tarifwechsel, RdNr. 115 ff.; *Löwisch/Rieble*, § 3 TVG, RdNr. 229 ff.; *Preis*, Grundfragen der Vertragsgestaltung im Arbeitsrecht, S. 393; *Reichel*, Anm. zu BAG, AuA 2004, S. 46, 47; *Säcker/Oetker*, ZfA 1993, S. 1, 14 f.; *Schliemann*, NZA 2003, Sonderbeilage Heft 16, S. 3, 7 ff.; *Stein*, Tarifvertragsrecht, RdNr. 229.

8 BAG vom 14.12.2005, AP Nr. 39 zu § 1 TVG Bezugnahme auf Tarifvertrag.

9 BAG vom 14.02.1973, AP Nr. 6 zu § 4 TVG Nachwirkung.

II. Ausweitung auf den privatwirtschaftlichen Bereich

Mit Urteil vom 20.03.1991 übertrug die Rechtsprechung den besagten Zweck auch auf den privatwirtschaftlichen Bereich.[10] Der Arbeitsvertrag der streitenden Parteien wies eine statische Bezugnahmeklausel „auf die Bestimmungen des Rahmentarifvertrages für Angestellte im niedersächsischen Einzelhandel" auf. Trotz Fehlens einer sog. „Jeweiligkeitsklausel" ging der 4. Senat des BAG von der dynamischen Fortgeltung des Bezugnahmeobjekts aus. Das Gericht begründete seine Entscheidung anhand der dem Arbeitsvertrag anhaftenden Zukunftswirkung und der durch die Klausel beabsichtigten Gleichstellung von tarifgebundenen und nichttarifgebundenen Arbeitnehmern des Betriebes. Die Verweisung, so der erkennende Senat wörtlich, sei lediglich „eine von mehreren Arten, um die Bindung an einen Tarifvertrag zu bewirken".[11] Die formal im Mittelpunkt der Überlegungen des BAG stehende Gleichstellung erwies sich zwar noch nicht als unmittelbarer Regelungsgehalt der Bezugnahmeklausel, allerdings als mittelbare Folge der arbeitsvertraglichen Übernahme von Tarifbestimmungen.

III. Reduzierung des Zwecks auf die Ersetzung der Tarifbindung nichttarifgebundener Arbeitnehmer

In der Folgezeit reduzierte die Judikative den Gehalt der Gleichstellungsabrede allein da-rauf, dass die Bezugnahme auf den einschlägigen Tarifvertrag lediglich die Funktion habe, die erforderliche Verbandsmitgliedschaft des Arbeitnehmers zu ersetzen,[12] wenngleich dessen tatsächliche Organisationszugehörigkeit unbeachtlich blieb.[13] Erforderlich war jedoch die Tarifbindung des Arbeitgebers bei Abschluss des Arbeitsvertrages.[14]

---

10 BAG vom 20.03.1991, AP Nr. 20 zu § 4 TVG Tarifkonkurrenz.

11 BAG vom 20.03.1991, AP Nr. 20 zu § 4 TVG Tarifkonkurrenz.

12 BAG vom 04.09.1996, AP Nr. 5 zu § 1 TVG Bezugnahme auf Tarifvertrag; BAG vom 04.08.1999, AP Nr. 14 zu § 1 TVG Tarifverträge: Papierindustrie; BAG vom 30.08.2000, AP Nr. 12 zu § 1 TVG Bezugnahme auf Tarifvertrag; BAG vom 25.10.2000, AP Nr. 13 zu § 1 TVG Bezugnahme auf Tarifvertrag; BAG vom 29.08.2001, AP Nr. 17 zu § 1 TVG Bezugnahme auf Tarifvertrag; BAG vom 26.09.2001, AP Nr. 21 zu § 1 TVG Bezugnahme auf Tarifvertrag; BAG vom 16.10.2002, AP Nr. 22 zu § 1 TVG Bezugnahme auf Tarifvertrag; BAG vom 19.03.2003, AP Nr. 33 zu § 1 TVG Bezugnahme auf Tarifvertrag.

13 Vgl. hierzu BAG vom 27.11.2002, AP Nr. 29 zu § 1 TVG Bezugnahme auf Tarifvertrag.

14 BAG vom 04.08.1999, AP Nr. 14 zu § 1 TVG Tarifverträge: Papierindustrie; BAG 30.08.2000, AP Nr. 12 zu § 1 TVG Bezugnahme auf Tarifvertrag; BAG vom 26.09.2001, AP Nr. 21 zu § 1 TVG Bezugnahme auf Tarifvertrag; BAG vom 21.08.2002, AP Nr. 21 zu § 157 BGB; BAG vom 25.09.2002, AP Nr. 26 zu § 1 TVG Bezugnahme auf Tarifvertrag; BAG vom 01.12.2004, AP Nr. 34 zu § 1 TVG Bezugnahme auf Tarifvertrag.

Während die Rechtsprechung bis dato den Widerstand der Instanzgerichte und des Schrifttums weitestgehend ausblendete, trat der 4. Senat des BAG seinen Kritikern erstmals mit Urteil vom 26.09.2001[15] ausführlich entgegen. Streitgegenstand war eine dynamisch ausgestaltete Bezugnahmeklausel auf „den Entgelttarifvertrag für Beschäftigte der Wohnungswirtschaft". Trotz Austritts des Arbeitgebers aus dem tarifschließenden Verband begehrte der Arbeitnehmer Vergütung nach dem neu abgeschlossenen Tarifvertrag. Bedingt durch den als erwiesen angesehenen Gleichstellungszweck kam das Gericht zu dem Schluss, dass die Bezugnahmevereinbarung mit Verbandsaustritt des Arbeitgebers lediglich statisch fortgelte. Ungeachtet des entgegenstehenden Wortlauts der Verweisung rechtfertige sich diese Auslegung durch die arbeitsrechtlich vorstrukturierten Besonderheiten bei Vertragsschluss, die vom Empfängerhorizont eines verständigen Arbeitnehmers her erkennbar seien.[16]

Besonders falle in diesem Zusammenhang ins Gewicht, dass der Arbeitgeber bei Vertragsschluss das Bestehen einer Mitgliedschaft in der zuständigen Gewerkschaft und eine dadurch begründete Tarifbindung des Arbeitnehmers nicht kenne und auch nicht erfragen dürfe. Infolgedessen verdeutliche die bedingungslose Verwendung von Bezugnahmeklauseln in einem vom tarifgebundenen Arbeitgeber formulierten Arbeitsvertrag den Zweck, regelmäßig diejenigen Arbeitsbedingungen widerzuspiegeln, die für ein tarifgebundenes Arbeitsverhältnis ohnehin tarifrechtlich umzusetzen sind. Die gleichermaßen zu berücksichtigende Interessenlage des Arbeitnehmers stehe dem nicht entgegen, da eine Bezugnahmeklausel nicht aufgrund einer entsprechenden Verhandlungsaufforderung des Arbeitnehmers, sondern ausschließlich anhand des Frageverbots des Arbeitgebers in den Arbeitsvertragstext aufgenommen werde.[17]

IV. Abgrenzung von Gleichstellungsabrede und Tarifwechselklausel

Bezüglich der vorbenannten Reduzierung des Zwecks der Bezugnahme auf die Ersetzung der Mitgliedschaft nichttarifgebundener Arbeitnehmer in der tarifschließenden Gewerkschaft war allerdings zwischen dem Vorliegen einer Gleichstellungsabrede und ihrer möglichen Funktion als Tarifwechselklausel zu unterscheiden. Führte die Rechtsprechung Mitte der 90er Jahre noch aus, eine arbeitsvertragliche Verweisungsklausel, die einen konkret benannten Tarifvertrag in der

---

15 BAG vom 26.09.2001, AP Nr. 21 zu § 1 TVG Bezugnahme auf Tarifvertrag. Bestätigt durch BAG vom 21.08.2002, AP Nr. 21 zu § 157 BGB; BAG vom 27.11.2002, AP Nr. 29 zu § 1 TVG Bezugnahme auf Tarifvertrag; BAG vom 19.03.2003, AP Nr. 33 zu § 1 TVG Bezugnahme auf Tarifvertrag.

16 BAG vom 26.09.2001, AP Nr. 21 zu § 1 TVG Bezugnahme auf Tarifvertrag.

17 BAG vom 19.03.2003, AP Nr. 33 zu § 1 TVG Bezugnahme auf Tarifvertrag.

jeweils geltenden Fassung übernimmt, sei bei Arbeitgeberverbandswechsel regelmäßig dahin korrigierend auszulegen, dass die Verweisung auf den jeweils geltenden Tarifvertrag erfolgt,[18] will das BAG seit dem Urteil vom 30.08.2000[19] an einer derartigen Interpretation von Bezugnahmenvereinbarungen nicht länger festhalten.

Mit dem Zweck der Verweisung als Gleichstellungsabrede sei nicht zwingend die Rechtsfolge eines Tarifwechsels verbunden, da die Klausel hier lediglich die Funktion habe, eine fehlende Tarifbindung des Arbeitnehmers zu ersetzten. Für die bereits gewerkschaftlich organisierten Arbeitnehmer könne der neue Tarifvertrag jedoch nur unmittelbare und zwingende Wirkung beanspruchen, wenn eine kongruente Tarifgebundenheit der Arbeitsvertragsparteien vorliegt. Die unter dem Gesichtspunkt der großen dynamischen Bezugnahmevereinbarung postulierten Rechtsfolgen ergeben sich bei der einzelvertraglichen Übernahme eines bestimmten namentlich genannten Tarifvertrags demnach nur bei Vorliegen weiterer Umstände, die eine Vereinbarung zwischen den Arbeitsvertragsparteien belegen, es solle für den Betrieb der jeweils fachlich/betrieblich einschlägige Tarifvertrag anzuwenden sein.[20] Einem regelungstechnischen Gleichlauf von kleiner und großer dynamischer Verweisung war damit der Weg versperrt.[21]

B. Kritik der Instanzgerichte und des Schrifttums

Ungeachtet der höchstrichterlichen Abgrenzung zwischen kleiner und großer dynmaischer Bezugnahmeklausel sind die dargestellten Auslegungsgrundsätze trotz allem starker Gegenwehr ausgesetzt.[22] Zentrale Bedeutung erlangt dabei der

---

18 BAG vom 04.09.1996, AP Nr. 5 zu § 1 TVG Bezugnahme auf Tarifvertrag.

19 BAG vom 30.08.2000, AP Nr. 12 zu § 1 TVG Bezugnahme auf Tarifvertrag; BAG vom 25.09.2002, AP Nr. 26 zu § 1 TVG Bezugnahme auf Tarifvertrag; BAG vom 16.10.2002, AP Nr. 22 zu § 1 TVG Bezugnahme auf Tarifvertrag.

20 So ausdrücklich BAG vom 30.08.2000, AP Nr. 12 zu § 1 TVG Bezugnahme auf Tarifvertrag.

21 Hierfür noch *Gaul*, Anm. zu BAG, EzA § 3 TVG Bezugnahme auf Tarifvertrag Nr. 7, S. 37 f.; *Seitz/Werner*, NZA 2000, S. 1257, 1264 f. Auf Tarifverträge unter Mitwirkung von DGB-Gewerkschaften einschränkend dagegen *Buchner*, Anm. zu BAG, EzA § 3 TVG Bezugnahme auf Tarifvertrag Nr. 7, S. 21; *Hanau/Kania*, Festschrift für Schaub, S. 239, 254 f.; *Kania*, NZA 2000, Sonderbeilage Heft 3, S. 45, 48. Im Ergebnis auch *Reichel*, Die arbeitsvertragliche Bezugnahme auf den Tarifvertrag, S. 159 ff.

22 Vgl. nur LAG Hamm vom 05.06.1998, AP Nr. 11 zu § 1 TVG Bezugnahme auf Tarifvertrag; LAG Frankfurt a. M. vom 23.03.1999, NZA-RR 2000, S. 93 ff.; LAG Hamburg vom 15.11.2000, NZA 2001, S. 562 ff.; LAG Rostock vom 15.04.2002, PflR 2003, S. 208 ff. Aus dem Schrifttum *Annuß*, AuR 2002, S. 361, 363 f.; *ders.*, ZfA 2005, S. 405, 421 ff.; *Annuß/Thüsing*, Anm. zu BAG, EzA § 4 TVG Bundespost Nr. 11, S. 15 ff.; *Bayreuther*, Anm. zu BAG, DB 2002, S. 1005, 1008 ff.; ders., Anm. zu BAG, RdA 2003, S. 303, 307

Vorwurf, die Auslegungsmethode der Rechtsprechung knüpfe an einen Umstand an, der im an sich eindeutigen Wortlaut einer dynamischen Bezugnahmevereinbarung keinerlei Anhaltspunkt finde. Im Wesentlichen lässt sich die gegenteilige Position daher auf folgende Argumente zusammenfassen.

I. Wortsinn und Auslegung nach dem Empfängerhorizont

Maßgeblicher Kritikpunkt der mit der Gleichstellungsabrede verbundenen Rechtsfolgen ist der grundsätzlich entgegenstehende Wortlaut der Bezugnahmeklausel.[23] Beim Angebot auf Abschluss eines gegenseitigen Vertrages sei das mit der Bestimmung durch den Erklärenden tatsächlich Gewollte nur relevant, sofern der Vertragspartner – hier der Arbeitnehmer – den Bedeutungsgehalt unter Zugrundelegung der äußeren Umstände bei Vertragsschluss kennt oder kennen muss (§§ 133, 157 BGB).[24] Fehlt ein entsprechender Vorbehalt, sei die Interpretation der Verweisung als Gleichstellungsabrede demnach nicht zwingend, denn der für die zweckorientierte Auslegung der Rechtsprechung tragende Umstand sei für den Arbeitnehmer ebenso wenig ersichtlich, wie die fehlende Kenntnis des Arbeitgebers über die bestehende Mitgliedschaft des Arbeitnehmers in der tarifschließenden Gewerkschaft.[25] Eine Bezugnahmevereinbarung mit identischem Wortlaut erhalte somit einen unterschiedlichen Zweck, je nachdem, ob der Arbeitgeber bei Abschluss des Arbeitsvertrages zu einer tarifrechtlichen Umsetzung des in der Klausel benannten Tarifvertrages verpflichtet ist oder nicht.[26] Gehe man aber von der typischen Situation aus, in welcher sich der Arbeitnehmer im besagten Zeitpunkt befinde, könne die im Vertragstext enthaltene Verweisung lediglich als

---

f.; *Danne*, Anm. zu BAG, SAE 1998, S. 107, 113 ff.; *Däubler*, Anm. zu BAG, RdA 2002, S. 299, 305 f.; *Ebeling*, Die Bezugnahme auf Tarifverträge im Arbeitsvertrag, S. 202 ff.; *Hanau*, Anm. zu BAG, RdA 2005, S. 376, 376 f.; *Kempen/Zachert*, § 3 TVG, RdNr. 186 ff.; *Lambrich*, Anm. zu BAG, BB 2002, S. 1264, 1268 f.; *Lorenz*, in: Däubler, § 3 TVG, RdNr. 231 ff.; *Stein*, AuR 2003, S. 361, 362 f.; *Thüsing*, Anm. zu BAG, AP Nr. 21 zu § 1 TVG Bezugnahme auf Tarifvertrag, Bl. 6 ff.; *Thüsing/Lambrich*, RdA 2002, S. 193, 194.

23 Statt aller *Annuß*, AuR 2002, S. 361, 361; *ders.*, ZfA 2005, S. 405, 426 f.; *Bayreuther*, Anm. zu BAG, RdA 2003, S. 303, 307; *Hanau*, NZA 2005, S. 489, 490; *Kempen/Zachert*, § 3 TVG, RdNr. 187; *Thüsing*, Anm. zu BAG, AP Nr. 21 zu § 1 TVG Bezugnahme auf Tarifvertrag, Bl. 6 f.; *Thüsing/Lambrich*, RdA 2002, S. 193, 198 f.

24 *Bayreuther*, Anm. zu BAG, RdA 2003, S. 303, 307; *Ebeling*, Die Bezugnahme auf Tarifverträge im Arbeitsvertrag, S. 203; *Hanau*, Anm. zu BAG, RdA 2005, S. 376, 376; *Thüsing/Lambrich*, RdA 2002, S. 193, 198.

25 Kritisch dazu unter anderem *Annuß/Thüsing*, Anm. zu BAG, EzA § 4 TVG Bundespost Nr. 11, S. 16; *Lambrich*, Anm. zu BAG, BB 2002, S. 1264, 1268; *Stein*, AuR 2003, S. 361, 363; *Thüsing/Lambrich*, RdA 2002, S. 193, 199.

26 *Hanau*, NZA 2005, S. 489, 490; *Stein*, AuR 2003, S. 361, 362 f.; *Thüsing*, NZA 2003, S. 1184, 1186.

zukünftige Ausgestaltung des Arbeitsverhältnisses mittels Tarifvertrag verstanden werden.[27]

II. Trennung von Zweck und Motiv

Darüber hinaus verkenne das BAG auch den Unterscheid zwischen Zweck einer Vertragsklausel und bloßem Motiv zur Aufnahme in den Vertrag. Wie bereits zu Beginn der Darstellung angeführt,[28] könne ein Arbeitgeber mit der Verwendung arbeitsvertraglicher Bezugnahmevereinbarungen auf den einschlägigen Tarifvertrag auch dann unterschiedliche Ziele verfolgen, wenn das Bezugnahmeobjekt bereits kraft zwingendem Tarifrecht für den Betrieb anzuwenden ist.[29] Eine Gleichstellung von tarifgebundenen und nichttarifgebundenen Arbeitsverhältnissen allerdings als einzig maßgebenden Zweck der Verweisung hervorzuheben, sei verfehlt, da dies zwingend voraussetzte, dass zumindest ein betriebsangehöriger Arbeitnehmer Mitglied der tarifschließenden Gewerkschaft ist. Fehle es dagegen am Organisationsgrad der Belegschaft, entstünde bei eigentlich eindeutigem Wortlaut der Klausel eine Vertragslücke.[30] Infolgedessen habe das Anliegen des Arbeitgebers, die einzelvertragliche Übernahme des Tarifvertrages gerade an dessen tarifrechtliche Geltung wegen eigener Tarifbindung zu knüpfen, lediglich Motivcharakter und könne ohne ausdrücklichen Vorbehalt die Auslegung von Bezugnahmevereinbarungen nicht entscheidend prägen.[31]

Auch erscheine in diesem Zusammenhang die Annahme des BAG befremdlich, der Arbeitnehmer hätte selbst zur Aufklärung des Bedeutungsgehalts der Verwei-

---

27 So unter anderem LAG Frankfurt a. M. vom 23.03.1999, NZA-RR 2000, S. 93, 94 f.; *Annuß*, ZfA 2005, S. 405, 426; *Annuß/Thüsing*, Anm. zu BAG, EzA § 4 TVG Bundespost Nr. 11, S. 16; *Bayreuther*, Anm. zu BAG, RdA 2003, S. 303, 307; *Danne*, Anm. zu BAG, SAE 1998, S. 107, 114; *Ebeling*, Die Bezugnahme auf Tarifverträge im Arbeitsvertrag, S. 207 f.; *Hohenstatt*, DB 1992, S. 1678, 1682 f.; *Lambrich*, Anm. zu BAG, BB 2002, S. 1264, 1268; *Thüsing/Lambrich*, RdA 2002, S. 193, 198.

28 Vgl. hierzu erneut § 4.

29 LAG Frankfurt a. M. vom 23.03.1999, NZA-RR 2000, S. 93, 95; LAG Hamburg vom 15.11.2000, NZA 2001, S. 562, 565; *Annuß*, AuR 2002, S. 361, 363; *Bayreuther*, Anm. zu BAG, DB 2002, S. 1005, 1008; *Däubler*, Anm. zu BAG, RdA 2002, S. 299, 306; *Hanau*, NZA 2005, S. 489, 490; *Stein*, AuR 2003, S. 361, 363; *Thüsing/Lambrich*, RdA 2002, S. 193, 200.

30 Hierzu *Annuß*, Anm. zu BAG, RdA 2000, S. 178, 180; *Annuß/Thüsing*, Anm. zu BAG, EzA § 4 TVG Bundespost Nr. 11, S. 16 f.; *Thüsing/Lambrich*, RdA 2002, S. 193, 200.

31 *Annuß*, AuR 2002, S. 361, 363; *ders.*, ZfA 2005, S. 405, 420; *Ebeling*, Die Bezugnahme auf Tarifverträge im Arbeitsvertrag, S. 209; *Kempen/Zachert*, § 3 TVG, RdNr. 187; *Lambrich*, Anm. zu BAG, BB 2002, S. 1267, 1268; *Stein*, AuR 2003, S. 361, 363; *Thüsing/Lambrich*, RdA 2002, S. 193, 200.

sung beitragen können.[32] Vereinzelt wird hierbei angeführt, diesem sei es unter Berücksichtigung der individuellen Koalitionsfreiheit gleichermaßen verwehrt, sich bei Abschluss des Arbeitsvertrages nach der Mitgliedschaft des Arbeitgebers im tarifschließenden Arbeitgeberverband zu informieren.[33] Andere Stimmen besinnen sich wiederum auf die Grundsätze der allgemeinen Rechtsgeschäftsauslegung. Danach sei die bloße Möglichkeit zur Aufklärung des Bedeutungsgehalts einer Vertragsbestimmung ohne Belang, sofern es an einer entsprechenden Aufklärungspflicht des Erklärungsempfängers fehle.[34]

III. Modifizierte Auslegungsgrundsätze im Recht der Allgemeinen Geschäftsbedingungen

Mit der gesetzlichen Einführung von § 310 Abs. 4 Satz 2 BGB gewinnt der dargestellte Meinungsstreit nun zusätzlich an Brisanz. Da einzelvertragliche Arbeitsbedingungen regelmäßig für eine Vielzahl von Arbeitsverhältnissen vorformuliert sind, unterliegt auch die in einem Formulararbeitsvertrag aufgenommene Bezugnahmevereinbarung modifizierten Auslegungsgrundsätzen.[35] Infolgedessen fordert das Schrifttum umso mehr die ausdrückliche Aufnahme des mit der Klausel beabsichtigten Zwecks in den Arbeitsvertragstext.[36] Aus der Verobjektivierung der Auslegung erlange der Wortlaut der Verweisung entscheidend an Gewicht, so dass in Übereinstimmung mit dem Transparenzgebot eine durch den Vertragssteller beabsichtigte Gleichstellung von tarifgebundenen und nichttarifgebundenen Arbeitsverhältnissen nur zu berücksichtigen sei, sofern der Vertragstext einen derartigen Rückschluss überhaupt zulässt.[37] Jedenfalls könne sich ein Arbeitgeber mit dem bloßen Hinweis über die dynamische Anwendung des für den Betrieb einschlägigen Tarifvertrages nicht darauf berufen, die einzelvertragliche Gewährung von Tarifbestimmungen stünde ausschließlich in Wechselwirkung zur Geltung des Bezugnahmeobjekts nach dem Tarifvertragsgesetz. Dies stehe gleichermaßen in Widerspruch zu § 305c Abs. 2 BGB, wonach Zweifel bei der Auslegung

---

32 So BAG vom 19.03.2003, AP Nr. 33 zu § 1 TVG Bezugnahme auf Tarifvertrag.

33 *Boemke*, NZA 2004, S. 142, 144.

34 *Annuß*, ZfA 2005, S. 405, 424; sowie *Stein* AuR 2003, S. 361, 363.

35 Vgl. hierzu bereits ausführlich unter § 3 B.

36 Statt aller *Annuß*, AuR 2002, S. 361, 363; *Bayreuther*, Anm. zu BAG, RdA 2003, S. 303, 308 f.; *Lambrich*, Anm. zu BAG, BB 2002, S. 1264, 1268; *Stein*, AuR 2003, S. 361, 363; *Thüsing/Lambrich*, RdA 2002, S. 193, 201.

37 *Lambrich*, Anm. zu BAG, BB 2002, S. 1264, 1268; *Thüsing/Lambrich*, RdA 2002, S. 193, 201.

Allgemeiner Geschäftsbedingungen stets zu Lasten des Verwenders gehen.[38] Allein der Umstand, einem Arbeitgeber sei die Kenntnis der Verbandsmitgliedschaft des Arbeitnehmers entzogen, hindere ihn als Vertragssteller nicht daran, das mit der Bezugnahmeklausel eigentlich Gewollte zweifelsfrei zum Ausdruck zu bringen.

C. Die Ankündigung des BAG vom 14.12.2005 – Eine statische Rechtsprechung?

Trotz des Hinweises auf die mit der Schuldrechtsreform eingetretenen Änderungen hielt der 4. Senat des BAG zunächst unbeirrt an seiner bisherigen Rechtsauffassung fest.[39] In seiner Entscheidung vom 14.12.2005 scheint sich derselbe Senat nunmehr allerdings der Kritik des Schrifttums beugen zu wollen.[40]

Bereits im Frühjahr 2005 deutete sich eine Trendwende in der höchstrichterlichen Rechtsprechung an, als das BAG Zusagen zu tarifvertraglichen Leistungen in einem Klinikkaufvertrag als Vertragsbestimmung zugunsten Dritter (§ 328 BGB) im Sinne einer festen dynamischen Verweisungsklausel ansah.[41] Mitte Dezember 2005 erklärt das Gericht nunmehr ausdrücklich, nicht länger an seiner bisherigen Auslegungsregel für das Vorliegen von Gleichstellungsabreden festhalten zu wollen. Dies gelte zumindest für die Arbeitsverhältnisse, die nach dem 31.12.2001 abgeschlossen sind.[42] Entscheidungserheblich sei hierfür insbesondere, dass die für die Rechtfertigung der höchstrichterlichen Auslegungsgrundsätze angenommenen Rahmenbedingungen teilweise weggefallen sind. Infolgedessen könne nicht mehr in einer typisierenden Betrachtung davon ausgegangen werden, „dass den den Arbeitsvertragsinhalt vorgebenden Arbeitgebern die mögliche Bedeutung einer dynamischen Bezugnahmeklausel bei zukünftigen Änderungen hinsichtlich der Tarifgebundenheit (...) nicht bewusst war."[43] Dies belege bereits die seit Jahren geführte Diskussion um die Auslegung arbeitsvertraglicher Bezugnahmevereinbarungen als Gleichstellungsabrede. Zudem sei der erkennende Senat

---

38 *Annuß*, AuR 2002, S. 361, 364; *Bayreuther*, Anm. zu BAG, DB 2002, S. 1005, 1010; *ders.*, Anm. zu BAG, RdA 2003, S. 303, 308 f.; *Däubler*, Anm. zu BAG, RdA 2002, S. 299, 306; *Hanau*, Anm. zu BAG, RdA 2005, S. 376, 376; *Kempen/Zachert*, § 3 TVG, RdNr. 187; *Lambrich*, Anm. zu BAG, BB 2002, S. 1264, 1268; *Preis*, Der Arbeitsvertrag, S. 1300; *Stein*, AuR 2003, S. 361, 363; *Thüsing*, NZA 2003, S. 1184, 1185; *Thüsing/Lambrich*, RdA 2002, S. 193, 202.

39 BAG vom 19.03.2003, AP Nr. 33 zu § 1 TVG Bezugnahme auf Tarifvertrag.

40 BAG vom 14.12.2005, AP Nr. 39 zu § 1 TVG Bezugnahme auf Tarifvertrag.

41 BAG vom 20.04.2005, AP Nr. 35 zu § 1 TVG Bezugnahme auf Tarifvertrag.

42 BAG vom 14.12.2005, AP Nr. 39 zu § 1 TVG Bezugnahme auf Tarifvertrag.

43 BAG vom 14.12.2005, AP Nr. 39 zu § 1 TVG Bezugnahme auf Tarifvertrag.

vielfach mit Fallkonstellationen befasst gewesen, in denen Arbeitgeber dynamische Verweisungsklauseln in Arbeitsverträgen vorgaben, obwohl sie bei Vertragsschluss nicht, nicht mehr oder noch nicht Mitglied des tarifschließenden Arbeitgeberverbandes waren. Demzufolge sei es zunehmend zweifelhaft geworden, ob ohne konkrete Anhaltspunkte eine dynamische Verweisung auf den einschlägigen Tarifvertrag noch typischerweise als Gleichstellungsvereinbarung auszulegen ist.[44]

Darüber hinaus müsse auch den besonderen Anforderungen des Rechts der Allgemeinen Geschäftsbedingungen Rechnung getragen werden. Bezeichnend führt der 4. Senat des BAG in diesem Zusammenhang aus: „Nicht nur die Unklarheitenregel des § 305c Abs. 2 BGB, auch das Transparenzgebot des § 307 Abs. 1 Satz 2 BGB und das Verbot der geltungserhaltenden Reduktion in § 306 BGB streiten als allgemeine Rechtsgrundsätze gegen eine wohlwollende Auslegung zu Gunsten des Klauselverwenders und damit auch dagegen, eine durch das Ende einer ursprünglich bestehenden Tarifgebundenheit auflösend bedingten Dynamik in Bezug genommener Tarifverträge, an die der Klauselverwender bei Vertragsschluss gedacht haben mag, als Vertragsinhalt auch dann zu erkennen, wenn sich hierfür weder im Vertragswortlaut noch in den den Vertragsschluss begleitenden Umständen ein Anhaltspunkt findet."[45]

Die mit Inkrafttreten der Schuldrechtsreform angeordnete Einschränkung der AGB-Bereichsausnahme scheint der Rechtsprechung somit doch Anlass genug, seine für die Bestimmung des Gleichstellungszwecks der Verweisung tragenden Auslegungsgrundsätze zu überdenken. Insoweit lässt sich die Ankündigung des BAG auch als letzter Appell an die Vertragsherrschaft des Arbeitgebers begreifen, vorformulierte Bezugnahmeklauseln inhaltlich so auszugestalten, dass das mit der einzelvertraglichen Übernahme von Tarifbestimmungen eigentlich Gewollte zweifelsfrei aus dem Arbeitsvertragstext hervorgeht.

D. Stellungnahme

Abhängig von der Tarifbindung des Arbeitgebers zeichnet sich die „alte" Auslegungsregel trotz wortgleichen Inhalts von Bezugnahmevereinbarungen durch einen wesentlich voneinander abweichenden Regelungsgehalt der Klausel aus, obgleich bei der Rechtsgeschäftsauslegung, speziell der Auslegung empfangsbedürftiger Willenserklärungen, der nach § 157 BGB zu berücksichtigende Verkehrsschutz gegenüber dem Interesse des Erklärenden, nur an das gebunden sein zu wollen, was dem Geschäftswillen entspricht, grundsätzlich überwiegt. Dies gilt im Besonderen dann, wenn arbeitsvertragliche Verweisungen auf einschlägige Tarif-

---

44 BAG vom 14.12.2005, AP Nr. 39 zu § 1 TVG Bezugnahme auf Tarifvertrag.

45 BAG vom 14.12.2005, AP Nr. 39 zu § 1 TVG Bezugnahme auf Tarifvertrag.

verträge als Allgemeine Geschäftsbedingung zu qualifizieren sind. Wie allein das Transparenzgebot sowie die Unklarheitsregel belegen, kommt dem Vertragssteller hier ein erhöhtes Maß an Verantwortung zu. Umso mehr verwundert es, dass die Rechtsprechung zur Bestimmung von Gleichstellungsabreden zunächst Auslegungsmaßstäbe anführt, die aus Sicht eines Durchschnittsarbeitnehmers unzureichend zu ermitteln sind und den mit der Klausel beabsichtigten Zweck nicht zwingend erkennen lassen.

Augenkundig ist: Gegenstand der Bezugnahmevereinbarung als Gleichstellungsabrede ist weder eine „feste" Übernahme von Tarifbestimmungen, noch eine allgemeine Gleichstellung von tarifgebundenen und nichttarifgebundenen Arbeitsverhältnissen, sondern die Ersetzung der Tarifgebundenheit nicht oder anders gewerkschaftlich organisierter Arbeitnehmer des Betriebes. Gleichwohl ist dieser Zweck nicht als Fiktion im Rechtssinne zu verstehen, denn dies hätte die unmittelbare und zwingende Wirkung des Verweisungsobjekts zur Folge.[46] Vielmehr war das BAG bemüht, den Inhalt des Arbeitsvertrages der tarifrechtlichen Geltung des einbezogenen Tarifvertrages anzupassen. Die Verwendung von Gleichstellungsabreden sollte daher lediglich das widerspiegeln, was für die tarifgebundenen Arbeitsverhältnisse anhand des Tarifvertragsgesetzes gilt.[47] Damit waren die Rechtsfolgen der Bezugnahmeklausel dieselben und keine weitgehenderen als diejenigen, die sich im Verhältnis zu einem tarifgebundenen Arbeitsverhältnis des Betriebes ohne einzelvertraglichen Verweis einstellen.

I. Frageverbot nach der Gewerkschaftszugehörigkeit des Arbeitnehmers

Dass in diesem Zusammenhang dem Wortlaut der Klausel kaum eine Bedeutung beizumessen ist, nahm die höchstrichterliche Rechtsprechung bewusst in Kauf. Wie bereits an anderer Stelle ausgeführt,[48] stützte der 4. Senat des BAG die nicht primär am Wortlaut ausgerichtete Auslegung maßgeblich auf „die arbeitsrechtlich vorstrukturierten Bedingungen bei Vertragsschluss", namentlich auf das bestehende Frageverbot des Arbeitgebers nach der Gewerkschaftszugehörigkeit des Arbeitnehmers.[49]

Hieraus ist aber allenfalls zu schließen, dass die Bezugnahmevereinbarung auch innerhalb eines tarifgebundenen Arbeitsverhältnisses konstitutive Wirkung

46 Vgl. hierzu bereits § 2 A II.

47 Zum Widerspiegelungszweck vgl. auch *Henssler*, Festschrift für Wißmann, S. 133, 137.

48 § 4 A III.

49 BAG vom 26.09.2001, AP Nr. 21 zu § 1 TVG Bezugnahme auf Tarifvertrag; BAG vom 27.11.2002, AP Nr. 29 zu § 1 TVG Bezugnahme auf Tarifvertrag; BAG vom 19.03.2003, AP Nr. 33 zu § 1 TVG Bezugnahme auf Tarifvertrag.

beanspruchen soll.[50] Trifft der Arbeitsvertragstext demnach eine Verweisung auf den für den Betrieb einschlägigen Tarifvertrag, ist aus Sicht des objektiven Empfängerhorizontes lediglich ersichtlich, dass der Arbeitgeber auch bei kongruenter Tarifbindung der Arbeitsvertragsparteien den in der Klausel benannten Normenvertrag schuldrechtlich zur Geltung verhelfen will. Die Bezugnahmeabrede versteht sich somit als eine gegenüber allen Arbeitnehmern einheitliche Vertragserklärung, die aufgrund der fehlenden Kenntnis über die Gewerkschaftszugehörigkeit des Arbeitnehmers einen eigenständigen Rechtsgrund zur Anwendung der einbezogenen Tarifbestimmungen schafft. Der durch das BAG postulierte Zweck erschließt sich unter Zugrundelegung der das Frageverbot tragenden Argumente hingegen nicht.[51] Infolgedessen ist die Kritik an der Rechtsprechung berechtigt, wenn konstatiert wird, für die Auslegung empfangsbedürftiger Willenserklärungen sei der wirkliche Wille des Erklärenden nur zu berücksichtigen, sofern dieser in der Vertragserklärung selbst Ausdruck gefunden hat oder aus den Gesamtumständen bei Vertragsschluss resultiert.[52] Anhand des Frageverbots gemäß Art. 9 Abs. 3 GG erschließt sich hingegen nur, dass der Arbeitgeber bei der Festsetzung der materiellen Bedingungen des Arbeitvertrages nicht zwischen tarifgebundenen und nichttarifgebundenen Arbeitnehmern unterscheiden will. Der hierdurch entäußerte Wille ist aber nicht zwingend im Sinne einer Gleichstellung zu verstehen, in der das Bezugnahmeobjekt in Wechselwirkung zur tarifrechtlichen Geltung des Tarifvertrages kraft Tarifbindung des Arbeitgebers steht.

II. Einschlägiger Tarifvertrag als Indiz für die Tarifbindung des Arbeitgebers

Dessen ungeachtet bestand für das BAG aber auch deshalb kein Widerspruch gegenüber den tragenden Prinzipien zur Auslegung empfangsbedürftiger Willenserklärungen, da neben dem Frageverbot auch die Vermutungsregel dafür streite, die vollständige Übernahme des einschlägigen Tarifvertrages in einem vom tarifgebundenen Arbeitgeber vorformulierten Arbeitsvertrag sei „typischerweise“ als Gleichstellungsabrede gemeint.[53] Ein gesonderter Hinweis zur Klarstellung des mit der Bezugnahme verfolgten Zwecks war damit ebenso wenig erforderlich wie die Pflicht, die Verweisung ausdrücklich auf die Tarifbindung des Arbeitgebers zu beschränken.[54]

---

50 Vgl. hierzu erneut § 2 C II.

51 Ebenso *Henssler/Heiden*, Anm. zu BAG, RdA 2004, S. 241, 243.

52 Statt aller *Annuß*, ZfA 2005, S. 405, 420; *Thüsing/Lambrich*, RdA 2002, S. 193, 198.

53 BAG vom 26.09.2001, AP Nr. 21 zu § 1 TVG Bezugnahme auf Tarifvertrag; BAG vom 27.11.2002, AP Nr. 29 zu § 1 TVG Bezugnahme auf Tarifvertrag.

54 BAG vom 27.11.2002, AP Nr. 29 zu § 1 TVG Bezugnahme auf Tarifvertrag.

1. Verweisung auf einen Firmentarifvertrag

Durchschlagend ist diese Argumentation zunächst für die einzelvertragliche Übernahme eines Firmentarifvertrages. In diesem Fall ist der Arbeitgeber selbst Tarifpartei, weshalb allein die Nennung des Normenvertrages auch Ausdruck der eigenen Tarifbindung ist. Spiegelbildlich gilt dies gleichermaßen für die Verwendung von Teil- und Einzelverweisungen sowie für die schuldrechtliche Anwendung fachfremder Tarifverträge. Ist der Arbeitgeber Mitglied des tarifschließenden Arbeitgeberverbandes, besteht bei kongruenter Tarifbindung der Arbeitsvertragsparteien die Pflicht zur vollständigen Umsetzung des einschlägigen Tarifvertrages (§§ 3 Abs. 1, 4 Abs. 1 TVG). Infolgedessen liefe eine beabsichtigte Gleichstellung von tarifgebundenen und nichttarifgebundenen Arbeitsverhältnissen des Betriebes ins Leere, sofern der Arbeitsvertragstext lediglich auf fremde Tarifbestimmungen bzw. bloße Teilkomplexe eines Tarifvertrages verweist.

2. Verweisung auf den einschlägigen Verbandstarifvertrag

Für die Vereinbarung arbeitsvertraglicher Bezugnahmen auf den einschlägigen Verbandstarifvertrag ist besagter Schluss dagegen nicht frei von Widersprüchen, da die Auslegung empfangsbedürftiger Willenserklärungen unter Zugrundelegung eines einheitlichen Empfängerhorizontes zu jeweils gleichen Ergebnissen zu führen hat. Insofern wäre mit einer entsprechenden Verweisung auch dann auf die Verbandszugehörigkeit des Arbeitgebers zu schließen, wenn dieser keiner Koalition angehört. Der in seiner Allgemeinheit durch das BAG postulierte Zweck liefe bei fehlendem Organisationsgrad des Arbeitgebers jedoch ins Leere, da einer durch die Tarifbindung des Arbeitgebers bedingten Gleichstellung von tarifgebunden und nichttarifgebundenen Arbeitnehmern mangels normativer Wirkung des Tarifvertrages nicht Rechnung zu tragen ist.[55] Ein nichttarifgebundener Arbeitgeber wäre somit bei Arbeitsvertragsschluss verpflichtet, seine fehlende Mitgliedschaft im Arbeitgeberverband offen zu legen, obgleich mit einer dynamischen Verweisung auf den einschlägigen Verbandstarifvertrag doch davon auszugehen ist, alles Notwendige zur inhaltlichen Ausgestaltung des Arbeitsverhältnisses mittels Bezugnahmeklausel getan zu haben.[56]

---

55 So auch *Lambrich*, AuR 2002, S. 361, 363; *Henssler/Heiden*, Anm. zu BAG, RdA 2004, S. 241, 243.

56 Vgl. in diesem Zusammenhang unter anderem *Annuß*, ZfA 2005, S. 405, 424 f.; *Henssler/Heiden*, Anm. zu BAG, RdA 2004, S. 241, 243; sowie *Lambrich*, AuR 2002, S. 361, 364.

III. Kontinuität und Sinneswandel in der Rechtsprechung des BAG

Allein das jüngere Rechtsprechungsmaterial zeigt, dass sich das BAG der Diskrepanz seiner Auslegungsgrundsätze durchaus bewusst ist.[57] Zukunftsorientiert weist das Gericht deshalb darauf hin, der Arbeitgeber sei grundsätzlich nicht gehindert, eine arbeitsvertragliche Verweisung entsprechend den betrieblichen Bedürfnissen auszugestalten.[58] Mit dem Urteil vom 14.12.2005[59] will das BAG nun ausdrücklich den dogmatischen Defiziten seiner bisherigen Rechtsprechung entgegentreten. Dabei wird unter Hinweis auf die Unklarheitenregel sowie das Transparenzgebot deutlich, dass den Arbeitgeber zukünftig ein erhöhtes Maß an Verantwortung trifft, den mit der Übernahme des einschlägigen Tarifvertrages verfolgten Zweck klar im Arbeitsvertragstext herauszuarbeiten. In präventiver Hinsicht verdient dies Beifall, erwächst der Unmut bei der Ermittlung des Inhalts von Bezugnahmevereinbarungen doch weniger aus der Rechtsprechung des BAG, als vielmehr aus der nachlässigen Rechtsberatung, die mit der einzelvertraglichen Übernahme tarifvertraglicher Arbeitsbedingungen in Zusammenhang stehenden Gefahren aufzuzeigen.[60]

Nicht zu überzeugen vermag allerdings die Urteilsbegründung. Speziell der Versuch, aus den für das AGB-Recht geltenden Besonderheiten einen allgemeinen Rechtsgrundsatz zu extrahieren, der gegen eine wohlwollende Auslegung Allgemeiner Geschäftsbedingungen zu Gunsten des Verwenders streitet, findet so keinerlei Grundlage im Gesetz.[61] Wie schon an anderer Stelle beschrieben, kennt das Recht der Allgemeinen Geschäftsbedingungen kein Gebot, Inhalt und Zweck vorformulierter Vertragsbestimmungen ausschließlich auf deren Wortlaut zu be-

---

57 Beispielhaft hierfür BAG vom 19.03.2003, AP Nr. 33 zu § 1 TVG Bezugnahme auf Tarifvertrag: „Erfährt der Arbeitnehmer, dass der Arbeitgeber nicht tarifgebunden ist, (…) darf er annehmen, dass die Bezugnahmeklausel keine Gleichstellungsabrede ist, sondern sie ihm die Teilhabe an der Tarifentwicklung ohne Rücksicht auf die Tarifgebundenheit des Arbeitgebers für die Dauer des Arbeitsverhältnisses sichert. Dies ist bei ansonsten gleich liegendem Sachverhalt auch dann der Fall, wenn der Arbeitnehmer sich keine Kenntnis vom Nichtbestehen der Tarifgebundenheit des Arbeitgebers verschafft hat. Der Arbeitnehmer wird dann, unterstellt er die typischerweise bei einer solchen Vertragspraxis anzunehmende Tarifgebundenheit des Arbeitgebers, die Bezugnahmeklausel – wegen seines diesbezüglichen Irrtums – nur als Gleichstellungsabrede werten oder zu werten haben. Dies ist aber hinnehmbar, (…) da dieser für die Wertung der Bezugnahmeklausel bedeutende Umstand jederzeit im Nachhinein aufklärbar ist."

58 Vgl. hierzu BAG vom 01.12.2004, AP Nr. 34 zu § 1 TVG Bezugnahme auf Tarifvertrag.

59 BAG vom 14.12.2005, AP Nr. 39 zu § 1 TVG Bezugnahme auf Tarifvertrag.

60 Ebenso *Hanau*, Anm. zu BAG, RdA 2005, S. 376, 377.

61 Treffend *Giesen*, NZA 2006, S. 625, 627.

schränken.[62] Sind in diesem Zusammenhang mehrer Auslegungsmöglichkeiten vertretbar, muss zwar das Ziel, Klarheit über den Klauselinhalt zu gewinnen, auch durch die Anwendung der Unklarheitenregel verfolgt werden, jedoch erst dann, wenn nach Erschöpfung aller Auslegungsmethoden Zweifel am Bedeutungsgehalt einer standardisierten Vertragsklausel bestehen bleiben.[63] Gelingt es somit, den auslegungsbedürftigen Vertragsgegenstand auf einen für den Rechtsverkehr maßgebenden Zweck zu reduzieren, ist § 305c Abs. 2 BGB selbst dann unanwendbar, wenn der nunmehr zweifelsfrei zu bestimmende Erklärungsgehalt der Klausel für den Vertragspartner des Verwenders ungünstig ist. Damit ist die Unklarheitenregel nicht im eigentlichen Sinn Bestandteil der Auslegung, sondern setzt eine abgeschlossene Interpretation Allgemeiner Geschäftsbedingungen in einer Form voraus, die zumindest zu zwei vertretbaren Auslegungsmöglichkeiten führt.[64] Der Hinweis auf das Transparenzgebot führt an dieser Stelle zu keinem anderen Ergebnis, da § 307 Abs. 1 Satz 2 BGB als Bestandteil der Inhaltskontrolle grundsätzlich keinen Einfluss auf die Auslegung Allgemeiner Geschäftsbedingungen auszuüben vermag.

Zudem bedarf die Ankündigung des BAG auch unter dem Aspekt des Vertrauensschutzes der Kritik, weil lediglich die vor dem 01.01.2002 geschlossenen Arbeitsverhältnisse den alten Auslegungsgrundsätzen unterliegen sollen.[65] Dies verwundert vor allem vor dem Hintergrund, dass das Gericht unter Hinweis auf die Schuldrechtsreform zunächst ausdrücklich klarstellt, allein der Umstand, den Zweck der Bezugnahmeklausel eindeutiger zu formulieren, begründe für sich genommen noch keine Zweifel an ihrer Auslegung als Gleichstellungsabrede.[66] Infolgedessen schienen die aus der Klauselformulierung resultierenden Unklarheiten nun endgültig durch die Konstanz der Rechtsprechung beseitigt zu sein.[67]

Mit seiner Entscheidung vom 14.12.2005[68] beschreitet der 4. Senat des BAG gegenwärtig einen anderen Weg, wobei dem Gericht durchaus darin zu folgen ist, unter Zugrundelegung von Art. 20 Abs. 3 GG eine Art Rückwirkungsschutz für das Vertrauen in eine seit Jahren gefestigte Rechtsprechung zu schaffen. Nichtsdestotrotz ist der beabsichtigte Vertrauensschutz im Hinblick auf die Urteilbegründung vom 19.03.2003[69] missglückt. Insbesondere bleibt unberücksichtigt,

---

62 Vgl. hierzu erneut § 3 B II 2.

63 Ausführlich dazu unter § 3 B II 4.

64 Treffend *Lange*, ZGS 2004, S. 208, 210.

65 So BAG vom 14.12.2005, AP Nr. 39 zu § 1 TVG Bezugnahme auf Tarifvertrag.

66 BAG vom 19.03.2003, AP Nr. 33 zu § 1 TVG Bezugnahme auf Tarifvertrag.

67 Kritisch daher auch *Simon/Kock/Halbsguth*, BB 2006, S. 2354, 2355 f.

68 BAG vom 14.12.2005, AP Nr. 39 zu § 1 TVG Bezugnahme auf Tarifvertrag.

69 BAG vom 19.03.2003, AP Nr. 33 zu § 1 TVG Bezugnahme auf Tarifvertrag.

dass auch die nach Inkrafttreten des Gesetzes zur Modernisierung des Schuldrechts begründeten Arbeitsverhältnisse vorerst darauf vertrauen durften, die Rechtsprechung werde bei der Bestimmung von Gleichstellungsabreden auch künftig an seinen Auslegungsregeln festhalten.[70] Arbeitgeber, die Bezugnahmevereinbarungen im Vertrauen auf diese Interpretation verwendet haben, sind so mit der Gefahr einer zeitlich unbegrenzten Tarifdynamik konfrontiert, sofern der Arbeitsvertragstext allgemein auf die „für den Betrieb einschlägigen Tarifverträge der XY-Branche in ihrer jeweils gültigen Fassung" verweist. Bei Beachtung des arbeitsrechtlichen Gleichbehandlungsgrundsatzes gilt dies dann auch gegenüber den bis zum 31.12.2001 geschlossenen Arbeitsverträgen.[71] Infolgedessen ist ein Arbeitgeber auch nach Verbandsaustritt zur Weitergabe von Tariflohnerhöhungen verpflichtet und zwar ungeachtet dessen, dass gegenüber denjenigen Arbeitnehmergruppen, deren wortlautgleiche Verweisungen entsprechend den alten Auslegungsgrundsätzen als Gleichstellungsabrede zu verstehen sind, keine entsprechende Verpflichtung auf der Grundlage des Arbeitsvertrages besteht. Wünschenswert wäre daher gewesen, eine Ankündigungsrechtsprechung wörtlich im Sinne einer Ankündigung zu verstehen, um den Arbeitsvertragsparteien Gelegenheit zur Änderung ihrer Vertragsbedingungen zu geben.[72] Anhand der vorstehenden Ausführungen steht der Vertrauensschutz der Rechtsprechung dagegen lediglich auf dem Papier.[73]

IV. Verbandsarbeitskampfrisiko trotz Verbandsaustritts

Darüber hinaus ist in diesem Zusammenhang auch auf ein arbeitskampfrechtliches Folgeproblem aufmerksam zu machen, berücksichtigt man die höchstrichterliche Rechtsprechung zum Partizipationsarbeitskampf.[74] Hiernach ist die Partizipation an dem Ergebnis eines Verbandstarifvertrages grundsätzlich geeignet, die Einbeziehung eines nicht dem Arbeitgeberverband angehörigen Arbeitgebers in den Verbandstarifarbeitskampf zu rechtfertigen. Dies gilt nach Ansicht des 1. Senats des BAG jedenfalls dann, sofern die Übernahme des umkämpften Verbandstarifvertrages kraft arbeitsvertraglicher Bezugnahmevereinbarung oder durch Anerkennungstarifvertrag rechtlich gesichert ist.[75]

---

70 Ebenso *Giesen*, NZA 2006, S. 625, 629; *Meinel/Herms*, Anm. zu BAG, DB 2006, S. 1429, 1431; sowie *Simon/Kock/Halbsguth*, BB 2006, S. 2354, 2355.

71 In diesem Sinne auch *Meinel/Herms*, Anm. zu BAG, DB 2006, S. 1429, 1431.

72 *Simon/Kock/Halbsguth*, BB 2006, S. 2354, 2355.

73 Treffend *Meinel/Herms*, Anm. zu BAG, DB 2006, S. 1429, 1431.

74 BAG vom 18.02.2003, AP Nr. 163 zu Art. 9 GG Arbeitskampf.

75 BAG vom 18.02.2003, AP Nr. 163 zu Art. 9 GG Arbeitskampf.

Orientiert sich die Auslegung der Verweisung daher grundsätzlich am Wortlaut, führt dies zu einer Verdopplung des Arbeitskampfrisikos, sofern der Arbeitgeber seinen Austritt aus dem tarifschließenden Arbeitgeberverband erklärt.[76] Mit Recht führt *Klebeck*[77] in diesem Zusammenhang aus, indem die Arbeitnehmer auf der Grundlage des Arbeitvertrages uneingeschränkt an den zwischen den Verbänden erzielten Tarifergebnissen partizipieren, sei bei neuen Tarifverhandlungen nicht nur um einen Arbeitskampf auf Abschluss eines Firmentarifvertrages zu fürchten, sondern darüber hinaus auch mit dem Einbezug in einen Verbandstarifarbeitskampf zu rechnen. Hierfür streitet, dass eine „feste" dynamische Bezugnahme auf den im Arbeitsvertragstext benannten Tarifvertrag die Arbeitsvertragsparteien auch nach Verbandsaustritt des Arbeitberbers an dessen Neuerungen teilnehmen lässt. Ob die Rechtsprechung die dargestellten Bedenken teilt, bleibt abzuwarten. Im Rahmen seiner Ankündigung hat das BAG jedenfalls noch keine Stellungnahme bezogen.

V. Alternativer Lösungsvorschlag

Allgemein führt eine sich grundsätzlich auf den Wortlaut beschränkende Auslegung von Vertragserklärungen zu wenig sachgerechten Ergebnissen. Für die Verwendung arbeitsvertraglicher Bezugnahmevereinbarungen verdeutlicht sich dies besonders in den Fällen, in denen der Arbeitgeber einen Wechsel von einem Verbands- hin zu einem Firmentarifvertrag anstrengt. Ist unter Hinweis auf das Transparenzgebot sowie der Unklarheitenregel der Inhalt einer Bezugnahmeklausel maßgeblich durch deren Wortlaut zu bestimmen, wäre der Ablösung verbandstarifvertraglicher Arbeitsbedingungen durch einen zu Sanierungszwecken abgeschlossenen Firmentarifvertrag nahezu jede Grundlage genommen, sofern der Arbeitsvertragstext lediglich auf den einschlägigen Verbandstarif verweist.[78] Zwar konstatierte der 4. Senat des BAG schon vor seinem Rechtsprechungswechsel, dass die Interpretation einer kleinen dynamischen Verweisung als Tarifwechselklausel nur dann zu rechtfertigen sei, wenn neben ihrer Eigenschaft als Gleichstellungsabrede besondere Umstände vorliegen, die einen Rückschluss auf den inhaltlichen Austausch des Bezugnahmeobjekts erlauben.[79] Anhand der neuen Auslegungsgrundsätze wäre der Arbeitgeber jedoch unverändert an den Tarifbestimmungen des in der Bezugnahmeklausel benannten Tarifvertrages gebunden, ob-

---

76 *Klebeck*, NZA 2006, S. 15, 19.

77 *Klebeck*, NZA 2006, S. 15, 19.

78 Vgl. in diesem Zusammenhang unter anderem *Klebeck*, NZA 2006, S. 15, 17; *Meinel/Herms*, Anm. zu BAG, DB 2006, S. 1429, 1432; sowie *Thüsing*, NZA 2006, S. 473, 473.

79 BAG vom 30.08.2000, AP Nr. 12 zu § 1 TVG Bezugnahme auf Tarifvertrag.

gleich das Bezugnahmeobjekt bei Auftreten derselben Gewerkschaft seine tarifrechtliche Geltung wegen Tarifkonkurrenz verliert. Ungeachtet der dogmatischen Defizite der vor der Schuldrechtsreform maßgebenden Auslegungsregel wirft daher auch die Ankündigung des BAG eine Reihe von Folgefragen auf, die in sämtlichen Einzelheiten bisweilen nur schwer überschaubar sind. Infolgedessen soll an dieser Stelle der Versuch unternommen werden, eine alternative Lösung für die Auslegung arbeitsvertraglicher Bezugnahmevereinbarungen als Gleichstellungsabrede herauszuarbeiten.

1. Lücke des Arbeitsvertrages bei nachträglichem Wegfall der normativen Geltung des Bezugnahmeobjekts

Wie die Judikate der Rechtsprechung zeigen, führt die einzelvertragliche Übernahme einschlägiger Tarifbestimmungen in einem vom tarifgebundenen Arbeitgeber vorformulierten Arbeitsvertrag erst zu Auseinandersetzungen, wenn das Bezugnahmeobjekt seine normative Geltung für den Betrieb verliert. Grundsätzlich werden sich die Arbeitsvertragsparteien bei Vertragsschluss aber keine Gedanken über das Entfallen der tarifrechtlichen Umsetzungspflicht des einbezogenen Tarifvertrages machen.[80] Dies erscheint schon deswegen nahe liegend, da wettbewerbspolitische und ökonomische Rahmenbedingungen nur schwer zu kalkulieren sind. Speziell Unternehmensumstrukturierungen können durch die Verlagerung von Produktionsschwerpunkten bzw. die Aussonderung von Betriebsmitteln eine Normativwirkung des einschlägigen Tarifvertrages nachträglich entfallen lassen. Dass der Arbeitgeber mit „Herauswachsen" des Betriebes aus dem Geltungsbereich des zuvor maßgebenden Branchentarifs zugleich einen Verbandswechsel anstrengt, ist nur logische Folge, um die Bedingungen des Arbeitsverhältnisses sachgerecht den neuen Gegebenheiten anzupassen. Der Übertritt in das neue, für die Belegschaft nunmehr zugeschnittene Tarifvertragssystem versteht sich daher auch auf der Grundlage des Arbeitsvertrages nicht als Missbrauch privatrechtlicher Gestaltungsmacht, sondern als eine angemessene Reaktion auf die aus dem Industrieverbandsprinzip der Gewerkschaften und Arbeitgeberverbände resultierenden Rechtsfolgen.[81]

Nichtsdestotrotz soll unter Hinweis auf die Wertungen des Rechts der Allgemeinen Geschäftsbedingungen dem Wortlaut der Bezugnahmevereinbarung nunmehr das entscheidende Gewicht beizumessen sein.[82] Denkbar ist, dass die Ar-

80 *Henssler/Heiden*, Anm. zu BAG, RdA 2004, S. 241, 243; *Seitz/Werner*, NZA 2000, S. 1257, 1261. In diesem Sinne auch *Hromadka/Maschmann/Wallner*, Tarifwechsel, RdNr. 117.

81 Treffend *Henssler*, Festschrift für Wißmann, S. 133, 140.

82 BAG vom 14.12.2005, AP Nr. 39 zu § 1 TVG Bezugnahme auf Tarifvertrag.

beitsvertragsparteien die einbezogenen Tarifbestimmungen bedingungslos dem Arbeitsverhältnis zugrunde legen wollen. Ein Formulararbeitsvertrag liefert mit der Verweisung auf den einschlägigen Tarifvertrag in seiner jeweils gültigen Fassung hierfür zwar ein erstes Indiz, die teleologische Auslegung der Bezugnahmeklausel hierdurch jedoch vollständig außer Betracht zu lassen, findet so keinerlei Grundlage im Gesetz. Vielmehr bleibt auch bei der objektiven Auslegung Allgemeiner Geschäftsbedingungen der mit einer Vertragsklausel verbundene Zweck zu berücksichtigen, wenngleich im Unterschied zur allgemeinen Rechtsgeschäftsauslegung ausschließlich eine typisierende Betrachtung ausschlaggebend ist.[83]

Infolgedessen muss die seitens des Schrifttums getroffene Unterstellung befremden, wenn vorgetragen wird, auch ein tarifgebundener Arbeitgeber wolle anhand der einzelvertraglichen Übernahme des einschlägigen Tarifvertrages eine dauerhafte Zementierung der für das Arbeitsverhältnis anzuwendenden Tarifbestimmungen erreichen.[84] Angesichts der konstitutiven Wirkung arbeitsvertraglicher Bezugnahmeabreden gilt es dann zu fragen, wie der zentrale Zweck des Verbandsaustritts bzw. Verbandswechsels, künftig nicht mehr an ein bestimmtes Tarifvertragssystem gebunden zu sein, noch durchsetzbar ist.[85] Speziell der wirksame Ausspruch einer Änderungskündigung ist bei Berücksichtigung der durch § 2 KSchG geforderten sozialen Rechtfertigung allenfalls auf Ausnahmefälle beschränkt.[86] Damit stünde aber selbst ein verbandsgebundener Arbeitnehmer einzelvertraglich besser, als unter Zugrundelegung der Anforderungen zur Geltung von Tarifbestimmungen nach dem Tarifvertragsgesetz. Hiervon wird ein verständiger Dritter bei Abschluss des Arbeitsvertrages jedoch nicht ausgehen können bzw. dürfen.[87]

---

83 Vgl. hierzu erneut § 3 B II 2.

84 So *Annuß*, ZfA 2005, S. 405, 426; *Bayreuther*, Anm. zu BAG, DB 2002, S. 1005, 1008; *Däubler*, Anm. zu BAG, RdA 2002, S. 299, 306; *Lambrich*, AuR 2002, S. 361, 363; *Thüsing/Lambrich*, RdA 2002, S. 193, 200.

85 In diesem Sinne auch *Frieges*, DB 1996, S. 1281, 1282; *Hromadka*, DB 1996, S. 1872, 1877; *Hromadka/Maschmann/Wallner*, Tarifwechsel, RdNr. 115; *Reichel*, Die arbeitsvertragliche Bezugnahme auf den Tarifvertrag, S. 81; *Zöllner*, DB 1995, S. 1401, 1407.

86 Siehe hierzu unter anderem BAG vom 01.07.1999, AP Nr. 53 zu § 2 KSchG 1969; BAG vom 23.11.2000, AP Nr. 62 zu § 2 KSchG 1969; BAG vom 27.09.2001, AP Nr. 40 zu § 4 TVG Nachwirkung; BAG vom 16.05.2002, AP Nr. 69 zu § 2 KSchG 1969; sowie *Reinecke*, NZA 2005, S. 953, 954 f.

87 BAG vom 04.09.1996, AP Nr. 5 zu § 1 TVG Bezugnahme auf Tarifvertrag; *Gamillscheg*, Kollektives Arbeitsrecht I, S. 734; *Henssler/Heiden*, Anm. zu BAG, RdA 2004, S. 241, 245; *Hromadka*, DB 1996, S. 1872, 1877; *Löwisch/Rieble*, § 3 TVG, RdNr. 232.

Damit lässt sich abschließend feststellen, dass eine Bezugnahmevereinbarung auf den einschlägigen Tarifvertrag in seiner jeweils gültigen Fassung keineswegs dahin erklärend auszulegen ist, die Anwendung des konkret in der Klausel benannten Normenvertrages sei auf der Grundlage des Arbeitsvertrages nicht durch eine Betriebs- bzw. Unternehmensumstrukturierung einschließlich der damit verbundenen Rechtsfolgen tangiert. Mit einer bedingungslosen Dynamik würde die Verweisung eine umfassende schuldrechtlich Tarifbindung schaffen, die die unternehmerische Entscheidungsfreiheit zunehmend verkürzt.[88] Dies gilt zumindest in den Fällen, in denen ausdrückliche Anhaltspunkte dafür fehlen, der Arbeitgeber wolle den einzelvertraglich einbezogenen Tarifstandard uneingeschränkt zusichern.[89]

2. Ermittlung des hypothetischen Willens der Arbeitsvertragsparteien

Eine in Wechselwirkung zur Tarifbindung des Arbeitgebers stehenden Gleichstellung von tarifgebundenen und nichttarifgebundenen Arbeitsverhältnissen erschließt sich hieraus allerdings noch nicht. Die vorangegangen Ausführungen stellen lediglich klar, dass eine Bezugnahmevereinbarung im Zweifel keine ausnahmslose Teilhabe am einbezogenen Tarifvertragssystem zusichert. Ob und welche Tarifbestimmungen bei einem nachträglichen Wegfall der tarifrechtlichen Geltung des Bezugnahmeobjekts maßgebend sind, ist der Verweisung dagegen nicht zu entnehmen.

Zwar erweckt dieser Umstand zunächst den Verdacht, es bestehen Zweifel bei der Bestimmung des Inhalts der Bezugnahmeklausel. In ihrer Eigenschaft als Allgemeine Geschäftsbedingung ist der sofortige Rückgriff auf § 305c Abs. 2 BGB dennoch verfehlt. Wie schon an anderer Stelle betont,[90] ist die Unklarheitenregel gegenüber den für die Interpretation vorformulierter Vertragsbestimmungen besonderen Auslegungsgrundsätzen nachrangig. Als Auslegungsregel setzt die Norm erst nach Erschöpfung aller Auslegungsmethoden mehrdeutige Auslegungsergebnisse voraus. Ermöglicht die Auslegung aber den Vertragsgegenstand auf einen für den Rechtsverkehr maßgebenden Zweck zu reduzieren, ist § 305c Abs. 2 BGB selbst dann unanwendbar, wenn der zweifelsfrei zu bestimmende Erklärungsgehalt der Klausel für den Vertragspartner des Verwenders nachteilig ist.

Da eine einzelvertragliche Verweisung nach der hier vertretenen Ansicht keine Aussage über ihren Regelungsgehalt nach Entfall der tarifrechtlichen Geltung des

---

[88] *Henssler/Heiden*, Anm. zu BAG, RdA 2004, S. 241, 244; *Löwisch/Rieble*, § 3 TVG, RdNr. 233.

[89] *Frieges*, DB 1996, S. 1281, 1282; *Hromadka*, DB 1996, S. 1872, 1877.

[90] Vgl. hierzu erneut § 3 B II 4.

Bezugnahmeobjekts trifft, ist damit vorab der Versuch zu unternehmen, die Lücke des Arbeitsvertrages im Wege der ergänzenden Vertragsauslegung zu schließen.[91] Besonderheiten des Rechts der Allgemeinen Geschäftsbedingungen stehen dem nicht entgegen. Vielmehr findet die ergänzende Vertragsauslegung auch für die Interpretation standardisierter Arbeitsvertragsbedingungen Anwendung, sofern die Vervollständigung des Formulararbeitsvertrages nicht Folge der Einbeziehungs- oder Inhaltskontrolle ist.[92] Hierbei ist dem Vertrag ein hypothetisch – generalisierter Wille der Arbeitsvertragsparteien zugrunde zu legen. Unter Berücksichtigung der Interessenlage beider Vertragspartner gilt es den Willen zu erforschen, der in Kenntnis der ungeregelt gebliebenen Materie vorliegen würde. Dieser Maßstab erfordert, zwischen tarifgebundenen und nichttarifgebundenen Arbeitgebern zu unterscheiden.[93]

Im Unterschied zum nichtorganisierten Arbeitgeber ist ein verbandsgebundener Arbeitgeber bereits vor Arbeitsvertragsabschluss zur Umsetzung des Bezugnahmeobjekts innerhalb der tarifgebundenen Arbeitsverhältnisse des Betriebes verpflichtet. Die einzelvertragliche Übernahme des einschlägigen Tarifvertrages ist somit Folge einer Zweckmäßigkeitserwägung, die keinen darüber hinaus gehenden Einfluss auf die unternehmerische Entscheidungsfreiheit ausüben soll.[94] Mit der Vereinheitlichung von Arbeitsbedingungen erleichtert die Verweisung die Personalverwaltung des Betriebes und dient darüber hinaus der Sicherung des Betriebsfriedens. Eine schuldrechtliche Tarifbindung, die über die Normativwirkung des Tarifvertrages infolge Verbandsmitgliedschaft hinausgeht, kann hingegen nicht als gewollt angesehen werden. Den Arbeitgeber uneingeschränkt der Rechtsetzungsmacht der Tarifverbände zu unterwerfen hieße, es ihm faktisch unmöglich zu machen, sich der Einwirkung durch die Koalitionen zu entziehen. Von einem derartigen Fremdbestimmungswillen wird ein verständiger Arbeitnehmer aber nicht ausgehen können bzw. dürfen. Infolgedessen beinhaltet die Bezugnahmevereinbarung lediglich eine Zusammenfassung derjenigen Arbeitsbedingungen, die bereits auf der Grundlage des Tarifvertragsgesetzes für den Betrieb anzuwenden sind. Hätte der Arbeitgeber aber bei Vertragsschluss die Möglichkeit eines Verbandsaustritts, -wechsels u. ä. bedacht, wäre eine entsprechende Einschränkung der Klausel auch Bestandteil des Arbeitsvertrages. Folgerichtig soll eine

---

91 In diesem Sinne bereits BAG vom 04.06.1996, AP Nr. 5 zu § 1 TVG Bezugnahme auf Tarifvertrag; *Säcker/Oetker*, ZfA 1993, S. 1, 15 f.; sowie *Henssler/Heiden*, Anm. zu BAG, RdA 2004, S. 241, 244.

92 Ausführlich dazu unter § 3 B II 3.

93 So bereits unter § 3 B II 3.

94 *Buchner*, Anm. zu BAG, EzA § 3 TVG Bezugnahme auf Tarifvertrag Nr. 7, S. 19; *Henssler/Heiden*, Anm. zu BAG, RdA 2004, S. 241, 244; *Reichel*, Die arbeitsvertragliche Bezugnahme auf den Tarifvertrag, S. 80 f.; *Seitz/Werner*, NZA 2000, S. 1257, 1261.

Bezugnahmeabrede auf den einschlägigen Tarifvertrag in einem vom tarifgebundenen Arbeitgeber vorformulierten Arbeitsvertrag dieselben und keine weitgehenderen Rechtsfolgen beinhalten als diejenigen, die sich im Verhältnis zu kongruent tarifgebundenen Arbeitnehmern des Betriebes ohne entsprechende Verweisung einstellen.

VI. Ergebnis

Im Gesamtkontext der Vertragsgestaltung lassen die vorangegangenen Ausführungen eine eindeutige Tendenz erkennen. Den Arbeitgeber trifft in Zukunft ein erhöhtes Maß an Verantwortung, Ziel und Zweck vorformulierter Vertragsbestimmungen klar zu formulieren. Für die Verwendung von Gleichstellungsabreden stellt das BAG dabei ausdrücklich klar, es gebe keine Rechtsgründe, welche die Vereinbarung eines derartigen Zwecks der Bezugnahmeklausel ausschließen.[95] Ihre Aufnahme in den Arbeitsvertragstext ist damit ebenso durch die Privatautonomie gesichert, wie es den Arbeitsvertragsparteien freisteht, tarifschließenden Koalitionen nicht beizutreten, sich aber dennoch dem tarifvertraglichen Ordnungssystem kraft Arbeitsvertrag anzuschließen. Verlangt wird aber in jedem Fall, das jeweilige Regelungsziel der Verweisung gegenüber dem Arbeitnehmer mit hinreichender Deutlichkeit zum Ausdruck zu bringen.

Infolgedessen steht die Vertragsgestaltung vor neuen Herausforderungen, weil bislang offen ist, wie detailliert eine entsprechende Klauselformulierung zu erfolgen hat. Da die Rechtsprechung zur Bestimmung des Zwecks der Bezugnahme lediglich auf die durch das Schrifttum erarbeiteten Formulierungsvorschläge verweist,[96] wird für die Zukunft somit besonders aufzuzeigen sein, ob und inwieweit es dem Arbeitgeber als Vertragsteller zuzumuten ist, sämtliche Änderungen beim Anwendungsmodus von Tarifverträgen innerhalb des Arbeitsvertragstextes aufzuzeigen. Angesichts der Vielzahl von Fallgestaltungen und unter Zugrundelegung des verzweigten Regelungssystems über die Tarifgeltung nach Verbandsaustritt, Verbandswechsel und Betriebs(teil)übergang, sollte der Inhalt des Arbeitsvertrages jedoch an Komplexität gewinnen.[97] Exemplarisch sei in diesem Zusammenhang nur auf die Ausführungen von *Klebeck*[98] verwiesen, der folgenden Formulierungsvorschlag anbietet:

---

95 BAG vom 14.12.2005, AP Nr. 39 zu § 1 TVG Bezugnahme auf Tarifvertrag.

96 BAG vom 14.12.2005, AP Nr. 39 zu § 1 TVG Bezugnahme auf Tarifvertrag.

97 Kritisch insofern auch *Giesen*, NZA 2006, S. 625, 627.

98 *Klebeck*, NZA 2006, S. 15, 20. Vgl. in diesem Zusammenhang auch *Giesen*, NZA 2006, S. 625, 629 ff.; *Hanau/Kania*, Festschrift für Schaub, S. 239, 260 f.; *Reichel*, Die arbeitsvertragliche Bezugnahme auf Tarifvertrag, S. 252; sowie *Thüsing/Lambrich*, NZA 2002, S. 1361, 1368.

> „Für das Arbeitsverhältnis finden unabhängig von der Gewerkschaftszugehörigkeit des Arbeitnehmers die jeweils für den Arbeitgeber kraft eigenen Abschlusses bzw. kraft Mitgliedschaft im Arbeitgeberverband geltenden Tarifverträge in ihrer jeweils gültigen Fassung Anwendung. Derzeit sind dies die Tarifverträge der (...).
>
> Tritt der Arbeitgeber aus dem Arbeitgeberverband aus, so finden die Bestimmungen des Tarifvertrages in ihrer zum Austrittszeitpunkt geltenden Fassung Anwendung. Der Arbeitnehmer hat keinen Anspruch auf Weitergabe künftiger Tarifentwicklungen.
>
> Diese Bezugnahme erfasst auch den künftigen Wechsel zu einem anderen Tarifwerk, insbesondere einer anderen Branche, aber auch einer anderen Gewerkschaft. Der Arbeitnehmer wird entsprechend dem Nachweisgesetz auf jeden Wechsel pauschal hingewiesen.
>
> Ist der Arbeitgeber an mehrere einschlägige Tarifverträge gebunden, bestimmt er durch Leistungsbestimmung nach § 315 BGB, welches Tarifwerk arbeitsvertraglich gelten soll."

Allein der Umfang der Klausel ist logische Folge einer vorrangig am Wortlaut ausgerichteten Vertragsauslegung. Der 4. Senat des BAG wird sich daher zumindest nicht dem Einwand einer umständlichen Klauselformulierung verschließen können.

§ 5 Einbeziehung von Tarifbestimmungen in den Arbeitsvertrag

Mit dem Stichwort der Einbeziehung von Tarifbestimmungen in den Arbeitsvertrag ist die Frage angesprochen, unter welchen Voraussetzungen arbeitsvertragliche Bezugnahmevereinbarungen inklusive des in der Klausel benannten Verweisungsobjekts wirksam Bestandteil des Arbeitsvertrages werden.

A. Einbeziehung nach Maßgabe der allgemeinen Rechtsgeschäftslehre

I. Grundsatz

Da arbeitsvertragliche Bezugnahmeabreden eine rechtgeschäftliche Vertragsabsprache darstellen, finden auf sie die allgemeinen Regeln für den wirksamen Austausch empfangsbedürftiger Willenserklärungen Anwendung. Unterliegt der Arbeitsvertrag in diesem Zusammenhang keinen konstitutiven Formerfordernissen (§ 105 Satz 1 GewO), kann auch die Vereinbarung einer Verweisung im Grundsatz formfrei erfolgen.[1] Die vereinzelt unter Hinweis auf § 1 Abs. 2 TVG erhobenen Bedenken[2] sind zu verwerfen, da im Unterschied zur schuldrechtlichen Anwendung von Tarifbestimmungen § 1 Abs. 2 TVG einen von der Bezugnahmeklausel zu trennenden Regelungsbereich erfasst. Die Vorschrift steht in einem unmittelbaren Zusammenhang mit dem Normencharakter des Tarifvertrages und soll den Normenunterworfenen, die an der Entstehung des betreffenden Regelwerks nicht unmittelbar beteiligt sind, den Zugang zu dem für sie maßgeblichen Tarifrecht erleichtern.[3] Infolgedessen betrifft § 1 Abs. 2 TVG lediglich das wirksame Zustandekommen eines Tarifvertrages und ist untrennbar mit der normati-

---

1 BAG vom 19.01.1999, AP Nr. 9 zu § 1 TVG Bezugnahme auf Tarifvertrag; *Däubler*, Tarifvertragsrecht, RdNr. 335; *Ebeling*, Die Bezugnahme auf Tarifverträge im Arbeitsvertrag, S. 18; *Gamillscheg*, Kollektives Arbeitsrecht I, S. 733; *Hanau/Kania*, Festschrift für Schaub, S. 239, 258; *Hromadka/Maschmann/Wallner*, Tarifwechsel, RdNr. 81 f.; *Kania*, NZA 2000, Sonderbeilage Heft 3, S. 45, 49; *Kempen/Zachert*, § 3 TVG, RdNr. 161; *Lorenz*, in: Däubler, § 3 TVG, RdNr. 239; *Löwisch/Rieble*, § 3 TVG, RdNr. 248; *Oetker*, Anm. zu BAG, AP Nr. 9 zu § 1 TVG Bezugnahme auf Tarifvertrag, Bl. 5; *Reichel*, Die arbeitsvertragliche Bezugnahme auf den Tarifvertrag, S. 8; *Schaub*, ZTR 2000, S. 259, 262; *Seitz/Werner*, NZA 2000, S. 1257, 1257; *Stein*, Tarifvertragsrecht, RdNr. 231; *Thüsing*, in: Henssler/Willemsen/Kalb, Arbeitsrecht, § 611 BGB, RdNr. 446.

2 So noch *Kempen/Zachert*, TVG (3. Auflage), § 3 RdNr. 73; aufgegeben von *Kempen/Zachert*, § 3 TVG, RdNr. 161.

3 BAG vom 19.01.1999, AP Nr. 9 zu § 1 TVG Bezugnahme auf Tarifvertrag.

ven Wirkung tarifvertraglicher Arbeitsbedingungen verbunden.[4] Bezugnahmeabreden können daher entweder durch ausdrückliche Aufnahme in den Arbeitsvertragstext, aber auch kraft konkludentem Verhalten der Arbeitsvertragsparteien wirksam Bestandteil eines Arbeitsverhältnisses werden. Die aus dem Nachweisgesetz folgende Pflicht zur schriftlichen Dokumentation der wesentlichen Arbeitsbedingungen steht dem nicht entgegen, da ein nach § 2 Abs. 1 NachwG ordnungsgemäß angefertigter Arbeitsnachweis einen bereits wirksamen Vertragsschluss voraussetzt.[5]

II. Gesetzliches Schriftformgebot am Beispiel von § 14 Abs. 4 TzBfG

Probleme weisen jedoch die Fälle auf, in denen der Gesetzgeber ausdrücklich ein Formgebot anordnet. Besondere Relevanz beansprucht dabei § 14 Abs. 4 TzBfG, wonach die Befristung eines Arbeitsverhältnisses bzw. die Vereinbarung einer auflösenden Bedingung (§ 21 TzBfG) zur ihrer Wirksamkeit der Schriftform bedarf.

Ausgehend vom Anwendungsbereich der Norm ist § 14 Abs. 4 TzBfG zunächst auf die durch Rechtsgeschäft vereinbarte Befristung beschränkt,[6] so dass entsprechende Inhalte eines normativ wirkenden Tarifvertrages grundsätzlich keiner über § 1 Abs. 2 TVG hinausgehenden Form bedürfen.[7] Bewirkt aber die einzelvertragliche Verweisung eine schuldrechtliche Fortgeltung des Bezugnahmeobjekts, sind Tarifbestimmungen als rechtsgeschäftliche Abrede der Arbeitsvertragsparteien zu werten. Infolgedessen ist für die Anwendung tarifvertraglicher Befristungsregelungen i. S. d. 14 Abs. 2 Satz 3 TzBfG zu fragen, ob deren Übernahme bereits dann der Form des § 14 Abs. 4 TzBfG genügt, wenn der Arbeitsvertrag eine schriftliche Bezugnahmeklausel aufweist.

Vom Grundsatz der Urkundeneinheit ausgehend, ist ein solcher Ansatz zu verneinen,[8] da zur Wahrung der gesetzlichen Schriftform eine Verkörperung der gesamten formbedürftigen Erklärung inklusive etwaiger Nebenabreden erforderlich

---

4 BAG vom 19.01.1999, AP Nr. 9 zu § 1 TVG Bezugnahme auf Tarifvertrag; *Oetker*, Anm. zu BAG, AP Nr. 9 zu § 1 TVG Bezugnahme auf Tarifvertrag, Bl. 5 R.

5 Hierzu sogleich ausführlich unter § 6.

6 *Müller-Glöge*, in: ErfK, § 14 TzBfG, RdNr. 140; *Sievers*, § 14 TzBfG, RdNr. 266.

7 Bühnenschiedsgericht Hamburg vom 21.01.2002, NZA-RR 2002, S. 462, 463; *Dörner*, Der befristete Arbeitsvertrag, RdNr. 81; *Meinel/Heyn/Herms*, § 14 TzBfG, RdNr. 110; *Müller-Glöge*, in: ErfK, § 14 TzBfG, RdNr. 144; *Preis/Gotthardt*, NZA 2000, S. 348, 358; *Richardi*, NZA 2001, S. 57, 62; a. A. dagegen *Opolony*, NJW 2000, S. 2171, 2171.

8 So *Ebeling*, Die Bezugnahme auf Tarifverträge im Arbeitsvertrag, S. 12; *Preis/Gotthardt*, NZA 2000, S. 348, 358; *Richardi/Annuß*, NJW 2000, S. 1231, 1234; *Sievers*, § 14 TzBfG, RdNr. 273.

ist. Für die arbeitsvertragliche Anwendung tarifvertraglicher Befristungsregeln hat dies zur Folge, dass das Bezugnahmeobjekt grundsätzlich als Anlage des Arbeitsvertrags beizufügen ist,[9] wenn das Arbeitsverhältnis nicht als auf unbestimmte Zeit geschlossen gelten soll (§ 16 TzBfG).

Ein hiervon abweichendes Ergebnis wäre nur dann zu rechtfertigen, sofern das Schriftformgebot für die Wirksamkeit einer Befristungsabrede ein dem § 1 Abs. 2 TVG vergleichbarer Zweck innewohnt. So kommt § 1 Abs. 2 TVG ausschließlich eine Klarstellungsfunktion gegenüber denjenigen Personen zu, die den Arbeitsbedingungen des Tarifvertrages unmittelbar und zwingend unterworfen sind.[10] Folgerichtig ist nach ständiger Rechtsprechung des BAG den Anforderungen der Norm bereits dann Genüge getan, wenn die Tarifpartner eine Verweisungsklausel formgemäß niederlegen und die in Bezug genommen Tarifbestimmungen ihrerseits in schriftlicher Form zur Verfügung stehen.[11] Der verweisende Tarifvertrag muss damit weder das Bezugnahmeobjekt wörtlich wiedergeben noch als Anlage beifügen.

Auf den Arbeitsvertrag übertragen, ist eine solche Argumentation jedoch einigen Bedenken ausgesetzt. Während § 1 Abs. 2 TVG ausschließlich der Klarstellung dient,[12] beinhalten Schriftformgebote im Rahmen des Individualarbeitsrechts vor allem eine Warnfunktion.[13] Damit intendiert § 14 Abs. 4 TzBfG zugleich einen Individualschutz,[14] so dass eine entsprechende Befristungsabrede auch der konkreten Einsichtnahme gegenüber dem Arbeitnehmer zugänglich zu machen ist.

---

9 Vgl. in diesem Zusammenhang auch BGH vom 28.11.1957, BGHZ 26, S. 142, 146; BGH vom 13.11.1963, BGHZ 40, S. 255, 262; *Ebeling*, Die Bezugnahme auf Tarifverträge im Arbeitsvertrag, S. 10 ff.; *Einsele*, in: MüKo, § 126 BGB, RdNr. 8; *Hefermehl*, in: Soergel, § 126 BGB, RdNr. 4; *Preis/Gotthardt*, NZA 2000, S. 348, 358; *Sievers*, § 14 TzBfG, RdNr. 274.

10 Vgl. nur BAG vom 09.07.1980, AP Nr. 7 zu § 1 TVG Form; BAG vom 10.11.1982, AP Nr. 8 zu § 1 TVG Form; BAG vom 20.11.1993, AP Nr. 169 zu § 1 TVG Tarifverträge: Bau; BAG vom 20.04.1994, AP Nr. 9 zu § 1 TVG Tarifverträge: DDR; *Däubler*, Tarifvertragsrecht, RdNr. 111; *Umbach*, Rechtsfragen des Anerkennungstarifvertrages, S. 114.

11 So bereits BAG vom 08.10.1959, AP Nr. 14 zu § 56 BetrVG 1952; BAG vom 09.07.1980, AP Nr. 7 zu § 1 TVG Form; BAG vom 10.11.1982, AP Nr. 8 zu § 1 TVG Form; BAG vom 10.11.1993, AP Nr. 169 zu § 1 TVG Tarifverträge: Bau; BAG vom 20.04.1994, AP Nr. 9 zu § 1 TVG Tarifverträge: DDR; *Däubler*, Tarifvertragsrecht, RdNr. 119; *Koberski/Clasen/Menzel*, § 1 TVG, RdNr. 162 f.; *Umbach*, Rechtsfragen des Anerkennungstarifvertrages, S. 110 ff. und 144 ff.

12 BAG vom 09.07.1980, AP Nr. 7 zu § 1 TVG Form; BAG vom 10.11.1982, AP Nr. 8 zu § 1 TVG Form.

13 Statt aller *Richardi/Annuß*, NJW 2000, S. 1231, 1232.

14 *Preis/Gotthardt*, NZA 2000, S. 348, 358; *Opolony*, NJW 2000, S. 2171, 2171; *Richardi/Annuß*, NJW 2000, S. 1231, 1232.

Ungeachtet der Vorgaben des Nachweisgesetztes bedarf es hierfür aber der Beifügung des Tarifvertrages als Anlage des Arbeitsvertrages.[15]

III. Besonderheiten bei der Tarifgeltung kraft betrieblicher Übung

Eine Sonderform zur Anwendung tarifvertraglicher Arbeitsbedingungen ermöglicht die sog. betriebliche Übung. Allgemein ist unter diesem Begriff die regelmäßige Wiederholung bestimmter Verhaltensweisen des Arbeitgebers zu verstehen, aus denen ein Arbeitnehmer schließen kann, ihm solle auf Dauer die entsprechende Leistung eingeräumt werden.[16] Geht man in Übereinstimmung mit der Rechtsprechung davon aus, dass die Geltung von Tarifbestimmungen kraft betrieblicher Übung lediglich einen Unterfall der stillschweigenden Bezugnahmevereinbarung darstellt,[17] ist auch diese Form der Verweisung erlaubt.[18]

---

15 So auch *Ebeling*, Die Bezugnahme auf Tarifverträge im Arbeitsvertrag, S. 12; *Opolony*, NJW 2000, S. 2171, 2172; *Preis/Gotthardt*, NZA 2000, S. 348, 358; *Sievers*, § 14 TzBfG, RdNr. 274; sowie *Richardi*, NZA 2001, S. 57, 62; *Richardi/Annuß*, NJW 2000, S. 1231, 1234. Anders hingegen *Dörner*, Der befristete Arbeitsvertrag, RdNr. 81 f.; *Maschmann*, in: Annuß/Thüsing, § 14 TzBfG, RdNr. 88; *Meinel/Heyn/Herms*, § 14 TzBfG, RdNr. 110; *Müller-Glöge/Senden*, AuA 2000, S. 199, 200.

16 BAG vom 16.01.2002, AP Nr. 56 zu § 242 BGB Betriebliche Übung. Unstimmigkeiten bestehen allerdings in der Frage, wann im Einzelnen eine Rechtsbindung kraft Betriebsübung entsteht. Die Vertreter der sog. „Vertragstheorie“ fordern eine stillschweigende Vereinbarung zwischen den Arbeitsvertragsparteien. In der mehrmaligen Gewährung einer bestimmten Leistung liege demnach ein konkludentes Angebot des Arbeitgebers, welches der Arbeitnehmer durch bloße Entgegennahme gem. § 151 Satz 1 BGB annehme (st. Rechtsprechung vgl. nur BAG vom 16.09.1998, AP Nr. 54 zu § 242 BGB Betriebliche Übung; BAG vom 04.05.1999, AP Nr. 55 zu § 242 BGB Betriebliche Übung; BAG vom 16.01.2002, AP Nr. 56 zu § 242 BGB Betriebliche Übung; BAG vom 24.06.2003, AP Nr. 63 zu § 242 BGB Betriebliche Übung; *Schaub*, ZTR 2000, S. 259, 262; *Oetker*, Anm. zu BAG, AP Nr. 9 zu § 1 TVG Bezugnahme auf Tarifvertrag, Bl. 7 R f.; kritisch dagegen *Hromadka*, Anm. zu BAG, AuA 2004, Heft 10, S. 20, 21). Im Unterschied dazu lässt es die sog. „Vertrauenstheorie“ beim Fehlen einer Willenserklärung bewenden und stellt stattdessen darauf ab, dass es rechtmissbräuchlich sei, wenn der Arbeitgeber sich durch einseitige Erklärung von betriebsüblichen Leistungen lossagt, obwohl die Arbeitnehmer sich nach Treu und Glauben darauf verlassen durften, dass jene Leistungen fortgesetzt werden (vgl. hierzu *Canaris*, Vertrauenshaftung, S. 254 ff.; sowie *Singer*, ZfA 1993, S. 487, 494).

17 BAG vom 19.01.1999, AP Nr. 9 zu § 1 TVG Bezugnahme auf Tarifvertrag.

18 Vgl. nur BAG vom 19.01.1999, AP Nr. 9 zu § 1 TVG Bezugnahme auf Tarifvertrag; BAG vom 16.01.2002, AP Nr. 56 zu § 242 BGB Betriebliche Übung; BAG vom 03.11.2004, AP Nr. 28 zu § 611 BGB Lohnanspruch; *Däubler*, Tarifvertragsrecht, RdNr. 335 und 345; *Franzen*, in: ErfK, § 3 TVG, RdNr. 30; *Gamillscheg*, Kollektives Arbeitsrecht I, S. 740; *D. Gaul*, ZTR 1991, S. 188, 191; *Hanau/Kania*, Festschrift für Schaub, S. 239, 258; *Henssler*, Festschrift 50 Jahre BAG, S. 683, 693 ff.; *Hromad-*

Anders ist nach Ansicht des BAG lediglich in den Fällen zu entscheiden, in denen der Arbeitsvertrag ein sog. qualifiziertes Schriftformgebot für Änderungen des Vertragsinhaltes enthält.[19] Indem durch eine derartige Vertragsregelung auch eine stillschweigend vereinbarte Aufhebung des Formgebots für nichtig zu erklären ist, trete in der Verwendung qualifizierter Schriftformabreden der gesteigerte Wille der Arbeitsvertragsparteien hervor, künftige Änderungen von Arbeitsbedingungen stets der bei Vertragsschluss vereinbarten Form zu unterstellen.

1. Zeitliche Reichweite der betrieblichen Übung

Während anhand der vorangegangenen Ausführungen feststeht, dass eine Tarifgeltung kraft betrieblicher Übung im Grundsatz unstrittig ist, bestehen dagegen erhebliche Probleme in der Frage, wie weit der Regelungsgehalt einer in dieser Form geschlossenen Bezugnahmevereinbarung im Einzelfall reichen soll. Dies gilt nicht nur hinsichtlich des inhaltlichen Umfangs der Klausel, sondern auch für die Dynamik, die einer durch betriebliche Übung begründeten Verweisung innewohnen kann.

Bei Letzterem hat sich das BAG mit Recht für eine zunächst statische Fortgeltung des Bezugnahmeobjekts entschieden.[20] Speziell bei fehlender Tarifbindung des Arbeitgebers kann eine Erhöhung der Löhne und Gehälter entsprechend des einbezogenen Branchentarifs nur angenommen werden, sofern es dafür deutliche Anhaltspunkte im Verhalten des Arbeitgebers gibt, auf Dauer die von den tarifschließenden Verbänden ausgehandelten Tariflohnerhöhungen übernehmen zu wollen.[21] Eine zunächst am Tariflohn orientierte Vergütung schafft daher kein entsprechendes Vertrauen, der Arbeitgeber werde auch künftig so auf der Grund-

---

ka/Maschmann/Wallner, Tarifwechsel, RdNr. 79 und 82; *Kania*, Anm. zu BAG, RdA 2000, S. 173, 177; *Kempen/Zachert*, § 3 TVG, RdNr. 222; *Lorenz*, in: Däubler, § 3 TVG, RdNr. 272; *Löwisch/Rieble*, § 3 TVG, RdNr. 250; *Oetker*, in: Wiedemann, § 3 TVG, RdNr. 296; *ders.*, Anm. zu BAG, AP Nr. 9 zu § 1 TVG Bezugnahme auf Tarifvertrag, Bl. 7; *Preis*, Festschrift für Wiedemann, S. 425, 431; *Schaub*, ZTR 2000, S. 259, 262; *Seitz/Werner*, NZA 2000, S. 1257, 1257; *Stein*, Tarifvertragsrecht, RdNr. 257; *Thüsing*, in: Henssler/Willemsen/Kalb, Arbeitsrecht, § 611 BGB, RdNr. 446; *Thüsing/Lambrich*, NZA 2002, S. 1361, 1367; *Waltermann*, RdA 2006, S. 257, 265 f.

19 BAG vom 24.06.2003, AP Nr. 63 zu § 242 BGB Betriebliche Übung; *Kempen/Zachert*, § 3 TVG, RdNr. 221; *Löwisch/Rieble*, § 3 TVG, RdNr. 250.

20 Vgl. hierzu unter anderem BAG vom 16.01.2002, NZA 2002, S. 632, 633; BAG vom 03.11.2004, AP Nr. 28 zu § 611 BGB Lohnanspruch; *Hanau*, NZA 2005, S. 489, 489; *Henssler*, Festschrift 50 Jahre BAG, S. 683, 695 ff.; *Kempen/Zachert*, § 3 TVG, RdNr. 223; *Löwisch/Rieble*, § 3 TVG, RdNr. 250; *Schliemann*, ZTR 2004, S. 502, 507; *Waltermann*, RdA 2006, S. 257, 266.

21 BAG vom 16.01.2002, AP Nr. 56 zu § 242 BGB Betriebliche Übung.

lage des Arbeitsvertrages verfahren.[22] Folglich begründet eine betriebliche Übung lediglich einen Anspruch des Arbeitnehmers auf Fortzahlung des im Zeitpunkt der Anspruchsentstehung festgesetzten Entgelts, nicht aber zugleich eine Verpflichtung des Arbeitgebers, auch künftige Tariflohnerhöhungen weiterzugeben.[23]

Ist der Arbeitgeber dagegen tarifgebundenen, also ohnehin zur Anwendung der einbezogenen Tarifbestimmungen innerhalb der tarifgebundenen Arbeitsverhältnisse des Betriebes verpflichtet, streitet dies zunächst für eine Auslegung der Bezugnahmeabrede als dynamische Verweisung. Unter Hinweis auf den Zweck der Klausel als Gleichstellungsabrede ist jedoch gleichermaßen festzustellen, dass eine durch betriebliche Übung begründete Tarifgeltung keine weitgehenderen Rechtsfolgen auslösen soll als diejenigen, die sich innerhalb eines tarifgebundenen Arbeitsverhältnisses ohne entsprechende Vereinbarung einstellen.[24] Insofern ist anzunehmen, der Arbeitgeber will mit der Anwendung tarifvertraglicher Arbeitsbedingungen lediglich seinen Verpflichtungen aus dem Tarifvertragsgesetz Rechnung tragen und seine Arbeitnehmer gleich behandeln.[25] Das, so der 5. Senat des BAG wörtlich, „muss ein Arbeitnehmer mangels abweichender Anhaltspunkte erkennen, falls die Frage der Tarifbindung seines Arbeitgebers überhaupt eine Rolle für ihn spielt."[26]

2. Inhaltlicher Umfang der betrieblichen Übung

Gleichgelagerte Auslegungsprobleme bereitet auch die Bestimmung des Umfangs der Verweisung, da eine betriebliche Übung sowohl die einzelvertragliche Anwendung des Tarifvertrages in seiner Gesamtheit, aber auch in bloßen Teilen anordnen kann.[27]

Unter dem Aspekt des Vertragscharakters ist durch die Gewährung tarifvertraglicher Arbeitsbedingungen zunächst nur auf den Verpflichtungswillen des Arbeitgebers zu schließen, die Belegschaft soll kraft betrieblicher Übung ausschließlich an diesen Bestimmungen teilnehmen.[28] Allein die Gewährung einzel-

---

22 BAG vom 03.11.2004, AP Nr. 28 zu § 611 BGB Lohnanspruch.

23 *Hanau*, NZA 2005, S. 489, 489; *Schliemann*, ZTR 2004, S. 502, 507.

24 Zur Auslegung vgl. erneut § 4 D.

25 BAG vom 03.11.2004, AP Nr. 28 zu § 611 BGB Lohnanspruch; *Waltermann*, RdA 2006, S. 257, 266.

26 BAG vom 03.11.2004, AP Nr. 28 zu § 611 BGB Lohnanspruch.

27 BAG vom 19.01.1999, AP Nr. 9 zu § 1 TVG Bezugnahme auf Tarifvertrag; *Henssler*, Festschrift 50 Jahre BAG, S. 683, 699 ff.; *Kempen/Zachert*, § 3 TVG, RdNr. 223 ff.; *Löwisch/Rieble*, § 3 TVG, RdNr. 250.

28 So *Kempen/Zachert*, § 3 TVG, RdNr. 224.

ner Leistungen nach Maßgabe des (einschlägigen) Tarifvertrages rechtfertigt für sich genommen daher nicht die Annahme, der Arbeitgeber habe das gesamte Regelwerk zum Gegenstand des Arbeitsvertrages machen wollen.[29] Gleichwohl wird auch in diesem Zusammenhang auf den Zweck der Bezugnahmevereinbarung abzustellen sein,[30] was im Ausgangspunkt zu einer Differenzierung zwischen tarifgebundenen und nichttarifgebundenen Arbeitgebern zwingt.

Bei Verbandszugehörigkeit des Arbeitgebers bzw. eigener Stellung als Tarifvertragspartei dient die einzelvertragliche Einbeziehung des einschlägigen Tarifvertrages regelmäßig der Gleichstellung von tarifgebundenen und nichttarifgebundenen Arbeitsverhältnissen des Betriebes. Mit Ausnahme besonderer Umstände des Einzelfalls kann aus der Gewährung tarifvertraglicher Arbeitsbedingungen somit der Schluss gezogen werden, das Arbeitsverhältnis vollständig der Regelungsgewalt des Tarifvertrages zu unterziehen.[31] Gehört der Arbeitgeber demgegenüber nicht dem tarifschließenden Arbeitgeberverband an, fehlt es an der Notwendigkeit zu einer entsprechenden Vereinheitlichung von Arbeitsbedingungen im Betrieb, was eher für eine vereinzelte Übernahme von Tarifbestimmungen spricht.[32] Anders ist lediglich dann zu entscheiden, wenn sich die Durchführung des Arbeitsverhältnisses an den wesentlichen Bedingungen eines Tarifvertrages – wie Entgelt, Arbeitszeit und Urlaub – orientiert.[33] Insbesondere soll eine Tarifgeltung kraft betrieblicher Übung keine bessere Rechtsposition einräumen, als im Hinblick auf die unmittelbare und zwingende Wirkung von Tarifbestimmungen.[34] Deshalb können durch betriebliche Übung zum Gegenstand des Arbeitsvertrages gewordene Ansprüche auf wesentliche Leistungen eines Tarifvertrages nur innerhalb der in diesem Zusammenhang normierten Ausschlussfristen geltend gemacht werden, und zwar ungeachtet dessen, ob diese in der anspruchsbegründenden Tarifnorm selbst oder an gesonderte Stelle des Tarifvertrages geregelt sind.[35]

---

29 BAG vom 19.01.1999, AP Nr. 9 zu § 1 TVG Bezugnahme auf Tarifvertrag.

30 BAG vom 19.01.1999, AP Nr. 9 zu § 1 TVG Bezugnahme auf Tarifvertrag.

31 BAG vom 19.01.1999, AP Nr. 9 zu § 1 TVG Bezugnahme auf Tarifvertrag; BAG vom 17.04.2002, AP Nr. 6 zu § 2 NachwG. Im Ergebnis wohl auch *Löwisch/Rieble*, § 3 TVG, RdNr. 250. Kritisch hierzu allerdings *Kempen/Zachert*, § 3 TVG, RdNr. 225.

32 BAG vom 19.01.1999, AP Nr. 9 zu § 1 TVG Bezugnahme auf Tarifvertrag.

33 BAG vom 19.01.1999, AP Nr. 9 zu § 1 TVG Bezugnahme auf Tarifvertrag. Im Grundsatz auch *Annuß*, ZfA 2005, S. 405, 443; *Henssler*, Festschrift 50 Jahre BAG, S. 683, 699; sowie *Kempen/Zachert*, § 3 TVG, RdNr. 224.

34 Treffend *Annuß*, ZfA 2005, S. 405, 443.

35 *Annuß*, ZfA 2005, S. 405, 443; *Hanau/Kania*, Festschrift für Schaub, S. 239, 259; *Kempen/Zachert*, § 3 TVG, RdNr. 224; *Thüsing/Lambrich*, NZA 2002, S. 1361, 1367.

B. Einbeziehung im Rahmen gesetzlicher Zulassungsnormen

Will ein Arbeitgeber auf einen von gesetzlichen Mindestarbeitsbedingungen abweichenden Tarifvertrag verweisen, ist ferner anhand der gesetzlichen Zulassungsnormen zu überprüfen, inwieweit die Einbeziehung des betreffenden Tarifinhalts gesonderten Anforderungen unterliegt. Einzelne Erstreckungsklauseln sehen dabei ausdrücklich eine bestimmte Form vor. Namentlich für §§ 7 Abs. 3 Satz 1 und 12 Satz 2 ArbZG; 21a Abs. 2 JArbSchG; § 101 Abs. 2 Satz 3 ArbGG sowie §§ 89a Abs. 2 und 100a Abs. 2 SeemG fordert der Gesetzgeber eine „schriftliche Vereinbarung" zwischen den Arbeitsvertragsparteien. Für alle übrigen Erstreckungsklauseln gilt es dagegen zu fragen, ob die Wirksamkeit der Verweisung auch auf einem schlüssigen Verhalten bzw. auf der Grundlage einer betrieblichen Übung basieren kann.

I. Konkludente Bezugnahmevereinbarung

Im Gegensatz zum allgemeinen Bezugnahmeverfahren weist die Übernahme eines vom tarifdispositiven Recht abweichenden Tarifvertrages regelmäßig die Besonderheit auf, gesetzliche Mindestarbeitsbedingungen zum Nachteil des Arbeitnehmers abzuändern. Dieser Befund hat im Schrifttum vereinzelt Anlass zur Annahme gegeben, der Wille der Arbeitsvertragsparteien, abweichende Tarifbestimmungen einzelvertraglich in Bezug nehmen zu wollen, müsse eindeutig erkennbar sein.[36]

In der Gesamtschau des tarifdispositiven Arbeitnehmerschutzrechts ist allen gesetzlichen Zulassungsnormen zunächst gemein, dass zwischen den Arbeitsvertragsparteien eine hierauf gerichtete „Vereinbarung" vorliegen muss.[37] Als Tatbestandsvoraussetzung ist dieser Gesetzesbegriff jedoch neutral, so dass sein juristischer Gehalt erst durch zusätzliche Attribute an Aussagekraft gewinnt.[38] Exemplarisch sei in diesem Zusammenhang nur auf § 101 Abs. 2 Satz 3 ArbGG verwiesen, wonach das Gesetz nicht nur eine „schriftliche", sondern auch eine „ausdrückliche" Bezugnahmevereinbarung anordnet. Wollte die Legislative daher allgemein an die Qualität der Verweisung bestimmte inhaltliche Anforderungen stellen, hätte

36 So unter anderem *Boldt/Röhsler*, § 13 BUrlG, RdNr. 37; *Spilger*, in: GK-KR, § 622 BGB, RdNr. 189, „Bei Abweichungen zuungunsten des Arbeitnehmers allerdings muss die Übung der Parteien nicht nur bekannt sein; vielmehr müssen beide mit der Anwendung der Tarifnorm einschließlich der Abweichung vom Gesetz einverstanden sein."

37 Vgl. § 622 Abs. 4 Satz 2 BGB; §§ 7 Abs. 3 Satz 1, 12 Satz 2 ArbZG; § 21a Abs. 2 JArbSchG; §§ 12 Abs. 3 Satz 3, 13 Abs. 4 Satz 2, 14 Abs. 2 Satz 4 TzBfG; § 4 Abs. 4 Satz 2 EFZG; § 13 Abs. 1 Satz 2 BUrlG; § 17 Abs. 3 Satz 2 BetrAVG; §§ 48 Abs. 2 Satz 2, 101 Abs. 2 Satz 3 ArbGG; §§ 89a Abs. 2, 100a Abs. 2 SeemG.

38 Treffend *Bock*, Tarifdispositives Arbeitnehmerschutzrecht und Tarifautonomie, S. 197.

dies innerhalb der Erstreckungsklauseln auch normenübergreifend Berücksichtigung gefunden.[39]

Darüber hinaus besteht auch aus teleologischen Erwägungen keine Notwendigkeit für ein ausdrückliches Bezugnahmeverfahren.[40] Wie bereits an anderer Stelle besprochen, entscheidet für die Tarifdispositivität gesetzlicher Mindestarbeitsbedingungen nicht der Geltungsgrund eines Tarifvertrages, sondern sein Zustandekommen unter den Funktionsvoraussetzungen des Tarifvertragsgesetzes. Auch zum Nachteil des Arbeitsnehmers abweichenden Tarifbestimmungen kommt damit eine materielle Richtigkeitsgewähr zu, deren Geltung auf einzelvertraglicher Ebene dadurch Rechnung getragen wird, dass es den Arbeitsvertragsparteien lediglich gestattet ist, den einschlägigen Tarifvertrag bzw. den durch die Erstreckungsklausel erfassten einschlägigen Tarifkomplex vollständig zu übernehmen.[41] Eine gesonderte, ausdrückliche Vereinbarung zur Inbezugnahme eines vom tarifdispositiven Recht abweichenden Tarifvertrages ist demnach nicht zwingend zu fordern.[42] Mithin kann die Bezugnahme aufgrund gesetzlicher Zulassung auch aus einem schlüssigen Verhalten der Arbeitsvertragsparteien resultieren.[43] Dies gilt zumindest für die Fälle, in denen sich der Gesetzgeber für kein ausdrückliches Formgebot ausspricht.

II. Bezugnahme kraft betrieblicher Übung

Hinsichtlich der Zulässigkeit der Verweisung mittels betrieblicher Übung gewinnt das Tatbestandmerkmal der „Vereinbarung“ allerdings entscheidend an Gewicht, da hierfür stets der Austausch zweier korrespondierender Willenserklärungen erforderlich ist.[44] Dogmatische Widersprüche entstehen demzufolge dann, wenn

---

39 *Oetker*, Anm. zu BAG, AP Nr. 9 zu § 1 TVG Bezugnahme auf Tarifvertrag, Bl. 6 R.

40 So auch *Bock*, Tarifdispositives Arbeitnehmerschutzrecht und Tarifautonomie, S. 194 f. und 197 f.

41 Vgl. hierzu erneut § 2 B II 2.

42 Vgl. in diesem Zusammenhang unter anderem auch BAG vom 15.02.1965, AP Nr. 6 zu § 13 BUrlG; BAG vom 27.06.1978, AP Nr. 12 zu § 13 BUrlG; BAG vom 19.09.1985, AP Nr. 21 zu § 13 BUrlG; sowie *Bock*, Tarifdispositives Arbeitnehmerschutzrecht und Tarifautonomie, S. 193 ff.; *Oetker*, Anm. zu BAG, AP Nr. 9 zu § 1 TVG Bezugnahme auf Tarifvertrag, Bl. 6 R.

43 Statt aller *Berscheid*, in: GK-BurlG, § 13 BUrlG, RdNr. 28; *Bock*, Tarifdispositives Arbeitnehmerschutzrecht und Tarifautonomie, S. 195 ff.; *Dörner*, in: ErfK, § 4 EFZG, RdNr. 63; *Kempen/Zachert*, § 3 TVG, RdNr. 161; *Müller-Glöge*, in: ErfK, § 622 BGB, RdNr. 88; *Preis*, in: Staudinger, § 622 BGB, RdNr. 47; *Oetker*, Anm. zu BAG, AP Nr. 9 zu § 1 TVG Bezugnahme auf Tarifvertrag, Bl. 6 R. m. w. N.

44 So BAG vom 03.07.1996 – 2 AZR 469/95 – n. v.

man die Tarifbindung kraft betrieblicher Übung lediglich als Vertrauenstatbestand versteht.[45] Folgt man diesem Ansatz, ist eine „Vereinbarung“ i. S. d. gesetzlichen Zulassungsnormen nicht zu begründen.[46] Stellt man die betriebliche Übung dagegen richtigerweise auf eine vertragsrechtliche Grundlage, entäußert der Arbeitgeber anhand seines wiederholt gezeigten Verhaltens eine Willenserklärung, welche von der Belegschaft unter Verzicht des Zugangs der Annahmeerklärung konkludent angenommen wird (§ 151 BGB).[47] Im Gegensatz zum stillschweigenden Bezugnahmeverfahren weist eine betriebliche Übung damit lediglich die Besonderheit auf, dass sich das rechtgeschäftliche Verhalten des Arbeitgebers an einer Vielzahl von Arbeitnehmern richtet und nicht nur auf einzelne Mitarbeiter beschränkt ist.[48] Insoweit sind von gesetzlichen Mindestarbeitsbedingungen abweichende Tarifbestimmungen auch kraft betrieblicher Übung anwendbar.[49] Dies gilt zumindest gegenüber einem bereits bestehenden Arbeitsverhältnis, da hier in zeitlicher Hinsicht genügend Raum für die Entstehung eines derartigen Erklärungstatbestandes besteht.[50]

Probleme weisen allerdings die Fälle auf, in denen ein Arbeitnehmer zu einem späteren Zeitpunkt in den Betrieb eintritt. Auch auf vertragsrechtlicher Grundlage der betrieblichen Übung ist hier vom Vorliegen einer „Vereinbarung“ nur schwer auszugehen, da ein aus der wiederholten Anwendung tarifvertraglicher Vorschriften resultierender Rechtsbindungswille zu keinem Zeitpunkt zwischen den Arbeitsvertragsparteien vorlag. Für diesen Fall fordert das BAG daher mit Recht, dass der Arbeitnehmer die entsprechende betriebliche Übung kannte bzw. von

---

45 So bspw. *Canaris*, Vertrauenshaftung, S. 387 ff., sowie *Singer*, ZfA 1993, S. 487, 494.

46 *Bock*, Tarifdispositives Arbeitnehmerschutzrecht und Tarifautonomie, S. 203; *Oetker*, Anm. zu BAG, AP Nr. 9 zu § 1 TVG Bezugnahme auf Tarifvertrag, Bl. 8.

47 Statt aller BAG vom 10.08.1988, AP Nr. 33 zu § 242 BGB Betriebliche Übung, BAG vom 24.03.1993, AP Nr. 38 zu § 242 BGB Betriebliche Übung; BAG vom 16.09.1998, AP Nr. 54 zu § 242 BGB Betriebliche Übung; BAG vom 16.01.2002, AP Nr. 56 zu § 242 BGB Betriebliche Übung.

48 *Bock*, Tarifdispositives Arbeitnehmerschutzrecht und Tarifautonomie, S. 204.

49 Wie hier *Berscheid*, in: GK-BUrlG, § 13 BUrlG, RdNr. 28; *Bock*, Tarifdispositives Arbeitnehmerschutzrecht und Tarifautonomie, S. 204; *Henssler*, Festschrift 50 Jahre BAG, S. 683, 701 f.; *Kraft*, in: Soergel, § 622 BGB, RdNr. 21; *Müller-Glöge*, in: ErfK, § 622 BGB RdNr. 88; *Neumann/Fenski*, § 13 BUrlG, RdNr. 16; *Oetker*, Anm. zu BAG, AP Nr. 9 zu § 1 TVG Bezugnahme auf Tarifvertrag, Bl. 7 R f.; *Preis*, in: Staudinger, § 622 BGB, RdNr. 47.

50 Vgl. hierzu auch *Bock*, Tarifdispositives Arbeitnehmerschutzrecht und Tarifautonomie, S. 204 f.

dieser unterrichtet wurde und sich mit ihrer Anwendung auch innerhalb seines Arbeitsverhältnisses einverstanden erklärt.[51]

C. Einbeziehungskontrolle bei Formulararbeitsverträgen

Eröffnet die Rechtgeschäftslehre den Vertragsparteien im Grundsatz einen weiten Gestaltungsspielraum im Hinblick auf die Verwendung einzelvertraglicher Verweisungen auf andere Rechtsquellen, werden im AGB-Recht die grundlegenden Anforderungen der §§ 145 ff. BGB wiederum modifiziert. So schließt zum einem § 305 Abs. 2 Nr. 1 BGB aus, die Einbeziehungserklärung des Verwenders Allgemeiner Geschäftsbedingungen aus begleitenden Umständen zu folgern. Im Unterschied zu individuellen Vereinbarungen können vorformulierte Vertragsklauseln daher nicht durch schlüssiges Verhalten der vertragsschließenden Parteien Bestandteil eines Vertrages werden. Darüber hinaus ist Voraussetzung für eine wirksame Einbeziehung Allgemeiner Geschäftsbedingungen, dass die Kenntnisnahme vorformulierter Vertragsbestimmungen gegenüber dem Vertragspartner des Verwenders ausreichend gesichert ist (§ 305 Abs. 2 Nr. 2 BGB). Abgerundet werden die in § 305 Abs. 2 BGB statuierten Vorgaben letztlich durch das ihnen innewohnende Zeitmoment. Danach sind die Anforderungen an eine wirksame Einbeziehung standardisierter Vertragsbestimmungen zum Zeitpunkt des Vertragsschlusses durch den Verwender zu erfüllen.

Unter Zugrundelegung der Einbeziehungskontrolle sind Verweisungen auf andere Rechtsquellen somit nicht frei von Bedenken. Während bei statischen Klauseln den Voraussetzungen von § 305 Abs. 2 BGB durch Beifügung des entsprechenden Dokuments noch Rechnung getragen werden kann, steht eine Änderung des Bezugnahmeobjekts kraft dynamischer Bezugnahmevereinbarungen dagegen in Widerspruch zu der nach § 305 Abs. 2 Nr. 2 BGB geforderten Möglichkeit der Kenntnisnahme Allgemeiner Geschäftsbedingungen zum Zeitpunkt des Vertragsschlusses. Für das Arbeitsvertragsrecht sind die beschriebenen Einwände dennoch zu relativieren, da nach § 310 Abs. 4 Satz 2 Halbsatz 2 BGB die Einbeziehungsvorrausetzungen von § 305 Abs. 2 und 3 BGB keine Anwendung auf den Formulararbeitsvertrag finden. Nach Ansicht des Gesetzgebers bedarf es der Geltung beider Absätze nicht, da der Arbeitgeber bereits nach dem Nachweisgesetz verpflichtet ist, die wesentlichen Bedingungen des Arbeitsverhältnisses schriftlich gegenüber dem Arbeitnehmer auszuweisen.[52] Da ein Rückgriff auf § 305 Abs. 2 und 3 BGB somit auch anhand einer analogen Anwendung der Norm ausge-

---

51 BAG vom 15.02.1965, AP Nr. 6 zu § 13 BUrlG; BAG vom 03.07.1996 – 2 AZR 469/95 – n. v.

52 BT-Drs. 14/6857, S. 54.

schlossen ist,[53] bleibt es in der Frage der wirksamen Einbeziehung vorformulierter Bezugnahmevereinbarungen daher im Wesentlichen bei den Vorgaben der allgemeinen Rechtsgeschäftslehre.

I. Bezugnahme auf orts- und/oder branchenfremde Tarifverträge

Zu messen sind vorformulierte Bezugnahmevereinbarungen allerdings an § 305c Abs. 1 BGB. Hiernach werden Allgemeine Geschäftsbedingungen, die nach den Umständen, insbesondere nach dem äußeren Erscheinungsbild des Vertrages, so ungewöhnlich sind, dass der Vertragspartner des Verwenders nicht mit ihnen zu rechnen brauch, nicht Bestandteil des Vertrages. Mit dem Verbot zur Verwendung überraschender Klauseln ist demnach auch für das Individualarbeitsrecht sicherzustellen, eine bei Vertragsschluss bestehende Übervorteilung des Arbeitgebers infolge informationeller Unterlegenheit des Arbeitnehmers ausreichend zu kompensieren.[54]

Sind Tarifbestimmungen auf einzelvertraglicher Ebene anzuwenden, darf ein Arbeitnehmer zum Zeitpunkt des Arbeitsvertragsschlusses daher grundsätzlich darauf vertrauen, dass nur solche Tarifregelungen Wirkung beanspruchen, die bei beiderseitiger Tarifbindung der Arbeitsvertragsparteien auch konkret für das Arbeitsverhältnis einschlägig sind. Wird diese Erwartungshaltung enttäuscht, so scheint die objektive Ungewöhnlichkeit des Bezugnahmeobjekts den Schluss zu erlauben, standardisierte Verweisungen auf orts- und/oder branchenfremde Tarifverträge als überraschend anzusehen. Infolgedessen soll nach weit verbreiteter Ansicht des Schrifttums eine vorformulierte Bezugnahmevereinbarung auf nicht einschlägige Tarifverträge in Widerspruch zur Einbeziehungsvoraussetzung des § 305c Abs. 1 BGB stehen.[55]

---

53 *Däubler/Dorndorf*, AGB-Kontrolle im Arbeitsrecht, § 305 BGB, RdNr. 40; *Ebeling*, Die Bezugnahme auf Tarifverträge im Arbeitsvertrag, S. 164; *Gotthardt*, Arbeitsrecht nach der Schuldrechtsreform, RdNr. 246; *Lakies*, AR-Blattei SD 35, RdNr. 111; *Oetker*, Festschrift für Wiedemann, S. 282, 391; *Preis*, Festschrift für Wiedemann, S. 425, 431; *Thüsing*, in: v. Westphalen, AGB-Recht, Arbeitsverträge, RdNr. 36; *Zeller-Müller*, Inhaltskontrolle von Arbeitsverträgen, S. 148. Eine (analoge) Anwendung von § 2 AGBG bislang ebenso ablehnend *Hanau/Kania*, Festschrift für Schaub, S. 239, 243 f.; *Hromadka/Maschmann/Wallner*, Tarifwechsel, RdNr. 93; *Reichel*, Die arbeitsvertragliche Bezugnahme auf den Tarifvertrag, S. 33.

54 *Däubler/Dorndorf*, AGB-Kontrolle im Arbeitsrecht, § 305c BGB, RdNr. 1; *Ebeling*, Die Bezugnahme auf Tarifverträge im Arbeitsvertrag, S. 169; *Reichel*, AuR 2003, S. 366, 367; *Seibert*, NZA 1985, S. 730, 732; *Stoffels*, AGB-Recht, RdNr. 329; sowie *Witt*, NZA 2004, S. 135, 138.

55 So *Däubler/Dorndorf*, AGB-Kontrolle im Arbeitsrecht, § 305c RdNr. 22; *Gotthardt*, Arbeitsrecht nach der Schuldrechtsreform, RdNr. 258; *ders.*, ZIP 2002, S. 277, 280; *Kempen/Zachert*, § 3 TVG, RdNr. 166; *Lakies*, AR-Blattei SD 35, RdNr. 133; *Preis*, Fest-

Dies vermag in der Allgemeinheit der Ausführungen jedoch nicht zu überzeugen. Bereits für die Bezugnahme aufgrund gesetzlicher Zulassung ist zu konstatieren, dass der Gesetzgeber in den §§ 7 Abs. 3 Satz 3 ArbZG und 22 Abs. 2 TzBfG eine schuldrechtliche Übernahme fachfremder Tarifverträge gestattet. Zwar legitimieren die benannten Zulassungsnormen lediglich eine Verweisung auf die für den öffentlichen Dienst geltenden Tarifbestimmungen, für die Frage des Überraschungsschutzes ist hieraus aber gleichermaßen zu schließen, zumindest für öffentlich finanzierte Arbeitsverhältnisse eine einzelvertragliche Inanspruchnahme nicht einschlägiger Tarifregelungen als üblich anzusehen. Allein hierdurch wird deutlich, dass Pauschalurteile bei der Bewertung von Bezugnahmevereinbarungen auf fremde Tarifverträge verfehlt sind.[56] Gleichermaßen wie für die §§ 7 Abs. 3 Satz 3 ArbZG und 22 Abs. 2 TzBfG sind auch andere Fälle denkbar, in denen eine Verweisung auf fachlich und/oder räumlich nicht einschlägige Tarifbestimmungen keinen Verstoß gegen § 305c Abs. 1 BGB beinhaltet. Dies gilt speziell für tarifgebietsübergreifend tätige Unternehmen, in denen der Arbeitgeber ausschließlich das am Firmensitz maßgebliche Tarifsystem zur Anwendung bringen will.[57]

Steht die Bezugnahmevereinbarung dagegen in Widerspruch zur gängigen Vertragspraxis, ist festzustellen, ob der Klausel zudem die subjektive Tendenz einer „Überrumpelung" anhaftet. Hierbei gilt es zu prüfen, ob der Vertragspartner des Verwenders in seiner konkreten Erwartungshaltung enttäuscht worden ist.[58] Das Recht der Allgemeinen Geschäftsbedingungen gewährt keinen „per se" Schutz vor überraschenden Klauseln.[59] Hierfür streitet im Wesentlichen der Zweck der Norm, lediglich den arglosen Kunden vor einer Überrumpelung zu schützen. Infolgedessen ist das Überraschungsmoment von einzelvertraglichen Verweisung in den Fällen zu relativieren, in denen die Anwendung eines fremden Tarifvertrags unter ausdrücklicher Kennzeichnung in Anspruch genommen wird.[60] Bei Berück-

---

schrift für Wiedemann, S. 425, 433; *Seibert*, NZA 1985, S. 730, 732; *Thüsing*, in: Henssler/Willemsen/Kalb, Arbeitsrecht, § 611 BGB, RdNr. 442; *Thüsing/Lambrich*, NZA 2002, S. 1361, 1365; *Zeller-Müller*, Inhaltskontrolle von Arbeitsverträgen, S. 157.

56 In diese Richtung auch *Annuß*, ZfA 2005, S. 405, 434; sowie *Reichel*, Die arbeitsvertragliche Bezugnahme auf den Tarifvertrag, S. 44. Für den Fall, dass die Einbeziehung branchenfremder Tarifbestimmungen als übliche Ausgestaltung des Arbeitsvertrages anzusehen ist *Preis*, Festschrift für Wiedemann, S. 425, 433; sowie *Lakies*, AR-Blattei SD 35, RdNr. 133.

57 Vgl. in diesem Zusammenhang BAG vom 21.08.2002, AP Nr. 21 zu § 157 BGB.

58 *Stoffels*, AGB-Recht, RdNr. 337.; *Ulmer*, in Ulmer/Brandner/Hensen, § 305c BGB, RdNr. 22.

59 Hierzu ausführlich *Ulmer*, in: Ulmer/Brandner/Hensen, § 305c BGB, RdNr. 22 ff.

60 *V. Lindemann*, Flexible Gestaltung von Arbeitsbedingungen nach der Schuldrechtsreform, S. 122; *Thüsing/Lambrich*, NZA 2002, S. 1361, 1365.

sichtigung arbeitsrechtlicher Besonderheiten (§ 310 Abs. 4 Satz 2 Halbsatz 1 BGB) ist diesem Erfordernis bereits dann Genüge getan, sofern der Arbeitgeber die aus dem Nachweisgesetz folgende Dokumentationspflicht von Bezugnahmeabreden ordnungsgemäß erfüllt.[61]

II. Einbeziehung überraschender Tarifinhalte

Ungeachtet der vorangegangenen Ausführungen gilt es unter Zugrundelegung des Überraschungsschutzes von § 305c Abs. 1 BGB indes zu überprüfen, ob und inwieweit sich stetig verändernde Tarifentwicklungen zugleich auf der Grundlage des Arbeitsvertrages anzuwenden sind. Gerade dynamische Verweisungen beinhalten die Gefahr, dass nichttarifgebundene Arbeitsvertragsparteien, insbesondere gewerkschaftlich nicht organisierte Arbeitnehmer, von Anfang an mit den Ergebnissen einer Tarifpolitik konfrontiert sind, die sie nicht kennen und in dieser Form womöglich nicht zu einer einzelvertraglichen Geltung verhelfen würden. Schon vor Inkrafttreten des Gesetzes zur Modernisierung des Schuldrechts war eine bedingungslose Dynamik arbeitsvertraglicher Bezugnahmevereinbarung daher zahlreichen Bedenken im Schrifttum ausgesetzt.[62] Mit der teilweisen Aufhebung der Bereichsausnahme in § 310 Abs. 4 BGB rückt die Problematik nunmehr anhand des Überraschungsschutzes gemäß § 305c Abs. 1 BGB in den Blickpunkt der Diskussion.[63] Infolgedessen ist die Rechtslage zweifelhaft, wenn die anhand der Dynamik einer vorformulierten Bezugnahmeklausel zur Anwendung gelangenden Änderungen des Tarifvertrages überraschend sind. Besonders zu nennen sind in diesem Zusammenhang deutliche Arbeitszeitverlängerungen ohne entsprechenden Lohnausgleich, aber auch der vollständige Austausch des Bezugnahmeobjekts, bspw. durch einen zu Sanierungszwecken abgeschlossenen Firmentarifvertrag.

---

61 Ausführlich hierzu sogleich unter § 6.

62 Vgl. nur *D. Gaul*, ZTR 1993, S. 355, 357; *Hanau/Kania*, Festschrift für Schaub, S. 239, 244; *Kempen/Zachert* (3. Aufalge), § 3 TVG, RdNr. 90; *Nömeier*, Bezugnahme auf Tarifinhalte im Einzelarbeitsverhältnis, S. 123 f.; *Preis*, Grundfragen der Vertragsgestaltung im Arbeitsrecht, S. 401 ff.; *ders.*, AuR 1994, S. 139, 149; *Reichel*, Die arbeitsvertragliche Bezugnahme auf den Tarifvertrag, S. 66; *Rieble*, Arbeitsmarkt und Wettbewerb, RdNr. 1734 ff.; *Schaub*, ZTR 2000, S. 259, 260; *Seibert*, NZA 1985, S. 730, 732.

63 Dazu unter anderem *Annuß*, ZfA 2005, S. 405, 412; *Däubler/Dorndorf*, AGB-Kontrolle im Arbeitsrecht, § 305c BGB, RdNr. 22; *Diehn*, NZA 2004, S. 129, 133; *Ebeling*, Die Bezugnahme auf Tarifverträge im Arbeitsvertrag, S. 171 ff.; *Kempen/Zachert*, § 3 TVG, RdNr. 177; *Lakies*, AR-Blattei DS 35, RdNr. 96; *Reichel*, AuR 2003, S. 366, 368; *Thüsing*, in: v. Westphalen, AGB-Recht, Arbeitsverträge, RdNr. 90; *ders.*, in: Henssler/Willemsen/Kalb, Arbeitsrecht, § 611 BGB, RdNr. 443; *Thüsing/Lambrich*, NZA 2002, S. 1361, 1365.

1. Leistungsbestimmungsrecht der Tarifpartner i. S. d. §§ 317 ff. BGB

Weist man der einzelvertraglichen Verweisung eine der echten Tarifbindung vergleichbare Rechtswirkung zu,[64] löst die Anwendung eines Tarifvertrages in seiner jeweils maßgebenden Fassung keine Bedenken aus. Unvorhersehbare Tarifentwicklungen beanspruchen unter Zugrundelegung dieses Ansatzes stets Geltung innerhalb des verweisenden Arbeitsverhältnisses. Qualifiziert man das Bezugnahmeobjekt dagegen richtigerweise als integralen Bestandteil des Arbeitsvertrages, ist entsprechend den Ausführungen von *Preis*[65] zunächst festzustellen, dass nichttarifgebundene Arbeitsvertragsparteien ausnahmslos der Rechtsetzungsgewalt von Tarifverbänden ausgesetzt sind, denen sie sich unter Umständen durch Nichtbeitritt gerade entziehen wollten.

Dieser Umstand allein qualifiziert Tarifvertragsparteien aber noch nicht zu Dritten i. S. d. §§ 317 ff. BGB.[66] Es erscheint fern liegend, dass Regelungsmodell des gesetzlichen Drittleistungsbestimmungsrechts auf den Fall der arbeitsvertraglichen Bezugnahmevereinbarung anzuwenden. Insbesondere ist in diesem Zusammenhang festzustellen, dass eine inhaltliche Ausgestaltung von Verträgen durch Dritte stets eine rechtsgeschäftliche Ermächtigung der betreffenden Vertragsparteien erfordert.[67] Dritter kann folglich nur die Person sein, die bewusst in Ausübung ihrer eingeräumten Befugnis Rechtsverhältnisse anderer ausgestaltet.[68] Das Recht zur Leistungsbestimmung gemäß §§ 317 ff. BGB versteht sich daher als eine echte privatrechtliche Delegation, aus der zugunsten des Leistungsbestimmers eine echte Befugnis zur Gestaltung fremder Rechtsbeziehungen erwächst. Dies erscheint auch konsequent, denn die einseitige Leistungsbestimmung durch Dritte ist nur dann nach billigem Ermessen auszuüben, wenn in Kenntnis der Vertragsgestaltungsmacht gehandelt wird.

Für Gewerkschaften und Arbeitgeberverbände treffen derartige Anforderungen allerdings nur mit Einschränkungen zu. Tarifverträge haben in erster Linie die Funktion, Arbeitsverhältnisse von Verbandsmitgliedern der tarifschließenden Koalitionen auszugestalten. Bei einer kraft einzelvertraglicher Verweisung angeordneten Tarifgeltung fehlt es dagegen an einer entsprechenden Delegation. Vielmehr nehmen die Arbeitsvertragsparteien eine fremde Rechtsquelle in Bezug,

---

64 Vgl. in diesem Zusammenhang erneut *v. Hoyningen-Huene*, RdA 1974, S. 138, 142 ff.

65 *Preis*, Grundfragen der Vertragsgestaltung im Arbeitsrecht, S. 400 f.

66 So aber *Rieble*, Arbeitsmarkt und Wettbewerb, RdNr. 1734 ff.; sowie *Seibert*, NZA 1985, S. 730, 732.

67 Statt aller *Gottwald*, in: MüKo, § 317 BGB, RdNr. 20; *Wolf*, in: Soergel, § 317 BGB, RdNr. 10.

68 *Wolf*, in: Soergel, § 317 BGB, RdNr. 5.

welche von den Regelsetzern in eigener Zuständigkeit und für eigene Angelegenheiten vereinbart ist.[69]

2. Berücksichtigung AGB-rechtlicher Besonderheiten gemäß § 305c Abs. 1 BGB

Bei der Verwendung von Bezugnahmen innerhalb eines Formulararbeitsvertrages sind der Einbeziehung überraschender Tarifinhalte allerdings Grenzen gesetzt. Dies rechtfertigt sich aus dem Umstand, dass der Arbeitnehmer keinen Einfluss auf den Arbeitsvertragstext besitzt, sondern diesen lediglich akzeptieren kann oder auf den Vertragsschluss verzichten muss. Schon im Geltungsbereich des AGBG kam das Schrifttum daher überwiegend zu dem Schluss, dass Änderungen eines Tarifvertrages dann nicht Bestandteil des Arbeitsvertrages werden, wenn dessen Bestimmungen zum Zeitpunkt des Arbeitsvertragsschlusses schlechterdings nicht vorhersehbar sind.[70] Daneben setzt auch die Rechtsprechung einem dynamischen Bezugnahmeverfahren Grenzen,[71] wenngleich die Ausführungen des BAG bisweilen keine sichere Gewähr dafür bieten, wann im Einzelfall der Schutz vor überraschenden Tarifentwicklungen gerechtfertigt erscheint.[72]

a) Auslegung der Bezugnahmevereinbarung unter dem Aspekt der Vorhersehbarkeit zukünftiger Tarifentwicklungen

Grundsätzlich verfolgt die Verwendung dynamischer Verweisungen das Ziel, die Geltung auch solcher Tarifbestimmungen zu ermöglichen, die im Zeitpunkt des Arbeitsvertragsschlusses nicht vorhersehbar sind. Nichtsdestotrotz bedingt eine dynamische Übernahme von Tarifbestimmungen unverändert den korrespondierenden Rechtsgeschäftswillen der Arbeitsvertragsparteien.[73] Infolgedessen ist zu prüfen, ob der Wille zur schuldrechtlichen Anwendung eines Tarifvertrages in seiner jeweils maßgebenden Fassung sämtliche Neuerungen umfasst, oder sich

---

69 *Annuß*, ZfA 2005, S. 405, 411 f.; *Löwisch/Rieble*, § 3 TVG, RdNr. 242.

70 So unter anderem *D. Gaul*, ZTR 1993, S. 355, 357; *Hanau/Kania*, Festschrift für Schaub, S. 239, 244; *Kempen/Zachert* (3. Auflage), § 3 TVG, RdNr. 90; *Nömeier*, Bezugnahme auf Tarifinhalte im Einzelarbeitsverhältnis, S. 123 f.; *Preis*, Vertragsgestaltung im Arbeitsrecht, S. 401 ff.; *ders.*, AuR 1994, S. 139, 149; *Reichel*, Die arbeitsvertragliche Bezugnahme auf den Tarifvertrag, S. 66; *Rieble*, Arbeitsmarkt und Wettbewerb, RdNr. 1734 ff.; *Schaub*, ZTR 2000, S. 259, 260; *Seibert*, NZA 1985, S. 730, 732.

71 BAG vom 14.03.1961, AP Nr. 78 zu § 242 BGB Ruhegehalt; BAG vom 29.11.1995, AP Nr. 1 zu § 3 AGBG; BAG vom 13.12.2000, AP Nr. 2 zu § 241 BGB; BAG vom 28.06.2001, AP Nr. 24 zu § 611 BGB Arbeitszeit.

72 Exemplarisch hierfür BAG vom 28.06.2001, AP Nr. 24 zu § 611 BGB Arbeitszeit.

73 *Annuß*, ZfA 2005, S. 405, 412; *Preis*, Der Arbeitsvertrag, S. 1444.

lediglich auf die Inhalte beschränkt, die zum Zeitpunkt des Arbeitsvertragsschlusses berechenbar sind. Da dem Wortlaut der Verweisung regelmäßig ein entsprechender Vorbehalt fehlen wird, ist nur durch eine Auslegung der Klausel festzustellen, ob eine hierauf gerichtete Einschränkung der Bezugnahmevereinbarung Bestandteil des Arbeitsvertrages ist.

Unter Hinweis auf § 305c Abs. 1 BGB nehmen Teile des Schrifttums dies grundsätzlich an.[74] Von einem Urteil des BVerfG aus dem Jahr 1986[75] ausgehend, sei für jede Änderung des Tarifvertrags, auf den verwiesen wird, zu fragen, ob der neue Inhalt – hätte er bei Abschluss des Arbeitsvertrages bereits Gültigkeit gehabt – das Arbeitsverhältnis in einer Weise gestaltet, mit welcher der Arbeitnehmer gemeinhin nicht rechnen musste. Sei hiervon auszugehen, könne dem betreffenden Inhalt des Tarifvertrages nicht zu einer einzelvertraglichen Geltung verholfen werden.

Derartige Pauschalisierungen erscheinen jedoch wenig sachgerecht. Bereits der Zweck der Bezugnahmevereinbarung als Gleichstellungsabrede verdeutlicht, dass eine vollständige Synchronisierung des Arbeitsvertragsinhaltes mit dem jeweils geltenden Tarifstandard ausdrücklich gewollt sein kann.[76] Hier soll die Klausel dieselben und keine weitgehenderen Rechtsfolgen bewirken als diejenigen, die sich im Verhältnis zu einem tarifgebundenen Arbeitsverhältnis ohne einzelvertragliche Verweisung einstellen.[77] Unter Berücksichtigung der Geltungsvoraussetzungen eines Tarifvertrages nach dem Tarifvertragsgesetzes ist der Vorbehalt einer berechenbaren Tarifentwicklung jedoch ausgeschlossen. Treten die Arbeitsvertragsparteien den tarifschließenden Verbänden bei, gestalten deren ausgehandelte Bestimmungen das Arbeitsverhältnis ausnahmslos und uneingeschränkt.

---

74 *Däubler/Dorndorf*, AGB-Kontrolle im Arbeitsrecht, § 305c BGB, RdNr. 22; *Diehn*, NZA 2004, S. 129, 133; *Lakies*, AR-Blattei SD 35, RdNr. 96; *Thüsing*, in: v. Westphalen, AGB-Recht, Arbeitsverträge, RdNr. 90; *ders.*, in: Henssler/Willemsen/Kalb, Arbeitsrecht, § 611 BGB, RdNr. 443; *Thüsing/Lambrich*, NZA 2002, S. 1361, 1365. Im Ergebnis ebenso *Lorenz*, in: Däubler, § 3 TVG, RdNr. 219; sowie *Löwisch/Rieble*, § 3 TVG, RdNr. 256.

75 BVerfG vom 23.04.1986, BB 1987, S. 126, 128. Die Entscheidung hatte die Frage zum Gegenstand, ob die in einem Sozialplan enthaltene Bezugnahme auf tarifvertragliche Bestimmungen auch dann als dynamische Verweisung auszulegen ist, wenn der aus dem Sozialplan verpflichtete Arbeitgeber nicht (mehr) Mitglied des tarifschließenden Unternehmensverbandes ist. Im Rahmen der Urteilsbegründung kommt der 2. Senat unter anderem zu dem Ergebnis, dass rechtsgeschäftliche Verweisungen mittels Auslegung nicht in der Weise ausgedehnt werden dürfen, als dass diese für die Parteien zum Zeitpunkt des Vertragschlusses keineswegs mehr vorhersehbar sind.

76 In diese Richtung bereits *Etzel*, NZA 1987, Sonderbeilage Heft 1, S. 19, 27; *Kania*, NZA 2000, Sonderbeilage Heft 3, S. 45, 47. Unter Berücksichtigung von § 305c Abs. 1 BGB ferner *Kempen/Zachert*, § 3 TVG, RdNr. 177; *Oetker*, in: Wiedemann, § 3 TVG, RdNr. 306 f.; *Reichel*, AuR 2003, S. 366, 368.

77 Vgl. hierzu erneut § 4 D.

Auch ein späterer Verbandsaustritt führt in diesem Kontext zunächst zu keinerlei Änderungen, da nach § 3 Abs. 3 TVG die Tarifbindung des ausgetretenen Mitglieds bis zur Beendigung des Normenvertrages fingiert wird. Sind unerwartete Tarifentwicklungen daher innerhalb eines tarifgebundenen Arbeitsverhältnisses hinzunehmen, gilt dies auch für die durch Bezugnahmevereinbarung unterworfenen Arbeitnehmer. Daher entspricht es dem korrespondierenden Rechtsgeschäftswillen der Arbeitsvertragsparteien, auch auf der Grundlage des Arbeitsvertrages sämtliche Neuerungen des einbezogenen Tarifvertrages zu übernehmen.

Für die einzelvertragliche Geltung eines zu Sanierungszwecken abgeschlossenen Firmentarifvertrages bestätigt dies nunmehr auch die höchstrichterliche Rechtsprechung.[78] Infolgedessen kann ein nichttarifgebundener Arbeitnehmer kaum erwarten, der Arbeitgeber werde ihn hinsichtlich der von ihm selbst vereinbarten Tarifbestimmungen anders oder besser stellen, als die tarifgebundenen Arbeitnehmer des Betriebes.[79]

b) Widerspruch zu § 310 Abs. 4 Satz 3 BGB

Darüber hinaus bleibt ungeklärt, welche Kriterien an die Berechenbarkeit zukünftiger Tarifentwicklungen zu stellen sind. Zur Lösung dieses Problems unterbreitet lediglich *Thüsing*[80] den Vorschlag, die Schrankenbestimmung anhand der Rechtsprechung des BAG zum Widerruf freiwilliger Leistungen des Arbeitgebers zu beurteilen. Danach muss ein Arbeitnehmer, selbst im Fall eines ausdrücklichen Widerrufsvorbehaltes, die Kürzung seiner Arbeitsbedingungen um 25 bis 30 % nicht hinnehmen.[81] Trage man in diesem Zusammenhang der durch § 310 Abs. 4 Satz 2 Halbsatz 1 BGB geforderten Berücksichtigung arbeitsrechtlicher Besonderheiten Rechnung, sei hieraus abzuleiten, dass es an einem Rechtsbindungswillen des Arbeitnehmers zur dynamischen Einbeziehung von Tarifbestimmungen immer dann fehle, wenn tarifvertragliche Leistungen um mehr als ein Viertel durch die Tarifvertragsparteien gekürzt werden.

Damit wird die Frage des Schutzes vor überraschenden Tarifentwicklungen aber faktisch Ergebnis einer Billigkeitskontrolle des Tarifvertrages, obgleich sich der Gesetzgeber in § 310 Abs. 4 Satz 3 BGB ausdrücklich für ein Verbot der mittelbaren Tarifzensur ausspricht.[82] Unterliegen Tarifverträge in ihrer originären Geltung nicht dem Recht der Allgemeinen Geschäftsbedingungen (§ 310 Abs. 4 Satz 1 BGB), darf auch auf einzelvertraglicher Ebene keine gerichtliche Inhalts-

---

78 BAG vom 27.02.2002, AP Nr. 36 zu § 1 TVG Tarifverträge: Rundfunk.

79 BAG vom 27.02.2002, AP Nr. 36 zu § 1 TVG Tarifverträge: Rundfunk.

80 *Thüsing*, in: v. Westphalen, AGB-Recht, Arbeitsverträge, RdNr. 90.

81 Vgl. hierzu unter anderem BAG vom 12.01.2005, AP Nr. 1 zu § 308 BGB.

82 Kritisch insoweit auch *Diehn*, NZA 2004, S. 129, 133.

kontrolle von Tarifbestimmungen erfolgen.[83] Dies gilt zumindest für die Fälle, in denen die Bezugnahmeklausel auf den einschlägigen Tarifvertrag verweist.[84]

3. Ergebnis

Wie die vorangegangenen Ausführungen verdeutlichen, entscheidet in der Frage des Schutzes vor überraschenden Tarifentwicklungen letztlich die Angemessenheit jeweils geltender Tarifinhalte.[85] Insoweit steht zumindest für die einzelvertragliche Anwendung einschlägiger Tarifverträge fest, dass es einer entsprechenden Einschränkung dynamischer Bezugnahmevereinbarungen nicht bedarf, wenn bei Berücksichtigung branchen- und/oder betriebsbezogener Eigenheiten von der materiellen Richtigkeitsgewähr des Bezugnahmeobjekts auszugehen ist. Bedenkt man daneben den vielfach mit der Verweisung beabsichtigten Gleichstellungszweck, ist auf der Grundlage von § 310 Abs. 4 Satz 2 BGB ohnehin festzustellen, dass nur eine vorbehaltlose Flexibilisierung von Bezugnahmeklauseln den Arbeitgeber in die Lage versetzt, die Arbeitsbedingungen der nichttarifgebundenen Arbeitsverhältnisse denen der tarifgebundenen Arbeitsverhältnisse des Betriebes anzugleichen. Der Versuch, eine schuldrechtliche Geltung überraschender Tarifinhalte durch § 305c Abs. 1 BGB zu kompensieren, läuft somit auf eine „Rosinenauslegung" arbeitsvertraglicher Bezugnahmevereinbarungen hinaus, die ferner in Widerspruch zum Verbot der mittelbaren Tarifzensur steht.[86]

Anliegen der Dynamik von Bezugnahmevereinbarungen ist es gerade, bedingungslos auf sich stetig verändernde Tarifinhalte zu verweisen. Notwendigerweise resultiert aber aus der Anwendung eines anpassungsfähigen Bezugnahmeverfahrens ein erhebliches Maß an Unsicherheit über den fortlaufenden Inhalt des Bezugnahmeobjekts. Die Gefahr vor ungewollten Tarifentwicklungen liegt demnach in der Natur der Verweisung, deren Wirksamkeit gemäß § 307 Abs. 1 Satz 2 BGB jedoch nicht in Frage steht.[87] Infolgedessen wäre es widersprüchlich, wesentliche Änderungen eines Tarifvertrages zum Anlass zu nehmen, die Reichweite dynamischer Bezugnahmeklauseln und damit ein Stück ihrer vertragsrechtlichen Zulässigkeit zu begrenzen, indem gesonderte Anforderungen an den jeweiligen Inhalt des Bezugnahmeobjekts für dessen wirksame Einbeziehung in den Arbeitsvertrag statuiert werden.

---

83 So BT-Drucks. 14/6857, S. 54.

84 Vgl. in diesem Zusammenhang sogleich unter § 8 C II.

85 *Hanau/Kania*, Festschrift für Schaub, S. 239, 249; *Hromadka/Maschmann/Wallner*, Tarifwechsel, RdNr. 95; *Kempen/Zachert*, § 3 TVG, RdNr. 177.

86 In diesem Sinne auch *Kempen/Zachert*, § 3 TVG, RdNr. 177.

87 Ausführlich hierzu unter § 8 A.

§ 6 Bezugnahmeklausel und Transparenz

Wie die vorangegangenen Ausführungen zeigen, ist die Einbeziehungskontrolle vorformulierter Arbeitsvertragsbedingungen gegenüber dem allgemeinen Zivilrecht verkürzt. Auch der Hinweis des Gesetzgebers auf die Verpflichtung des Arbeitgebers aus dem Nachweisgesetz[1] vermag zunächst keine hiervon abweichende Bewertung zu rechtfertigen. So trifft das Nachweisgesetz keine Aussage hinsichtlich des wirksamen Zustandekommens des Arbeitsvertrages. Während das Recht der Allgemeinen Geschäftsbedingungen zwingende Vorgaben für die wirksame Einbeziehung vorformulierter Vertragsbestimmungen enthält, setzt das Nachweisgesetz den wirksamen Vertragsschluss gerade voraus.[2] Umso mehr gilt es im weiteren Verlauf der Untersuchung aufzuzeigen, ob und inwieweit die Transparenz des Arbeitsvertrages anhand arbeitsrechtlicher Sonderbestimmungen genügend gewährleistet ist. Hierbei wird zwischen der schriftlichen Dokumentation des Tarifvertrages als integraler Bestandteil des Arbeitsvertrages und seiner Auslagepflicht gemäß § 8 TVG zu unterscheiden sein.

A. Bezugnahmeklausel und Nachweisgesetz

Die Verpflichtung zum Nachweis der wesentlichen Bedingungen eines Arbeitsverhältnisses steht auf der Grundlage des Nachweisgesetzes dogmatisch den Nebenpflichten des Arbeitgebers gleich.[3] Unbeachtlich bleibt dabei der Geltungsgrund des Regelungsgegenstandes. Das Nachweisgesetz differenziert nicht danach, ob wesentliche Bedingungen des Arbeitsverhältnisses individuell ausgehandelt werden, einseitig durch den Arbeitgeber gestellt sind oder kraft normativer Wirkung die Rechte und Pflichten der Arbeitsvertragsparteien bestimmen.[4] Infolgedessen unterliegt die ordnungsgemäße Dokumentation eines lediglich schuldrechtlich wirkenden Tarifvertrages denselben Strukturen, wie im Hinblick auf

---

1 Vgl. hierzu erneut BT-Drs.14/6857, S. 54.

2 *Däubler/Dorndorf*, AGB-Kontrolle im Arbeitsrecht, § 305 BGB, RdNr. 44; *Gotthardt*, Arbeitsrecht nach der Schuldrechtsreform, RdNr. 248; *ders.*, ZIP 2002, S. 277, 280; *Mitsch*, AuA 1996, S. 9, 9; *Müller-Glöge*, RdA 2001, Sonderbeilage Heft 5, S. 46, 49; *Preis*, NZA 1997, S. 10, 10; *Richardi*, NZA 2001, S. 57, 60; *Schwarze*, ZfA 1997, S. 43, 45; *Thüsing*, in: v. Westphalen, AGB-Recht, Arbeitsverträge, RdNr. 39; *Wank*, in: Hanau/Steinmeyer/Wank, Handbuch des europäischen Arbeits- und Sozialrechts, § 18, RdNr. 30; a. A. lediglich *Zwanziger*, DB 1996, S. 2027, 2028.

3 Hierzu unter anderem *Preis*, in: ErfK, Einl. NachwG, RdNr. 13; *Schwarze*, ZfA 1997, S. 43, 55.

4 *V. Lindemann*, Flexible Gestaltung von Arbeitsbedingungen nach der Schuldrechtsreform, S. 110.

seine normative Wirkung, wenngleich auf arbeitsvertraglicher Grundlage weiterhin zwischen Bezugnahmeklausel und Bezugnahmeobjekt zu differenzieren ist.

I. Allgemeiner Hinweis gemäß § 2 Abs. 1 Satz 2 Nr. 10 NachwG und Transparenz des Bezugnahmeobjekts

Die Bezugnahme auf einen Tarifvertrag zählt zu denjenigen Regelungsgegenständen, die entsprechend dem Grundsatz der Nachweispflicht in dem schriftlichen Arbeitsnachweis niederzulegen sind (§ 2 Abs. 1 Satz 1 NachwG).[5] Des Weiteren ist der Arbeitgeber gemäß § 2 Abs. 1 Satz 2 Nr. 10 NachwG verpflichtet, die für das Arbeitsverhältnis geltenden Tarifverträge durch einen in allgemein gehaltener Form erfolgenden Hinweis nachzuweisen. Hierfür soll es nach der Begründung des Gesetzgebers ausreichen, wenn pauschal auf die Geltung von Tarifverträgen unter Angabe des einschlägigen Tarifbereiches hingewiesen wird, da der Arbeitgeber ohnehin gemäß § 8 TVG verpflichtet sei, die für den Betrieb einschlägigen Normenverträge an geeigneter Stelle auszulegen.[6]

In Anlehnung an den Zweck der Nachweisrichtlinie,[7] den Arbeitnehmer vor Unkenntnis der Rechte und Pflichten aus dem Arbeitsverhältnis zu schützen,[8] ist die durch den Gesetzgeber angeordnete Verweisungsqualität allerdings nicht frei von Bedenken.[9] Während die Nachweisrichtlinie im Grundsatz den expliziten Nachweis der wesentlichen Arbeitsbedingungen verlangt, lässt § 2 Abs. 1 Satz 2 Nr. 10 NachwG einen pauschalen Bezug auf die für das Arbeitsverhältnis geltenden Tarifverträge genügen. Dagegen schreibt Art. 2 Abs. 2 lit. j RL 91/533 EWG vor, eine Verweisung auf Tarifverträge so eindeutig zu kennzeichnen, dass eine Kenntnisnahme – beispielsweise durch detaillierte Auflistung der anzuwendenden Regelwerke – ausreichend gegenüber dem Arbeitnehmer gewährleistet ist. Angesichts des tragenden Zwecks der Nachweisrichtlinie ist der Hinweis nach Nr. 10 daher im Wege einer richtlinienkonformen Auslegung auf die eindeutige Be-

---

5 BAG vom 23.01.2002, AP Nr. 5 zu § 2 NachwG; *Linde/V. Lindemann*, NZA 2003, S. 649, 653; *Müller-Glöge*, RdA 2001, Sonderbeilage Heft 5, S. 46, 55; *Preis*, Der Arbeitsvertrag, S. 1433.

6 BT-Drucks. 13/668, S. 11.

7 Richtlinie 91/533/EWG des Rates vom 14.10.1991 über die Pflicht des Arbeitgebers zur Unterrichtung des Arbeitnehmers über die für seinen Arbeitsvertrag oder sein Arbeitsverhältnis geltenden Bedingungen.

8 Vgl. hierzu unter anderem *Wank*, in: Hanau/Steinmeyer/Wank, Handbuch des europäischen Arbeits- und Sozialrechts, § 18, RdNr. 1 m. w. N.

9 Ebenso kritisch *Hold*, ZTR 2000, S. 540, 543; *Krause*, AR-Blattei SD 220.2.2, RdNr. 166 f.; *Lorenz*, in: Däubler, § 3 TVG, RdNr. 234; *Müller-Glöge*, RdA 2001, Sonderbeilage Heft 5, S. 46, 48; *Preis*, in: ErfK, § 2 NachwG, RdNr. 23; *ders.*, Der Arbeitsvertrag, S. 1432 f.

zeichnung der maßgebenden Tarifverträge unter Angabe der tarifschließenden Verbände zu konkretisieren.[10]

1. Geltungsgrund des Tarifvertrages

Ungeachtet der für § 2 Abs. 1 Satz 2 Nr. 10 NachwG gebotenen Auslegung ist allerdings vorab zu prüfen, ob die Vorschrift auch den Fall der vertraglichen Übernahme eines Tarifvertrages erfasst oder lediglich in dem Zusammenhang anzuwenden ist, in dem tarifvertragliche Arbeitsbedingungen unmittelbar und zwingend gelten.

Während die Rechtsprechung letzteres verneint,[11] beschränken Teile des Schrifttums den Anwendungsbereich der Norm auf die Tarifverträge, die unter den Voraussetzungen des Tarifvertragsgesetzes zwischen den Arbeitsvertragsparteien anzuwenden sind.[12] So verweist *Lambrich*[13] auf das Gesetzgebungsverfahren zu § 2 Abs. 3 Satz 1 NachwG und die Erweiterung der Vorschrift auf sog. „ähnliche Regelungen". Damit sollen unter anderem die Fälle gesetzlich erfasst werden, in denen Tarifbestimmungen nicht nur unmittelbar und zwingend, sondern auch als integraler Bestandteil des Arbeitsvertrages anzuwenden sind.[14] Im Gegensatz zu § 2 Abs. 3 Satz 1 NachwG wurde allerdings auf eine inhaltsgleiche Änderung von § 2 Abs. 1 Satz 2 Nr. 10 NachwG verzichtet. Folglich sei im Umkehrschluss davon auszugehen, dass der Gesetzgeber die Bestimmung auf den Nachweis normativ geltender Tarifverträge beschränkt wissen wollte.

Zugegeben weist der Wortlaut von § 2 Abs. 1 Satz 2 Nr. 10 NachwG eher auf die Dokumentation solcher Tarifverträge hin, die unabhängig vom Willen der Arbeitsvertragsparteien Geltung beanspruchen. Zwingend ist ein solches Auslegungsergebnis allerdings nicht, so dass ein Tarifvertrag auch wegen einer arbeitsvertraglichen Bezugnahmevereinbarung „anwendbar" ist. Das Regelungsziel der

---

10 *Friese*, EAS B 3050, RdNr. 40; *Krause*, AR-Blattei SD 220.2.2, RdNr. 166; *Müller-Glöge*, RdA 2001, Sonderbeilage Heft 5, S. 46, 48; *Preis*, Festschrift für Wiedemann, S. 425, 435.

11 BAG vom 23.01.2002, AP Nr. 5 zu § 2 NachwG. Zustimmend unter anderem *Benecke*, Anm. zu BAG, SAE 2003, S. 138, 142; *Bratz*, Arbeitsrechtliche Besonderheiten bei der AGB-Kontrolle, S. 225 ff.; *Friese*, EAS B 3050, RdNr. 42; *Lorenz*, in: Däubler, § 3 TVG, RdNr. 234; *Schwarze*, ZfA 1997, S. 43, 52.

12 *Lambrich*, Anm. zu BAG, EzA § 2 NachwG Nr. 3, S. 20; *Linde/V. Lindemann*, NZA 2003, S. 649, 653; *Müller-Glöge*, RdA 2001, Sonderbeilage Heft 5, S. 46, 55; *Preis*, in: ErfK, § 2 NachwG, RdNr. 24; *Schrader*, BB 2005, S. 714, 716; *Thüsing/Lambrich*, NZA 2002, S. 1361, 1370.

13 *Lambrich*, Anm. zu BAG, EzA § 2 NachwG Nr. 3, S. 20 f.

14 Hierzu BT-Drucks. 13/1753, S.14.

Nachweisrichtlinie – Förderung der Transparenz von Arbeitsverhältnissen – legt ohnehin die Vermutung nahe, den Arbeitnehmer ungeachtet des Geltungsgrundes kollektivvertraglicher Rechtsquellen umfassend zu unterrichten.[15] Infolgedessen ist nicht anzunehmen, dass der Gesetzgeber § 2 Abs. 1 Satz 2 Nr. 10 NachwG ausschließlich auf den Nachweis normativ wirkender Tarifverträge beschränkt wissen wollte. Vielmehr bildet die einzelvertragliche Übernahme von Tarifverträgen einen klassischen Sachverhaltsgegenstand der Norm, womit der Gesetzgeber die schon aus § 2 Abs. 1 Satz 1 NachwG folgende Pflicht zum Nachweis arbeitsvertraglicher Bezugnahmevereinbarungen eigens bestätigt.

2. Nachweis wesentlicher Arbeitsbedingungen des Tarifvertrages

Zu unterscheiden ist allerdings zwischen der Pflicht zur Dokumentation der Bezugnahmeklausel und dem ordnungsgemäßen Nachweis über die wesentlichen Bestimmungen des Bezugnahmeobjekts. Im Hinblick auf Arbeitsentgelt, Arbeitszeit, Erholungsurlaub und Kündigungsfristen hat der Gesetzgeber eine entsprechende Berücksichtigung im Arbeitsnachweis zwar ausdrücklich sichergestellt (§ 2 Abs. 1 Satz 2 Nr. 6 bis 9 NachwG), da der Katalog in § 2 Abs. 1 Satz 2 NachwG aber keinen abschließenden Regelungsbefehl enthält, stellt sich für unbenannte wesentliche Tarifbestimmungen die Frage, ob und inwieweit diese einem gesonderten Nachweis zuzuführen sind.

Den Aufhänger zu dieser Problematik liefert eine Entscheidung des LAG Schleswig-Holstein.[16] In Anlehnung an *Koch*,[17] der anhand eines Umkehrschlusses zu § 2 Abs. 3 Satz 1 NachwG alle in § 2 Abs. 1 Satz 2 NachwG nicht benannten wesentlichen Tarifbestimmungen einem ausdrücklichen Nachweis zuführen will, vertrat das Gericht: „Es widerspreche dem Schutzzweck des Nachweisgesetzes, sofern eine tarifvertragliche Ausschlussfrist als wesentliche Bedingung des Arbeitsverhältnisses lediglich mittels des allgemeinen Hinweises gemäß § 2 Abs. 1 Satz 2 Nr. 10 NachwG dokumentiert würde."[18] Die detaillierte Angabe über die Vergütung und ihre Fälligkeit wäre nur von begrenztem Wert, wenn dem Arbeitnehmer nicht ausdrücklich die Verfallsfristen mitgeteilt würden, von deren Wahrung die Erhaltung seiner Rechte abhängt. In dogmatischer Hinsicht ist damit das Verhältnis zwischen § 2 Abs. 1 Satz 1 NachwG und § 2 Abs. 1 Satz 2 Nr. 10 NachwG angesprochen, wobei es zu klären gilt, inwieweit der allgemeine Hinweis eine abschließende Regelung für unbenannte wesentliche Tarifbestimmungen enthält.

---

15 Treffend *Friese*, EAS B 3050, RdNr. 42.

16 LAG Schleswig-Holstein, 08.02.2000, NZA-RR 2000, S. 196 ff.

17 *Koch*, Festschrift für Schaub, S. 421, 438 f.

18 LAG Schleswig-Holstein, 08.02.2000, NZA-RR 2000, S. 196, 198.

a) *Wortlaut von § 2 Abs. 1 Satz 2 Nr. 10 NachwG*

Ausgehend vom Wortlaut fordert § 2 Abs. 1 Satz 2 Nr. 10 NachwG keinen expliziten Nachweis der wesentlichen Bedingungen eines Tarifvertrages. Infolgedessen lässt die herrschende Meinung den allgemeinen Hinweis zur ordnungsgemäßen Dokumentation tarifvertraglicher Ausschlussfristen genügen.[19] Die Intention der Vorschrift gebiete es nicht, tarifliche Bestimmungen „quasi wiederholend" aufzuzeigen. Vielmehr sei der Gesetzgeber davon ausgegangen, „dass es unter Berücksichtigung des in der Bundesrepublik Deutschland historisch gewachsenen Systems, wonach der Arbeitgeber bereits verpflichtet sei, die für den Betrieb maßgeblichen Tarifverträge an geeigneter Stelle auszulegen (§ 8 TVG), für die gesetzliche Verpflichtung nach Nr. 10 ausreiche, wenn allgemein auf die Geltung von Tarifverträgen unter Angabe des einschlägigen Tarifbereiches hingewiesen werde."[20] Abgesehen vom Katalog des § 2 Abs. 1 Satz 2 NachwG sei somit kein weiterer Nachweis wesentlicher Tarifbestimmungen zu fordern.

b) *Gesetzessystematik*

Unter Berücksichtigung der Gesetzessystematik ist der Ansatz der herrschenden Meinung jedoch nicht frei von Bedenken. Schon mit Blick auf die Nachweisrichtlinie wird der aus Art. 2 Abs. 1 RL 91/533 EWG folgende Grundsatz, den Arbeitnehmer über die wesentlichen Bedingungen des Arbeitsverhältnisses ausreichend in Kenntnis zu setzen, nicht durch Art. 2 Abs. 2 RL 91/533 EWG begrenzt. Für den Fall der Anordnungsbefugnis zur Ableistung von Überstunden stellt dies der EuGH nunmehr ausdrücklich klar.[21] Sofern die betreffende Regelung allerdings Gegenstand einer Tarifbestimmung sei, könne die Unterrichtung entsprechend den Vorgaben für die Ersetzung des ausdrücklichen Hinweises der normalen Arbeitszeit gemäß Art. 2 Abs. 3 RL 91/533/EWG erfolgen.[22] Für den Nachweis unbe-

---

19 BAG vom 23.01.2002, AP Nr. 5 zu § 2 NachwG; BAG vom 17.04.2002, AP Nr. 6 zu § 2 NachwG; BAG vom 05.11.2003, AP Nr. 7 zu § 2 NachwG; LAG Bremen vom 09.11.2000, NZA-RR 2001, S. 98, 99 f.; LAG Köln vom 06.12.2000, NZA-RR 2001, S. 261, 262; LAG Niedersachsen vom 07.12.2000, NZA-RR 2001, S. 145, 145 f.; LAG Köln vom 07.03.2002, NZA-RR 2002, S. 591, 591 f. Entgegen seiner bisherigen Rechtsprechung jetzt offenbar auch LAG Schleswig-Holstein vom 03.06.2002, LAGReport 2002, S. 325 ff. Aus dem Schrifttum unter anderem *Bratz*, Arbeitsrechtliche Besonderheiten bei der AGB-Kontrolle, S. 221 ff.; *Benecke*, Anm. zu BAG, SAE 2003, S. 138, 142 f.; *Bepler*, ZTR 2001, S. 241, 243; *Birk*, NZA 1996, S. 281, 287; *B. Gaul*, ZfA 2003, S. 75, 80 f.; *Lambrich*, Anm. zu BAG, EzA § 2 NachwG Nr. 3, S. 23; *A. Lindemann*, Anm. zu BAG, AP Nr. 6 zu § 2 NachwG, Bl. 6 f.; *Müller-Glöge*, RdA 2001, Sonderbeilage Heft 5, S. 46, 54 f.

20 So ausdrücklich BAG vom 23.01.2002, AP Nr. 5 zu § 2 NachwG.

21 EuGH vom 08.02.2001, EAS RL 91/533/EWG Art. 2 Nr. 2, RdNr. 22 und 24.

22 EuGH vom 08.02.2001, EAS RL 91/533/EWG Art. 2 Nr. 2, RdNr. 24.

nannter wesentlicher Tarifbestimmungen hat diese Einschätzung zentrales Gewicht.[23] So gelangt das Gericht anhand seiner Ausführungen letztlich zu dem Schluss, dass allein die Zuordnung einer Tarifbestimmung zu den wesentlichen Bedingungen des Arbeitsverhältnisses zwar nicht dazu zwingt, einen detaillierten Nachweis zu führen, dem Regelungsziel der Nachweisrichtlinie jedoch nur dann entsprochen ist, sofern der Arbeitnehmer zumindest in der Form des Art. 2 Abs. 3 RL 91/533 EWG unterrichtet wird.[24]

Befreit damit schon Art. 2 Abs. 2 lit. j RL 91/533/EWG nicht vom Nachweis der wesentlichen unbenannten Tarifbestimmungen durch einen allgemeinen Hinweis auf den Tarifvertrag, gilt dies ebenso unter Berücksichtigung der Gesetzessystematik des Nachweisgesetzes. Auch auf nationaler Ebene folgt die hier in Rede stehende Unterrichtungspflicht des Arbeitgebers ausschließlich aus § 2 Abs. 1 Satz 1 NachwG. Folgerichtig sind die in § 2 Abs. 1 Satz 2 NachwG benannten Angaben lediglich als Aufzählung wesentlicher Arbeitsbedingungen zu verstehen.[25] Demnach bildet der allgemeine Hinweis in Nr. 10 nur einen Anwendungsfall der Nachweispflicht, jedoch nicht mit der Rechtsfolge, § 2 Abs. 1 Satz 1 NachwG zu modifizieren oder gänzlich außer Kraft zu setzen. Vielmehr erschöpft sich der Regelungsgehalt von § 2 Abs. 1 Satz 2 Nr. 10 NachwG allein in der Information, ob und welche Tarifverträge für das Arbeitsverhältnis anwendbar sind.[26] Für eine Tarifgeltung auf der Grundlage des Arbeitsvertrages folgt hieraus der Nachweis der Bezugnahmevereinbarung als solcher. Auf den Inhalt des Bezugnahmeobjekts bezieht sich die Vorschrift dagegen nicht.[27] Insoweit ist die Ansicht der Rechtsprechung verfehlt, wenn das BAG davon ausgeht, ein allgemeiner Hinweis sei überflüssig, sofern der Arbeitgeber zusätzlich die wesentlichen Inhalte des Tarifvertrages im Arbeitsnachweis aufnehmen müsse.[28]

II. Qualifizierter Hinweis gemäß § 2 Abs. 3 Satz 1 NachwG (ggf. analog)

Will der Arbeitgeber wesentliche Tarifbestimmungen anhand eines Hinweises ordnungsgemäß dokumentieren, kann dies nur unter den Voraussetzungen von § 2

[23] So auch *Oetker*, Anm. zu EuGH, SAE 2002, S. 161, 165; sowie *Preis/V. Lindemann*, Anm. zu EuGH, EAS RL 91/533/EWG Art. 2 Nr. 2, S. 15.

[24] EuGH vom 08.02.2001, EAS RL 91/533/EWG Art. 2 Nr. 2, RdNr. 24.

[25] *V. Lindemann*, Flexible Gestaltung von Arbeitsbedingungen nach der Schuldrechtsreform, S. 115 f.; *Preis*, in: ErfK, § 2 NachwG, RdNr. 25 ff.; *ders.*, Der Arbeitsvertrag, S. 1434; *Preis/V. Lindemann*, Anm. zu EuGH, EAS RL 91/533/EWG Art. 2 Nr. 2, S. 23.

[26] *Oetker*, Anm. zu EuGH, SAE 2002, S. 161, 166.

[27] Vgl. hierzu auch *Friese*, EAS B 3050, RdNr. 39; sowie *Oetker*, Anm. zu EuGH, SAE 2002, S. 161, 166.

[28] So aber BAG vom 23.01.2002, AP Nr. 5 zu § 2 NachwG.

Abs. 3 Satz 1 NachwG erfolgen. Hiernach ist der aus § 2 Abs. 1 Satz 1 NachwG folgende Grundsatz in der Form zu ersetzen, dass der Arbeitsnachweis die betreffende Regelung unter Benennung des Tarifvertrages zwar anführt, ihren konkreten Inhalt jedoch nicht wiedergibt.[29]

Problematisch ist dies allerdings dann, sofern der Arbeitgeber wesentliche Tarifinhalte außerhalb der Mindestangaben von § 2 Abs. 1 Satz 2 Nr. 6 bis 9 NachwG gemäß § 2 Abs. 3 Satz 1 NachwG dokumentieren will. Einerseits ist wegen der grundsätzlich privilegierten Möglichkeit zum Nachweis wesentlicher Tarifbestimmungen eine detaillierte Wiedergabe nicht zu fordern, andererseits genügt ein i. S. v. § 2 Abs. 1 Satz 2 Nr. 10 NachwG geführter Hinweis nicht den Vorgaben des Nachweisgesetzes. Die in Betracht zu ziehende Lösung ist daher in der analogen Anwendung von § 2 Abs. 3 Satz 1 NachwG zu suchen.

Bedenkt man in diesem Zusammenhang, dass die Systematik eines Gesetzes auch dann die Möglichkeit zur Regelung bietet, wenn der Normenbestand keine ausdrücklichen Angaben für den in Rede stehenden Sachverhalt enthält,[30] erweist sich das Feststellen einer planwidrigen Regelungslücke jedoch als schwierig. Insbesondere ist unter Hinweis auf die in § 2 Abs. 3 Satz 1 NachwG aufgezählten Verweisungsoptionen zunächst an einen abschließenden Charakter der Norm zu denken.[31]

Wäre § 2 Abs. 3 Satz 1 NachwG aber so zu verstehen, bestünde für den Arbeitgeber lediglich die Möglichkeit, Arbeitsentgelte gemäß § 2 Abs. 3 Satz 1 NachwG ordnungsgemäß zu dokumentieren, währenddessen tarifvertragliche Ausschlussfristen als negative Vorrausetzung ihrer Geltendmachung entsprechend dem Grundsatz der Nachweispflicht konkret unter Wiedergabe ihres Inhalts zu fixieren wären. Das eine derart verstandene Regelungstechnik einen Widerspruch auslöst, sollte keiner näheren Begründung bedürfen.[32] Deshalb drängt sich der Verdacht auf, dass der Gesetzgeber bei der Fassung von § 2 Abs. 3 Satz 1 NachwG, entsprechend des gemeinschaftsrechtlichen Umsetzungsbefehls,[33] allein die Aufzählung der in § 2 Abs. 1 Satz 2 NachwG normierten Angaben im Auge hatte.[34]

---

29 *V. Lindemann*, Flexible Gestaltung von Arbeitsbedingungen nach der Schuldrechtsreform, S. 118; *Preis*, Der Arbeitsvertrag, S. 1435; *Preis/V. Lindemann*, Anm. zu EuGH, EAS RL 91/533/EWG Art. 2 Nr. 2, S. 25; *Schwarze*, ZfA 1997, S. 43, 47.

30 Vgl. dazu ausführlich *Larenz/Canaris*, Methodenlehre, S. 209 ff.

31 So wohl BAG vom 23.01.2002, AP Nr. 5 zu § 2 NachwG.

32 In diesem Sinne auch *Lambrich*, Anm. zu BAG, EzA § 2 NachwG Nr. 3, S. 25; sowie *Preis/V. Lindemann*, Anm. zu EuGH, EAS RL 91/533/EWG Art. 2 Nr. 2, S. 22.

33 Hierzu unter anderem *Friese*, EAS B 3050, RdNr. 47.

34 *Preis/V. Lindemann*, Anm. zu EuGH, EAS RL 91/533/EWG Art. 2 Nr. 2, S. 24.

Aus Sicht des Gemeinschaftsrechts lässt sich die Beschränkung von Art. 2 Abs. 3 RL 91/533/EWG jedoch nur historisch erklären. Im Unterschied zu den Kommissionsentwürfen[35] wurde im Rahmen der Endfassung der Nachweisrichtlinie Art. 2 Abs. 1 RL 91/533/EWG auf alle wesentlichen Bedingungen des Arbeitsverhältnisses ausgedehnt, ohne zugleich eine inhaltliche Anpassung von Art. 2 Abs. 3 RL 91/533/EWG vorzunehmen. Allein dieser Umstand erlaubt bereits den Schluss, von einer Regelungslücke der Nachweisrichtlinie auszugehen.[36] Daneben erfährt der Ansatz aber auch anhand der Rechtsprechung des EuGH Zuspruch. Insbesondere wäre unter Berücksichtigung der restriktiven Auslegung des Begriffs der „normalen Arbeitszeit" ein Nachweis über die Anordnungsbefugnis zur Ableistung von Überstunden nur entsprechend dem Grundsatz der Nachweispflicht möglich. Dennoch stellt der EuGH in seiner Entscheidung vom 08.02.2001 dem Arbeitgeber den Weg der Unterrichtung des Arbeitnehmers gemäß Art. 2 Abs. 3 RL 91/533/EWG in Aussicht.[37] Der Vorschrift ist demnach der Zweck zu entnehmen, dass Arbeitsbedingungen, die nicht eigenständig aus den Verhandlungen der Arbeitsvertragsparteien hervorgehen, auch durch Verweisung ausreichend gekennzeichnet sind. Für Tarifbestimmungen ist diesem Richtlinienziel jedoch nur Rechnung getragen, sofern Art. 2 Abs. 3 RL 91/533/EWG auf alle wesentlichen Arbeitsbedingungen des Tarifvertrages ausgedehnt wird.[38]

Für den qualifizierten Hinweis gemäß § 2 Abs. 3 Satz 1 NachwG gilt im Grundsatz nichts anderes. Gleichermaßen wie die Nachweisrichtlinie bringt auch das Nachweisgesetz ein abgestuftes System der Dokumentation wesentlicher Arbeitsbedingungen zum Ausdruck. Der Gesetzgeber stellt zunächst einen Grundsatz auf, konkretisiert diesen anhand eines Kataloges und regelt sodann Ausnahmen. Dennoch orientiert sich der Tatbestand von § 2 Abs. 3 Satz 1 NachwG nicht an der Generalklausel, sondern ausschließlich an den in § 2 Abs. 1 Satz 2 NachwG genannten Beispielaufzählungen, die im Hinblick auf § 2 Abs. 1 Satz 1

---

35 Vgl. unter anderem ABl. EG Nr. C 222 vom 27.08.1991, S. 9, 11. Art. 2 Abs. 1: „Spätestens einen Monat nach Einstellung des Arbeitnehmers händigt der Arbeitgeber diesem eine in Übereinstimmung mit dieser Richtlinie ausgefertigte schriftliche Erklärung aus." Art. 2 Abs. 2: „Die Erklärung gemäß Absatz 1 enthält folgende wesentlichen Angaben: (…)" Art. 3: „Die schriftliche Erklärung ist nicht zwingend vorgeschrieben, wenn ein schriftlich festgelegter Arbeitsvertrag oder ein Anstellungsschreiben oder sonstiges Schriftstück, in dem auf einen Tarifvertrag oder sonstige Regelungen des Arbeitsverhältnisses Bezug genommen wird, die mindestens die in Art. 2 Abs. 2 genannten Punkte umfassen."

36 Ebenso *Friese*, EAS B 3050, RdNr. 47; *Oetker*, Anm. zu EuGH, SAE 2002, S. 161, 165. Zweifelnd dagegen *Bratz*, Arbeitsrechtliche Besonderheiten bei der AGB-Kontrolle, S. 222.

37 EuGH vom 08.02.2001, EAS RL 91/533/EWG Art. 2 Nr. 2, RdNr. 24.

38 *Oetker*, Anm. zu EuGH, SAE 2002, S. 161, 165.

NachwG jedoch keinen abschließenden Regelungsbefehl einnehmen. Hierdurch entsteht die für die Analogie benötigte planwidrige Lücke des Gesetzes.[39] Ausweislich der Generalklausel hat der Gesetzgeber das Problem der unbenannten wesentlichen Arbeitsbedingungen zwar gesehen, im Hinblick auf eine privilegierte Dokumentation von Tarifbestimmungen jedoch nicht konsequent zu Ende gedacht. Dabei ist § 2 Abs. 3 Satz 1 NachwG grundlegend die Intention zu entnehmen, einerseits die Anfertigung des Arbeitsnachweises zu erleichtern, andererseits der Transparenz von Arbeitsbedingungen aber dadurch Rechnung zu tragen, dass weiterhin ersichtlich ist, welche wesentlichen Tarifbestimmungen betroffen sind. Der in Norm zum Ausdruck kommende Zweck ist daher für sämtliche nachweispflichtigen Tarifinhalte übertragbar.[40] Ebenso wie bei den in § 2 Abs. 1 Satz 2 Nr. 6 bis 9 NachwG genannten Angaben kann auch bei den unbenannten wesentlichen Arbeitsbedingungen die Besonderheit auftreten, dass diese nicht durch die Arbeitsvertragsparteien selbst ausgehandelt sind, sondern anderen Rechtsquellen entstammen. Infolgedessen erscheint es jedoch angebracht, auch diese Bestimmungen einem qualifizierten Hinweis zuzuführen. Namentlich tarifvertragliche Ausschlussfristen sind somit gemäß § 2 Abs. 3 Satz 1 NachwG analog zu dokumentieren.

III. Rechtsfolgen bei unzureichender Dokumentation

Dass mit der Anfertigung eines Arbeitsnachweises der Transparenz von Arbeitsverhältnissen Rechnung getragen wird, zeigt darüber hinaus auch ein Blick auf die Rechtsfolgenbewertung bei unzureichender Dokumentation der wesentlichen Arbeitsbedingungen. Zwar beinhaltet das Nachweisgesetz keine festgeschriebenen Sanktionsregelungen, doch ist dies ausschließlich Folge der gemeinschaftsrechtlichen Vorgaben. Insbesondere ist dem Informationsbegehren des Arbeitnehmers nur in Form eines Anspruches auf Erstellung des Arbeitsnachweises Rechnung zu tragen (Art. 8 RL 91/533/EWG).[41] Für die Bundesrepublik Deutschland hat dies der Gesetzgeber mit § 2 Abs. 1 Satz 1 NachwG ausreichend berücksichtigt.

---

39 Treffend *Linde/V. Lindemann*, NZA 2003, S. 649, 655.

40 Wie hier auch *Lambrich*, Anm. zu BAG, EzA § 2 NachwG Nr. 3, S. 24 f.; *Oetker*, Anm. zu EuGH, SAE 2002, S. 161, 167; *Preis*, in: ErfK, § 2 NachwG, RdNr. 26-28; *Preis/V. Lindemann*, Anm. zu EuGH, EAS RL 91/533/EWG, S. 23 f.

41 Zum Erfüllungsanspruch *Birk*, NZA 1996, S. 281, 288; *Müller-Glöge*, RdA 2001, Sonderbeilage Heft 5, S. 46, 50 ff.; *Preis*, in: ErfK, Einl. NachwG, RdNr. 12; *Oetker*, Anm. zu EuGH, SAE 2002, S. 161, 167; *Schwarze*, ZfA 1997, S. 43, 62 f.

1. Modifikation der Beweisverteilungslast

Nichtsdestotrotz steht zur Diskussion, ob die dem Nachweisgesetz anhaftende Sanktionsarmut im Wege prozessualer Beweislastverteilungsregeln zu kompensieren ist. So befürworten Teile des Schrifttums eine vollständige Beweislastumkehr zu Lasten des Arbeitgebers, sofern der Arbeitsnachweis ausbleibt oder unvollständig ist.[42] Aus gemeinschaftsrechtlicher Sicht ist dem allerdings die Grundlage genommen, da Art. 6 RL 91/533/EWG insoweit klarstellt, dass nationale Beweislastverteilungsregeln nicht durch die Nachweisrichtlinie berührt werden. Deshalb bleibt es Sache der Mitgliedstaaten, ob bei Verletzung der Nachweispflicht eine Änderung der allgemeinen Beweislastverteilungsregeln erforderlich ist.[43]

Entsprechend den Vorgaben des europäischen Gemeinschaftsrechts hat der deutsche Gesetzgeber allerdings nur die Informations-, nicht dagegen die Beweislastlage des Arbeitnehmers verbessern wollen. Dies zeigt im besonderen Maße das Gesetzgebungsverfahren zum Nachweisgesetz, wonach die vom Bundesrat vorgeschlagene Empfehlung, dem Arbeitgeber die Beweisführung für einen ungenügenden Arbeitsnachweis zu übertragen,[44] ausdrücklich unberücksichtigt blieb.[45] Daneben zeigt aber selbst der Vergleich zur ordnungsgemäßen Dokumentation der wesentlichen Bedingungen eines Arbeitsverhältnisses, dass der Ansatz einer vollständigen Beweislastumkehr nicht zu überzeugen vermag. So ist ein dem Nachweisgesetz entsprechend angefertigtes Dokument lediglich mit formeller Beweiskraft (§ 416 ZPO) ausgestattet[46] und hat als nur vom Arbeitgeber unterzeichnete Erklärung (§ 2 Abs. 1 Satz 1 NachwG) nicht die Vermutung der Vollständigkeit und Richtigkeit einer Vertragsurkunde für sich.[47] Infolgedessen bleibt der Arbeitnehmer für einen durch den Arbeitgeber bestrittenen Anspruch unverändert beweisbelastet, wenngleich eine im Arbeitsnachweis aufgeführte Vertragsbedingung den Rückschluss auf eine Beweiserleichterung nach den Grundsätzen des Anscheinbeweises erlaubt.[48]

---

42 Hierfür unter anderem *Birk*, NZA 1996, S. 281, 289; *B. Gaul*, NZA 2000, Sonderbeilage Heft 3, S. 51, 53; *Kliemt*, Formerfordernisse im Arbeitsverhältnis, S. 579; *Otte*, ZTR 1998, S. 241, 244; *Wank*, RdA 1996, S. 21, 24.

43 *Bergwitz*, BB 2001, S. 2316, 2317 f.; *ders*., Anm. zu BAG, AP Nr. 3 zu § 2 NachwG, Bl. 15 f.; *Oetker*, Anm. zu EuGH, SAE 2002, S. 161, 167 f.; *Preis*, NZA 1997, S. 10, 13.

44 BR-Drucks. 353/1/94, S. 4 f. (§ 6).

45 BT-Drucks. 13/668, S. 23 f.

46 BAG vom 16.02.2000, AP Nr. 3 zu § 2 NachwG; *Bergwitz*, BB 2001, S. 2316, 2318; *ders*., Anm. zu BAG, AP Nr. 3 zu § 2 NachwG, Bl. 15; *Müller-Glöge*, RdA 2001, Sonderbeilage Heft 5, S. 46, 50; *Preis*, NZA 1997, S. 10, 12.

47 *Bergwitz*, BB 2001, S. 2316, 2318.

48 Ausführlich dazu *Bergwitz*, BB 2001, S. 2316, 2318 f.

Eine unzureichende Niederlegung der wesentlichen Bedingungen des Arbeitsverhältnisses führt damit nicht zu einer Umkehr,[49] sondern lediglich zu einer erleichterten Beweisführungslast zu Gunsten des Arbeitnehmers, indem das Fehlen eines ordnungsgemäßen Nachweises im Rahmen der richterlichen Beweisführung (§ 286 ZPO) als Indiz für die vom Arbeitnehmer glaubhaft behauptete Vertragsregelung gewertet wird.[50] Beruft sich der Arbeitgeber dagegen umgekehrt auf eine durch den Arbeitsnachweis dokumentierte Vereinbarung, bleibt er nach den allgemeinen Grundsätzen beweisbelastet, da das Nachweisgesetz ausschließlich den Schutz des Arbeitnehmers bezweckt.[51]

2. Verzugsschaden

Anders ist dagegen wegen der Haftung des Arbeitgebers aus Verzug zu entscheiden.[52] Hierfür streitet der Charakter von § 2 Abs. 1 Satz 1 NachwG als einklagbarer Erfüllungsanspruch. Dementsprechend ist auf einen Anspruch des Arbeitnehmers aus §§ 280, 286 BGB zu erkennen,[53] wenn die wesentlichen Bedingungen des Arbeitsverhältnisses nicht oder lediglich unzureichend dokumentiert sind, wobei im Rahmen der haftungsausfüllenden Kausalität dem Arbeitnehmer die widerlegbare Vermutung des aufklärungsgemäßen Verhaltens zugute zu legen ist.[54]

---

49 Wie hier auch BAG vom 16.02.2000, AP Nr. 3 zu § 2 NachwG; *Bergwitz*, BB 2001, S. 2316, 2318; *Preis*, NZA 1997, S. 10, 13; sowie *Richardi*, NZA 2001, S. 57, 60.

50 *Bergwitz*, BB 2001, S. 2316, 2318; *Schwarze*, ZfA 1997, S. 43, 46 ff.; *Richardi*, NZA 2001, S. 57, 60.

51 *Bergwitz*, BB 2001, S. 2316, 2319.

52 So bereits *Bepler*, ZTR 2001, S. 241, 244; *Birk*, NZA 1996, S. 281, 289; *Müller-Glöge*, RdA 2001, Sonderbeilage Heft 5, S. 46, 53; *Preis*, NZA 1997, S. 10, 11. Ebenso *B. Gaul*, ZfA 2003, S. 75, 82; sowie *Wank*, in: Hanau/Steinmeyer/Wank, Handbuch des europäischen Arbeits- und Sozialrechts, § 18, RdNr. 32.

53 BAG vom 17.04.2002, AP Nr. 6 zu § 2 NachwG; BAG vom 05.11.2003, AP Nr. 7 zu § 2 NachwG.

54 BAG vom 17.04.2002, AP Nr. 6 zu § 2 NachwG; BAG vom 05.11.2003, AP Nr. 7 zu § 2 NachwG; *Benecke*, Anm. zu BAG, SAE 2003, S. 138, 144; *Bepler*, ZTR 2001, S. 141, 246; *B. Gaul*, ZfA 2003, S. 75, 83; *Lambrich*, Anm. zu BAG, EzA § 2 NachwG Nr. 3, S. 29; *A. Lindemann*, Anm. zu BAG, AP Nr. 6 zu § 2 NachwG, Bl. 7 R; *Müller-Glöge*, RdA 2001, Sonderbeilage Heft 5, S. 46, 53. Kritisch dagegen *Schrader*, NZA 2003, S. 345, 347.

B. Bezugnahmeklausel und Auslagepflicht des Tarifvertrages gemäß § 8 TVG

Ungeachtet der vorangegangenen Ausführungen trifft das Nachweisgesetz im Hinblick auf die Ausgestaltung eines Arbeitsverhältnisses kraft einzelvertraglicher Verweisung indes keine Regelung zu der Frage, auf welchem Weg der Inhalt des einbezogenen Tarifvertrages konkret in Augenschein zu nehmen ist. Dies folgt entscheidend aus dem gemeinschaftsrechtlichen Umsetzungsauftrag. Wurde im ersten Richtlinienentwurf zur Nachweisrichtlinie noch die tatsächliche Möglichkeit der Kenntnisnahme auf eine im Arbeitsvertrag verwiesene Rechtsquelle verlangt,[55] verzichtet Art. 2 Abs. 3 RL 91/533/EWG auf eine hierauf gerichtete Auslagepflicht. Infolgedessen ist dem Richtlinienziel bereits dann Genüge getan, sofern das Bezugnahmeobjekt gegenüber dem Arbeitnehmer benannt wird.[56]

Unter Zugrundelegung des Gesetzes zur Modernisierung des Schuldrechts fordern Teile des Schrifttums jedoch eine Bekanntmachung des Tarifvertrages.[57] Insbesondere sei der Ausschluss der Einbeziehungskontrolle Folge der gesetzlichen Vorgaben aus dem Nachweisgesetz. Ohne die für das Arbeitsrecht geltenden Sonderbestimmungen wäre der Arbeitgeber im Rahmen der einzelvertraglichen Bezugnahme auf einen Tarifvertrag aber verpflichtet, die Kenntnisnahme der einbezogenen Tarifbestimmungen ausreichend gegenüber dem Arbeitnehmer sicherzustellen (§ 305 Abs. 2 Nr. 2 BGB). Folglich könne der Pflicht zum Nachweis der wesentlichen Bedingungen eines Tarifvertrages nur Genüge getan sein, sofern der Arbeitgeber das Bezugnahmeobjekt auch an geeigneter Stelle im Betrieb auslegt.[58]

Bei Beachtung der für die Aufhebung der Einbeziehungskontrolle tragenden Umstände vermag dies jedoch nicht zu überzeugen. Ersichtlich verfolgt der Gesetzgeber durch den in § 310 Abs. 4 Satz 2 Halbsatz 2 BGB statuierten Regelungsbefehl das Ziel, arbeitsrechtliche Besonderheiten angemessen zu berücksichtigen. Anderenfalls wäre der Arbeitsvertragsgestaltung mittels betrieblicher Ü-

---

55 ABl. EG Nr. C 24 vom 31.01.1991, S. 3, 4. Art. 3: „Die gemäß Artikel 2 ausgestellte schriftliche Erklärung ist nicht zwingend vorgeschrieben, wenn: ... ein Anstellungsschreiben oder sonstiges Schriftstück, in dem auf einen Tarifvertrag oder eine sonstige Regelung des Arbeitsverhältnisses Bezug genommen wird, vorliegt und diese ohne weiteres zugänglich sind."

56 Ebenso *Friese*, EAS B 3050, RdNr. 48.

57 So *V. Lindemann*, Flexible Gestaltung von Arbeitsbedingungen nach der Schuldrechtsreform, S. 118 f.

58 *V. Lindemann*, Flexible Gestaltung von Arbeitsbedingungen nach der Schuldrechtsreform, S. 119. Im Ergebnis auch *Preis*, in: ErfK, § 2 NachwG, RdNr. 34-38; *ders.*, Der Arbeitsvertrag, S. 1435; sowie *Preis/V. Lindemann*, Anm. zu EuGH, EAS RL 91/533/EWG Art. 2 Nr. 2, S. 25.

bung, Gesamtzusage und auch im Rahmen eines dynamischen Bezugnahmeverfahrens auf Tarifbestimmungen Grenzen gesetzt.[59] Der Verbleib bei den Grundsätzen der allgemeinen Rechtsgeschäftslehre trägt daher praktischen Bedürfnissen und bewährten Gepflogenheiten des Individualarbeitsrechts Rechnung. Hätte der Gesetzgeber in diesem Zusammenhang aber zugleich eine entsprechende Umwidmung der Anforderungen aus dem Nachweisgesetz anordnen wollen, wäre dies unmissverständlich in der amtlichen Begründung für das Gesetz zur Modernisierung des Schuldrechts bzw. im Nachweisgesetz selbst zum Ausdruck gekommen. Infolgedessen verweisen die betreffenden Ausführungen der Legislative lediglich auf die Anwendung bestehenden Rechts,[60] womit die konkrete Kenntnisnahme tarifvertraglicher Arbeitsbedingungen unverändert durch § 8 TVG sichergestellt ist. Ob die Vorschrift allerdings auch dann die Auslage eines Tarifvertrages gebietet, wenn für das Arbeitsverhältnis lediglich eine Tarifgeltung auf der Grundlage des Arbeitsvertrages vorliegt, erscheint fragwürdig und bedarf einer intensiveren Analyse.

I. Gesetzeswortlaut

§ 8 TVG verpflichtet den Arbeitgeber, „die für den Betrieb maßgebenden Tarifverträge an geeigneter Stelle im Betrieb auszulegen." Dem ist zweifelsfrei dann zu entsprechen, wenn tarifvertragliche Arbeitsbedingungen kraft kongruenter Tarifbindung der Arbeitsvertragsparteien normativ anzuwenden sind.

Strittig ist dagegen, ob die Tarifbindung der Arbeitsvertragsparteien zugleich zwingend ist. So verlangen Teile des Schrifttums[61] neben der Verbandsmitgliedschaft des Arbeitgebers bzw. dessen Stellung als Tarifvertragspartei zumindest die entsprechende Gewerkschaftszugehörigkeit eines Arbeitnehmers im Betrieb. Hiergegen bestehen aber schon deswegen Bedenken, weil ein Tarifvertrag auch im Fall seiner Allgemeinverbindlichkeitserklärung für den Betrieb „maßgebend" ist. Die Tarifbindung der Arbeitsvertragsparteien ist dann aber ohne Belang, denn der Geltungsgrund des Tarifvertrages besteht hier ungeachtet der entsprechenden Organisationszugehörigkeit von Arbeitgeber und Arbeitnehmer.

Da der Wortlaut der Vorschrift insoweit keine verlässliche Grundlage für das Erfordernis einer beiderseitigen Tarifbindung der Arbeitsvertragsparteien bietet, könnte die Auslagepflicht damit auch an die „maßgebenden" Bedingungen eines Tarifvertrages anknüpfen, die als integraler Bestandteil des Arbeitsvertrages an-

---

59 Dazu bereits unter § 5 C.

60 Vgl. in diesem Zusammenhang erneut 14/6857, S. 54.

61 *Franzen*, in: ErfK, § 8 TVG, RdNr. 2; *Löwisch/Rieble*, § 8 TVG, RdNr. 2; *Däubler*, Tarifvertragsrecht, RdNr. 1295; *Koberski/Clasen/Menzel*, § 8 TVG, RdNr. 6; *Lindena*, DB 1988, S. 1114, 1115.

zuwenden sind.[62] Die Rechtsprechung lässt die Frage bislang ausdrücklich unbeantwortet.[63] Im Hinblick auf das Nachweisgesetz gewinnt das Problem jedoch zunehmend an Bedeutung, da der Gesetzgeber bei der Erfüllung des gemeinschaftsrechtlichen Umsetzungsbefehls, insbesondere im Rahmen des allgemeinen Hinweises auf die für das Arbeitsverhältnis anzuwendenden Tarifverträge (§ 2 Abs. 1 Satz 2 Nr. 10 NachwG), § 8 TVG in einer Weise zu instrumentalisieren versucht,[64] welches mit dem bisherigen Normenverständnis der Vorschrift nur schwer in Einklang zu bringen ist.[65] Insoweit wird im Schrifttum vermehrt konstatiert, die Auslagepflicht auch auf den Fall der einzelvertraglichen Übernahme von Tarifbestimmungen zu erstrecken.[66]

II. Gesetzessystematik

Unter Zugrundelegung der Gesetzessystematik ist die Erweiterung der Auslagepflicht auf eine Tarifgeltung kraft arbeitsvertraglicher Bezugnahmevereinbarung allerdings nicht frei von Bedenken. Speziell bleibt zu berücksichtigen, dass § 8 TVG ausschließlich an den gesetzlichen Gesamtzusammenhang des Tarifvertragsgesetzes anknüpft. Wie auch § 9 DVO-TVG zeigt, erfasst dessen Reichweite aber nur das geltende Tarifrecht.[67] Demnach kann ein Tarifvertrag nur „maßgebend" sein, sofern sein Inhalt normative Wirkung entfaltet. Ungeachtet der Allgemeinverbindlichkeitswirkung gemäß § 5 TVG belegt dabei aber § 3 Abs. 2 TVG, dass hierfür zumindest die Tarifbindung des Arbeitgebers erforderlich ist.[68] Die Gesamtschau des Tarifvertragsgesetzes verbietet daher den Schluss, § 8 TVG auf „außertarifliche" Arbeitsverhältnisse anzuwenden.

---

62 So *Kempen/Zachert*, TVG, § 8 RdNr. 1.

63 So zuletzt BAG vom 23.01.2002, AP Nr. 5 zu § 2 NachwG.

64 Vgl. hierzu erneut BT-Drucks. 13/668, S. 11.

65 So ausdrücklich *Bepler*, ZTR 2001, S. 241, 247.

66 *Bepler*, ZTR 2001, S. 241, 248; *Gotthardt*, Arbeitsrecht nach der Schuldrechtsreform, RdNr. 249; *Kempen/Zachert*, § 8 TVG, RdNr. 1; *Schwarze*, ZfA 1997, S. 43, 46. Ähnlich auch *Preis/V. Lindemann*, Anm. zu EuGH, EAS RL 91/533/EWG Art. 2 Nr. 2, S. 25.

67 *Löwisch/Rieble*, § 8 TVG, RdNr. 2; *Reinecke*, in: Däubler, § 8 TVG, RdNr. 10.

68 Vgl. hierzu auch *Däubler*, Tarifvertragsrecht, RdNr. 1295; *Franzen*, in: ErfK, § 8 TVG, RdNr. 2; *Lindena*, DB 1988, S. 1114, 1115; *Löwisch/Rieble*, § 8 TVG, RdNr. 3; *Reinecke*, in Däubler, § 8 TVG, RdNr. 10; *Schrader*, NZA 2003, S. 345, 348.

III. Berücksichtigung der gesetzlichen Anforderungen aus dem Nachweisgesetz

Auch die aus dem Nachweisgesetz resultierende Pflicht zur Dokumentation der wesentlichen Bedingungen eines Tarifvertrages führt an dieser Stelle zu keinem anderen Ergebnis.[69] Insbesondere vermag der Regelungsgehalt einer Vorschrift, auf die in einer amtlichen Begründung für eine andere gesetzliche Regelung Bezug genommen wird, nichts an deren Rechtsnormenqualität zu ändern.[70] Dass im Rahmen des Gesetzgebungsverfahrens zum Nachweisgesetz auf die gesetzliche Pflicht zur Bekanntmachung von Tarifverträgen verwiesen wird, betätigt daher lediglich geltendes Recht, gebietet im Umkehrschluss aber nicht, den in § 8 TVG statuierten Regelungsbefehl auf einen in den Arbeitsvertrag inkorporierten Tarifvertrag zu erweitern.[71] Vielmehr liegt der Verdacht nahe, der Gesetzgeber habe sich ausweislich seiner Ausführungen[72] von praktischen Überlegungen leiten lassen. So sollte ein Arbeitgeber in Anlehnung an den Zweck einer Bezugnahmevereinbarung als Gleichstellungsabrede[73] ohnehin an den in der Klausel benannten Tarifvertrag gebunden sein, womit auch eine entsprechende Auslagepflicht des Bezugnahmeobjekts sichergestellt ist.

Für den hier in Rede stehenden Untersuchungsgegenstand bleibt es dagegen bei den Anforderungen aus dem Nachweisgesetz. Infolgedessen ist der Transparenz von schuldrechtlich wirkenden Tarifbestimmungen ausschließlich durch einen auf der Grundlage von § 2 NachwG erstellten Arbeitsnachweis Rechnung zu tragen.[74] Damit ist der Arbeitnehmerschutz aber auch konkretisiert und zugleich begrenzt,[75] womit selbst eine analoge Anwendung von § 8 TVG ausscheidet. Die konkrete Einsichtnahme eines kraft Bezugnahmevereinbarung anzuwendenden Tarifvertrages liegt nach der geltenden Gesetzeslage daher unverändert im Verantwortungsbereich des Arbeitnehmers.[76]

---

69 Anders dagegen *Bepler*, ZTR 2001, S. 241, 248.

70 Vgl. in diesem Zusammenhang auch BAG vom 23.01.2002, AP Nr. 5 zu § 2 NachwG.

71 Im Ergebnis ebenso *Löwisch/Rieble*, § 8 TVG, RdNr. 3; *Reinecke*, in: Däubler, § 8 TVG, RdNr. 10.

72 BT-Drucks. 13/668, S. 11.

73 Ausführlich dazu unter § 4.

74 Zu den Anforderungen vgl. erneut unter § 6 A.

75 Hierauf hinweisend *Franzen*, in: ErfK, § 8 TVG, RdNr. 4; *Löwisch/Rieble*, § 8 TVG, RdNr. 14.

76 Ebenso *Löwisch/Rieble*, § 8 TVG, RdNr. 14.

C. Ergebnis

Grundsätzlich kann ein Tarifvertrag seine Funktion, die Bedingungen eines Arbeitsverhältnisses auszugestalten, nur sinnvoll erfüllen, wenn den Normenadressaten die Möglichkeit gegeben ist, vom Inhalt des Regelwerks ausreichend Kenntnis zu nehmen.[77] Liegt insoweit eine „schuldrechtliche" Tarifgeltung vor, ist der Nachweis von wesentlichen Tarifbestimmungen zunächst durch § 2 Abs. 1 Satz 1 NachwG sichergestellt, wenngleich deren Dokumentation auch durch einen qualifizierten Hinweis genüge getan ist (§ 2 Abs. 3 Satz 1 NachwG).

In diesem Zusammenhang weist ein dem Nachweisgesetz entsprechend angefertigtes Dokument aber auch Schwächen auf. Da speziell nach § 2 Abs. 3 Satz 1 NachwG keine wortlautgetreue Wiedergabe der dokumentationspflichtigen Tarifbestimmungen erforderlich ist und die Frage der konkreten Einsichtnahme des Bezugnahmeobjekts durch das Nachweisgesetz unbeantwortet bleibt,[78] enthält der Arbeitsnachweis vor allem dann eine unzureichende Regelung, wenn der kraft einzelvertraglicher Vereinbarung anzuwendende Tarifvertrag seinerseits auf andere Rechtsquellen verweist. Da auf verbandsrechtlicher Grundlage ein Anspruch auf Aushändigung des Bezugnahmeobjekts lediglich den Gewerkschaftsmitgliedern vorbehalten ist,[79] bleibt für nichttarifgebundene Arbeitnehmer nur die Möglichkeit der Einsichtnahme in das Tarifregister. Deshalb besteht für den hier in Rede stehenden Untersuchungsgegenstand Handlungsbedarf.[80]

77 Treffend *Dieterich/Hanau/Henssler/Oetker/Wank/Wiedemann*, RdA 2004, S. 65, 76.

78 So bereits unter § 6 B.

79 *Dieterich/Hanau/Henssler/Oetker/Wank/Wiedemann*, RdA 2004, S. 65, 77.

80 Vgl. dazu unter anderem *Dieterich/Hanau/Henssler/Oetker/Wank/Wiedemann*, RdA 2004, S. 65, 76.

§ 7 Gegenstand der Bezugnahmevereinbarung und ihre Auslegung

Wie schon zu Beginn der Untersuchung gezeigt, gewährt die Privatautonomie den Arbeitsvertragsparteien einen weiten Gestaltungsspielraum bei der einzelvertraglichen Übernahme tarifvertraglicher Arbeitsbedingungen.[1] Da die tarifrechtlichen Vorraussetzungen zur Anwendung eines Tarifvertrages jedoch nicht deckungsgleich mit einer Tarifgeltung auf der Grundlage des Arbeitsvertrages sind, konzentrieren sich die Problemstellungen in der Praxis weniger in der Frage, welche Form der Verweisung vertragsrechtlich zulässig ist, als vielmehr, welchen Inhalt eine Bezugnahmevereinbarung tatsächlich zum Gegenstand hat.[2]

A. Zeitlicher Umfang der Verweisung

I. Verweisung auf den einschlägigen Tarifvertrag

In zeitlicher Hinsicht sind zunächst solche Bezugnahmevereinbarungen auslegungsbedürftig, die nicht auf den in der Klausel benannten Tarifvertrag „in seiner jeweils geltenden Fassung" verweisen. Insoweit liegt zunächst die Vermutung nahe, die Arbeitsvertragsparteien haben das Bezugnahmeobjekt lediglich statisch anwenden wollen.

Nichtsdestotrotz ist eine Bezugnahmevereinbarung auch dann dynamisch zu verstehen, sofern der Arbeitsvertragstext keine entsprechende „Jeweiligkeitsklausel" aufweist.[3] Dies gilt nach der hier vertretenen Ansicht zumindest für die ein-

---

1 Ausführlich hierzu unter § 2 B II 1.

2 BAG vom 19.01.1999, AP Nr. 9 zu § 1 TVG Bezugnahme auf Tarifvertrag; BAG vom 30.08.2000, AP Nr. 12 zu § 1 TVG Bezugnahme auf Tarifvertrag; BAG vom 26.09.2001, AP Nr. 21 zu § 1 TVG Bezugnahme auf Tarifvertrag; BAG vom 21.08.2002, AP Nr. 21 zu § 157 BGB; BAG 19.03.2003, AP Nr. 33 zu § 1 TVG Bezugnahme auf Tarifvertrag; BAG vom 01.12.2004, AP Nr. 34 zu § 1 TVG Bezugnahme auf Tarifvertrag; BAG vom 09.11.2005, AP Nr. 4 zu § 305c BGB; BAG vom 14.12.2005, AP Nr. 37 zu § 1 TVG Bezugnahme auf Tarifvertrag; BAG vom 17.01.2006, AP Nr. 40 zu § 1 TVG Bezugnahme auf Tarifvertrag.

3 Vgl. nur BAG vom 20.03.1991, AP Nr. 20 zu § 4 TVG Tarifkonkurrenz; BAG vom 26.09.2001, AP Nr. 21 zu § 1 TVG Bezugnahme auf Tarifvertrag; BAG vom 27.10.2004, EzA § 3 TVG Bezugnahme auf Tarifvertrag Nr. 28; BAG vom 17.01.2006, AP Nr. 40 zu § 1 TVG Bezugnahme auf Tarifvertrag; *Annuß*, BB 1999, S. 2558, 2561; *ders.*, ZfA 2005, S. 405, 427; *Bauschke*, ZTR 1993, S. 416, 417; *Etzel*, NZA 1987, Sonderbeilage Heft 1, S. 19, 27; *Gamillscheg*, Kollektives Arbeitsrecht I, S. 738; *B. Gaul*, Anm. zu BAG, EzA § 3 TVG Bezugnahme auf Tarifvertrag Nr. 7, S. 33; *Hanau/Kania*, Festschrift für Schaub, S. 239, 245 f.; *Hromadka/Maschmann/Wallner*, Tarifwechsel, RdNr. 121 f.; *Kempen/Zachert*, § 3 TVG, RdNr. 180; *Lorenz*, in: Däubler, § 3 TVG, RdNr. 229; *Reichel*,

zelvertragliche Übernahme des einschlägigen Tarifvertrages, also des Regelwerks, welches im Fall der beiderseitigen Tarifbindung der Arbeitsvertragsparteien normativ anzuwenden wäre. Neben der materiellen Richtigkeitsgewähr der einbezogenen Tarifbestimmungen streitet für dieses Auslegungsergebnis bereits die Zukunftsbezogenheit des Arbeitsverhältnisses. Insbesondere gewährt ein dynamisches Bezugnahmeverfahren den Arbeitsvertragsparteien schon bei Vertragsschluss die Möglichkeit, betriebliche und ökonomische Veränderungen auf einzelvertraglicher Ebene abzusichern. Darüber hinaus bleibt zu bedenken, dass eine einzelvertragliche Verweisung auf einschlägige Tarifbestimmungen typischerweise in dem Bewusstsein vereinbart wird, dass ihr Normengeber diese auch kontinuierlich an neue Rahmenbedingungen anpasst.

Problematisch ist die Würdigung der Verweisung allerdings in den Fällen, in denen der Arbeitsvertragstext das Bezugnahmeobjekt durch eine Datumsangabe konkretisiert. Insbesondere ist der statische Charakter der Klausel deswegen in Frage zu stellen, weil es sich hierbei auch um eine Formulierung handeln kann, die allein im zeitlichen Zusammenhang mit dem Abschlussdatum des Arbeitsvertrages steht.[4] Bestehen nach Ausschöpfung aller Auslegungsmethoden somit Zweifel an der zeitlichen Reichweite der Verweisung, erlaubt dies den Rückgriff auf § 305c Abs. 2 BGB (ggf. i. V. m. § 310 Abs. 3 Nr. 2 BGB), womit die Bezugnahmevereinbarung zu Gunsten des Arbeitnehmers auszulegen ist.[5] In der Frage eines statischen oder dynamischen Bezugnahmeverfahrens besteht darin aber gerade das Problem, da nicht absehbar ist, ob zukünftige Tarifentwicklungen eine Verbesserung oder Verschlechterung von Arbeitsbedingungen zur Folge haben.[6] Teile des Schrifttums befürworten in diesem Zusammenhang daher eine Einzelfallbetrachtung.[7] Dies steht jedoch in Widerspruch zum Grundsatz der objektiven Auslegung Allgemeiner Geschäftsbedingungen,[8] der konsequent angewendet auch gegenüber der Unklarheitenregel Berücksichtigung finden muss. Insoweit schlägt ein Günstigkeitsurteil für ambivalente AGB-Klauseln, die sich sowohl zum Vor- und Nachteil des Verwenders wie zum Vor- und Nachteil des Vertragspartners

---

Die arbeitsvertragliche Bezugnahme auf den Tarifvertrag, S. 47 ff.; *Reinecke*, BB 2006, S. 2637, 2639; *Säcker/Oetker*, ZfA 1993, S. 1, 15; *Schaub*, Arbeitsrechts-Handbuch, § 208, RdNr. 5; *Seibert*, NZA 1985, S. 730, 731.

4 So *Lorenz*, in: Däubler, § 3 TVG, RdNr. 229. Zweifelnd dagegen *Annuß*, BB 1999, S. 2558, 2561; *ders.*, ZfA 2005, S. 405, 427; sowie *Kempen/Zachert*, § 3 TVG, RdNr. 180.

5 BAG vom 09.11.2005, AP Nr. 4 zu § 305c BGB; *Lorenz*, in: Däubler, § 3 TVG, RdNr. 229.

6 So auch *Reinecke*, BB 2006, S. 2637, 2639.

7 Hierfür ausdrücklich *Däubler/Dorndorf*, AGB Kontrolle im Arbeitsrecht, § 305c BGB, RdNr. 40.

8 Vgl. dazu erneut § 3 B I.

auswirken können, immer dann fehl, sofern im Rahmen einer abstrakten Beurteilung keine für den Vertragspartner des Verwenders typischerweise günstige oder ungünstige Auslegung möglich ist.[9]

Hinsichtlich der unklaren Verweisung auf eine tarifvertraglich festgelegte Vergütungsgruppe will der 5. Senat des BAG die Bezugnahmevereinbarung dennoch gemäß § 305c Abs. 2 BGB zeitdynamisch verstehen, da „ i. d. R. die Vergütung in Entgelttarifverträgen für den Arbeitnehmer verbessert und nicht verschlechtert wird.“[10] Für den Bereich der betrieblichen Altersvorsorge ist ein derartiger Schluss indes nicht ausnahmslos zwingend.[11] Mithin ist für den hier in Rede stehenden Untersuchungsgegenstand auch auf die tatsächliche Durchführung des Arbeitsverhältnisses abzustellen, da die vertragliche Praxis gleichermaßen Rückschlüsse auf den korrespondierenden Rechtsgeschäftswillen der Arbeitsvertragsparteien erlaubt.[12] Deshalb steht der statische Charakter einer Bezugnahme besonders dann in Frage, wenn Änderungen des Bezugnahmeobjekts trotz vermeintlich eindeutiger Formulierung der Klausel ohne Beanstandung durch die Arbeitsvertragsparteien in Anspruch genommen werden.[13]

Erfüllt die Verweisung indes den Zweck einer Gleichstellungsabrede,[14] ist vom Vorliegen einer dynamischen Bezugnahmevereinbarung auszugehen, da nur so der Gleichstellung von tarifgebundenen und nichttarifgebundenen Arbeitsverhältnissen eines Betriebes Rechnung zu tragen ist.[15] Nach einer Terminologie von *Hanau*[16] wirkt die Flexibilisierung der Bezugnahmeklausel hier allerdings nur

---

9 Ausführlich in diesem Zusammenhang *Lange*, ZGS 2004, S. 208, 210 f.

10 BAG vom 09.11.2005, AP Nr. 4 zu § 305c BGB; *Reinecke*, BB 2006, S. 2637, 2639.

11 So *Reinecke*, BB 2006, S. 2637, 2639.

12 Vgl. in diesem Zusammenhang unter anderem auch BAG vom 19.01.1999, AP Nr. 9 zu § 1 TVG Bezugnahme auf Tarifvertrag; BAG vom 25.10.2000, AP Nr. 13 zu § 1 TVG Bezugnahme auf Tarifvertrag; BAG vom 14.12.2005, AP Nr. 37 zu § 1 TVG Bezugnahme auf Tarifvertrag.

13 Ebenso *Hanau/Kania*, Festschrift für Schaub, S. 239, 246 f.; *Hromadka/Maschamnn/Wallner*, Tarifwechsel, RdNr. 123; sowie *Reichel*, Die arbeitsvertragliche Bezugnahme auf den Tarifvertrag, S. 49.

14 Vgl. dazu erneut § 4 D.

15 BAG vom 26.09.2001, AP Nr. 21 zu § 1 TVG Bezugnahme auf Tarifvertrag; BAG vom 19.03.2003, AP Nr. 33 zu § 1 TVG Bezugnahme auf Tarifvertrag; BAG vom 01.12.2004, AP Nr. 34 zu § 1 TVG Bezugnahme auf Tarifvertrag; *Franzen*, in: ErfK, § 3 TVG, RdNr. 36; *Löwisch/Rieble*, § 3 TVG, RdNr. 287; *Reichel*, Die arbeitsvertragliche Bezugnahme auf den Tarifvertrag, S. 47 ff; *Schaub*, Arbeitsrechts-Handbuch, § 208, RdNr. 5.

16 *Hanau*, NZA 2005, S. 489, 489 f. Andere Terminologie dagegen bei *Schaub*, Arbeitsrechts-Handbuch, § 208, RdNr. 4, der eine halbdynamische Bezugnahme dann für gegen hält, wenn auf den jeweils im fachlichen Geltungsbereich zeitlich geltenden Tarifvertrag verwiesen wird (= kleine dynamische Bezugnahmeklausel). Dagegen sei eine volldyna-

„halbdynamisch“. Damit will der Arbeitgeber nur insoweit an ein zeitlich-flexibles Bezugnahmeverfahren gebunden sein, wie er selber aufgrund eigener Tarifbindung hierzu verpflichtet ist.[17] Ein abweichendes Auslegungsergebnis ist lediglich in den Fällen gerechtfertigt, in denen der Arbeitgeber die geltende Fassung des einbezogenen Tarifvertrages gerade nicht an seine eigene Tarifbindung geknüpft wissen will. Hier ist die Verweisung „volldynamisch“ zu verstehen, d. h. der Arbeitgeber bleibt nach dem Arbeitsvertrag solange zur Weitergabe von Tarifentwicklungen verpflichtet, solange der in der Verweisung benannte Tarifvertrag überhaupt existiert.[18]

Ungeachtet dessen sollen die vorliegenden Ausführungen jedoch lediglich als Auslegungsregel verstanden werden. Den Arbeitsvertragsparteien steht es somit unverändert frei, den einschlägigen Tarifvertrag auch statisch in Bezug zu nehmen. Gleichwohl ist ein hierauf gerichteter Rechtsbindungswille deutlich im Arbeitsvertragstext zu kennzeichnen,[19] will sich insbesondere der Arbeitgeber nicht bedingungslos der Rechtsetzungsgewalt der Tarifvertragsparteien unterwerfen.

II. Verweisung auf einen nichteinschlägigen Tarifvertrag

Verweist der Arbeitsvertrag dagegen auf einen nichteinschlägigen Tarifvertrag, wollen Teile des Schrifttums die Bezugnahmevereinbarung ausschließlich statisch verstanden wissen, sofern die Verweisung keine „Jeweiligkeitsklausel“ aufweist bzw. das Bezugnahmeobjekt durch eine Datumsangabe hinreichend konkretisiert ist.[20] Hier bestehe für die Arbeitsvertragsparteien grundsätzlich kein Interesse, unbesehen die Anwendung von Tarifverträgen zu vereinbaren, auf die sie keinerlei Einflussnahmemöglichkeit besitzen.

Für die Verweisung auf branchenfremde Tarifbestimmungen kann ein solches Auslegungsergebnis durchaus überzeugen.[21] Allerdings muss die Interpretation der Bezugnahme als statische Verweisung dann zur Vorsicht mahnen, wenn die fehlende Einschlägigkeit des Bezugnahmeobjekts lediglich aus seinem örtlichen

---

mische Verweisung gegeben, wenn auf den jeweils für den Betrieb geltenden Tarifvertrag verwiesen wird (=große dynamische Bezugnahmeklausel).

17 Statt aller BAG vom 26.09.2001, AP Nr. 21 zu § 1 TVG Bezugnahme auf Tarifvertrag; BAG vom 19.03.2003, AP Nr. 33 zu § 1 TVG Bezugnahme auf Tarifvertrag; BAG vom 01.12.2004, AP Nr. 34 zu § 1 TVG Bezugnahme auf Tarifvertrag.

18 Ausführlich zu diesem Problemkreis unter § 9.

19 Treffend *Lorenz*, in: Däubler, § 3 TVG, RdNr. 229.

20 In diese Richtung unter anderem *Hromadka/Maschmann/Wallner*, Tarifwechsel, RdNr. 122; sowie *Reichel*, Die arbeitsvertragliche Bezugnahme auf den Tarifvertrag, S. 49.

21 Hierauf letztlich nur hinweisend *Hromadka/Maschmann/Wallner*, Tarifwechsel, RdNr. 122; *Reichel*, Die arbeitsvertragliche Bezugnahme auf den Tarifvertrag, S. 49.

Geltungsbereich erwächst. Besonders ist in diesem Zusammenhang an tarifgebietsübergreifend tätige Unternehmen zu denken, welche die am Firmensitz maßgebenden Tarifverträge für sämtliche Arbeitsverhältnisse umsetzen wollen, um so der Vereinheitlichung von Arbeitsbedingungen Rechnung zu tragen. Insofern ist der dynamische Charakter der Bezugnahmeklausel nicht deswegen in Frage zu stellen, weil das betroffene Arbeitverhältnis auch im Fall der beiderseitigen Tarifbindung der Arbeitsvertragsparteien nicht an der Normativwirkung des Bezugnahmeobjekts teilnehmen kann.[22] Folglich bleibt es bei der oben genannten Auslegungsregel, sofern eine anderweitige Vereinbarung nicht ausdrücklich zwischen den Arbeitsvertragsparteien vorliegt.

B. Inhaltlicher Umfang der Verweisung

I. Verweisung auf einzelne Tarifbestimmungen

Beinhaltet die Bezugnahmevereinbarung eine Verweisung auf einzelne Tarifbestimmungen, ist im Grundsatz davon auszugehen, dass nur deren Geltung vereinbart ist. Anders ist lediglich in den Fällen zu entscheiden, in denen der Arbeitsvertrag unter anderem „die einschlägigen tarifvertraglichen Regelungen" zum Arbeitsentgelt oder zur Berechnung des Urlaubs in Bezug nimmt. Anhand der Formulierung der Klausel ist hier regelmäßig auf den Willen der Arbeitsvertragsparteien zu schließen, den betreffenden Regelungskomplex in seiner Gesamtheit zu übernehmen.[23] Deshalb umfasst ein in diesem Kontext vereinbarter Jahresurlaub das gesamte tarifvertragliche Urlaubsrecht einschließlich des im Tarifvertrag ausgewiesenen Urlaubsentgelts.[24]

II. Verweisung auf den für den Betrieb geltenden/einschlägigen Tarifvertrag

Auslegungsbedürftig ist eine Bezugnahmevereinbarung auch dann, wenn der Wortlaut allgemein auf den „für den Betrieb einschlägigen Tarifvertrag" verweist, ohne das Bezugnahmeobjekt näher zu präzisieren. Zumindest bei tarifgebundenen Arbeitgebern erfüllt die Klausel hier zugleich den Zweck einer Gleichstellungsab-

---

22 Vgl. in diesem Zusammenhang insbesondere BAG vom 21.08.2002, AP Nr. 21 zu § 157 BGB.

23 BAG vom 17.11.1998, AP Nr. 10 zu § 1 TVG Bezugnahme auf Tarifvertrag; BAG vom 17.01.2006, AP Nr. 40 zu § 1 TVG Bezugnahme auf Tarifvertrag; *Schaub*, Arbeitsrechts-Handbuch, § 208, RdNr. 12.

24 So zuletzt BAG vom 17.01.2006, AP Nr. 40 zu § 1 TVG Bezugnahme auf Tarifvertrag.

rede,[25] womit die Verweisung stets den Tarifvertrag erfasst, der bei entsprechender Gewerkschaftszugehörigkeit des Arbeitnehmers normativ gilt.[26] Dieser Umstand zwingt jedoch nicht zu der Annahme, der von der Bezugnahmevereinbarung erfasste Tarifvertrag dürfe nur dann Anwendung finden, wenn er zum Zeitpunkt des Arbeitsvertragsschlusses bzw. zum Zeitpunkt des Vollzugs des Arbeitsverhältnisses noch Bestand hat, mithin nicht abgelaufen ist.[27] Zwar verneint das BAG in ständiger Rechtsprechung eine unmittelbare Wirkung von Tarifbestimmungen i. S. d. § 4 Abs. 5 TVG, wenn das Arbeitsverhältnis erst in der Nachwirkungszeit des Tarifvertrages begründet wird,[28] gleichwohl schließt ein in diesem Zeitraum erfolgter Vertragsschluss es aber nicht aus, den abgelaufenen Tarifvertrag einzelvertraglich in Bezug zu nehmen.[29] Arbeitgeber und Arbeitnehmer können den Inhalt des Arbeitsvertrages frei vereinbaren, soweit nicht zwingende gesetzliche Vorschriften, Bestimmungen eines Tarifvertrages oder einer Betriebsvereinbarung dem entgegenstehen (§ 105 Satz 1 GewO). Treffen die Arbeitsvertragsparteien daher in Kenntnis der Nachwirkung des Bezugnahmeobjekts eine entsprechende Vereinbarung und soll das Bezugnahmeverfahren trotzdem dynamisch gestalten sein, wird der nachwirkende Tarifvertrag zunächst solange durch die Bezugnahmevereinbarung erfasst, solange dieser noch nicht durch eine neue Tarifrunde abgelöst ist. Dies gilt auch vor dem Hintergrund des Zwecks der Verweisung als Gleichstellungsabrede (Ersetzung der Tarifbindung des Arbeitnehmers), da sich allein mit der Verwendung der Bezugnahmeklausel der Wille der Arbeitsvertragsparteien verdeutlicht, zunächst den nachwirkenden Tarifinhalt in Bezug zu nehmen, der auch im Verhältnis zu den bereits tarifgebundenen Arbeitsverhältnissen des Betriebes auf der Grundlage von § 4 Abs. 5 TVG anzuwenden ist.[30]

Ist die Bezugnahmevereinbarung dagegen nicht als Gleichstellungsabrede auszuweisen, wird mit einer einzelvertraglichen Verweisung auf den einschlägigen Tarifvertrag zunächst der Normenvertrag gemeint sein, in dessen Geltungsbereich das Arbeitsverhältnis fällt.[31] Probleme bestehen lediglich dann, wenn der Wortlaut der Klausel die Anwendung verschiedener Tarifverträge desselben Regelungsge-

---

25 Dazu erneut unter § 4 D.

26 Statt aller BAG vom 26.09.2001, AP Nr. 21 zu § 1 TVG Bezugnahme auf Tarifvertrag.

27 Hierzu nunmehr auch BAG vom 20.09.2006 – 10 AZR 770/05 – n. v.

28 Vgl. nur BAG vom 06.06.1958, AP Nr. 1 zu § 4 TVG Nachwirkung; zuletzt BAG vom 07.11.2001, AP Nr. 11 zu § 3 TVG Verbandsautritt; BAG vom 11.06.2002, AP Nr. 113 zu § 87 BetrVG 1972 Lohngestaltung; sowie BAG vom 20.09.2006 – 10 AZR 770/05 – n. v.

29 So ausdrücklich BAG vom 20.09.2006 – 10 AZR 770/05 – n. v.

30 In diesem Sinne auch BAG vom 20.09.2006 – 10 AZR 770/05 – n. v.

31 *Kempen/Zachert*, § 3 TVG, RdNr. 165.

genstandes ermöglicht. Auch dann vermag die Verweisung in Anlehnung an den Grundsatz der Tarifeinheit nur einem Regelwerk zur Geltung im Arbeitsvertrag zu verhelfen.[32] In diesem Zusammenhang erstreckt sich die Bezugnahme dann auf den räumlich und fachlich, d. h. hinsichtlich seines Geltungsbereichs für den Betrieb einschlägigen Tarifvertrag,[33] womit ausschließlich der speziellere Normenvertrag anzuwenden ist.[34]

1. Tarifwechsel bei namentlicher Nennung des Tarifvertrages

Kernproblem der Auslegung kleiner dynamischer Bezugnahmevereinbarungen ist allerdings die Frage, ob und inwieweit der durch die Klausel ausgewiesene Tarifvertrag zugleich einen Tarifwechsel auf der Grundlage des Arbeitsvertrages ermöglicht. Nicht zuletzt wegen der Vorgaben aus dem Nachweisgesetz gewinnt dies zunehmend an Bedeutung, da der Arbeitgeber gemäß § 2 NachwG verpflichtet ist, den Arbeitnehmer über den im Arbeitsverhältnis anzuwendenden Tarifvertrag hinreichend zu informieren.[35]

Verweist der Arbeitsvertrag auf den für den Betrieb einschlägigen Tarifvertrag, ist unter Zugrundelegung des Wortlauts der Klausel zunächst nur ersichtlich, das Arbeitsverhältnis soll auf Dauer dem einbezogenen Branchentarif unterworfen sein. Der einzelvertragliche Wechsel in ein anderes Tarifsystem wäre damit vollständig ausgeschlossen.

Erfüllt die Verweisung indes den Zweck einer Gleichstellungsabrede,[36] ging das BAG zunächst davon aus, die Bezugnahme sei bei Verbandswechsel des Arbeitgebers im Wege der ergänzenden Vertragsauslegung dahin zu korrigieren, dass für das verweisende Arbeitsverhältnis der jeweils geltende Tarifvertrag Anwendung findet.[37] Der hier in Rede stehende Untersuchungsgegenstand betraf dabei zunächst einen Fall, in dem der Arbeitgeber bei unverändertem Betriebszweck einen Verbandswechsel innerhalb derselben Branche vornahm und die Zuständigkeit derselben Gewerkschaft erhalten blieb. Unbeantwortet blieb in die-

32 Vgl. in diesem Zusammenhang unter anderem BAG vom 23.03.2005, AP Nr. 29 zu § 4 TVG Tarifkonkurrenz; BAG vom 14.12.2005, AP Nr. 37 zu § 1 TVG Bezugnahme auf Tarifvertrag; *Löwisch/Rieble*, § 3 TVG, RdNr. 301; *Thüsing/Lambrich*, RdA 2002, S. 193, 208.

33 BAG vom 14.12.2005, AP Nr. 37 zu § 1 TVG Bezugnahme auf Tarifvertrag.

34 BAG vom 14.12.2005, AP Nr. 37 zu § 1 TVG Bezugnahme auf Tarifvertrag; BAG vom 23.03.2005, AP Nr. 29 zu § 4 TVG Tarifkonkurrenz; *Thüsing/Lambrich*, RdA 2002, S. 193, 208.

35 Vgl. in diesem Zusammenhang erneut § 6 A.

36 Ausführlich hierzu unter § 4.

37 BAG vom 04.09.1996, AP Nr. 5 zu § 1 TVG Bezugnahme auf Tarifvertrag.

sem Kontext allerdings, ob eine Gleichstellungsabrede stets als große dynamische Bezugnahmeklausel auszulegen sei.[38]

Mit Urteil vom 30.08.2000 hat der 4. Senat des BAG die Frage nunmehr ausdrücklich verneint. Sollte der Entscheidung des Gerichts vom 04.09.1996 zu entnehmen sein, „dass die arbeitsvertragliche Gleichstellungsabrede automatisch einen Tarifwechsel zur Folge habe, wenn der Betrieb oder Betriebsteil in den fachlichen/betrieblichen Geltungsbereich eines anderen Tarifwerks wechselt, hält der Senat hieran nicht fest. (…) Regelmäßig erschöpft sich der Gehalt einer auf einen bestimmten Tarifvertrag oder ein bestimmtes Tarifvertragswerk verweisenden Gleichstellungsvereinbarung darin, dass das Arbeitsverhältnis den genannten Tarifverträgen in der jeweils gültigen Fassung einschließlich etwaiger Ergänzungen unterstellt wird, soweit und solange der Arbeitgeber daran gebunden ist."[39] In seinen Orientierungssätzen zum Urteil vom 16.10.2002 fügt das BAG ergänzend hinzu: „Eine Gleichstellungsabrede ersetzt nur die ungeklärt gebliebene Tarifgebundenheit des Arbeitnehmers an den im Arbeitsvertrag bezeichneten Tarifvertrag (…), der nach seinem Geltungsbereich einschlägig ist."[40] Infolgedessen sei mit der Klausel nicht zwingend die Rechtsfolge eines Tarifwechsels verbunden, wenn der Arbeitgeber die normative Geltung des bisherigen Tarifvertrages beendet, der kraft arbeitsvertraglicher Bezugnahme auch gegenüber den nicht oder anders gewerkschaftlich organisierten Arbeitnehmern maßgebend ist. Ein solches Auslegungsergebnis rechtfertige sich nur bei Vorliegen weiterer Umstände, die belegen, dass darin auch die Vereinbarung enthalten ist, es soll der für den Betrieb jeweils fachlich und betrieblich einschlägige Tarifvertrag anzuwenden sein.[41] Dies sei schon deswegen zwingend zu fordern, weil die Arbeitsvertragsparteien nicht daran gehindert sind, die Rechtsfolgen einer arbeitsvertraglichen Bezugnahmeverein-

---

38 Hierfür unter anderem *Bauer/Haußmann*, DB 1999, S. 1114, 1116 f.; *B. Gaul*, Anm. zu BAG, EzA § 3 TVG Bezugnahme auf Tarifvertrag Nr. 7, S. 37 f.; *Hromadka/Maschmann/Wallner*, Tarifwechsel, RdNr. 612 f.; *Säcker/Oetker*, ZfA 1993, S. 1, 16; *Seitz/Werner*, NZA 2000, S. 1257, 1264. Kritisch dagegen *Annuß*, BB 1999, S. 2558, 2561; *ders.*, ZfA 2005, S. 405, 426 f.; *Danne*, Anm. zu BAG, SAE 1998, S. 107, 113 f.; *Kempen/Zachert*, § 3 TVG, RdNr. 200; *Lorenz*, in: Däubler, § 3 TVG, RdNr. 232; *Thüsing/Lambrich*, RdA 2002, S. 193, 207.

39 BAG vom 30.08.2000, AP Nr. 12 zu § 1 TVG Bezugnahme auf Tarifvertrag. Bestätigt durch BAG vom 25.10.2000, AP Nr. 13 zu § 1 TVG Bezugnahme auf Tarifvertrag; BAG 16.10.2002, AP Nr. 22 zu § 1 TVG Bezugnahme auf Tarifvertrag.

40 BAG vom 16.10.2002, AP Nr. 22 zu § 1 TVG Bezugnahme auf Tarifvertrag.

41 BAG vom 30.08.2000, AP Nr. 12 zu § 1 TVG Bezugnahme auf Tarifvertrag. In einer Folgeentscheidung schränkt das BAG den schuldrechtlichen Tarifwechsel sodann ausschließlich auf die Verwendung einer großen dynamischen Bezugnahmevereinbarung ein, wenngleich ein Rückgriff auf das Vorliegen besonderer Umstände bereits deshalb entbehrlich war, da der Arbeitsvertrag schon eine Tarifwechselklausel enthielt. Vgl. hierzu BAG vom 16.10.2002, AP Nr. 22 zu § 1 TVG Bezugnahme auf Tarifvertrag.

barung ausdrücklich im Sinne einer Tarifwechselklausel auszugestalten. Unter Berücksichtigung der Anforderungen aus dem Nachweisgesetz wäre in diesem Kontext nur klarstellend hinzuzufügen, um welchen Tarifvertrag es sich dabei derzeit handelt.[42]

Mit der vorstehenden Urteilsbegründung schränkt die Rechtsprechung die Auslegung der Gleichstellungsabrede als Tarifwechselklausel zu Recht ein. Erneut gilt es festzustellen, dass mit einem derart verbundenen Zweck der Verweisung die Rechtsfolgen der Bezugnahmevereinbarung dieselben und keine weitgehenderen sind als diejenigen, die sich im Vergleich zu einem tarifgebundenen Arbeitsverhältnis des Betriebes einstellen.[43] Ein inhaltlicher Austausch des Bezugnahmeobjekts ist somit nicht zwingend, da für eine normative Geltung des neuen Tarifvertrages gleichermaßen die beiderseitige Tarifbindung der bislang tarifunterworfenen Arbeitsvertragsparteien erforderlich ist.[44] Insoweit ist ein schuldrechtlicher Tarifwechsel lediglich in den Fällen zwingend, in denen die Zuständigkeit auf Seiten der tarifschließenden Gewerkschaft unverändert erhalten bleibt.[45] Fehlt es dagegen an einer entsprechenden Tarifgebundenheit, ist auch der in der Bezugnahmeklausel ausgewiesene Tarifvertrag weiterhin als integraler Bestandteil des Arbeitsvertrages anzuwenden.

Bei Beachtung der Ankündigungsrechtsprechung des BAG vom 14.12.2005[46] ist dieses Auslegungsergebnis ohnehin zwingend, sofern der mit der Verweisung beabsichtigte Gleichstellungscharakter nicht eindeutig aus dem Arbeitsvertragstext hervorgeht.[47] Ungeachtet der Interessenlage eines tarifgebundenen Arbeitgebers ist die Bezugnahmevereinbarung dann abschließend als feste Teilhabe am einbezogenen Branchentarifvertrag zu verstehen, womit ein schuldrechtlicher Tarifwechsel auch nicht anhand des Rückgriffs auf die Grundsätze der ergänzenden Vertragsauslegung zu bewerkstelligen ist.[48] Hierdurch verdeutlicht sich abermals die Schwäche einer vornehmlich auf den Wortlaut der Klausel abstellenden Auslegung, weil sie den Wechsel in ein anderes Tarifsystem dort behindert, wo

---

42 BAG vom 30.08.2000, AP Nr. 12 zu § 1 TVG Bezugnahme auf Tarifvertrag.

43 Vgl. dazu erneut § 4 D.

44 BAG vom 30.08.2000, AP Nr. 12 zu § 1 TVG Bezugnahme auf Tarifvertrag.

45 Wie hier BAG vom 30.08.2000, AP Nr. 12 zu § 1 TVG Bezugnahme auf Tarifvertrag; *Henssler*, Festschrift für Wißmann, S. 133, 142; *Meyer*, NZA 2003, S. 1126, 1128; sowie *Stein*, Anm. zu BAG, AP Nr. 13 zu § 1 TVG Bezugnahme auf Tarifvertrag, Bl. 8 R. Im Ergebnis wohl auch *Hanau*, NZA 2005, S. 489, 491 f. Zu restriktiv demgegenüber *Lorenz*, in: Däubler, § 3 TVG, RdNr. 232, der für eine große dynamische Bezugnahmeklausel stets einen vertraglich ausgewiesenen Jeweiligkeitsvorbehalt verlangt.

46 BAG vom 14.12.2005, AP Nr. 39 zu § 1 TVG Bezugnahme auf Tarifvertrag.

47 Zu den Rechtsfolgen einer großen dynamischen Bezugnahme vgl. erneut § 2 B II 1 d).

48 BAG vom 14.12.2005, AP Nr. 39 zu § 1 TVG Bezugnahme auf Tarifvertrag.

das Tarifvertragsgesetz etwas anderes anordnet.[49] Tarifwechselkonzepte, die gemäß §§ 3, 4 TVG oder § 613a Abs. 1 Satz 3 BGB die Anwendung eines anderen, nunmehr einschlägigen Tarifvertrages ermöglichen, sind unter Berücksichtigung der neuen Auslegungsmaxime der Rechtsprechung somit nicht hinreichend sichergestellt. Deshalb ist dringend anzuraten, Bezugnahmeabreden auf den einschlägigen Tarifvertrag zugleich als Tarifwechselklausel auszugestalten.

2. Sonderproblem: Ersetzung des BAT durch den TvöD

Im Zusammenhang mit der restriktiven Auslegung kleiner dynamischer Bezugnahmevereinrungen ist abschließend auf ein Sonderproblem zu verweisen, das gerade im öffentlichen Dienst gesteigertes Interesse weckt. Gemeint ist die Frage, inwieweit die Wirkung einer im Arbeitsvertrag vereinbarten Bezugnahme auf den BAT der einzelvertraglichen Übernahme des TVöD entgegensteht.[50]

Zum 01.10.2005 ist der Tarifvertrag für den öffentlichen Dienst (TVöD) in Kraft getreten. Er ersetzt für die tarifgebundenen Beschäftigten des Bundes und der Kommunen den BAT, den BAT-O u. a. Tarifverträge. Zur Überleitung der bestehenden Arbeitsverhältnisse in das neue Tarifvertragssystem haben die Tarifpartner sog. Überleitungstarifverträge vereinbart. In diesen Zusammenhang wurde eine Niederschriftserklärung zu § 2 TVÜ-Bund bzw. TVÜ-VkA aufgenommen, in der davon auszugehen ist, dass der TVöD das bisherige Tarifrecht auch dann ersetzt, wenn arbeitsvertragliche Bezugnahmen nicht ausdrücklich den Fall der „ersetzenden Regelung“ beinhalten. Unter Hinweis auf die höchstrichterliche Rechtsprechung zur Abgrenzung von Gleichstellungsabrede und Tarifwechselklausel wird dies dennoch in Frage gestellt.[51] Allen voran *Hümmerich/Mäßen*[52] wollen die Ablösung des BAT durch den TVöD als Tarifwechsel verstanden wissen, der auf einzelvertraglicher Ebene nur nachzuzeichnen sei, sofern der Vertragstext eine sog. große dynamische Bezugnahmeklausel i. S. einer Tarifwechselklausel aufweist.

Wie zuvor gezeigt, ergeben sich die Rechtsfolgen eines Tarifwechsels bei Verwendung einer Gleichstellungsabrede in Form der kleinen dynamischen Bezugnahmevereinbarung nur bei Vorliegen „weiterer Umstände“, die eine arbeits-

---

49 *Bauer/Haußmann*, DB 2003, S. 610, 613; *Löwisch/Rieble*, § 3 TVG, RdNr. 289.

50 Mit Inkrafttreten des neuen Tarifvertrages für den öffentlichen Dienst der Länder (TV-L) zum 01.11.2006 gilt das in diesem Abschnitt Gesagte auch für die im öffentlichen Dienst beschäftigten Arbeitnehmer der 16 Bundesländer.

51 *Hümmerich/Mäßen*, NZA 2005, S. 961, 965 f.; *v. Steinau-Steinbrück*, NJW-Spezial 2005, S. 561, 562.

52 *Hümmerich/Mäßen*, NZA 2005, S. 961, 965.

vertragliche Übernahme des jeweils einschlägigen Tarifvertrages rechtfertigen.[53] Die für die Auslegung der Klausel entscheidende Frage ist aber, ob der hier in Rede stehende Untersuchungsgegenstand überhaupt die Annahme eines Tarifwechsels rechtfertigt. Vorliegend wäre ein solcher Ansatz nur dann zu bejahen, wenn der Begriff des Tarifwechsels ausschließlich danach definiert wird, dass nunmehr ein anderer als der bisher geltende Tarifvertrag Anwendung finden soll.[54] Dies greift jedoch zu kurz. Bereits nach dem Willen der Tarifvertragsparteien soll es sich bei dem TVöD um einen den BAT ersetzenden Tarifvertrag handeln.[55] Sowohl auf Arbeitgeber- als auch auf Arbeitnehmerseite treten ein und dieselben Tarifvertragsparteien in Erscheinung, zumal für den öffentlichen Dienst auch der Betriebszweck unverändert erhalten bleibt. Dagegen fußt die benannte BAG-Rechtsprechung maßgeblich auf dem Umstand, dass eine Unternehmensumstrukturierung die Anwendung eines gänzlich anderen Tarifvertragssystems zur Folge hat. *Fieberg*[56] vergleicht die Neuordnung im öffentlichen Dienst daher eher als eine Art „Tarifsukzession", welche die Annahme eines Tarifwechsels ausschließt. Dementsprechend bleibt es bei den allgemeinen Auslegungsregeln, die im Zuge einer Tarifentwicklung in einem unveränderten Tarifbereich anzuwenden sind.

An dieser Stelle bleibt zu berücksichtigen, dass die Arbeitsbedingungen des BAT in der am 30.09.2005 geltenden Fassung durch eine Tarifreform in Gestalt des TVöD abgelöst sind. Zwar gestattet die Privatautonomie den Arbeitsvertragsparteien sowohl einen nachwirkenden als auch aufgehobenen Tarifvertrag schuldrechtlich zu übernehmen,[57] gleichwohl muss ein solch eher untypischer Inhalt der Klausel unmissverständlich gewollt und damit ersichtlich zum Ausdruck gebracht sein. Dagegen beinhaltet die dynamische Verweisung auf den BAT die Anwendung des für den öffentlichen Dienst maßgeblichen Tarifsystems. Ungeachtet des Ausscheidens der TdL aus dem Reformprozess ist dies für Bund und Kommunen nunmehr der TVöD.[58] Bedenkt man daneben den Zweck der Klausel, die Arbeitsbedingungen widerzuspiegeln, die für die tarifgebundenen Arbeitsverhältnisse des öffentlichen Dienstes anzuwenden sind,[59] gilt dies erst Recht. Damit umfasst die

---

53 BAG vom 30.08.2000, AP Nr. 12 zu § 1 TVG Bezugnahme auf Tarifvertrag.

54 Treffend *Fieberg*, NZA 2005, S. 1226, 1227.

55 Ausführlich hierzu *Möller/Welkoborsky*, NZA 2006, S. 1382, 1384 f.

56 *Fieberg*, NZA 2005, S. 1226, 1228; ebenso *Möller/Welkoborsky*, NZA 2006, S. 1382, 1385.

57 Vgl. dazu erneut § 2 B II 1.

58 *Möller/Welkoborsky*, NZA 2006, S. 1382, 1385.

59 § 4 A I.

arbeitvertragliche Bezugnahmevereinbarung auch eine den BAT ersetzende Tarifentwicklung in Gestalt des TVöD.[60]

III. Verweisung auf die jeweils für den Betrieb geltenden/einschlägigen Tarifverträge

Liegt dem Arbeitsvertrag eine große dynamische Bezugnahmevereinbarung zugrunde, ist ein Tarifwechsel auch auf der Grundlage des Arbeitsvertrages hinreichend sichergestellt.[61] Hierfür reicht es nach Ansicht der Rechtsprechung aus, wenn die Klausel eine Verweisung auf „die für den Betrieb jeweils geltenden/einschlägigen Tarifverträge“ beinhaltet.[62] Der Arbeitgeber bleibt unter Berücksichtigung des Nachweisgesetzes lediglich verpflichtet, den Arbeitnehmer über die Anwendung des neuen Bezugnahmeobjekts ordnungsgemäß in Kenntnis zu setzen (§ 3 Satz 1 NachwG).

Erfüllt die Verweisung in diesem Zusammenhang die Funktion einer Gleichstellungsabrede, ist jeweils der Tarifvertrag anzuwenden, der für den Arbeitgeber kraft Verbandszugehörigkeit bzw. kraft eigener Stellung als Tarifvertragspartei gilt.[63] Dafür ist nach der hier vertretenen Ansicht zumindest erforderlich, dass der bei Begründung des Arbeitsverhältnisses maßgebende Tarifvertrag auch derjenige ist, in dessen Geltungsbereich der Betrieb fällt und an den der Arbeitgeber ebenfalls tarifgebunden ist.

Sollen mit der Verwendung einer Tarifwechselklausel dagegen marktübliche Arbeitsbedingungen gewährt werden, ist ausschließlich darauf abzustellen, welcher Tarifvertrag den Bedürfnissen und spezifischen Eigenheiten des Betriebes am besten Rechnung trägt.[64] Insoweit erfasst eine Bezugnahme auf einen bestimmten für das Arbeitsverhältnis einschlägigen Tarifvertrag und die diesen ersetzenden Tarifverträge bezüglich letzterer zunächst nur einschlägige Regelwerke,

---

60 Wie hier auch *Fieberg*, NZA 2005, S. 1226, 1228; *Möller/Welkoborsky*, NZA 2006, S. 1382, 1385 f.; sowie *Werthebach*, NZA 2005, S. 1224, 1226.

61 Vgl. insoweit BAG vom 16.10.2002, AP Nr. 22 zu § 1 TVG Bezugnahme auf Tarifvertrag; BAG vom 14.12.2005, AP Nr. 39 zu § 1 TVG Bezugnahme auf Tarifvertrag; *Annuß*, ZfA 2005, S. 405, 428; *Hanau*, NZA 2005, S. 489, 492; *Henssler*, Festschrift für Wißmann, S. 133, 143; *Hromadka/Maschmann/Wallner*, Tarifwechsel, RdNr. 565; *Kempen/Zachert*, § 3 TVG, RdNr. 202; *Lorenz*, in: Däubler, § 3 TVG, RdNr. 232; *Löwisch/Rieble*, § 3 TVG, RdNr. 285.

62 BAG vom 16.10.2002, AP Nr. 22 zu § 1 TVG Bezugnahme auf Tarifvertrag.

63 *Hanau*, NZA 2005, S. 489, 492.

64 Dazu bereits ausführlich unter § 7 B II.

also solche, unter deren Geltungsbereich das verweisende Arbeitsverhältnis fällt.[65] Ist hier wiederum die einzelvertragliche Anwendung mehrerer Tarifverträge desselben Regelungsgegenstandes möglich, gilt in Anlehnung an den Grundsatz der Tarifeinheit bei Tarifkonkurrenz der speziellere Normenvertrag.[66]

---

65 Vgl. insoweit auch BAG vom 15.03.2006, AP Nr. 38 zu § 1 TVG Bezugnahme auf Tarifvertrag.

66 § 7 B II.

§ 8 Inhaltskontrolle arbeitsvertraglicher Bezugnahmevereinbarungen

A. Bezugnahmeklausel und Transparenzgebot

Da mit Blick auf die Einbeziehungskontrolle die dynamische Ausgestaltung standardisierter Bezugnahmevereinbarungen keinen Einschränkungen unterliegt,[1] steht im Rahmen der Inhaltskontrolle ihre Transparenz gemäß § 307 Abs. 1 Satz 2 BGB in Frage. Gemeint ist hierbei die Pflicht, Allgemeine Geschäftsbedingungen so zu formulieren, dass Vertragsbestimmungen durchschaubar und bestimmt verfasst sind. Dem Vertragspartner, der keinen Einfluss auf die Gestaltung des Vertragstextes nehmen kann, soll damit die Möglichkeit verschafft werden, sich ausreichend über die Rechte und Pflichten aus dem Vertrag zu informieren, um so vor irrtümlichen Vorstellungen und unzutreffenden Informationen über die vereinbarte Leistung geschützt zu sein.[2] Mit Blick auf § 310 Abs. 3 Nr. 2 BGB gilt dies auch gegenüber den Bezugnahmeabreden, die lediglich zur einmaligen Verwendung durch den Arbeitgeber bestimmt sind.

Werden dynamische Verweisungen auf andere Rechtsquellen bereits nach § 305 Abs. 2 BGB einer kritischen Würdigung unterzogen,[3] gilt dies gleichermaßen unter Berücksichtigung von § 307 Abs. 1 Satz 2 BGB. Zwar sind Allgemeine Geschäftsbedingungen, die andere Klauselwerke ohne deren inhaltliche Wiedergabe dynamisch in Bezug nehmen nicht prinzipiell intransparent, da eine präzise und ausführliche Klauselformulierung durch den Verwender nur insoweit zu verlangen ist, als ihm dies möglich und zumutbar ist.[4] Dessen ungeachtet erwachsen Bedenken aus dem Versuch, anhand der Flexibilisierung des Bezugnahmeverfahrens eine Abbedingung der Einbeziehungskontrolle für die durch die Verweisung erfassten Bestimmungen anzuordnen.[5]

Mit Blick auf den Arbeitsvertrag bedarf es allerdings der Berücksichtigung arbeitsrechtlicher Besonderheiten. Namentlich § 310 Abs. 4 Satz 2 Halbsatz 2 BGB unterstellt die Einbeziehung vorformulierter Arbeitsvertragsbedingungen im Wesentlichen den Anforderungen der allgemeinen Rechtsgeschäftslehre. Insoweit ist für einzelvertragliche Verweisungen festzustellen, dass deren Dynamisierung dann nicht in Widerspruch zu den §§ 145 ff. BGB steht, sofern der jeweilige Ta-

---

1 Ausführlich hierzu unter § 5 C.

2 Dazu allgemein *Oetker*, JZ 2002, S. 337, 340.

3 § 5 C.

4 Vgl. in diesem Zusammenhang unter anderem *Stein*, in: Soergel, § 9 AGBG, RdNr. 21.

5 *Coester*, in: Staudinger, § 307 BGB, RdNr. 201; *Kreienbaum*, Transparenz und AGB-Gesetz, S. 137.

rifvertrag zum Zeitpunkt seiner konkreten Anwendung hinreichend bestimmbar ist. Demgemäß sind die zu § 310 Abs. 4 Satz 2 Halbsatz 2 BGB gewonnenen Erkenntnisses gleichermaßen bei der Konkretisierung des Transparenzgebots nach § 307 Abs. 1 Satz 2 BGB zu berücksichtigen.

I. Kleine dynamische Bezugnahmeklausel

In diesem Zusammenhang ging der Gesetzgeber davon aus, dass die Durchschaubarkeit von Arbeitsbedingungen bereits nach dem Nachweisgesetz ausreichend gesichert sei.[6] Hierbei ist für den ordnungsgemäßen Nachweis wesentlicher Tarifbestimmungen zu berücksichtigen, dass Änderungen eines Tarifvertrages keiner erneuten Dokumentation durch den Arbeitgeber bedürfen (§ 3 Satz 2 NachwG). Infolgedessen sind inhaltliche Erneuerungen von in den Arbeitsvertrag inkorporierten Tarifbestimmungen bereits durch den zuvor erstellten Arbeitsnachweis ausreichend dokumentiert, was in rechtstechnischer Hinsicht allerdings ein zeitlich-dynamisches Bezugnahmeverfahren voraussetzt.[7] Für den hier in Rede stehenden Untersuchungsgegenstand hat dies zur Konsequenz, kleine dynamische Verweisungen als transparente Arbeitsvertragsklauseln anzusehen, die im Rahmen ihrer standardisierten Verwendung der Inhaltskontrolle gemäß § 307 Abs. 1 Satz 2 BGB standhalten.[8]

II. Große dynamische Bezugnahmeklausel

Problematisch ist allerdings, ob eine vergleichbare Ausstrahlung des Nachweisgesetzes auch im Rahmen der Transparenzkontrolle von großen dynamischen Verweisungen eingreift. Sie lässt sich jedenfalls nicht mit dem Hinweis auf § 3 Satz 2 NachwG stützen, da die Vorschrift ausschließlich in zeitlicher Hinsicht den Nachweis auf einen Tarifvertrag privilegiert und deshalb keine Aussage bezüglich einer fachlichen Dynamisierung der Bezugnahmevereinbarung gestattet. Zu verweisen wäre damit allenfalls auf § 2 Abs. 1 Satz 2 Nr. 10 NachwG, der einen in allgemeiner Form gehaltenen Hinweis auf die anzuwendenden Tarifverträge ausreichen lässt.[9] Vor dem Hintergrund des hier in Rede stehenden Untersuchungs-

---

6 BT-Drucks. 14/6857, S. 54.

7 *Oetker*, Festschrift für Wiedemann, S. 383, 397.

8 *Annuß*, ZfA 2005, S. 405, 432 f.; *Diehn*, NZA 2004, S. 129, 132; *Kempen/Zachert*, § 3 TVG, RdNr. 176 f.; *Lorenz*, in: Däubler, § 3 TVG, RdNr. 219; *Oetker*, Festschrift für Wiedemann, S. 383, 397; *Preis*, Festschrift für Wiedemann, S. 425, 439 ff.; *Thüsing*, in: v. Westphalen, AGB- Recht, Arbeitsverträge, RdNr. 87; *Thüsing/Lambrich*, in: Tarifautonomie im Wandel, S. 123, 130 f.; *Zeller-Müller*, Inhaltskontrolle von Arbeitsverträgen, S. 216.

9 Vgl. in diesem Zusammenhang erneut § 6 A I.

gegenstandes müsste die Norm jedoch dann auch eine entsprechende Flexibilisierung des Bezugnahmeobjekts erfassen, was unter Berücksichtigung von § 3 Satz 1 NachwG wohl zu verneinen ist.[10]

Da der Tarifwechsel somit stets eine Dokumentationspflicht aus dem Nachweisgesetz auslöst, scheint die große dynamische Bezugnahmeklausel dann in Widerspruch zu den Vorgaben von § 307 Abs. 1 Satz 2 BGB zu stehen, wenn der Arbeitsvertrag keinen ausdrücklichen Änderungsvorbehalt enthält und die Tatbestände des Tarifwechsels nicht ausdrücklich benennt. Hierdurch wären die Anforderungen an das Transparenzgebot allerdings überspannt. Ersichtlich begegnet § 307 Abs. 1 Satz 2 BGB der Gefahr, Zweifel bei der Handhabung eines Vertrages zu vermeiden.[11] Der Mangel der Klarheit von Allgemeinen Geschäftsbedingungen kann demnach darin bestehen, dass der Text einer Klausel nicht verständlich verfasst ist oder dass er die Rechte und Pflichten der Arbeitsvertragsparteien bzw. die Vertragsfolgen nicht hinreichend deutlich beschreibt.[12] Dieser Schutz ist aber nicht so zu verstehen, Dauerschuldverhältnissen, wie dem Arbeitsvertrag, ihre Zukunftswirkung zu nehmen und den bei Vertragsschluss vorliegenden Bestand von Arbeitsbedingungen ein für allemal festzulegen.[13]

Ohnehin ist die Intransparenz von Allgemeinen Geschäftsbedingungen dann in Frage zu stellen, sofern die Undurchsichtigkeit einer Klausel im Wege der Auslegung zu begegnen ist.[14] Da der Regelungsbefehl von § 307 Abs. 1 Satz 2 BGB lediglich festschreibt, dass sich aus einer vorformulierten Vertragsbestimmung, die nicht klar und verständlich ist, eine unangemessene Benachteiligung des Vertragspartners des Verwenders ergeben „kann“, fällt eine Klausel, der im Wege der von der Inhaltskontrolle zu trennenden Auslegung einen für den Rechtsverkehr maßgeblichen Inhalt zuzuweisen ist, schon nicht in den Anwendungsbereich der Norm.[15] Erfüllt die große dynamische Verweisung vor diesem Hintergrund somit den Zweck einer Gleichstellungsabrede, ist für den Arbeitnehmer bereits zum Zeitpunkt des Vertragsschlusses hinreichend ersichtlich, dass jeweils der Tarifvertrag Anwendung finden soll, an den der Arbeitgeber kraft Verbandzugehörigkeit bzw. kraft eigener Stellung als Tarifvertragspartei gebunden ist.[16] Dem Transpa-

---

10 BAG vom 05.11.2003, AP Nr. 1 zu § 3 NachwG.

11 Vgl. in diesem Zusammenhang unter anderem *Coester*, in: Staudinger, § 307 BGB, RdNr. 178; *Heinrichs*, in: Palandt, § 307 BGB, RdNr. 16 ff.; *Stoffels*, AGB-Recht, RdNr. 332; *Wolf*, in: Wolf/Horn/Lindacher, § 9 AGBG, RdNr. 144.

12 So etwa *Däubler/Dorndorf*, AGB-Kontrolle im Arbeitsrecht, § 307 BGB, RdNr. 154 f.

13 Treffend *Annuß*, ZfA 2005, S. 405, 432 f.; sowie *Coester*, in: Staudinger, § 307 BGB; RdNr. 219.

14 Vgl. in diesem Zusammenhang erneut § 7 B III.

15 So auch *Lange*, ZGS 2004, S. 208, 209 f.

16 So auch *Oetker*, Festschrift für Schaub, S. 383, 398.

renzgebot ist daher Genüge getan, wenn die „Jeweiligkeitsklausel“ so klar formuliert ist, dass zu jedem Zeitpunkt der Vertragsdurchführung eindeutig ermittelt werden kann, welchen Tarifbestimmungen das verweisende Arbeitsverhältnis derzeit unterliegt.[17]

B. Große dynamische Bezugnahmevereinbarung und Änderungsvorbehalt

Schwieriger zu beantworten ist hingegen die Frage, inwieweit eine vorformulierte Tarifwechselklausel der Inhaltskontrolle gemäß § 307 Abs. 1 Satz 1 BGB bzw. § 308 Nr. 4 BGB standhält. So können dynamische Verweisungen den Vertragspartner des Verwenders deswegen unangemessen benachteiligen, weil sie dem „Herrscher“ über die einbezogene Rechtsquelle das Recht vorbehalten, den Vertragsinhalt zu modifizieren. Dynamische Bezugnahmevereinbarungen laufen daher auf die Einräumung eines einseitigen Bestimmungsrechts desjenigen hinaus, der die Rechtsmacht innehat, das Verweisungsobjekt zu ändern.[18] Bedenkt man vor diesem Hintergrund, dass der Wechsel in ein anderes Tarifsystem nicht von den Tarifvertragsparteien abhängt, sondern gerade durch den Arbeitgeber herbeigeführt werden kann (bspw. anhand der Verlagerung des Produktionsschwerpunktes oder durch den Abschluss eines zu Sanierungszwecken abgeschlossenen Firmentarifvertrages), scheint die standardisierte Verwendung einer großen dynamischen Bezugnahmeklausel, welche im Besonderen eine Veränderung der Leistungspflichten des Arbeitgebers zur Folge hat, einem Änderungsvorbehalt gleichzustehen,[19] dessen Wirksamkeit dann unter den Voraussetzungen des § 307 Abs. 1 Satz 1 BGB bzw. § 308 Nr. 4 BGB steht.[20]

Der 3. Senat des BAG hat diese Problematik bislang nur in seinem Urteil vom 27.06.2006 angesprochen.[21] Der zweite Leitsatz der Entscheidung lautet: „Soweit (in Formulararbeitsverträgen) auf Tarifverträge verwiesen wird, ist dies rechtlich unbedenklich. Dies gilt jedenfalls dann, wenn diese geeignet sind, für die Belegschaft eine repräsentative Regelung herbeizuführen.“ In ähnlicher Weise stellt auch der 4. Senat des BAG fest, dass der Vereinbarung einer Tarifwechselklausel

---

17 Wie hier auch *Annuß*, ZfA 2005, S. 405, 433; *Diehn*, NZA 2004, S. 129, 134; *Hanau*, NZA 2005, S. 489, 492; *Oetker*, Festschrift für Wiedemann, S. 383, 398.; *Thüsing/Lambrich*, in: Tarifautonomie im Wandel, S. 123, 130 f.; *Zeller-Müller*, Inhaltskontrolle in Arbeitsverträgen, S. 216.

18 *Oetker*, JZ 2002, S. 337, 341; *Reinecke*, BB 2006, S. 2637, 2645.

19 Vgl. *Annuß*, ZfA 2005, S. 405, 433; *Reinecke*, BB 2006, S. 2637, 2645; *Stein*, AuR 2003, S. 361, 365.

20 So ausdrücklich *Reinecke*, BB 2006, S. 2637, 2645; sowie *Stein*, AuR 2003, S. 361, 365.

21 BAG vom 27.06.2006 – 3 AZR 255/05 – n. v.

vertragsrechtlich nichts im Wege steht.[22] Dagegen bezweifeln Teile des Schrifttums schon im Grundsatz die Anwendbarkeit von § 308 Nr. 4 BGB, da eine Tarifwechselklausel dem Arbeitgeber nicht die Abänderung seiner Leistungsverpflichtung gestatte, sondern ihm lediglich die Möglichkeit gewähre, die Rechtsfolgen seiner Tarifbindung einzelvertraglich zur Geltung zu bringen.[23] Diesem Ansatz ist insoweit zuzustimmen, als dass bei der Anwendung des Rechts der Allgemeinen Geschäftsbedingungen den im Arbeitsrecht bestehenden Besonderheiten ausreichend Rechnung zu tragen ist (§ 310 Abs. 4 Satz 2 Halbsatz 1 BGB). Für den hier in Rede stehenden Untersuchungsgegen-stand bleibt daher zu berücksichtigen, dass eine große dynamische Bezugnahmevereinbarung lediglich die Anwendung eines solchen Tarifvertrages ermöglicht, der bei entsprechender Tarifbindung beider Arbeitsvertragsparteien auch nach den Vorgaben des Tarifvertragsgesetzes anzuwenden wäre.[24] Vor diesem Hintergrund ist damit aber auf den in § 310 Abs. 4 Satz 3 BGB angeordneten Regelungsbefehl zu verweisen, der eine Inhaltskontrolle des einschlägigen Bezugnahmeobjekts wegen dessen materieller Richtigkeitsgewähr auch auf der Grundlage des Arbeitsvertrages verbietet.[25] Mit dem Verbot der mittelbaren Tarifzensur verdeutlicht sich daher die gesetzgeberische Intention, einen Arbeitnehmer einzelvertraglich nicht besser zu stellen, als bei entsprechender Verbandsmitgliedschaft.[26] Da vor diesem Hintergrund die Schutz- und Ordnungsfunktion des jeweils einschlägigen Tarifvertrages aber auch als integraler Bestandteil des Arbeitsvertrages erhalten bleibt, ist die standardisierte Verwendung von großen dynamischen Bezugnahmevereinbarungen nicht gemäß § 307 Abs. 1 Satz 1 BGB bzw. § 308 Nr. 4 BGB in Frage zu stellen.[27]

C. Inhaltskontrolle tarifvertraglicher Arbeitsbedingungen

Ist die Bezugnahmeklausel als wirksamer Bestandteil des Arbeitsvertrages auszuweisen, ist damit noch nicht entschieden, inwieweit die einbezogenen Tarifbestimmungen stets einen angemessenen Interessenausgleich zwischen den Arbeitsvertragsparteien beinhalten. Als Bindeglied bewerkstelligt eine einzelvertragliche Verweisung lediglich die Verknüpfung von Arbeits- und Tarifvertrag. Der eigent-

---

22 BAG vom 14.12.2005, AP Nr. 39 zu § 1 TVG Bezugnahme auf Tarifvertrag.

23 *Haußmann*, Festschrift für Schwerdtner, S. 89, 96.

24 Vgl. dazu erneut § 7 B III.

25 So auch *Annuß*, ZfA 2005, S. 405, 433; einschränkend dagegen *Stein*, AuR 2003, S. 361, 365.

26 Ausführlich hierzu sogleich unter § 8 C II.

27 Wie hier auch *Annuß*, ZfA 2005, S. 405, 433; sowie *Haußmann*, Festschrift für Schwerdtner, S. 89, 96.

liche Inhalt des Arbeitsverhältnisses bemisst sich dagegen ausschließlich auf der Grundlage der zwischen den Tarifpartnern ausgehandelten Arbeitsbedingungen.

Unter Zugrundelegung der Voraussetzungen zur Anwendung von Tarifbestimmungen nach dem Tarifvertragsgesetz kommt dem Tarifvertrag grundsätzlich eine materielle Richtigkeitsgewähr zu, welche eine Billigkeitskontrolle durch die Judikative verbietet (§ 310 Abs. 4 Satz 1 BGB). Anders verhält es sich dagegen in den Fällen, in denen Tarifbestimmungen kraft Bezugnahmeklausel anzuwenden sind. Hier sind die einbezogenen Regelungsgegenstände nicht als Inhalt des Tarifvertrages, sondern als einzelvertragliche Vereinbarung zwischen den Arbeitsvertragsparteien zu werten.[28] Werden Tarifbestimmungen in diesem Kontext integraler Bestandteil eines Formulararbeitsvertrages, ist somit zugleich die Inhaltskontrolle Allgemeiner Geschäftsbedingungen angesprochen. Deshalb ist zu überprüfen, ob und inwieweit in den Arbeitsvertrag inkorporierte Tarifinhalte eine unangemessene Benachteiligung gegenüber dem Arbeitnehmer begründen können.[29]

I. Tarifverträge als Angemessenheitsmaßstab i. S. d. § 307 Abs. 1 Satz 1 BGB

Im Grundsatz halten Allgemeine Geschäftsbedingungen einer Inhaltskontrolle i. S. d. 307 ff. BGB dann nicht Stand, wenn sie den Vertragspartner des Verwenders entgegen den Geboten von Treu und Glauben unangemessen benachteiligen. Ungeachtet der Vorgaben des Transparenzgebots gilt dies mit Blick auf § 307 Abs. 3 Satz 1 BGB jedoch nur in den Fällen, in denen standardisierte Vertragsbestimmungen von Rechtsvorschriften abweichende oder ergänzende Regelungen beinhalten. Auch für das Arbeitsvertragsrecht hat die Norm insoweit die Funktion, sowohl primäre Hauptleistungspflichten der Arbeitsvertragsparteien als auch einzelvertraglich übernommene Interessenbewertungen des Gesetzgebers einer Klauselkontrolle zu entziehen.[30] Mit § 310 Abs. 4 Satz 3 BGB stellt der Gesetzgeber daneben eine weitere Besonderheit auf, da nunmehr auch Tarifverträge Rechtsvorschriften i. S. d. § 307 Abs. 3 BGB gleich stehen. Für die Inhaltskontrolle des Arbeitsvertrages hat dies weit reichende Konsequenzen.

---

28 Vgl. dazu erneut § 2 A II.

29 Dies gilt unter Berücksichtigung von § 310 Abs. 3 Nr. 2 BGB selbst dann, wenn ein entsprechendes Bezugnahmeverfahren lediglich zur einmaligen Verwendung durch den Arbeitgeber bestimmt ist.

30 *Annuß*, BB 2002, S. 458, 460; *Däubler/Dorndorf*, AGB-Kontrolle im Arbeitsrecht, § 307 BGB, RdNr. 248 und 256; *Gotthardt*, Arbeitsrecht nach der Schuldrechtsreform, RdNr. 265; *Hromadka*, NJW 2002, S. 2523, 2526; *Lieb*, Festschrift für Ulmer, S. 1231, 1242; *Preis*, in: ErfK, §§ 305-310 BGB, RdNr. 37 f.; *Thüsing*, in: v. Westphalen, AGB-Recht, Arbeitsverträge, RdNr. 54.

1. Der Ansatz von *Däubler*

Beleuchtet man zunächst den Wortlaut von § 310 Abs. 4 Satz 3 BGB, scheint eine Inhaltskontrolle bereits dann angebracht, wenn der Arbeitsvertrag eine Abweichung gegenüber tarifvertraglichen Bestimmungen beinhaltet. Konsequent fortgeführt bedeutet dies aber auch, Tarifnormen selbst einen Angemessenheitsmaßstab i. S. d. § 307 Abs. 2 Nr. 1 BGB zuzuweisen. Infolgedessen ist nach Ansicht von *Däubler*[31] jedes „tariffreie" Arbeitsverhältnis anhand des einschlägigen Tarifniveaus auszurichten. § 310 Abs. 4 Satz 3 BGB habe gerade den Sinn, Tarifverträge dort als Maßstab für die Inhaltskontrolle heranzuziehen, wo es ihnen an einer unmittelbaren Anwendbarkeit fehlt.[32] Für das Arbeitsrecht bestehe die Besonderheit, dass Tarifverträge wesentlich an der Ausgestaltung der „essentialia negotii" des Arbeitsverhältnisses beteiligt sind. Dies habe zur Folge, dass der in § 310 Abs. 4 Satz 3 BGB angeordnete Gleichstellungsbefehl gleichermaßen die Kontrolle arbeitsvertraglicher Hauptleistungspflichten ermöglicht.[33] Um in diesem Zusammenhang eine unzulässige Abweichung festzustellen, könne auf die Rechtsprechung des BAG zu § 10 BBiG[34] (nunmehr § 17 BBiG) zurückgegriffen werden. Damit dürfe ein einzelvertraglich festgesetztes Entgeltniveau nicht mehr als 20% des tariflichen Standards unterschreiten.[35]

2. Stellungnahme

Nach seinem Wortlaut scheint § 310 Abs. 4 Satz 3 BGB die Inhaltskontrolle des Arbeitsvertrages zunächst zu erweitern. Das überrascht in mehrfacher Hinsicht. Gelten Rechtsnormen eines Tarifvertrages unmittelbar und zwingend, erweist sich die Billigkeitskontrolle einzelvertraglicher Arbeitsbedingungen als funktionslos. Indem § 4 Abs. 3 TVG ein Abweichen vom Tarifvertrag nur zu Gunsten des Arbeitnehmers gestattet, ist vor dem Hintergrund der Leitbildfunktion des einschlä-

---

31 *Däubler*, NZA 2001, S. 1329, 1334; *Däubler/Dorndorf*, AGB-Kontrolle im Arbeitsrecht, § 307 BGB, RdNr. 279. Zustimmend unter anderem *Peter*, in: Sicherung tariflicher Mindeststandards, S. 104, 118 f.; sowie *Reinecke*, DB 2002, S. 583, 585.

32 *Däubler/Dorndorf*, AGB-Kontrolle im Arbeitsrecht, § 307 BGB, RdNr. 279.

33 Erstmals *Däubler*, NZA 2001, S. 1329, 1334. Jüngst bestätigt bei *Däubler/Dorndorf*, AGB-Kontrolle im Arbeitsrecht, § 307 BGB, RdNr. 281 ff., mit dem Einwand, das deutsche AGB-Recht kenne keinen allgemeinen Grundsatz, wonach Hauptkonditionen kontrollfrei bleiben müssen. Vielmehr stehe es dem Gesetzgeber frei, die Unterbietung von Tariflöhnen durch Außenseiter nur in einem gewissen Umfang zuzulassen oder ganz zu verbieten.

34 Vgl. hierzu BAG vom 10.04.1991, AP Nr. 3 zu § 10 BBiG a. F.; BAG vom 11.10.1995, AP Nr. 6 zu § 10 BBiG a. F.; BAG vom 25.07.2002, AP Nr. 11 zu § 10 BBiG a. F.

35 *Däubler/Dorndorf*, AGB-Kontrolle im Arbeitsrecht, § 307 BGB, RdNr. 288.

gigen Tarifvertrages eine unangemessene Benachteiligung durch Allgemeine Geschäftsbedingungen nicht zu erwarten.[36] Für ein nichttarifgebundenes Arbeitsverhältnis ist der einschlägige Tarifvertrag dagegen eine nicht geltende Rechtsvorschrift i. S. v. § 307 Abs. 3 BGB, da sich der Regelungebefehl von Tarifbestimmungen, abgesehen von ihrer Allgemeinverbindlichkeitswirkung, nur auf beiderseitig tarifgebundene Arbeitsvertragsparteien erstreckt. Fehlt diese Voraussetzung, kann ein Formulararbeitsvertrag hiervon aber nicht abweichen bzw. einen Tarifvertrag ergänzen.[37]

Darüber hinaus ist festzustellen, dass die deutsche Tariflandschaft kein einheitliches Tarifniveau festschreibt. Wenn aber für die Arbeitsvertragsparteien mangels Tarifbindung kein Tarifvertrag gilt, ist auch nicht feststellbar, in Bezug auf welchen Tarifvertrag eine Abweichung oder Ergänzung durch vorformulierte Arbeitsvertragsklauseln gegeben sein soll und gegenüber welchem Tarifniveau die Bedingungen des Arbeitsverhältnisses auszurichten sind.[38] Mit Recht sieht sich der durch *Däubler* dargelegte Ansatz daher erheblichen Bedenken im Schrifttum ausgesetzt.[39]

a) Gesetzessystematik

Dies zeigt bereits die Gesetzessystematik. So trifft § 307 Abs. 3 BGB lediglich eine Anordnung im Hinblick auf den zu kontrollierenden Vertragsinhalt.[40] Den eigentlichen Maßstab zur Feststellung der Angemessenheit Allgemeiner Geschäftsbedingungen statuiert dagegen § 307 Abs. 1 und 2 BGB. Angesichts dieser Regelungsanordnung versteht sich § 307 Abs. 3 BGB damit als nachgelagerter

---

36 *Joost*, Festschrift für Ulmer, S. 1199, 1207.

37 *Joost*, Festschrift für Ulmer, S. 1199, 1207; *Oetker*, Festschrift für Wiedemann, S. 383, 394.

38 *Joost*, Festschrift für Ulmer, S. 1199, 1207.

39 *Annuß*, BB 2002, S. 458, 460; *Bayreuther*, RdA 2003, S. 81, 81 ff.; *Ebeling*, Die Bezugnahme auf Tarifverträge im Arbeitsvertrag, S. 185; *Gotthardt*, Arbeitsrecht nach der Schuldrechtsreform, RdNr. 269; *ders.*, ZIP 2002, S. 277, 282; *Hanau*, Anm. zu BAG, EWiR 2002, S. 419, 420; *Henssler*, RdA 2002, S. 129, 136; *Hromadka*, NJW 2002, S. 2523, 2527; *Lingemann*, NZA 2002, S. 181, 188; *Oetker*, Festschrift für Wiedemann, S. 383, 394; *Preis*, NZA 2003, Sonderbeilage Heft 16, S. 19, 31; *Reinecke*, NZA 2004, Sonderbeilage Heft 18, S. 27, 29; *Richardi*, NZA 2002, S. 1057, 1061; *Singer*, RdA 2003, S. 194, 198; *Thüsing*, BB 2002, S. 2666, 2671; *Thüsing/Lambrich*, RdA 2002, S. 193, 196; *dies.*, in: Tarifautonomie im Wandel, S. 123, 145 f.

40 In diesem Sinne auch *Bayreuther*, RdA 2003, S. 81, 82; *Lieb*, Festschrift für Ulmer, S. 1231, 1243.

Ausnahmetatbestand,[41] der die Inhaltskontrolle gesetzlicher Interessenbewertungen bzw. primärer Hauptleistungspflichten des Vertrages verbietet.

Mit Blick auf § 307 Abs. 2 Nr. 1 BGB bedürfen darüber hinaus zwei Aspekte der Klarstellung. Einerseits erfordert die Zweifelsregelung das Vorliegen einer dispositiven Gesetzesnorm. Für Tarifverträge trifft dieses Merkmal jedoch nur eingeschränkt zu, da deren Inhalte regelmäßig zwingend sind und nur vereinzelt Öffnungsklauseln enthalten.[42] Andererseits verlangt die Vorschrift die Anwendbarkeit der betreffenden Regelung mit Hinblick auf das konkrete Vertragsverhältnis. Wie bereits verdeutlicht,[43] kommt Tarifverträgen im Gegensatz zum positiven Recht allerdings kein absoluter Geltungsanspruch zu. Infolgedessen ist es nur logisch, dass § 310 Abs. 4 Satz 3 BGB ausschließlich auf § 307 Abs. 3 BGB verweist. Hätte der Gesetzgeber dagegen beabsichtigt, Tarifbestimmungen grundlegend die Funktion eines Kontrollmaßstabes zuzuweisen, wäre § 310 Abs. 4 Satz 3 BGB vollständig auf den Regelungsgehalt von § 307 BGB bezogen.[44]

b) Verfassungsrechtliche Bedenken gegen eine am Vorbild des Tarifvertrages ausgerichtete Inhaltskontrolle des Arbeitsvertrages

Darüber hinaus hat eine Inhaltskontrolle am Vorbild des Tarifvertrages die Folge, dass tarifvertraglichen Arbeitsbedingungen – ungeachtet der Vorraussetzungen von § 5 TVG – eine Allgemeinverbindlichkeitswirkung zukommt.[45] Dies steht nicht nur in Widerspruch zu dem in § 4 Abs. 1 TVG angeordneten Geltungsbefehl von Tarifbestimmungen, sondern stößt gleichermaßen auf verfassungsrechtliche Bedenken.

Fungiert der Tarifvertrag als Angemessenheitsmaßstab für die Inhaltskontrolle Allgemeiner Geschäftsbedingungen, erlaubt dies den Schluss auf eine kollektivvertragliche Zwangsregelung sämtlicher Arbeitsverhältnisse.[46] Ob hierin bereits

---

41 So *Bayreuther*, RdA 2003, S. 81, 82.

42 *Oetker*, Festschrift für Wiedemann, S. 383, 394.

43 § 8 C I 2.

44 *Bayreuther*, RdA 2003, S. 81, 81; *Bratz*, Arbeitsrechtliche Besonderheiten bei der AGB-Kontrolle, S. 245; *Gotthardt*, Arbeitsrecht nach der Schuldrechtsreform, RdNr. 269; *Henssler*, RdA 2002, S. 129, 136; *Lieb*, Festschrift für Ulmer, S. 1231, 1243; *Lingemann*, NZA 2002, S. 181, 188; *Preis*, NZA 2003, Sonderbeilage Heft 16, S. 19, 31; *Reinecke*, NZA 2004, Sonderbeilage Heft 1, S. 27, 29; *Schlodder*, Der Arbeitsvertrag im neuen Schuldrecht, S. 213; *Thüsing/Lambrich*, in: Tarifautonomie im Wandel, S. 123, 146.

45 *Bayreuther*, RdA 2003, S. 81, 82; *Joost*, Festschrift für Ulmer, S. 1199, 1207 f.

46 *Annuß*, BB 2002, S. 458, 460; *Bayreuther*, RdA 2003, S. 81, 83; *Ebeling*, Die Bezugnahme auf Tarifverträge im Arbeitsvertrag, S. 185; *Henssler*, RdA 2002, S. 129, 136; *Hromadka*, NJW 2002, S. 2523, 2527; *Joost*, Festschrift für Ulmer, S. 1199, 1208; *Lingemann*, NZA 2002, S. 181, 189; *Richardi*, NZA 2002, S. 1057, 1061 f.; *Schlodder*, Der

ein Eingriff in die negative Koalitionsfreiheit zu erblicken ist, kann dahinstehen.[47] Beeinträchtigt ist in jedem Fall die Vertragsgestaltungsmacht der Arbeitsvertragsparteien und somit die durch Art. 12 GG gewährleistete Berufs- und Unternehmensfreiheit.[48] Infolgedessen stellt sich die Frage nach einer verfassungsmäßigen Legitimation, wobei besonders der Vergleich zur Allgemeinverbindlichkeitserklärung von Tarifbestimmungen verdeutlicht, dass für die Geltungserweiterung eines Tarifvertrages über die tarifgebundenen Arbeitsverhältnisse hinaus sowohl ein sachlicher Rechtfertigungsgrund als auch ein besonderes staatliches Verfahren zu fordern ist, welches zu Gunsten der Betroffenen ein erhöhtes Maß an Rechtssicherheit gewährleistet.

Unzureichend ist daher allein der Einwand, der Arbeitnehmer habe bei Abschluss des Arbeitvertrages keinen Einfluss auf den Vertragsinhalt nehmen können. Dieser Umstand vermag lediglich die AGB-Kontrolle als solche zu legitimieren, rechtfertigt aber nicht eine Inhaltskontrolle von Formulararbeitsverträgen am Maßstab des Tarifvertrages.[49] Erneut ist daran zu erinnern, dass Tarifverträge gerade keinen gesetzesvertretenden Charakter einnehmen.[50] Nichttarifgebundene Arbeitsvertragsparteien dürfen demnach nicht schrankenlos der normensetzenden Gewalt der Tarifpartner ausgeliefert werden, die ihnen gegenüber weder staatlich-demokratisch noch mitgliedschaftlich legitimiert sind.[51] Deshalb steht auch die Leitbildfunktion von Tarifverträgen in Widerspruch zum Regel-/Ausnahmeverhältnis der Inhaltskontrolle Allgemeiner Geschäftsbedingungen.

II. § 310 Abs. 4 Satz 3 BGB als Ausdruck des Verbots einer mittelbaren Tarifzensur

Unter Berücksichtigung der Gesetzesmaterialien ist der aus dem Wortlaut der Norm scheinbar fehlgehende Regelungsbefehl jedoch zu korrigieren. Hiernach soll die Inhaltskontrolle eines Tarifvertrages auch dann ausscheiden, sofern Tarifbestimmungen als integraler Bestandteil des Arbeitsvertrages anzuwenden sind.[52]

Arbeitsvertrag im neuen Schuldrecht, S. 215; *Thüsing/Lambrich*, in: Tarifautonomie im Wandel, S. 123, 146.

47 In diese Richtung *Hromadka*, NJW 2002, S. 2523, 2527; *Joost*, Festschrift für Ulmer, S. 1999, 1208; *Schlodder*, Der Arbeitsvertrag im neuen Schuldrecht, S. 214 f. Offen gelassen dagegen *Bayreuther*, RdA 2003, S. 81, 83.

48 *Annuß*, BB 2002, S. 458, 460; *Bratz*, Arbeitsrechtliche Besonderheiten bei der AGB-Kontrolle, S. 245.

49 *Bayreuther*, RdA 2003, S. 81, 83.

50 *Bayreuther*, RdA 2003, S. 81, 83 f.; *Joost*, Festschrift für Ulmer, S. 1999. 1207.

51 So ausdrücklich BVerfG vom 24.05.1977, BVerfGE 44, S. 322, 347 ff.

52 BT-Drucks. 14/6857, S. 54.

Die Gleichstellung von Tarifverträgen mit Rechtsvorschriften steht demnach in einem gesetzessystematischen Zusammenhang mit der Bereichsausnahme des § 310 Abs. 4 Satz 1 BGB. Da Tarifverträgen wegen des Verhandlungsgleichgewichts der Tarifpartner eine materielle Richtigkeitsgewähr zu attestieren ist, soll gegenüber Tarifbestimmungen auch dann keine Inhaltskontrolle stattfinden, wenn ihre Geltung auf der Grundlage des Arbeitsvertrages basiert. § 310 Abs. 4 Satz 3 BGB ist daher als reine Rechtsfolgenverweisung zu verstehen, welche dem Verbot einer mittelbaren Tarifzensur Rechnung trägt.[53]

1. Richtigkeitsgewähr des Tarifvertrages und teleologische Reduktion der Norm

Nichtsdestotrotz ist zu bezweifeln, ob ein allgemeines Verbot der mittelbaren Tarifzensur ausnahmslos zutrifft. Hierfür fällt ins Gewicht, dass die inhaltliche Angemessenheit eines Tarifvertrages nicht aus der isolierten Betrachtung einzelner Tarifbestimmungen, sondern aus der Gesamtschau des vollständigen Normenvertrages resultiert. Dementsprechend ist nicht jede einzelvertragliche Arbeitsbedingung, die mit irgendeiner Tarifnorm identisch ist, inhaltlich angemessen. Angesichts der aus § 310 Abs. 4 Satz 3 BGB folgenden Intention stellt sich daher das Problem, ob und für welche Fälle die Inhaltskontrolle schuldrechtlich wirkender Tarifbestimmungen erforderlich wird.

a) Globalbezugnahme auf den einschlägigen Tarifvertrag

Mit Blick auf den Gesetzeswortlaut als auch der Gesetzesbegründung ist vorab festzustellen, dass zumindest die individualvertragliche Wiedergabe eines „gesamten" Tarifvertrages der Inhaltskontrolle entzogen sein soll.[54] Dies umfasst sowohl die Verweisung auf den einschlägigen Tarifvertrag, als auch die Übernahme fremder Normenverträge. Nach den Vorstellungen des Gesetzgebers ver-

---

53 Vgl. nur *Annuß*, BB 2002, S. 458, 460; *Bratz*, Arbeitsrechtliche Besonderheiten bei der AGB-Kontrolle, S. 253; *Diehn*, NZA 2004, S. 129, 130; *Gotthardt*, Arbeitsrecht nach der Schuldrechtsreform, RdNr. 269; *ders.*, ZIP 2002, S. 277, 281; *ders.*, in: Henssler/Willemsen/Kalb, Arbeitsrecht, § 310 BGB, RdNr. 26; *Hanau*, Anm. zu BAG, EWiR 2002, S. 419, 420; *Henssler*, RdA 2002, S. 129, 136; *Hromadka*, NJW 2002, S. 2523, 2527; *Kempen/Zachert*, § 3 TVG, RdNr. 212; *Lakies*, AR-Blattei SD 35, RdNr. 88; *Lieb*, Festschrift für Ulmer, S. 1231, 1243; *V. Lindemann*, Flexible Gestaltung von Arbeitsbedingungen nach der Schuldrechtsreform, S. 133 f.; *Lingemann*, NZA 2002, S. 181, 189; *Löwisch/Rieble*, § 3 TVG, RdNr. 263 ff.; *Preis*, NZA 2003, Sonderbeilage Heft 16, S. 19, 31 f.; *Reinecke*, BB 2005, S. 378, 378; *Stoffels*, NZA 2004, Sonderbeilage Heft 1, S. 19, 22; *Thüsing*, in: v. Westphalen, AGB-Recht, Arbeitsverträge, RdNr. 81; *Thüsing/Lambrich*, RdA 2002, S. 193, 196; *dies.*, in: Tarifautonomie im Wandel, S. 123, 125 und 146.

54 BT-Drucks. 14/6857, S. 54.

wirklicht sich die materielle Richtigkeitsgewähr von Tarifbestimmungen damit ungeachtet der Geltung von Tarifverträgen nach dem Tarifvertragsgesetz. Dies scheint auch der Gesetzesvergleich gegenüber den §§ 22 Abs. 2 TzBfG und 7 Abs. 3 Satz 3 ArbZG zu bestätigen.

aa) Fachlicher Geltungsbereich des Tarifvertrages

Trotzdem darf bezweifelt werden, ob eine derart weite Auslegung der Norm dem tatsächlichen Willen des Gesetzgebers und somit auch dem Zweck von § 310 Abs. 4 Satz 3 BGB entspricht. Insbesondere ist daran zu erinnern, dass das Verbot der mittelbaren Tarifzensur einem angemessenen Interessenausgleich tarifvertraglicher Arbeitsbedingungen geschuldet ist. Hierfür fällt ins Gewicht, dass jede Tarifverhandlung durch einen engen Sachbezug geprägt ist, in der gezielt die Mitgliederinteressen der tarifschließenden Verbände Berücksichtigung finden. Auf diese Weise ist die Sachgerechtigkeit von Tarifbestimmungen aber untrennbar mit dem Geltungsbereich eines Tarifvertrages verbunden. Gegenüber einem tarifgebundenen Arbeitsverhältnis ist dem stets dadurch Rechnung getragen, da nur der einschlägige Tarifvertrag normative Wirkung entfaltet. Erlaubt die Privatautonomie allerdings daneben ein Bezugnahmeverfahren auf branchenfremde Tarifverträge,[55] verbietet sich der Schluss auf deren materielle Richtigkeitsgewähr, da mit fehlender Sachnähe gleichermaßen das Risiko unangemessener Tarifnormen steigt.[56]

Des Weiteren bleibt zu berücksichtigen, dass Tarifverträge auch Abweichungen gegenüber tarifdispositivem Arbeitnehmerschutzrecht beinhalten, so dass mit der in § 307 Abs. 3 BGB bestimmten Gleichstellungsanordnung zusätzlich eine Konkurrenzsituation auftritt.[57] Soweit ein Tarifvertrag Bestimmungen trifft, die von gesetzlichen Mindestarbeitsbedingungen abweichen, ist ein entsprechendes Bezugnahmeverfahren grundsätzlich nur wirksam, wenn das verweisende Arbeitsverhältnis in den Geltungsbereich des Tarifvertrages fällt. Verweist der Arbeitsvertrag dagegen auf fremde Tarifbestimmungen, entfällt der mit der Bezugnahme aufgrund gesetzlicher Zulassung verfolgte Zweck.[58]

---

55 § 2 B II 1.

56 *Däubler/Dorndorf*, AGB-Kontrolle im Arbeitsrecht, § 310 BGB, RdNr. 50; *Diehn*, NZA 2004, S. 129, 131; *Gotthardt*, ZIP 2002, S. 277, 281; *Lakies*, AR-Blattei SD 35, RdNr. 89; *V. Lindemann*, Flexible Gestaltung von Arbeitsbedingungen nach der Schuldrechtsreform, S. 136; *Preis*, Festschrift für Wiedemann, S. 425, 442; *ders.*, Der Arbeitsvertrag, S. 1446; *Richardi*, NZA 2002, S. 1057, 1062; *Stein*, Tarifvertragsrecht, RdNr. 241; *Thüsing/Lambrich*, NZA 2002, S. 1361, 1363.

57 So *Richardi*, NZA 2002, S. 1057, 1062.

58 Vgl. dazu erneut § 2 B II 2.

Entsprechendes muss auch für die Inhaltskontrolle tarifvertraglicher Arbeitsbedingungen als integraler Bestandteil des Arbeitsvertrages gelten.[59] Auch hier ist die Vertragsherrschaft des Arbeitgebers ohne Kontrolle des Arbeitsvertrages nur beanstandungslos hinzunehmen, sofern die Schutz- und Ordnungsfunktion des Tarifvertrages gleichermaßen gegenüber dem verweisenden Arbeitsverhältnis gewährleistet ist. Angesichts der Intention des Gesetzgebers und unter Berücksichtigung arbeitsrechtlicher Besonderheiten (§ 310 Abs. 4 Satz 2 Halbsatz 1 BGB) ist die Gleichstellungsanordnung in § 310 Abs. 4 Satz 3 BGB daher auf die Fälle teleologisch zu reduzieren, in denen das Arbeitsverhältnis an der materiellen Richtigkeitsgewähr des Bezugnahmeobjekts teilnimmt. Nach herrschender Ansicht im Schrifttum[60] verlangt dies zunächst die einzelvertragliche Inanspruchnahme des fachlich sowie örtlich einschlägigen Tarifvertrages.

(1) Tarifbindung der Arbeitsvertragsparteien

Darüber hinaus plädiert *Annuß*,[61] allein solche Bestandteile Allgemeiner Vertragsbedingungen von der Inhaltskontrolle auszuschließen, die mit auf das jeweilige Arbeitsverhältnis normativ einwirkenden Tarifregelungen inhaltsgleich sind. Ein wesentlicher Zweck der Freistellung von Rechtsvorschriften gegenüber der Inhaltskontrolle basiere auf der Annahme, gesetzliche Interessenbewertungen einer Klauselkontrolle zu entziehen. Da Gesetzesnormen aber selbst bei der Feststellung ihrer unangemessenen Benachteiligung gegenüber dem Vertragspartner des Verwenders anzuwenden sind, resultiere die Ausnahme der AGB-Kontrolle somit nicht aus der vermuteten Angemessenheit gesetzlicher Regelungen, sondern basiere auf deren unmittelbarer und zwingender Geltung. Wende man diese Über-

---

59 *Diehn*, NZA 2004, S. 129, 131; *V. Lindemann*, Flexible Gestaltung von Arbeitsbedingungen nach der Schuldrechtsreform, S. 136; *Preis*, Festschrift für Wiedemann, S. 425, 443.

60 *Annuß*, BB 2002, S. 458, 460; *ders.*, ZfA 2005, S. 405, 436; *Bayreuther*, RdA 2003, S. 81, 90 f.; *Bratz*, Arbeitsrechtliche Besonderheiten bei der AGB-Konrolle, S. 257; *Däubler/Dorndorf*, AGB-Kontrolle im Arbeitsrecht, § 310 BGB, RdNr. 50; *Diehn*, NZA 2004, S. 129, 131; *Ebeling*, Die Bezugnahme auf Tarifverträge im Arbeitsvertrag, S. 191; *Gotthardt*, Arbeitsrecht nach der Schuldrechtsreform, RdNr. 266; *Joost*, Festschrift für Ulmer, S. 1199, 1209; *Kempen/Zachert*, § 3 TVG, RdNr. 212 f.; *Lakies*, AR-Blattei SD 35, RdNr. 89; *V. Lindemann*, Flexible Gestaltung von Arbeitsbedingungen nach der Schuldrechtsreform, S. 136; *Löwisch/Rieble*, § 3 TVG, RdNr. 264; *Oetker*, Festschrift für Wiedemann, S. 383, 398; *Preis*, in: ErfK, §§ 305-310 BGB, RdNr. 17; *ders.*, Festschrift für Wiedemann, S. 425, 442; *Reichel*, AuR 2003, S. 366, 367; *Reinecke*, BB 2005, S. 378, 378; *Richardi*, NZA 2002, S. 1057, 1062; *Schlodder*, Der Arbeitsvertrag im neuen Schuldrecht, S. 211; *Thüsing/Lambrich*, NZA 2002, S. 1361, 1362; *dies.*, in: Tarifautonomie im Wandel, S. 123, 126 f.; *Witt*, NZA 2004, S. 135, 137; *Zeller-Müller*, Inhaltskontrolle von Arbeitsverträgen, S. 103.

61 *Annuß*, BB 2002, S. 458, 460; *ders.*, ZfA 2005, S. 405, 436 ff.; *ders.*, BB 2006, S. 1333, 1334.

legung auf den Regelungsbefehl von § 310 Abs. 4 Satz 3 BGB an, seien somit allein die Tarifverträge von der Inhaltskontrolle gemäß § 307 Abs. 3 BGB freigestellt, die auf das Arbeitsverhältnis ohnehin normativ einwirken.

(2) Stellungnahme

Eine derart restriktive Auslegung der Norm ist nicht mit der Intention des Gesetzgebers vereinbar. Bereits ein Blick in die amtliche Begründung zeigt,[62] dass die Gleichstellungsanordnung in § 310 Abs. 4 Satz 3 BGB gerade den Sinn hat, auch dort die Inhaltskontrolle von Tarifbestimmungen auszuschließen, wo es ihnen an einer normativen Anwendbarkeit fehlt. Sind Tarifverträge schon durch die Bereichsausnahme in § 310 Abs. 4 Satz 1 BGB von einer gerichtlichen Billigkeitsüberprüfung ausgenommen, soll auch deren Beachtung als integraler Bestandteil des Arbeitsvertrages keine Inhaltskontrolle ermöglichen. Angesichts der materiellen Richtigkeitsgewähr einschlägiger Tarifinhalte gilt dies nach dem Willen des Gesetzgebers ungeachtet des Geltungsgrundes eines Tarifvertrages.

Beschränkt man die Gleichstellungsanordnung dagegen auf einzelvertragliche Verweisungen innerhalb tarifgebundener Arbeitsverhältnisse, würde es der Norm nicht nur an praktischer Relevanz fehlen. Vielmehr hätte die Anwendung von § 310 Abs. 4 Satz 3 BGB dann auch eine systemwidrige Besserstellung nichttarifgebundener Arbeitsverhältnisse zur Folge. Während bei normativer Wirkung des Tarifvertrages das Arbeitsverhältnis unverändert an die entsprechenden Tarifbestimmungen gebunden ist, würde die Inhaltskontrolle desselben doch nunmehr schuldrechtlich geltenden Regelungsgegenstandes den nichttarifgebundenen Arbeitnehmern die Nachteile des Bezugnahmeobjekts nehmen, ihnen aber die Vorteile belassen.[63] Dies steht nicht nur in Widerspruch zum Zweck der Bezugnahmevereinbarung als Gleichstellungsabrede, sondern stößt gleichermaßen auf verfassungsrechtliche Bedenken. Infolgedessen steht die besagte Gleichstellung von § 310 Abs. 4 Satz 3 BGB in keinem gesetzessystematischen Zusammenhang mit der Geltung von Tarifbestimmungen nach dem Tarifvertragsgesetz.

bb) Örtlicher Geltungsbereich des Tarifvertrages

In Frage zu stellen ist jedoch, ob die durch das Gesetz geforderte Einschlägigkeit des Tarifvertrages zwingend seinen örtlichen Geltungsbereich erfasst.[64] Zu denken ist hier nur an Arbeitsverträge eines Unternehmens, welches die am Firmensitz geltenden Tarifverträge in Bezug nimmt, an die es kraft eigener Stellung als Tarifvertragspartei oder kraft Mitgliedschaft im Arbeitgeberverband gebunden ist

---

[62] Vgl. erneut BT-Drucks. 14/6857, S. 54.

[63] In diesem Sinne auch *Löwisch/Rieble*, § 3 TVG, RdNr. 263.

[64] Dies ebenso anzweifelnd *Singer*, RdA 2003, S. 194, 198.

und als tarifgebietsübergreifend tätiges Unternehmen Arbeitnehmer außerhalb des örtlichen Geltungsbereichs des Tarifvertrages beschäftigt. Im Vergleich zu den am Firmensitz gebundenen Arbeitsverhältnissen wird für Außendienstmitarbeiter der übernommene Tarifvertrag kaum unangemessen sein, zumal auch hier dem Interesse des Arbeitgebers Rechnung zu tragen ist, die Vereinheitlichung sämtlicher Beschäftigungsverhältnisse sicherzustellen. Folgerichtig ist davon auszugehen, dass „ortsfremdes" Tarifwerk „fachfremdem" Tarifwerk nicht gleichsteht,[65] die Richtigkeitsgewähr des Bezugnahmeobjekts daher im Wesentlichen aus der Brancheneinschlägigkeit des Tarifvertrages resultiert.[66]

cc) Zeitlicher Geltungsbereich des Tarifvertrages

Daneben ist bisher gleichermaßen ungeklärt, inwieweit das Verbot der mittelbaren Tarifzensur auch für die arbeitsvertragliche Übernahme lediglich nachwirkender Tarifbestimmung gilt. Hierbei bleibt zunächst zu bedenken, dass Tarifverträge in ihrer zeitlichen Reichweite grundsätzlich deshalb befristet sind, um veränderten ökonomischen und arbeitsmarktpolitischen Rahmenbedingungen gerecht zu werden. Die Sachgerechtigkeit tarifvertraglicher Arbeitsbedingungen könnte demnach automatisch entfallen, da mit Zeitablauf des Tarifvertrags auch der Regelungswille der Tarifvertragsparteien endet.[67]

(1) Dogmatische Erklärung der Nachwirkung

Argumentativ wird dieser Ansatz unterstützt, sofern man in Übereinstimmung mit der Rechtsprechung von einer Nachwirkung des Tarifvertrages aufgrund staatlichen Rechts ausgeht, § 4 Abs. 5 TVG also einen eigenständigen Rechtsgrund für den Fortbestand des zeitlich abgelaufenen Tarifinhaltes schafft (sog. Transformationstheorie).[68] Versteht man die Nachwirkung dagegen als Nachwirkung kraft Tarifrecht, in der ein Tarifvertrag nicht seine Gültigkeit, sondern lediglich die

---

65 BAG vom 21.08.2002, AP Nr. 21 zu § 157 BGB.

66 Wie hier auch *Singer*, RdA 2003, S. 194, 198; a. A. dagegen *Löwisch/Rieble*, § 3 TVG, RdNr. 266.

67 So *Bratz*, Arbeitsrechtliche Besonderheiten bei der AGB-Kontrolle, S. 259 f.; *Dieterich*, in: ErfK, Art. 2 GG, RdNr. 35; *Kempen/Zachert*, § 3 TVG, RdNr. 213; *Reinecke*, BB 2005, S. 378, 378; *Thüsing*, in: v. Westphalen, AGB-Recht, Arbeitsverträge, RdNr. 82; *Thüsing/Lambrich*, NZA 2002, S. 1361, 1363; *Witt*, NZA 2004, S. 135, 137.

68 Vgl. dazu unter anderem BAG vom 29.01.1975, AP Nr. 8 zu § 4 TVG Nachwirkung; BAG vom 15.10.2003, AP Nr. 41 zu § 4 TVG Nachwirkung; *Heinze*, Festschrift für Schaub, S. 275, 278 f.; *Hromadka/Maschmann/Wallner*, Tarifwechsel, RdNr. 245; *Jacobs*, Tarifeinheit und Tarifkonkurrenz, S. 134 f.; *Leipold*, Anm. zu BAG, SAE 1976, S. 85, 89 f.

Qualität seiner Rechtsgeltung ändert (sog. Modifikationstheorie),[69] ist die Schutz- und Ordnungsfunktion lediglich nachwirkender Tarifbestimmungen nicht zwingend in Frage zu stellen.[70] In gesetzessystematischer Hinsicht zeigt dies bereits § 77 Abs. 3 BetrVG. Bezweckt die Vorschrift den uneingeschränkten Schutz der ausgeübten und aktualisierten Tarifautonomie, ist die Sperrwirkung für die Gestaltungsmacht der Betriebspartner ungeachtet der zwingenden oder dispositiven Wirkung tarifvertraglicher Normen anzuordnen.[71] Dementsprechend erstreckt sich § 77 Abs. 3 BetrVG auch auf nachwirkende Tarifverträge.

Ohnehin fällt ins Gewicht, dass tarifgebundene Arbeitsvertragsparteien kaum in der Lage sind, einen zeitlich abgelaufenen Tarifvertrag kurzerhand zu ersetzen. Trete der Tarifvertrag nunmehr ersatz- und nachwirkungslos außer Kraft, würden die Bedingungen des Arbeitsverhältnisses automatisch auf den Stand zurückgeworfen, der zum Zeitpunkt des Vertragsschlusses vereinbart war. § 4 Abs. 5 TVG verhindert dies, indem das aktuelle Tarifniveau als zumindest vorläufiger Bestandsschutz zur Disposition der Arbeitsvertragsparteien gestellt wird.[72] Die Nachwirkung schafft mit ihrer Überbrückungsfunktion[73] somit gleichermaßen eine sichere Kalkulationsgrundlage.[74] Auch dies streitet für die Schutz- und Ordnungsfunktion lediglich nachwirkender Tarifbestimmungen.

---

69 Hierfür unter anderem *Däubler*, Tarifvertragsrecht, RdNr. 1464; *Gamillscheg*, Kollektives Arbeitsrecht I, S. 874; *Knorr*, RdA 1979, S. 201, 204; *Könitz*, Die Reichweite der Nachwirkung von Tarifverträgen, S. 23; *Rotter*, Nachwirkung der Normen eines Tarifvertrages, S. 99; *Wiedemann*, Anm. zu BAG, AP Nr. 8 zu § 4 TVG Nachwirkung, Bl. 5 f. Eine echte Normenwirkung ebenfalls ablehnend *Klebeck*, Anm. zu BAG, AP Nr. 41 zu § 4 TVG Nachwirkung, Bl. 9 f.

70 Siehe hierzu bereits *Knorr*, RdA 1979, S. 201, 204; *Wiedemann*, Anm. zu BAG, AP Nr. 8 zu § 4 TVG Nachwirkung, Bl. 5 R. Für eine tarifvertragliche Ordnungsfunktion wohl auch *Hanspach*, Umfang der Nachwirkung betrieblicher und betriebsverfassungsrechtlicher Tarifnormen, S. 54 f.

71 Dazu ausführlich *Oetker*, Festschrift für Schaub, S. 535, 550.

72 *Rieble*, Anm. zu BAG, AP Nr. 3 zu § 3 TVG Verbandsaustritt, Bl. 6 R f.

73 Statt aller BAG vom 15.10.2003, AP Nr. 41 zu § 4 TVG Nachwirkung; *Däubler*, Tarifvertragsrecht, RdNr. 1450; *Knorr*, RdA 1979, S. 201, 204; *Könitz*, Die Reichweite der Nachwirkung von Tarifverträgen, S. 28 ff.; *Löwisch/Rieble*, § 4 TVG, RdNr. 372; *Oetker*, Festschrift für Schaub, S. 535, 540; *Wiedemann*, Anm. zu BAG, AP Nr. 8 zu § 4 TVG Nachwirkung, Bl. 5 R f.

74 *Hanspach*, Umfang der Nachwirkung betrieblicher und betriebsverfassungsrechtlicher Tarifnormen, S. 53 f.; *Wiedemann*, Anm. zu BAG, AP Nr. 8 zu § 4 TVG Nachwirkung, Bl. 6.

(2) Nachwirkende Tarifnormen und tarifdispositives Arbeitnehmerschutzrecht

Letztlich zeigt auch das tarifdispositive Arbeitnehmerschutzrecht, dass die Richtigkeitsgewähr von Tarifbestimmungen mit Zeitablauf des Tarifvertrages nicht automatisch entfällt. Erneut ist daran zu erinnern, dass für die Tarifdispositivität gesetzlicher Mindestarbeitsbedingungen nicht der Geltungsgrund des Tarifvertrages entscheidet, sondern ausschließlich sein Zustandekommen unter den Funktionsvoraussetzungen des Tarifvertragsgesetzes maßgebend ist. In diesem Kontext wirkt die inhaltliche Ausgewogenheit von Tarifbestimmungen nicht nur während ihrer vereinbarten Laufzeit, sondern besteht auch im Rahmen der Nachwirkung des abweichenden Tarifvertrages.[75]

Lassen die gesetzlichen Zulassungsnormen damit aber eine Verweisung auf lediglich nachwirkende Tarifbestimmungen zu,[76] ist unter Berücksichtigung des Zwecks der tarifdispositiven Gesetzesmaterie unverändert von der Richtigkeitsgewähr des Bezugnahmeobjekts auszugehen. Demgemäß kann die Angemessenheit nachwirkender Tarifinhalte nicht formal mit dem Argument in Frage gestellt werden, mit Zeitablauf eines Normenvertrages sei dessen Regelungsgegenstand nicht mehr vom Willen der Tarifvertragsparteien gedeckt und daher bedingungslos einer Inhaltskontrolle auf der Grundlage des Arbeitsvertrages zugänglich. Dies gilt besonders in den Fällen, in denen ein Anschlusstarifvertrag alsbald zu erwarten ist. Angesichts der Überbrückungsfunktion von § 4 Abs. 5 TVG bleibt die Sachgerechtigkeit nachwirkender Tarifinhalte somit unverändert erhalten, so dass ein arbeitvertragliches Bezugnahmeverfahren auch dann vom Kontrollprivileg des § 310 Abs. 4 Satz 3 BGB gedeckt ist, wenn die übernommenen Bestimmungen des einschlägigen Tarifvertrages abgelaufen sind.

b) Teil- und Einzelverweisungen auf den einschlägigen Tarifvertrag

Neben der Globalbezugnahme ist auch klärungsbedürftig, inwieweit das Verbot der mittelbaren Tarifzensur im Rahmen der Teil- und Einzelverweisung auf den einschlägigen Tarifvertrag Bestand hat. Ausgehend vom Gesetzeswortlaut genügt für § 307 Abs. 3 Satz 1 BGB eine inhaltliche Übereinstimmung von Allgemeinen Geschäftsbedingungen und Rechtsvorschriften. Demgegenüber stellt § 310 Abs. 4 Satz 3 BGB den Tarifvertrag in seiner Gesamtheit den in § 307 Abs. 3 BGB statuierten Regelungsbefehl gleich. Eine Abweichung liegt hiernach schon dann vor, wenn der einschlägige Tarifvertrag lediglich in einzelnen Teilbereichen in Bezug genommen wird.

---

[75] Vgl. dazu erneut § 2 B II 2 c).

[76] § 2 B II 2 c) bb).

aa) Einzelverweisung

Maßgeblich bleibt allerdings der Zweck von § 310 Abs. 4 Satz 3 BGB. Insbesondere fällt ins Gewicht, dass die Anwendung tarifvertraglicher Arbeitsbedingungen zu einer Beurteilung ihres Inhalts im Kontext des einbeziehenden Arbeitsverhältnisses zwingt.[77] Infolgedessen ist die Verweisung auf einzelne Tarifbestimmungen unstrittig als Abweichung i. S. v. § 307 Abs. 3 BGB i. V. m. § 310 Abs. 4 Satz 3 BGB zu verstehen. Da der Arbeitgeber mit dieser Form der Bezugnahmevereinbarung vollständig den inhaltlichen Gesamtzusammenhang des Tarifvertrages zerstört, ist die Richtigkeitsgewähr des Bezugnahmeobjekts nicht ausnahmslos sichergestellt.[78] Insoweit ist die vereinzelte Anwendung von Tarifbestimmungen auch einer AGB-Kontrolle zugänglich.[79]

bb) Teilverweisung

Gleichermaßen bezweifelt ein beachtlicher Teil des Schrifttums die inhaltliche Ausgewogenheit von Teilverweisungen.[80] Zunehmend wird die Gefahr gesehen, der Arbeitgeber nehme nur solche Regelungsbereiche in Bezug, die aus seiner

---

77 So *Ebeling*, Die Bezugnahme auf Tarifverträge im Arbeitsvertrag, S. 190.

78 *V. Lindemann*, Flexible Gestaltung von Arbeitsbedingungen nach der Schuldrechtsreform, S. 134; *Preis*, Festschrift für Wiedemann, S. 425, 443 f.; *Reinecke*, NZA 2000, Sonderbeilage Heft 3, S. 23, 29.

79 Allgemeine Ansicht vgl. nur *Bayreuther*, RdA 2003, S. 81, 91; *Bratz*, Arbeitsrechtliche Besonderheiten bei der AGB-Kontrolle, S. 260; *Däubler/Dorndorf*, AGB-Kontrolle im Arbeitsrecht, § 310 BGB, RdNr. 51; *Diehn*, NZA 2004, S. 129, 131; *Gotthardt*, Arbeitsrecht nach der Schuldrechtsreform, RdNr. 267; *Hanau/Kania*, Festschrift für Schaub, S. 239, 245; *Joost*, Festschrift für Ulmer, S. 1199, 1209; *Kempen/Zachert*, § 3 TVG, RdNr. 213; *Lakies*, AR-Blattei SD 35, RdNr. 100; *V. Lindemann*, Flexible Gestaltung von Arbeitsbedingungen nach der Schuldrechtsreform, S. 134 f.; *Lorenz*, in: Däubler, § 3 TVG, RdNr. 236; *Oppermann*, Die Kontrolle von Tarifvertragsregelungen in ihrer Anwendung auf den Einzelfall, S. 168; *Preis*, Festschrift für Wiedemann, S. 425, 443; *Reinecke*, BB 2005, S. 378, 378; *Thüsing*, in: v. Westphalen, AGB- Recht, Arbeitsverträge, RdNr. 84; *Thüsing/Lambrich*, in: Tarifautonomie im Wandel, S. 123, 128; *Witt*, NZA 2004, S. 135, 137.

80 *Bratz*, Arbeitsvertragliche Besonderheiten bei der AGB-Kontrolle, S. 261 ff.; *Däubler*, NZA 2001, S. 1329, 1335 f.; *Däubler/Dorndorf*, AGB-Kontrolle im Arbeitsrecht, § 310 BGB, RdNr. 52; *Diehn*, NZA 2004, S. 129, 130; *Gotthardt*, Arbeitsrecht nach der Schuldrechtsreform, RdNr. 268; *Joost*, Festschrift für Ulmer, S. 1199, 1209; *Kempen/Zachert*, § 3 TVG, RdNr. 213; *Lakies*, AR-Blattei SD 35, RdNr. 106; *Lorenz*, in: Däubler, § 3 TVG, RdNr. 237; *Löwisch/Rieble*, § 3 TVG, RdNr. 264; *Oppermann*, Die Kontrolle von Tarifvertragsregelungen in ihrer Anwendung auf den Einzelfall, S. 168; *Reinecke*, BB 2005, S. 378, 378; *Schlodder*, Der Arbeitsvertrag im neuen Schuldrecht, S. 211; *Thüsing*, in: v. Westphalen, AGB-Recht, Arbeitsverträge RdNr. 84; *Thüsing/Lambrich*, NZA 2002, S. 1361, 1363.

Sicht von Vorteil sind und blende die Tarifbestimmungen aus, die nach dem Willen der Tarifvertragsparteien einen angemessenen Ausgleich gegenüber den Arbeitnehmerinteressen bewirken.[81] Darum habe der Gesetzgeber bewusst in § 310 Abs. 4 Satz 3 BGB den Tarifvertrag als Ganzes den Rechtsvorschriften i. S. v. § 307 Abs. 3 BGB gleichgestellt.

Sofern sichergestellt ist, dass Vor- und Nachteile tarifvertraglicher Arbeitsbedingungen in einem ausgewogenen Verhältnis zueinander stehen, liegt auch bei einer Teilverweisung die Vermutung nahe, von der Richtigkeitsgewähr des Bezugnahmeobjekts auszugehen.[82] Gleichwohl erwachsen die Probleme weniger aus der abstrakten Festsetzung von Anforderungen, welche an den Teilkomplex des einzubeziehenden Tarifvertrages zu stellen sind, als vielmehr in seiner konkreten Bestimmung.[83] Dies zeigt insbesondere ein Vergleich zur Inhaltskontrolle der Verdingungsordnung für Bauleistungen Teil B (VOB/B). Auch hier war die Rechtsprechung dem Vorwurf der Rechtsunsicherheit ausgesetzt, da nach Auffassung des BGH die Billigkeitskontrolle der VOB/B ohne Nennung tragender Abgrenzungskriterien bereits dann entbehrlich war, wenn auf den Kern des Regelwerks ohne ins Gewicht fallende Einschränkungen verwiesen wurde. Mittlerweile begegnet der BGH dieser Kritik, indem die vertragliche Übernahme der VOB/B schon bei geringsten Abweichungen einer Inhaltskontrolle unterliegen soll.[84]

Unter Berücksichtigung der Intention des Gesetzgebers, dass mit der Modifizierung der Bereichsausnahme in § 310 Abs. 4 BGB die Rechtssicherheit gefördert und das Schutzniveau der Kontrolle von Formulararbeitsverträgen gegenüber dem allgemeinen Zivilrecht angeglichen werden soll,[85] liegt daher der Schluss nahe, die Rechtsprechung des BGH zur Inhaltkontrolle der VOB/B auch auf das Individualarbeitsrecht zu übertragen. Zwar steht die Sachgerechtigkeit in sich geschlossener Tarifkomplexe nicht zwingend in Frage, gleichwohl wäre sie für

81 Vgl. nur *Däubler*, NZA 2001, S. 1329, 1335; *Diehn*, NZA 2004, S. 129, 130; *Lakies*, AR-Blattei SD 35, RdNr. 106; *Lorenz*, in: Däubler, § 3 TVG, RdNr. 236 f.; sowie *Reinecke*, BB 2005, S. 378, 378. In diese Richtung auch *Bayreuther*, RdA 2003, S. 81, 91.

82 *Ebeling*, Die Bezugnahme auf Tarifverträge im Arbeitsvertrag, S. 190; *Henssler*, RdA 2002, S. 129, 136; *V. Lindemann*, Flexible Gestaltung von Arbeitsbedingungen nach der Schuldrechtsreform, S. 137 f.; *Preis*, Festschrift für Wiedemann, S. 424, 445 f.; *ders.*, Der Arbeitsvertrag, S. 1447 f.; Witt, NZA 2004, S. 135, 138.

83 *Däubler/Dorndorf*, AGB-Kontrolle im Arbeitsrecht, § 310 BGB, RdNr. 52. Anders dagegen *Witt*, NZA 2004, S. 135, 138, der für das Kontrollprivileg der Teilverweisung darauf abstellen will, ob die Tarifpartner den betreffenden Regelungsbereich auch als eigenständigen Tarifvertrag abgeschlossen hätten.

84 Unter Aufgabe seiner bisherigen Rechtsprechung BGH vom 22.01.2004, ZIP 2004, S. 511, 512.

85 BT-Drucks. 14/6857, S. 54.

jeden Einzelfall konkret zu prüfen. In diesem Zusammenhang führt *Bratz*[86] aber treffend aus, das einem solchen Ansatz ein Zirkelschluss innewohnt, da er die inhaltliche Angemessenheit des Bezugnahmeobjekts untersucht, um den Ausschluss der Inhaltskontrolle zu begründen.

Anders ist lediglich in den Fällen zu entscheiden, in denen der Gesetzgeber eine Teilverweisung auf den einschlägigen Tarifvertrag ausdrücklich zulässt. Gemeint sind an dieser Stelle die gesetzlichen Zulassungsnormen, die eine Abweichung von gesetzlichen Mindestarbeitsbedingungen auch bei fehlender Tarifbindung der Arbeitsvertragsparteien erlauben.[87] Entscheidet für die Tarifdispositivität von Arbeitnehmerschutzvorschriften lediglich der Abschluss des Tarifvertrages unter den Funktionsvoraussetzungen des Tarifvertragsgesetzes und nicht dessen Geltungsgrund, ist zumindest in den durch den Gesetzgeber ausdrücklich geregelten Fällen von der Richtigkeitsgewähr des durch die Verweisung erfassten Bezugnahmeobjekts auszugehen. Daher ist in der Frage des Verbots einer mittelbaren Tarifzensur der Hinweis auf das tarifdispositive Arbeitnehmerschutzrecht insoweit gerechtfertigt, als dass die Regelungsgegenstände der §§ 7 Abs. 3 Satz 1 ArbZG; 622 Abs. 4 Satz 2 BGB; 13 Abs. 1 Satz 2 BUrlG; 4 Abs. 4 Satz 2 EFZG; 21a Abs. 2 JArbSchG und 14 Abs. 2 Satz 4 TzBfG zu den Besonderheiten des Arbeitsrechts zählen, in denen der Regelungsbefehl von § 310 Abs. 4 Satz 3 BGB Platz greift.[88] Außerhalb der Bezugnahme aufgrund gesetzlicher Zulassung ist das Verbot der mittelbaren Tarifzensur dagegen zu bezweifeln.

2. Ergebnis

Auch mit Inkrafttreten des Gesetzes zur Modernisierung des Schuldrechtes unterliegt der Tarifvertrag keiner gerichtlichen Billigkeitsüberprüfung (§ 310 Abs. 4 Satz 1 BGB). Im Fall seiner Anwendung kraft arbeitsvertraglicher Bezugnahmeklausel ist dies zusätzlich über die Gleichstellungsanordnung in § 310 Abs. 4 Satz 3 BGB sichergestellt. Nichtsdestotrotz strahlt die materielle Richtigkeitsgewähr des Tarifvertrages als tragender Grund für das Verbot einer mittelbaren Tarifzensur nur dann auf das verweisende Arbeitsverhältnis aus, sofern die Schutz- und Ordnungsfunktion des Bezugnahmeobjekts auch mit einzelvertraglicher Wirkung bestehen bleibt. Dieser Umstand zwingt zu einer Differenzierung zwischen dem

86 *Bratz*, Arbeitsrechtliche Besonderheiten bei der AGB-Kontrolle, S. 263.

87 Kritisch dagegen *Thüsing*, in: v. Westphalen, AGB-Recht, Arbeitsverträge, RdNr. 86.

88 *Bratz*, Arbeitsvertragliche Besonderheiten bei der AGB-Kontrolle, S. 261; *Löwisch/Rieble*, § 3 TVG, RdNr. 267; *Schaub*, ZTR 2000, S. 259, 261; i. E. auch *Gotthardt*, Arbeitsrecht nach der Schuldrechtsreform, RdNr. 268; sowie *Richardi*, NZA 2002, S. 1057, 1062.

Geltungsbereich eines Tarifvertrages und den durch den Arbeitsvertrag festgelegten Verweisungsumfang.

Zunächst hat das Arbeitsverhältnis unter den fachlichen, örtlichen und personellen Geltungsbereich des Tarifvertrages zu fallen. Eine Ausnahme ist lediglich dann gestattet, wenn die am Firmensitz eines tarifgebietsübergreifend tätigen Unternehmens geltenden Tarifverträge für sämtliche Arbeitsverhältnisse in Anspruch genommen werden. Hier ist davon auszugehen, dass „ortfremdes" Tarifwerk „fachfremdem" Tarifwerk nicht gleichsteht. In zeitlicher Hinsicht ist die Einschlägigkeit des Tarifvertrages dagegen nicht erforderlich.

Mit Blick auf den Verweisungsumfang fordert die Gleichstellungsanordnung im Grundsatz die einzelvertragliche Übernahme des gesamten Normenvertrages. Eine Ausnahme ist ausschließlich für die Bezugnahme aufgrund gesetzlicher Zulassung erlaubt. Insofern ist die Teilverweisung lediglich in den Fällen vom Kontrollprivileg des § 310 Abs. 4 Satz 3 BGB erfasst, in denen der Gesetzgeber dies ausdrücklich zulässt.

§ 9 Wegfall der Tarifgebundenheit des Arbeitgebers wegen Verbandsaustritt

Hohe Personalkosten und wachsender Konkurrenzdruck zwingen deutsche Unternehmen immer wieder, ihre Lohnpolitik zu ändern. Das erfordert in der Regel, Abstand von tarifvertraglichen Lohnerhöhungen zu nehmen. Ist der Arbeitgeber in diesem Zusammenhang tarifgebunden, besteht nach dem Tarifvertragsgesetz unter anderem die Möglichkeit, aus dem tarifschließenden Arbeitgeberverband auszutreten, um so der Pflicht zur Weitergabe von künftigen Tarifentwicklungen zu entgehen. Mit Blick auf den Arbeitsvertrag ist die Abkehr von gefestigten Tarifstrukturen jedoch keinesfalls zwingend. Dies ist Folge einzelvertraglicher Bezugnahmevereinbarungen, deren Regelungsgehalt, wie schon zu Beginn der Untersuchung beschrieben, einerseits mit der Tarifbindung des Arbeitgebers korrespondieren kann, andererseits aber auch im Stande ist, eine allgemeine Angleichung an die Arbeitsbedingungen des einbezogenen Tarifsvertragssystems zu bewirken.[1] Da die einzelvertragliche Inanspruchnahme von Tarifbestimmungen ausschließlich den Regeln der Rechtsgeschäftslehre unterliegt,[2] folgt die „schuldrechtliche" Tarifbindung somit nicht zwingend den Handlungsmöglichkeiten, welche das Tarifvertragsgesetz für die Abänderung von Arbeitsbedingungen bereitstellt. Entschließt sich der Arbeitgeber daher, dem Abschluss künftiger Tarifverträge mittels Verbandsaustritt zu entgehen, ist zweifelhaft, ob und inwieweit die nach dem Tarifvertragsgesetz eintretenden Rechtsfolgen auch auf eine Tarifgeltung kraft arbeitsvertraglicher Bezugnahmevereinbarung durchschlagen.

A. Statische Fortgeltung des Tarifvertrages – Nachwirkungslehre des BAG

Mit Blick auf das Tarifvertragsgesetz bewirkt der Verbandsautritt zunächst keine unmittelbaren Rechtsfolgen. Dies folgt entscheidend aus der in § 3 Abs. 3 TVG angeordneten Fiktion, der zufolge die Tarifbindung des ausgetretenen Verbandsmitglieds bestehen bleibt, bis der Tarifvertrag endet. Tritt im Anschluss die Beendigung des Tarifvertrages ein, ist nach Ansicht des BAG von der Nachwirkung des Tarifvertrages entsprechend § 4 Abs. 5 TVG auszugehen.[3] Die Rechtspre-

---

1 Vgl. in diesem Zusammenhang erneut § 4.

2 Ausführlich hierzu unter § 2 A II.

3 Ständige Rechtsprechung vgl. nur BAG vom 18.03.1992, AP Nr. 13 zu § 3 TVG; BAG vom 13.07.1994, AP Nr. 14 zu § 3 TVG Verbandszugehörigkeit; BAG vom 13.12.1995, AP Nr. 3 zu § 3 TVG Verbandsaustritt. Aus dem Schrifttum unter anderem *Frölich*, NZA 1992, S. 1105, 1107; *Gamillscheg*, Kollektives Arbeitsrecht I, S. 728 f.; *Hanau*, RdA 1998, S. 65, 68 f.; *Hanau/Kania*, Festschrift für Schaub, S. 239, 250; *Hromad-*

chung begründet ihre Rechtsauffassung im Wesentlichen mit dem Zweck der Norm. Zwar sei mit dem Gesetzesbegriff „Ablauf" nur die zeitliche Beendigung des Tarifvertrages erfasst, unter Berücksichtigung der Ordnungs- und Überbrückungsfunktion[4] müsse § 4 Abs. 5 TVG jedoch grundlegend für den Fall des Wegfalls der Tarifbindung angewendet werden. Daher liege es im Interesse beider Arbeitsvertragsparteien, dass die Arbeitsbedingungen auch nach Beendigung des Tarifvertrages überschaubar bleiben, so dass es nicht darauf ankommen könne, aus welchen Gründen die Tarifbindung entfällt.[5] Zu diesem Zweck behalte der Tarifvertrag seine unmittelbare Wirkung, könne aber durch eine andere Abmachung jederzeit ersetzt werden.

In der Literatur ist die Nachwirkungslehre der Rechtsprechung aus sowohl systematischen als auch verfassungsrechtlichen Erwägungen auf Kritik gestoßen.[6] Einerseits sei § 3 Abs. 3 TVG als abschließende Sonderregelung zu verstehen, die einen Rückgriff auf § 4 Abs. 5 TVG ausschließt.[7] Andererseits führe die Ansicht des BAG zu einer dauerhaften Anwendung der einst kraft Tarifbindung geltenden Arbeitsbedingungen. Dies zeige sich besonders dann, wenn die dem Arbeitgeber zur Verfügung stehenden Handlungsmöglichkeiten betrachtet werden, mit denen eine von den nachwirkenden Tarifnormen abweichende Gestaltung des Arbeitsverhältnisses herbeizuführen ist. Einseitig sei dies nur durch den Ausspruch einer Änderungskündigung gewährleistet, deren Wirksamkeit aber regelmäßig der sozialen Rechtfertigung des § 2 KSchG unterliegt. Die Aufrechterhaltung des tarifrechtlichen „status quo" erschwere daher mittelbar die Austrittsfreiheit des Arbeitgebers und stehe deswegen in Widerspruch zu dessen negativer Koalitionsfreiheit.[8]

Mit Urteil vom 13.12.1995 hat das BAG die aus dem Schrifttum folgenden Bedenken indes mit Recht zurückgewiesen.[9] Angesichts der unterschiedlichen Regelungswirkung von § 3 Abs. 3 TVG und § 4 Abs. 5 TVG ist nicht von einem Spezialitätsverhältnis beider Normen auszugehen. Während die Fortgeltung des

---

ka/Maschmann/Wallner, Tarifwechsel, RdNr. 254; *Reichel*, Die arbeitsvertragliche Bezugnahme auf den Tarifvertrag, S. 73 f.; *Reuter*, RdA 1996, S. 201, 208 m. w. N.

4 BAG vom 18.03.1992, AP Nr. 13 zu § 3 TVG; BAG vom 13.07.1994, AP Nr. 14 zu § 3 TVG Verbandszugehörigkeit.

5 BAG vom 18.03.1992, AP Nr. 13 zu § 3 TVG.

6 *Buchner*, RdA 1997, S. 259, 260 f.; *Heinze/Ricken*, ZfA 2001, S. 159, 162 ff.; *Oetker*, Gemeinsame Anm. zu BAG, EzA § 4 TVG Nachwirkung Nr. 14 und 15, S. 17 ff.; *Rieble*, Anm. zu BAG, AP Nr. 3 zu § 3 TVG Verbandsaustritt, Bl. 4 ff.; *Schwab*, BB 1994, S. 781, 782.

7 *Oetker*, Gemeinsame Anm. zu BAG, EzA § 4 TVG Nachwirkung Nr. 14 und 15, S. 20.

8 *Oetker*, Gemeinsame Anm. zu BAG, EzA § 4 TVG Nachwirkung Nr. 14 und 15, S. 21 ff.

9 BAG vom 13.12.1995, AP Nr. 3 zu § 3 TVG Verbandsaustritt.

Tarifvertrages gemäß § 3 Abs. 3 TVG auch den Schutz der Tarifvertragsparteien bezweckt, dient die Nachwirkung i. S. d. § 4 Abs. 5 TVG ausschließlich den Interessen von Arbeitgeber und Arbeitnehmer. Hierfür streitet speziell die Überbrückungsfunktion der Norm. Ersichtlich begegnet § 4 Abs. 5 TVG der Gefahr, dass sich das Arbeitsverhältnis mit Beendigung des Tarifvertrages in einem inhaltsleeren Zustand befindet. Dies gilt auch vor dem Hintergrund des Verbandsaustritts des Arbeitgebers, da der durch die Vorschrift intendierte Schutz nicht zwingend der Überbrückung der Zeitspanne zweier Tarifverträge dient. Darüber hinaus vermag ebenso wenig der Einwand zu überzeugen, die Nachwirkungslehre erschwere die Austrittsfreiheit des Arbeitgebers. Entscheidend verweist das BVerfG[10] auf den Schutzbereich von Art. 9 Abs. 3 GG. Dabei ist für die negative Koalitionsfreiheit zu konstatieren, dass die Arbeitsvertragsparteien lediglich einen verfassungsrechtlichen Schutz vor der Zwangsmitgliedschaft in einer Koalition genießen. Bei der Nachwirkung geht es aber um die Geltung eines Tarifvertrages, welcher zuvor durch die Arbeitsvertragsparteien verbandsrechtlich legitimiert wurde und dessen Gültigkeit jederzeit durch eine einzelvertragliche oder kollektive Abmachung zu beseitigen ist.

Zusammenfassend kann daher festgestellt werden, dass die Nachwirkungslehre des BAG als gefestigte Rechtsprechung anzusehen ist. Mit der Beendigung des Tarifvertrages werden die bis dato maßgebenden Tarifbestimmungen auf ihr derzeitig geltendes Niveau eingefroren, wenngleich sie nunmehr zur Disposition der Arbeitsvertragsparteien stehen. Der unmittelbare Vorteil des Verbandsaustritts liegt für den Arbeitgeber, der sich der Vertragsgestaltungsmacht der Tarifpartner zu entziehen versucht, somit darin, in der Folgezeit nicht mehr zur Weitergabe künftiger Tarifentwicklungen verpflichtet zu sein.

B. Auswirkung auf den Regelungsgehalt arbeitsvertraglicher Bezugnahmen

Wirkt der Tarifvertrag dagegen als integraler Bestandteil des Arbeitsvertrages, folgt dieser ausschließlich den Regeln der Rechtsgeschäftslehre. Ob und inwieweit die aus dem Verbandsaustritts resultierenden Rechtsfolgen auch auf einzelvertraglicher Ebene durchschlagen, ist somit ausschließlich anhand des Regelungsgehalts der im Arbeitsvertrag statuierten Verweisung zu bestimmen. Hierbei ist zwischen statischer und dynamischer Bezugnahmevereinbarung zu unterscheiden.

---

10 BVerfG vom 03.07.2000, AP Nr. 36 zu § 4 TVG Nachwirkung.

I. Statische Verweisung

Im Rahmen einer statischen Bezugnahmevereinbarung übernehmen die Arbeitsvertragsparteien einen konkret bezeichneten Tarifvertrag in einer bestimmten zeitlichen Fassung. Da die Verweisung hier lediglich eine Vereinfachung zur inhaltlichen Ausgestaltung des Arbeitsverhältnisses bewirkt und dem Arbeitnehmer die Aufrechterhaltung eines bestimmten tarifvertraglichen „status quo“ zusichert, steht diese Form des Bezugnahmeverfahrens nicht in Wechselwirkung zu dem tarifrechtlichen Geltungsanspruch eines Tarifvertrages.

Angesichts der Zukunftsbezogenheit von Arbeitsverhältnissen bleibt allerdings zu berücksichtigen, dass zumindest die einzelvertragliche Übernahme einschlägiger Tarifbestimmungen dynamisch zu verstehen ist, solange ein anderweitiger Vorbehalt zwischen den Arbeitsvertragsparteien fehlt.[11] Ist anhand der Auslegung aber ersichtlich, dass lediglich eine statische Fortgeltung des einbezogenen Tarifvertrages gewollt ist, bleibt die inhaltliche Reichweite der Klausel von vornherein von den Rechtsfolgen des Verbandsaustritts unberührt.[12]

II. Dynamische Verweisung

Verweisen die Arbeitsvertragsparteien dagegen auf den einschlägigen Tarifvertrag in seiner jeweils geltenden Fassung, stellt sich die Frage, ob die mit der Beendigung des Tarifvertrages eingetretene Nachwirkung auch die statische Fortgeltung seines Inhaltes als integraler Bestandteil des Arbeitsvertrages zur Folge hat. Hier ist anhand des Parteiwillens zu ermitteln, ob die in der Klausel vereinbarte Dynamik auch dann zu bejahen ist, wenn sich der Arbeitgeber der Vertragsgestaltungsmacht der Tarifvertragsparteien zu entziehen versucht.

1. Gleichstellungsabrede und statische Fortgeltung des Bezugnahmeobjekts – Folgen und Probleme der Ankündigungsrechtsprechung des BAG

Erfüllt die Bezugnahmevereinbarung den Zweck einer Gleichstellungsabrede – bewirkt also die Klausel dieselben und keine weitgehenderen Rechtsfolgen als diejenigen, die sich innerhalb eines tarifgebundenen Arbeitsverhältnisses des Betriebes ohne eine entsprechende Verweisung einstellen[13] – schlagen die Rechts-

---

11 Vgl. dazu erneut § 7 A I.

12 Allgemeine Ansicht vgl. nur *Hanau/Kania*, Festschrift für Schaub, S. 239, 251; *Henssler*, Festschrift für Wißmann, S. 133, 136; *Kania*, NZA 2000, Sonderbeilage Heft 3, S. 45, 47; *Seitz/Werner*, NZA 2000, S. 1257, 1260; *Thüsing/Lambrich*, RdA 2002, S. 193, 203.

13 Ausführlich hierzu unter § 4 D.

folgen des Verbandsaustritts auch auf die Tarifgeltung kraft Bezugnahmeabrede durch. Wie schon an anderer Stelle beschrieben, wirkt das Bezugnahmeverfahren in diesem Kontext nur halbdynamisch,[14] d. h. der Arbeitgeber will nur solange zur einzelvertraglichen Wiedergabe des einbezogenen Tarifvertrages verpflichtet sein, wie er selber nach den Vorgaben des Tarifvertragsgesetzes hieran gebunden ist. Da die tarifgebundenen Arbeitnehmer durch den Verbandsaustritt des Arbeitgebers jedoch nicht länger an den fortlaufenden Tarifentwicklungen partizipieren, sondern lediglich der Nachwirkung des zuvor maßgebenden Tarifvertrages unterliegen, findet auch die Dynamik der Verweisung mit Ablauf des Tarifvertrages i. S. d. § 3 Abs. 3 TVG ihr Ende.[15] Nach der hier vertretenen Ansicht gilt dies selbst dann, wenn der Gleichstellungszweck nicht ausdrücklich in der Bezugnahmevereinbarung niedergelegt ist.[16]

Unter Berücksichtigung der Ankündigungsrechtsprechung des BAG[17] ist allerdings darauf zu achten, ob der Arbeitsvertragstext eine Auslegung der Bezugnahme als Gleichstellungsabrede überhaupt zulässt.[18] Anderenfalls wird die Rechtsprechung der Kritik des Schrifttums Folge leisten, womit auf eine durch das Ende einer ursprünglich bestehenden Tarifgebundenheit auflösend bedingte Dynamik in Bezug genommener Tarifverträge, an die der Arbeitgeber bei Vertragsabschluss gedacht haben mag, als Vertragsinhalt dann nicht zu erkennen ist, wenn sich hierfür weder im Wortlaut der Verweisung noch in den den Vertragsschluss begleitenden Umständen ein entsprechender Anhaltspunkt findet.[19] Gleichermaßen verweist auch die Literatur in diesem Zusammenhang auf den Umstand, in der Verwendung einer dynamischen Bezugnahmevereinbarung sei aus Sicht des objektiven Empfängerhorizontes nicht ersichtlich, dass das Arbeitsverhältnis an den Entwicklungen des einbezogenen Tarifvertrages nur insoweit teilnimmt, wie der Arbeitgeber kraft eigener Tarifbindung hierzu verpflichtet ist.[20] Schließt sich

---

14 § 7 A I.

15 BAG vom 26.09.2001, AP Nr. 21 zu § 1 TVG Bezugnahme auf Tarifvertrag; BAG vom 20.02.2002, NZA 2003, S. 933, 934 f.; BAG vom 27.11.2002, AP Nr. 29 zu § 1 TVG Bezugnahme auf Tarifvertrag; BAG vom 19.03.2003, AP Nr. 33 zu § 1 TVG Bezugnahme auf Tarifvertrag.

16 Vgl. dazu erneut § 4 D.

17 BAG vom 14.12.2005, AP Nr. 39 zu § 1 TVG Bezugnahme auf Tarifvertrag.

18 Ausführlich hierzu unter § 4 C.

19 So ausdrücklich BAG vom 14.12.2005, AP Nr. 39 zu § 1 TVG Bezugnahme auf Tarifvertrag.

20 Vgl. in diesem Zusammenhang unter anderem *Annuß*, ZfA 2005, S. 405, 426 f.; *Däubler/Dorndorf*, AGB-Kontrolle im Arbeitsrecht, § 305c BGB, RdNr. 40; *Hanau/Kania*, Festschrift für Schaub, S. 239, 251 f.; *Kania*, NZA 2000, Sonderbeilage Heft 3, S. 45, 47; *Kempen/Zachert*, § 3 TVG, RdNr. 201; *Lambrich*, Anm. zu BAG, BB 2002, S. 1264, 1268; *Lorenz*, in: Däubler, § 3 TVG, RdNr. 246; *Thüsing*, Anm. zu BAG, AP Nr. 21 zu §

das BAG nunmehr diesem Auslegungsergebnis an, sichert ein dynamisches Bezugnahmeverfahren im Zweifel eine dauerhafte Partizipation an dem in der Klausel benannten Branchentarif zu, obgleich der Verbandsaustritt des Arbeitgebers unter den Vorraussetzungen des Tarifvertragsgesetzes eine andere Rechtsfolge bewirkt.

a) Konstitutive Vertragsvereinbarung – Bezugnahmeklausel als andere Abmachung i. S. d. § 4 Abs. 5 TVG

Hierdurch setzt sich die Rechtsprechung allerdings der Gefahr aus, nichttarifgebundene Arbeitsverhältnisse eines Betriebes zu privilegieren. Während aufgrund der Nachwirkungslehre des BAG die Arbeitsbedingungen der Gewerkschaftsmitglieder eingefroren sind, kann ein von Anfang an nichtverbandsgebundener Arbeitnehmer uneingeschränkt an den Neuerungen des Bezugnahmeobjekts teilnehmen. *Thüsing/Lambrich*[21] wollen den hier aus Art. 9 Abs. 3 GG folgenden Einwand[22] jedoch mit der konstitutiven Wirkung der Bezugnahmeklausel innerhalb der tarifgebundenen Arbeitsverhältnisse begegnen. Insofern könne die Verweisung im Nachwirkungsstadium des Tarifvertrages eigenständige Wirkung entfalten und als „andere Abmachung" i. S. d. § 4 Abs. 5 TVG anzusehen sein. Damit stellt jedoch die Frage, ob eine andere Abmachung auch in der Verwendung einer solchen Vertragsregelung zu erblicken ist, die bereits vor Eintritt der Nachwirkungsphase des Tarifvertrages wirksamer Bestandteil des Arbeitsvertrages war.

aa) Wortlaut der Norm

Enthält der Arbeitsvertrag innerhalb eines tarifgebundenen Arbeitsverhältnisses eine Verweisung auf den einschlägigen Tarifvertrag, gelten die tarifvertraglichen Bedingungen im Umfang der Bezugnahmevereinbarung auf doppelter Grundlage zwischen den Arbeitsvertragsparteien.[23] Da der Inhalt des Arbeitsvertrages sich ausnahmslos mit der unmittelbaren und zwingenden Wirkung von Tarifbestimmungen deckt, besteht aus Sicht der tarifvertraglichen Ordnung kein Anlass, dem Tarifvertrag insoweit eine Vorrangwirkung gegenüber den Regelungen des Arbeitsvertrages zuteil werden zu lassen. Endet allerdings die Tarifwirkung wegen Wegfall ihrer Voraussetzungen, bspw. durch Verbandsaustritt, stellt sich nunmehr das Problem, dass der Gesetzgeber für die Ersetzung nachwirkender Tarifbestim-

---

1 TVG Bezugnahme auf Tarifvertrag, Bl. 4 ff.; *Thüsing/Lambrich*, RdA 2002, S. 193, 203 f.

21 *Thüsing/Lambrich*, RdA 2002, S. 193, 204 f.; i. E. auch *Annuß*, ZfA 2005, S. 405, 445 ff.

22 So *Henssler/Heiden*, Anm. zu BAG, RdA 2004, S. 241, 244; *Löwisch/Rieble*, § 3 TVG, RdNr. 233.

23 Vgl. dazu erneut § 2 C II.

mungen besondere Anforderungen statuiert. Zwar kann die Ablösung des alten Tarifvertrages durch eine beliebige Vereinbarung, also auch durch eine Regelung zwischen den Arbeitsvertragsparteien erfolgen, ob eine andere Abmachung aber auch in der Verwendung einer solchen Vertragsabrede zu erblicken ist, die bereits vor Eintritt der Nachwirkungsphase des Tarifvertrages Bestandteil des Arbeitsvertrages war, erscheint fraglich.

Dies verdeutlicht schon der zukunftsbezogene Gesetzeswortlaut von § 4 Abs. 5 TVG, wonach die Rechtsnormen eines Tarifvertrages solange weiter gelten, bis sie durch eine andere Abmachung „ersetzt werden." Hieraus wird im Schrifttum vermehrt der Schluss gezogen, es müsse sich bei einer mit ablösender Wirkung ausgestatteten Abmachung stets um eine solche Vereinbarung handeln, die nach Eintritt der Nachwirkung des Tarifvertrages abgeschlossen wurde.[24]

bb) Zweck der Nachwirkung

Im Ausgangspunkt gilt dies auch auf der Grundlage des Zwecks der Norm, wenngleich im Rahmen des hier in Rede stehenden Untersuchungsgegenstandes zuzugestehen ist, dass die Nachwirkung eines Tarifvertrages, die sich an die Fortwirkung gemäß § 3 Abs. 3 TVG anschließt, nicht der Überbrückung der Zeitspanne zwischen zwei Verbandstarifverträgen dient.[25] Zwingend zu berücksichtigen ist aber, dass die Nachwirkung auch eine sichere Kalkulationsgrundlage für die nach Beendigung der Tarifbindung anzuwendenden Arbeitsbedingungen schafft.[26] Tritt der Tarifvertrag dagegen ersatz- und nachwirkungslos außer Kraft, würde der Inhalt des Arbeitsverhältnisses automatisch auf den Stand zurückgeworfen, der zum Zeitpunkt des Vertragsschlusses zwischen den Arbeitsvertragsparteien vereinbart war. § 4 Abs. 5 TVG verhindert dies, indem das derzeit bestehende Tarifniveau als zumindest vorläufiger Bestandsschutz auf die Dispositionsebene der Arbeitsvertragsparteien geführt wird.[27] Dementsprechend kommt der Nachwir-

---

[24] Vgl. in diesem Zusammenhang unter anderem *Däubler*, Tarifvertragrecht, RdNr. 183 und 1459; *Ebeling*, Die Bezugnahme auf Tarifverträge im Arbeitsvertrag, S. 72 ff.; *Friedrich*, Festschrift für Schaub, S. 193, 198; *Frölich*, NZA 1992, S. 1105, 1111; *Hromadka/Maschmann/Wallner*, Tarifwechsel, RdNr. 298; *Löwisch/Rieble*, Festschrift für Schaub, S. 457, 468.

[25] Kritisch hierzu unter anderem *Thüsing/Lambrich*, RdA 2002, S. 193, 205.

[26] In diesem Sinne bereits *Wiedemann*, Anm. zu BAG, AP Nr. 8 zu § 4 TVG Nachwirkung, Bl. 5 R.

[27] Hierauf hinweisend auch *Rieble*, Anm. zu BAG, AP Nr. 3 zu § 3 TVG Verbandsaustritt, Bl. 6 R f.

kung des Tarifvertrages neben der Überbrückungs-[28] auch eine Bestandssicherungsfunktion[29] zu, die einem „Wiederaufleben“ arbeitsvertraglicher Abreden grundsätzlich entgegensteht.

cc) *Einzelvertraglicher Vorbehalt des Nachwirkungsverzichts*

Da die Nachwirkung im Gegensatz zur Fortwirkung des Tarifvertrages aber ausschließlich den Schutz der Arbeitsvertragsparteien bezweckt, ist der durch § 4 Abs. 5 TVG intendierte Schutz in den Fällen entbehrlich, in denen ein Abweichen von Tarifnormen schon im Vorgriff auf die Nachwirkung durch die Arbeitsvertragsparteien gewünscht ist. Die Rechtsprechung hat hierzu noch nicht abschließend Stellung bezogen. Nach Ansicht des 8. Senats des BAG steht die Nachwirkung grundsätzlich einem „Wiederaufleben“ arbeitsvertraglicher Abreden entgegen.[30] Dagegen spricht nach dem 1. Senat viel dafür, dass durch die Beendigung der zwingenden Wirkung eines Tarifvertrages eine frühere vertragliche Vereinbarung wieder Anwendung findet und damit die Nachwirkung der Tarifnormen beseitigt.[31]

Auch der 4.[32] und 9. Senat[33] des BAG befürworten nunmehr ausdrücklich eine i. S. v. § 4 Abs. 5 TVG ablösende Wirkung solcher Vertragsabreden, welche bereits vor Eintritt der Nachwirkung des Tarifvertrages Bestandteil des Arbeitsvertrages waren. Von der Privatautonomie umfasst seien grundsätzlich auch Verträge, die erst in der Zukunft Wirkung entfalten. Dies müsse gleichermaßen für eine einzelvertragliche Regelung gelten, die auf die Ablösung der Nachwirkung eines Tarifvertrages gerichtet ist.[34] Maßgeblich sei insoweit, „dass die Vereinbarung nach dem Willen der Arbeitsvertragsparteien – zumindest: auch – die Nachwir-

---

28 Statt aller BAG vom 13.12.1995, AP Nr. 3 zu § 3 TVG Verbandsaustritt; *Bepler*, in: Däubler, § 4 TVG, RdNr. 817; *Löwisch/Rieble*, § 4 TVG, RdNr. 372; *Kempen/Zachert*, § 4 TVG, RdNr. 541 ff.; *Oetker*, Festschrift für Schaub, S. 535, 545.

29 BAG vom 24.11.1999, AP Nr. 34 zu § 4 TVG Nachwirkung; *Hanspach*, Umfang der Nachwirkung betrieblicher und betriebsverfassungsrechtlicher Tarifnormen, S. 53 ff.; *Hromadka/Maschmann/Wallner*, Tarifwechsel, RdNr. 249; *Könitz*, Die Reichweite der Nachwirkung von Tarifverträgen, S. 163; *Löwisch/Rieble*, § 4 TVG, RdNr. 375; *Rieble*, Anm. zu BAG, AP Nr. 3 zu § 3 TVG Verbandsaustritt, Bl. 6 R f. Andere Ansicht hingegen *Rotter*, Nachwirkung der Normen eines Tarifvertrages, S. 57.

30 BAG vom 14.02.1991, AP Nr. 10 zu § 3 TVG.

31 BAG vom 21.09.1989, AP Nr. 43 zu § 77 BetrVG 1972.

32 BAG 23.02.2005, AP Nr. 42 zu § 4 TVG Nachwirkung.

33 BAG vom 17.01.2006, AP Nr. 40 zu § 1 TVG Bezugnahme auf Tarifvertrag.

34 BAG vom 23.02.2005, AP Nr. 42 zu § 4 TVG Nachwirkung; BAG vom 17.01.2006, AP Nr. 40 zu § 1 TVG Bezugnahme auf Tarifvertrag.

kung des beendeten Tarifvertrages beseitigen soll."[35] Infolgedessen entscheidet die Auslegung des Arbeitsvertrages, ob eine andere Abmachung auch in der Verwendung einer solchen Vertragsabrede zu erblicken ist, die bereits vor Eintritt der Nachwirkung des Tarifvertrages zwischen den Arbeitsvertragsparteien ausgehandelt war.

Bedenkt man vor diesem Hintergrund die Zukunftsbezogenheit dynamischer Bezugnahmevereinbarungen, streitet dies unverkennbar für die Einstufung der Verweisung als „andere Abmachung" i. S. v. § 4 Abs. 5 TVG.[36] Besonders wird mit der Verwendung einer solchen Vertragsabrede deutlich, dass die Arbeitsvertragsparteien ihr Vertragsverhältnis für spätere Änderungen offen gestaltet und damit zukunftsfähig gemacht haben. Der Arbeitsvertrag hält demnach stets eine passende Regelung parat, so dass das Arbeitsverhältnis auch mit Wegfall der Normativwirkung des Tarifvertrages keine Regelungslücke aufweist, sondern fortan allein auf der Grundlage des Arbeitsvertrages ausgestaltet ist.[37] Angesichts der materiellen Richtigkeitsgewähr des Bezugnahmeobjekts[38] gilt dies ungeachtet dessen, ob die inhaltlichen Neuerungen des einbezogenen Branchentarifs eine Verbesserung oder Verschlechterung von Arbeitsbedingungen gegenüber den Arbeitnehmern beinhalten. Demgemäß kommen dynamische Bezugnahmevereinbarungen auf den einschlägigen Tarifvertrag ohne weiteres als andere Abmachung i. S. v. § 4 Abs. 5 TVG in Betracht, so dass unter Berücksichtigung der Ankündigung des BAG vom 14.12.2005[39] eine Angleichung von Arbeitsbedingungen hin zu einer „festen" Teilhabe am Bezugnahmeobjekt auch gegenüber den zuvor tarifgebundenen Arbeitsverhältnissen des Betriebes gesichert ist.

b) Ergebnis

Erfüllt die Verweisung die Funktion einer Gleichstellungsabrede, sind die Rechtsfolgen der Bezugnahme dieselben und keine weitgehenderen als diejenigen, die sich im Vergleich zu einem tarifgebundenen Arbeitsverhältnis des Betriebes ohne entsprechende Vereinbarung einstellen. Infolgedessen ist mit dem Verbandsaustritt des Arbeitgebers nur noch von einem statischen Bezugnahmeverfahren auszugehen, da dieser nicht länger zur Weitergabe künftiger Tarifentwicklungen ge-

---

35 BAG vom 23.02.2005, AP Nr. 42 zu § 4 TVG Nachwirkung; BAG vom 17.01.2006, AP Nr. 40 zu § 1 TVG Bezugnahme auf Tarifvertrag. Vgl. in diesem Zusammenhang auch *Buchner*, Anm. zu BAG, RdA 2006, S. 308, 311.

36 So auch BAG vom 17.01.2006, AP Nr. 40 zu § 1 TVG Bezugnahme auf Tarifvertrag; sowie *Annuß*, ZfA 2005, S. 405, 447 f.; *Thüsing/Lambrich*, RdA 2002, S. 193, 204.

37 *Annuß*, ZfA 2005, S. 405, 448 f. Einschränkend dagegen *Bepler*, in: Däubler, § 4 TVG, RdNr. 909.

38 Vgl. in diesem Zusammenhang erneut § 8 C II.

39 BAG vom 14.12.2005, AP Nr. 39 zu § 1 TVG Bezugnahme auf Tarifvertrag.

mäß §§ 4 Abs. 1, 3 Abs. 1 TVG verpflichtet ist. Dies gilt nach der hier vertretenen Ansicht selbst dann, wenn der Vertragstext den mit der Klausel verbundenen Zweck nicht ausdrücklich benennt.[40]

Unter Zugrundelegung der Ankündigungsrechtsprechung des BAG ist ein solches Auslegungsergebnis hingegen nur noch begründbar, wenn der Gleichstellungscharakter bereits aus dem Wortlaut der Verweisung bzw. aus den den Vertragsschluss begleitenden Umständen unverkennbar zum Ausdruck kommt.[41] Geht der mit der Klausel eigentlich beabsichtigte Zweck dagegen nicht aus dem Arbeitsvertragstext hervor, wird die Bezugnahmevereinbarung nunmehr volldynamisch zu verstehen sein.[42] Vor diesem Hintergrund ist die Verweisung auch als andere Abmachung i. S. d. § 4 Abs. 5 TVG zu qualifizieren, so dass sowohl die organisierten als auch die nichtorganisierten Arbeitnehmer des Betriebes von den künftigen Neuerungen des einbezogenen Tarifvertrages profitieren werden, obgleich der Arbeitgeber aus dem tarifschließenden Arbeitgeberverband ausgetreten ist.

2. Volldynamische Bezugnahmevereinbarung

Angesichts der Ankündigungsrechtsprechung des BAG[43] rückt die Frage der Tarifbindung der Arbeitsvertragsparteien weitestgehend in den Hintergrund. Unter Berücksichtigung einer zunehmend auf den Wortlaut der Verweisung abstellenden Auslegung schafft die arbeitsvertragliche Bezugnahmevereinbarung eine umfassende schuldrechtliche Tarifbindung, die über die Voraussetzung zur Geltung von Tarifbestimmungen nach dem Tarifvertragsgesetz hinausgeht. Entsprechend ihrem Wortlaut ist die Verweisung dann als „konstitutive Ewigkeitsklausel" zu qualifizieren, an die der Arbeitgeber zunächst solange gebunden bleibt, solange der einbezogene Tarifvertrag überhaupt existiert.[44]

Auch mit Blick auf die alten Auslegungsgrundsätze der Rechtsprechung ist vom Vorliegen einer volldynamischen Bezugnahmevereinbarung[45] auf den einschlägigen Tarifvertrag immer dann auszugehen, wenn der Arbeitgeber bei Abschluss des Arbeitsvertrages keiner Tarifbindung unterlag. Dies gilt selbst dann,

---

40 Ausführlich hierzu unter § 4 D.

41 BAG vom 14.12.2005, AP Nr. 39 zu § 1 TVG Bezugnahme auf Tarifvertrag.

42 BAG vom 14.12.2005, AP Nr. 39 zu § 1 TVG Bezugnahme auf Tarifvertrag.

43 BAG vom 14.12.2005, AP Nr. 39 zu § 1 TVG Bezugnahme auf Tarifvertrag.

44 So bereits unter § 7 A I, S. 94 ff. Vgl. in diesem Zusammenhang auch *Hanau*, NZA 2005, S. 489, 493; *Henssler*, Festschrift für Wißmann, S. 133, 137 f.; *Thüsing*, NZA 2003, S. 1184, 1186; *Thüsing/Lambrich*, RdA 2002, S. 193, 205 f.

45 Vgl. zur Terminologie erneut § 7 A I.

wenn der Arbeitgeber den Eintritt in den tarifschließenden Arbeitgeberverband zu einem späteren Zeitpunkt beabsichtigt.[46] Indes zeigt die Praxis, dass volldynamische Bezugnahmevereinbarungen keine Seltenheit sind.[47] Mit dem beabsichtigten Rechtsprechungswandel gewinnt dieser Umstand zusätzlich an Bedeutung, ist unter Berücksichtigung des Wortlauts der Klausel doch nunmehr davon auszugehen, auch der tarifgebundene Arbeitgeber sichere mit der Verweisung im Zweifel keine an seine eigene Tarifbindung auflösend bedingte Dynamik in Bezug genommener Tarifverträge zu.[48]

Hierdurch läuft die Auslegung arbeitsvertraglicher Bezugnahmevereinbarungen aber Gefahr, Besonderheiten des Arbeitsrechts zu widersprechen. Exemplarisch sei nur auf die Ausführungen von *Henssler*[49] verwiesen, der in diesem Zusammenhang auf unternehmensinterne Gepflogenheiten hinweist. So sei es beispielsweise üblich, dass nichtorganisierte Tochtergesellschaften die Verwendung dynamischer Bezugnahmeklauseln nur deshalb vereinbaren, um einheitliche Arbeitsbedingungen innerhalb des Konzerns der verbandsangehörigen Muttergesellschaft zu gewährleisten. Sei aber die Bezugnahmeklausel der Tochtergesellschaft nur mit Blick auf die Tarifbindung der Muttergesellschaft Bestandteil des Arbeitsvertrages, stelle sich die Frage, inwieweit der Verbandsaustritt der Muttergesellschaft auch auf die nichttarifgebundene Tochtergesellschaft durchschlägt. Daneben stellt sich das Problem auch in den Fällen, in denen die vorbehaltlose Dynamik den Arbeitgeber an die Grenzen seiner unternehmerischen Leistungsfähigkeit führt. Ungeachtet der Möglichkeit zur einvernehmlichen Abänderung des Arbeitsvertrages gilt es hier Wege aufzuzeigen, die es dem Arbeitgeber trotz vermeintlich eindeutigem Wortlaut der Klausel erlauben, die Pflicht zur Weitergabe einer konkreten Tarifentwicklung abzuändern bzw. zu modifizieren.

a) „Teil – konstitutive“ Wirkung und einzelvertragliches Entdynamisierungsrecht arbeitsvertraglicher Bezugnahmevereinbarungen

War unter Berücksichtigung der alten Rechtsprechung des BAG vom Vorliegen einer volldynamischen Bezugnahmevereinbarung auf den einschlägigen Tarifvertrag immer dann auszugehen, wenn der Arbeitgeber bei Abschluss des Arbeitsvertrages hieran nicht gebunden war, plädiert *Reichel*[50] in diesem Zusammenhang für

---

46 So zuletzt BAG vom 01.12.2004, AP Nr. 34 zu § 1 TVG Bezugnahme auf Tarifvertrag.

47 Siehe dazu erneut Bundesministerium für Wirtschaft und Arbeit, Tarifvertragliche Arbeitsbedingungen im Jahr 2004, Stand: 31.12.2004, S. 11.

48 So ausdrücklich BAG vom 14.12.2005, AP Nr. 39 zu § 1 TVG Bezugnahme auf Tarifvertrag.

49 *Henssler*, Festschrift für Wißmann, S. 133, 138.

50 *Reichel*, Die arbeitsvertragliche Bezugnahme auf den Tarifvertrag, S. 88; *ders.*, NZA 2003, S. 832, 833.

ein Recht des nichtverbandsgebundenen Arbeitgebers zum „Quasi-Verbandsaustritt“ und misst arbeitsvertraglichen Bezugnahmevereinbarungen insoweit eine „teil – konstitutive“ Wirkung bei. Die Verwendung der Klausel soll hiernach lediglich eine reine Gleichstellung zu den tarifgebundenen Arbeitsverhältnissen derselben Branche bewirken. Dafür spreche, dass es für einen nichttarifgebunden Arbeitgeber entscheidend ist, seiner Belegschaft die bei der tarifgebundenen Konkurrenz üblichen Arbeitsbedingungen zu gewährleisten. Dieser Zweck werde jedoch verfehlt, wenn der „tariffreie“ Arbeitgeber durch die Verwendung dynamischer Bezugnahmen schlechter gestellt ist, als bei Verbandsmitgliedschaft im Arbeitgeberverband. Da das Tarifvertragsgesetz die Möglichkeit biete, sich einer unliebsamen Tarifentwicklung durch Austritt aus der tarifschließenden Koalition zu entziehen, müsse gleiches auch im Fall der schuldrechtlichen Tarifbindung gelten. Deshalb entfalle die einzelvertragliche Teilhabe an künftigen Tarifentwicklungen, sofern der nichttarifgebundene Arbeitgeber den „Quasi-Verbandsaustritt“ aus dem tarifschließenden Arbeitgeberverband erklärt.

Ähnliche Überlegungen finden sich auch bei *Löwisch/Rieble*,[51] die zur Abhilfe gegen eine bedingungslose schuldrechtliche Tarifbindung den Vorschlag eines „Entdynamisierungsrechts“ der Bezugnahmeklausel unterbreiten. Hierdurch werden die Grundsätze zur Auslegung empfangsbedürftiger Willenserklärungen jedoch überspannt. Zuzustimmen ist den Überlegungen lediglich insoweit, als dass allein die zeitliche Dynamisierung der Verweisung dann keine ausnahmslose Teilhabe am einbezogenen Branchentarif zusichert, sofern der Arbeitgeber seine eigene Tarifbindung nicht offen legt, die ihn schon bei Abschluss des Arbeitsvertrages zur einzelvertraglichen Anwendung des einschlägigen Tarifvertrages veranlasst hat.[52] Beschließt der Arbeitgeber dagegen erst während der Durchführung des Arbeitsverhältnisses den Verbandsbeitritt, ist in dem für die Rechtsgeschäftsauslegung maßgebenden Zeitpunkt aber nicht zwingend auszuschließen, dass er solange zu einer dynamischen Anwendung des Tarifvertrages verpflichtet sein will, solange des Bezugnahmeobjekt überhaupt existiert.[53] Infolgedessen kann die einzelvertragliche Übernahme des einschlägigen Tarifvertrages bei Abschluss des Arbeitsvertrages auch als volldynamische Bezugnahmevereinbarung gemeint sein, sofern ein ausdrücklicher Vorbehalt im Vertragstext fehlt.

Unter Berücksichtigung des für die Interpretation Allgemeiner Geschäftsbedingungen geltenden Grundsatzes der objektiven Auslegung ist die vorangestellte Darstellung ohnehin zwingend.[54] Zumindest aber bestehen nach Ausschöpfung aller Auslegungsmethoden Zweifel an dem Regelungsgehalt der Klausel, die ei-

---

51 *Löwisch/Rieble*, § 3 TVG, RdNr. 316.

52 Vgl. dazu erneut § 4 D.

53 BAG vom 01.12.2004, AP Nr. 34 zu § 1 TVG Bezugnahme auf Tarifvertrag.

54 Ausführlich hierzu unter § 3 B.

nen Rückgriff auf § 305c Abs. 2 BGB erlauben. Damit ist ohne ausdrückliche Aufnahme ein zu Gunsten des Verwenders immanent bestehendes Widerrufsrecht der Dynamik jedoch nicht zu rechtfertigen, da allein wegen des fehlenden Vorbehalts der Klausel eine Auslegung der Bezugnahme als volldynamische Verweisung[55] die typischerweise arbeitnehmergünstigere Interpretation ist. Die konkrete Entwicklung des Bezugnahmeobjekts bleibt in diesem Kontext ohne Belang, weshalb eine dynamische Verweisung auf den einschlägigen Tarifvertrag in einem vom nichttarifgebundenen Arbeitgeber vorformulierten Arbeitsvertrag im Zweifel als volldynamische Bezugnahmevereinbarung zu verstehen ist.

b) Vertragsanpassung infolge Wegfalls der Geschäftsgrundlage und Ausspruch einer Änderungskündigung

Aus dogmatischer Sicht erscheint es demnach vorzugswürdiger, den Regelungsgehalt einer volldynamischen Bezugnahmevereinbarung im Wege der Vertragsanpassung auf der Grundlage des Wegfalls der Geschäftsgrundlage oder durch den Ausspruch einer Änderungskündigung zu modifizieren.

aa) Wegfall der Geschäftsgrundlage

Mit Inkrafttreten des Gesetzes zur Modifizierung des Schuldrechts ist der Wegfall der Geschäftsgrundlage nunmehr ausdrücklich in § 313 BGB niedergelegt. Als Ausformung von Treu und Glauben bezweckt die Vorschrift einen Ausgleich zwischen der Bestandssicherung am Vertragsinhalt auf der einen Seite und dem Interesse zur Vertragsanpassung bzw. -beendigung auf der anderen Seite. Dabei ist die Bindung an eine vertragliche Verpflichtung nur solange aufrechtzuerhalten, als die Verhältnisse, die für den Vertragsschluss bestimmend waren, sich nicht von Grund auf geändert haben.[56]

Vor diesem Hintergrund ist gewiss nicht auszuschließen, dass sowohl der Verbandsbeitritt als auch der Verbandsaustritt des Arbeitgebers eine für die Durchführung des Arbeitsverhältnisses relevante Neuerung der Geschäftsgrundlage darstellen kann. Gleichwohl versteht sich § 313 BGB unter Berücksichtigung des Grundsatzes „pacta sunt servanda“ nur als Ausnahmevorschrift. Entscheidend fällt hierfür ins Gewicht, dass für eine Vertragsanpassung bzw. eine Vertragsbeendigung wegen Wegfalls der Geschäftsgrundlage der Grundsatz der Subsidiarität gilt. Der Regelungsbefehl von § 313 BGB geht somit allen übrigen Bestimmungen des Bürgerlichen Rechts über die Gestaltung von Rechtsgeschäften nach.[57] Dies be-

---

55 Zur Begriffsbestimmung vgl. erneut § 7 A I.

56 *Grüneberg*, in: Bamberger/Roth, § 313 BGB, RdNr. 2; *Roth*, in: MüKo, § 313 BGB, RdNr. 4 ff.

57 Insofern ist es nicht nachvollziehbar, weshalb *Thüsing/Lambrich*, RdA 2002, 193, 206, im Fall des Verbandsaustritts des Arbeitgebers einen Rückgriff auf § 313 BGB befürworten,

trifft sowohl die Ermittlung des Vertragsinhaltes im Wege der Auslegung einschließlich der ergänzenden Vertragsauslegung,[58] als auch die Beseitigung der Geschäftsgrundlagenstörung kraft Kündigung.[59]

Berücksichtigt man in diesem Zusammenhang somit zunächst die gesetzlichen Anforderungen an die Interpretation empfangsbedürftiger Willenserklärungen, im Besonderen aber die im Recht der Allgemeinen Geschäftsbedingungen zu beachtenden spezifischen Auslegungsmethoden,[60] wird sich der Arbeitgeber als Vertragssteller stets dem Vorwurf aussetzen müssen, einen entsprechenden Vorbehalt für die Umsetzung des dynamischen Bezugnahmeverfahrens nicht eigens im Arbeitsvertragstext aufgenommen zu haben.[61] Da die Verweisung aus Sicht des objektiven Empfängerhorizontes solange die Einbeziehung des in der Klausel benannten Tarifvertrages gewährt, solange dieser überhaupt existiert,[62] vermag die Auslegung den dynamischen Charakter der Bezugnahmevereinbarung nicht zu beseitigen. Dies gilt nach Ansicht der Rechtsprechung auch gegenüber den Grundsätzen der ergänzenden Vertragsauslegung, da gerade nicht vom Vorliegen einer entsprechenden Vertragslücke auszugehen sei.[63]

bb) Änderungskündigung

Dessen ungeachtet ist eine Vertragsanpassung gemäß § 313 BGB auch deswegen ausgeschlossen, weil die Umwandlung einer volldynamischen Bezugnahmevereinbarung hin zu einer halbdynamischen bzw. statischen Klausel[64] anhand des Ausspruchs einer Änderungskündigung als vorrangiges Vertragsgestaltungsmittel in Betracht zu ziehen ist. Soweit der Wegfall der Geschäftsgrundlage somit überhaupt die Änderungen von Arbeitsbedingungen erforderlich macht, hat der Arbeitgeber eine Änderungskündigung auszusprechen.[65]

---

wenn dieser durch die einzelvertragliche Weitergabe künftiger Tariflohnerhöhungen unangemessenen Belastungen ausgesetzt ist.

58 *Grüneberg*, in: Bamberger/Roth, § 313 BGB, RdNr. 17; *ders.*, in: Palandt, § 313 BGB, RdNr. 10.

59 Speziell für das Arbeitsrecht siehe BAG vom 16.05.2002, AP Nr. 69 zu § 2 KSchG 1969.

60 Vgl. in diesem Zusammenhang erneut § 3 B II.

61 So ausdrücklich BAG vom 01.12.2004, AP Nr. 34 zu § 1 TVG Bezugnahme auf Tarifvertrag; sowie BAG vom 14.12.2005, AP Nr. 39 zu § 1 TVG Bezugnahme auf Tarifvertrag.

62 § 7 A I.

63 BAG vom 14.12.2005, AP Nr. 39 zu § 1 TVG Bezugnahme auf Tarifverträge.

64 Zur Begriffsbestimmung vgl. erneut § 7 A I.

65 BAG vom 16.05.2002, AP Nr. 69 zu § 2 KSchG.

Berücksichtigt man vor diesem Hintergrund den Anwendungsbereich des Kündigungsschutzgesetzes, unterliegt der hier in Rede stehende Untersuchungsgegenstand dann aber weitestgehend der sozialen Rechtfertigung des § 2 KSchG. Speziell für die betriebsbedingte Änderungskündigung verlangt das BAG in ständiger Rechtsprechung, dass das betreffende Angebot daran zu messen ist, ob sich der Arbeitgeber bei einem im Grundsatz anerkennenswerten Anlass zur Änderungskündigung darauf beschränkt hat, nur solche Änderungen vorzuschlagen, die der Arbeitnehmer billigenderweise hinnehmen muss.[66] Besteht die vom Arbeitgeber offerierte Veränderung dabei allein in der Absenkung der bisherigen Vergütung, gelten nach Ansicht der Rechtsprechung weitere, speziellere Grundsätze.[67] Selbst die Unrentabilität des Betriebes wird als dringendes betriebliches Erfordernis i. S. d. §§ 1, 2 KSchG nur dann anerkannt, wenn durch die Senkung der Personalkosten die Stilllegung des Betriebes oder die Reduzierung der Belegschaft verhindert wird und die Kosten nicht durch andere Maßnahmen zu senken sind.[68] Damit ist die Dringlichkeit eines Eingriffs in das Leistungs- und Lohngefüge, wie es die Änderungskündigung zur Durchsetzung einer Lohnsenkung darstellt, nur begründet, sofern bei Aufrechterhaltung der bisherigen Personalstruktur weitere, betrieblich nicht mehr auffangbare Verluste entstehen, die absehbar zu einem Stellenabbau oder sogar zu einer Schließung des Betriebes führen.

Steht die Ersetzung einer dynamischen Bezugnahmevereinbarung durch eine statische Verweisung demnach der Abänderung des Leistungs- und Lohngefüges gleich, ist der Ausspruch einer Änderungskündigung nur wirksam, wenn der Arbeitgeber anderenfalls einem Insolvenzverfahren ausgesetzt ist, die einzelvertragliche Weitergabe von Tariflohnerhöhungen also dessen unternehmerische Existenz gefährdet.[69] Hiergegen wendet *Giesen*[70] allerdings ein, dass besagte Umwandlung ausschließlich die Aufrechterhaltung des arbeitsvertraglich festgelegten „status quo" nachvollziehe. Demgemäß festige die Änderungskündigung lediglich

66 BAG vom 01.07.1999, AP Nr. 52 zu § 2 KSchG 1969; BAG vom 22.11.2000, AP Nr. 53 zu § 2 KSchG 1969; BAG vom 27.09.2001, AP Nr. 40 zu § 4 TVG Nachwirkung; BAG vom 16.05.2002, AP Nr. 69 zu § 2 KSchG 1969; BAG vom 12.01.2006, AP Nr. 82 zu § 2 KSchG 1969.

67 BAG vom 26.01.1995, AP Nr. 35 zu § 2 KSchG 1969; BAG vom 20.08.1998, AP Nr. 50 zu § 2 KSchG 1969; BAG vom 12.11.1998, AP Nr. 51 zu § 2 KSchG 1969; BAG vom 27.09.2001, AP Nr. 40 zu § 4 TVG Nachwirkung; BAG vom 23.06.2005, AP Nr. 81 zu § 2 KSchG 1969; BAG vom 12.01.2006, AP Nr. 82 zu § 2 KSchG 1969.

68 BAG vom 20.08.1998, AP Nr. 50 zu § 2 KSchG 1969; BAG vom 15.05.2002, AP Nr. 69 zu § 2 KSchG 1969; BAG vom 23.06.2005, AP Nr. 81 zu § 2 KSchG 1969; BAG vom 12.01.2006, AP Nr. 82 zu § 2 KSchG 1969.

69 Hierfür, wenngleich unter Hinweis auf § 313 BGB, *Thüsing/Lambrich*, RdA 2002, S. 193, 206.

70 *Giesen*, NZA 2006, S. 625, 632.

die bestehenden Vertragsregelungen und beende deren inhaltliche Abhängigkeit von der Bestimmung durch die Tarifvertragsparteien, was niemals eine Entgeltsenkung darstelle.

Was die Zukunftsbezogenheit von Bezugnahmevereinbarungen angeht, vermag die Argumentation von *Giesen* durchaus zu überzeugen. Die Umwandlung einer volldynamischen Verweisung hin zu einer statischen Klausel hält hiernach grundsätzlich den Anforderungen von § 2 KSchG stand. Bedenken bestehen aber im Rahmen der Vertragsänderung zur Aufnahme einer Tarifwechselklausel. Angesprochen sind hier die Fälle, in denen der Arbeitgeber sich nicht nur einer unliebsamen Tarifentwicklung der Koalitionen (ggf. durch Verbandsautritt) zu entziehen versucht, sondern darüber hinaus bestehende Arbeitsbedingungen des Betriebes durch einen zu Sanierungszwecken abgeschlossenen Firmentarifvertrag abwandeln will. Hier lässt sich der Ausspruch einer Änderungskündigung nicht unter dem Hinweis rechtfertigen, gegenüber den Gewerkschaftsmitgliedern gelte nunmehr ein anderer Tarifvertrag.[71] Besonders ist in diesem Zusammenhang auf die Rechtsprechung des BAG zu verweisen, wonach einem Arbeitgeber, „der mit einzelnen Arbeitnehmern einzelvertraglich eine Vergütung vereinbart hat, die nicht dem betrieblichen Niveau entspricht, es verwehrt ist, die Vergütung unter Berufung auf den Gleichbehandlungsgrundsatz dem (regelmäßig niedrigeren) Entgelt der übrigen Arbeitnehmer anzupassen."[72]

c) *Ablösung des einzelvertraglich einbezogenen Verbandstarifs durch den Abschluss eines Firmentarifvertrages*

An Bedeutung gewinnt damit die Frage, ob mit der einzelvertraglichen Übernahme des einschlägigen Verbandstarifvertrages in seiner jeweils geltenden Fassung nicht notwendigerweise auch ein zu Sanierungszwecken abgeschlossener Firmentarifvertrag in Bezug genommen wird.

aa) *Geltungsvoraussetzungen nach dem Tarifvertragsgesetz*

Beabsichtigt ein Arbeitgeber, Arbeitsbedingungen des Flächentarifvertrages durch Abschluss eines Firmtarifvertrages abzulösen, ist neben der eigenen Verbandsmitgliedschaft danach zu differenzieren, ob dieselbe oder eine andere Gewerkschaft in Tarifverhandlungen mit dem Arbeitgeber eintritt.

---

71 Dies dagegen andeutend *Giesen*, NZA 2006, S. 625, 632.

72 Vgl. in diesem Zusammenhang unter anderem BAG vom 16.05.2002, AP Nr. 69 zu § 2 KSchG 1969.

(1) Tarifeinheit bei Kollision zweier Tarifverträge

Zur Wahrung der Tarifautonomie der Gewerkschaften ist auch der Arbeitgeber gemäß § 2 Abs. 1 TVG zum Abschluss von Tarifverträgen berechtigt. Für den verbandsangehörigen Arbeitgeber ist dies allerdings nicht unumstritten,[73] wenngleich dessen Tariffähigkeit bislang nur aus arbeitskampfrechtlicher Perspektive beleuchtet wird.[74] Signalisiert der Arbeitgeber allerdings Verhandlungsbereitschaft, ist dessen Eignung als Tarifvertragspartei nicht in Frage zu stellen.[75] Aus diesem Grunde kommt es – vorausgesetzt der Firmentarifvertrag wird von derselben Gewerkschaft verabschiedet – zu einer Tarifkonkurrenz, anderenfalls zu einer Tarifpluralität innerhalb der tarifgebundenen Arbeitsverhältnisse des Betriebes. Die Konkurrenzauflösung erfolgt nach bisheriger Rechtsprechung dabei einheitlich nach Maßgabe des Prinzips der Tarifeinheit.[76] Ungeachtet einer im Verbandstarifvertrag vereinbarten „Subsidiaritätsklausel" ist stets der Tarifvertrag anzuwenden, der der spezifischen Eigenart des Betriebes am besten gerecht wird (Grundsatz der Spezialität).[77] Daher ist einem Firmentarifvertrag grundsätzlich der Vorrang gegenüber einem Verbandstarifvertrag einzuräumen.[78]

In der Literatur wird der durch die Rechtsprechung entwickelte Lösungsansatz jedoch nur mit Einschränkungen geteilt. Insbesondere die Erweiterung des Prinzips der Tarifeinheit bei Tarifpluralität ist starker Gegenwehr ausgesetzt.[79] Im

---

73 Vgl. hierzu BAG vom 25.09.1996, AP Nr. 10 zu § 2 TVG Tarifzuständigkeit; BAG vom 24.01.2001, AP Nr. 173 zu § 1 TVG Tarifverträge: Metallindustrie; BAG vom 10.12.2002, AP Nr. 162 zu Art. 9 GG Arbeitskampf; *Gamillscheg*, Kollektives Arbeitsrecht I, S. 524; *Lohmann*, Der Abschluss eines Firmentarifvertrages durch einen verbandstarifgebundenen Arbeitgeber, S. 34 ff.; *Matthes*, Festschrift für Schaub, S. 477, 481 ff.; *Peter*, in: Däubler, § 2 TVG, RdNr. 134 ff. m. w. N.

74 Hierzu insbesondere BAG vom 10.12.2002, AP 162 zu Art. 9 GG Arbeitskampf.

75 BAG vom 04.04.2001, AP Nr. 26 zu § 4 TVG Tarifkonkurrenz.

76 Statt aller BAG vom 14.06.1980, AP Nr. 16 zu § 4 TVG Tarifkonkurrenz; BAG vom 05.09.1990, AP Nr. 19 zu § 4 TVG Tarifkonkurrenz; BAG vom 20.03.1991, AP Nr. 20 zu § 4 TVG Tarifkonkurrenz; BAG vom 23.03.2005, AP Nr. 29 zu § 4 TVG Tarifkonkurrenz; *Heinze/Ricken*, ZfA 2001, S. 159, 172 ff.; *Säcker/Oetker*, ZfA 1993, S. 1, 8 f. Mit Einschränkungen dagegen *Hromadka*, Gedächtnisschrift für Heinze, S. 383, 387 ff.; sowie *Hanau/Kania*, Festschrift für Schaub, S. 239, 252 f.; *Kania*, Anm. zu BAG, AP Nr. 26 zu § 4 TVG Nachwirkung, Bl. 9 R.

77 Vgl. hierzu BAG vom 20.03.1991, AP Nr. 20 zu § 4 TVG Tarifkonkurrenz; BAG vom 28.05.1997, AP Nr. 26 zu § 4 TVG Nachwirkung; BAG vom 23.03.2005, AP Nr. 29 zu § 4 TVG Tarifkonkurrenz; *Däubler*, Tarifvertragsrecht, RdNr. 1490 ff.; *Hromadka/Maschmann/Wallner*, Tarifwechsel, RdNr. 139 ff.

78 BAG vom 04.04.2001, AP Nr. 26 zu § 4 TVG Tarifkonkurrenz.

79 *Band*, Tarifkonkurrenz, Tarifpluralität und der Grundsatz der Tarifeinheit, S. 105; *Däubler*, Tarifvertragsrecht, RdNr. 1502 ff.; *Fenn*, Festschrift für Kissel, S. 213, 229 ff.; *Ha-*

Wesentlichen konzentriert sich die Kritik in dem Einwand, das BAG messe dem Grundsatz der Tarifeinheit eine Rechtsnormenqualität bei, die keinerlei gesetzliche Grundlage finde.[80] Abgesehen von § 3 Abs. 2 und § 5 TVG sei für die normative Wirkung eines Tarifvertrages ausschließlich die beiderseitige Tarifbindung der Arbeitsvertragsparteien entscheidend. Der Gesetzgeber nehme es daher bewusst in Kauf, dass innerhalb eines Betriebes mehrere Tarifverträge Anwendung finden. Dagegen habe die verdrängende Wirkung nach dem Grundsatz der Tarifeinheit zur Folge, dass die Arbeitnehmer, für die der vermeintlich speziellere Tarifvertrag mangels Tarifbindung nicht gilt, an der Ausübung ihrer positiven Koalitionsfreiheit gehindert sind.

Das BAG hat den aus dem Schrifttum folgenden Einwänden bislang eine Absage erteilt. Zwar habe der Grundsatz der Tarifeinheit keinen Niederschlag im Tarifvertragsgesetz gefunden, gleichwohl folge er aus dem übergeordneten Prinzip der Rechtssicherheit und Rechtsklarheit.[81] Allein § 3 Abs. 2 TVG zeige, dass für die Geltung betriebs- bzw. betriebsverfassungsrechtlicher Tarifregelungen immer zu entscheiden sei, welchen der konkurrierenden Regelwerke der Vorrang gebührt. Den Unzulänglichkeiten, die sich aus dem Nebeneinander zweier Tarifverträge ergeben, könne daher nur durch die betriebseinheitliche Anwendung eines Tarifvertrages begegnet werden. Dass die Mitglieder der Konkurrenzgewerkschaft hierdurch ihren tarifrechtlichen Schutz verlieren, sei hinzunehmen, weil diese durch Beitritt in die entsprechende Koalition den unabdingbaren Schutz des spezielleren Tarifvertrages jederzeit erlangen können. Der Grundsatz der Tarifeinheit beinhalte daher keinen Verstoß gegen die individuelle und kollektive Koalitionsfreiheit. Auch der verdrängten Gewerkschaft sei es unbenommen, einen noch spezielleren Tarifvertrag abzuschließen und dafür zu werben. In den Kernbereich der Betätigungsgarantie der Koalition werde dagegen nicht eingegriffen.

Dass das BAG für die Verfechtung seiner Rechtsprechung praktische Bedürfnisse in den Vordergrund rückt, ist mit Blick auf eine effektive Personalverwaltung grundsätzlich zu begrüßen. Gleichwohl kann der argumentative Rückgriff, die Anwendung mehrere Tarifverträge würde in der Arbeitswirklichkeit zu schwer lösbaren Problemen führen, nur eingeschränkt überzeugen, zumal das Gericht eine

---

nau/Kania, Anm. zu BAG, AP Nr. 20 zu § 4 TVG Tarifkonkurrenz, Bl. 5 R ff.; *Jacobs*, Tarifeinheit und Tarifkonkurrenz, S. 411 ff.; *Kraft*, Festschrift für Zöllner, S. 831, 835 ff.; *Löwisch/Rieble*, § 4 TVG, RdNr. 132 ff.; *Waas*, Tarifkonkurrenz und Tarifpluralität, S. 114 ff.; *Zwanziger*, in: Däubler, § 4 TVG, RdNr. 943 ff. m. w. N.

80 Grundlegend hierzu *Hanau/Kania*, Anm. zu BAG, AP Nr. 20 zu § 4 TVG Tarifkonkurrenz, Bl. 7 R ff.; *Jacobs*, Tarifeinheit und Tarifkonkurrenz, S. 411 ff.; *Kraft*, Festschrift für Zöllner, S. 831, 836 f.

81 Vgl. in diesem Zusammenhang BAG vom 20.03.1991, AP Nr. 20 zu § 4 TVG Tarifkonkurrenz.

nähere Begründung hierzu nicht vornimmt.[82] Für die Kollision zweier DGB-Tarifverträge ist den Überlegungen der Rechtsprechung ohnehin Rechnung getragen, da für DGB-Gewerkschaften der Grundsatz „ein Betrieb – eine Gewerkschaft" ein historisch gewachsenes und nunmehr auch satzungsmäßig verankertes Organisationsprinzip bildet.[83] Weil in der Frage der Zuständigkeitskonkurrenz der unterlegenen Gewerkschaft die satzungsgemäß „an sich" gegebene Zuständigkeit für den umstrittenen Bereich als Ganzes genommen wird, ist die Anwendung eines zweiten DGB-Tarifvertrages von vornherein ausgeschlossen.[84]

Dessen ungeachtet kennt der Grundsatz der Tarifeinheit aber auch Ausnahmen. So hat der 4. Senat des BAG mit Urteil vom 28.05.1997[85] das Vorliegen einer Tarifpluralität verneint, wenn ein gemäß § 4 Abs. 5 TVG nachwirkender Tarifvertrag und ein für den Arbeitgeber gemäß § 3 Abs. 1 TVG geltender Tarifvertrag aufeinander treffen. Mit der Aufgabe der Auslegungsgrundsätze für das Vorliegen von Gleichstellungsabreden scheint nun ein weiterer Schritt gegen den Grundsatz der Tarifeinheit getan zu sein, geht doch die bisweilen verfochtene Konzeption gerade davon aus, dass aus Gründen betrieblicher Effizienz und sozialpolitischer Gerechtigkeit nur ein Tarifvertrag im Betrieb maßgebend sein soll, zu dem dann Gleichstellung innerhalb der nichttarifgebundenen Arbeitsverhältnisse zu verlangen ist. Liegt vor diesem Hintergrund eine Tarifpluralität vor, gilt dies auch im Verhältnis zu den Gewerkschaftsmitgliedern, die ihren tarifrechtlichen Schutz verlieren. Da im Hinblick auf den spezielleren Normenvertrag ein „tariffreier Raum" zwischen den Arbeitsvertragsparteien entsteht,[86] ist auf die Bedingungen des Arbeitsvertrages, namentlich auf die Bezugnahmeklausel, abzustellen. Dabei soll ein schuldrechtlicher Tarifwechsel nach bisheriger Rechtsprechung zumindest dann vorliegen, wenn die Gleichstellungsabrede zugleich als Tarifwechselklausel ausgestaltet ist oder besondere Umstände vorliegen, die belegen, dass die Bezugnahmeklausel den jeweils einschlägigen Tarifvertrag übernimmt.[87] Gleichstellungsabrede und Tarifeinheit bedingen also einander.[88] Soll unter Hinweis auf den objektiven Auslegungsgrundsatz Allgemeiner Geschäftsbedingungen die einzel-

---

82 Kritisch insoweit *Hromadka*, Gedächtnisschrift für Heinze, S. 383, 387; sowie *Kraft*, Festschrift für Zöllner, S. 831, 839 f.; als auch *Säcker/Oetker*, ZfA 1993, S. 1, 6.

83 Hierzu unter anderem *Kania*, DB 1996, S. 1921, 1922.

84 *Löwisch/Rieble*, § 2 TVG, RdNr. 96 ff. und § 4 TVG, RdNr. 143.

85 BAG vom 28.05.1997, AP Nr. 26 zu § 4 TVG Nachwirkung.

86 Vgl. hierzu *Hromadka/Maschmann/Wallner*, Tarifwechsel, RdNr. 165.

87 BAG vom 30.08.2000, AP Nr. 12 zu § 1 TVG Bezugnahme auf Tarifvertrag. Vgl. § 7 B II 1, S. 99 ff.

88 *Lindemann/Simon*, BB 2006, S. 1852, 1854; *Löwisch/Rieble*, § 3 TVG, RdNr. 301; *Säcker/Oetker*, ZfA 1993, S. 1, 14 f.; sowie *Thüsing*, NZA 2003, S. 1184, 1187, *ders.* Anm. zu EuGH, NZA 2006, S. 473, 474.

vertragliche Übernahme des einschlägigen Tarifvertrags aber gerade nicht in Wechselwirkung zu den Arbeitsbedingungen der tarifgebundenen Arbeitsverhältnisse des Betriebes stehen,[89] bedarf es aus Gründen der Rechtssicherheit und Rechtsklarheit auch nicht der betriebseinheitlichen Anwendung eines Regelwerkes.[90] Dies gilt dann sowohl für das Zusammentreffen zweier DGB-Tarifverträge und somit gleichermaßen für die Fälle einer Tarifkonkurrenz, als auch für das Verhältnis von DGB-Gewerkschaften zu konkurrierenden Verbänden, wie z. B. der CGM.[91]

(2) Tarifeinheit bei Kollision eines normativ und eines schuldrechtlich wirkenden Tarifvertrages

Will man den Grundsatz der Tarifeinheit bewahren, ist somit zu überlegen, ob es für eine Tarifkollision bereits ausreicht, dass neben der Normativwirkung eines Tarifvertrages eine weitere „Tarifgeltung“ kraft Bezugnahmevereinbarung besteht. Insoweit ist an die jüngst bestätigte Rechtsprechung des 4. Senats des BAG zu erinnern, wonach eine Tarifkonkurrenz auch dann vorliegt, wenn auf ein Arbeitsverhältnis neben einem für allgemeinverbindlich erklärten Tarifvertrag ein weiterer Tarifvertrag kraft Bezugnahmeklausel Anwendung findet.[92] Hiernach führt die arbeitsvertragliche Verweisung lediglich zu einer von mehreren Arten der Tarifbindung, die den Rückgriff auf den Grundsatz der Tarifeinheit erlaubt.[93] Konsequent fortgeführt könnte demnach auch der Abschluss eines Firmentarifvertrages das Entstehen einer Tarifkonkurrenz bzw. Tarifpluralität gegenüber einem schuldrechtlich wirkenden Verbandstarifvertrag bewirken, in welchem dem Firmentarifvertrag als spezielleres Regelwerk der Vorrang gebührt.

Berücksichtigt man den Geltungsgrund einzelvertraglich in Bezug genommenen Tarifbestimmungen, erweist sich ein solcher Schluss jedoch als falsch. Auch nach Auffassung der Rechtsprechung entfaltet der Tarifvertrag als integraler Bestandteil des Arbeitsvertrages gerade keine vergleichbare Rechtsnormenqualität, wie im Hinblick auf seine Anwendung nach dem Tarifvertragsgesetz.[94] Daraus folgt, dass die Bezugnahmeklausel in ihrer Wirkung nicht über das jeweilige Arbeitsverhältnis hinausreichen kann, zumal unter Berücksichtigung der Privatauto-

---

89 So nunmehr ausdrücklich BAG vom 14.12.2005, AP Nr. 39 zu § 1 TVG Bezugnahme auf Tarifvertrag.

90 *Lindemann/Simon*, BB 2006, S. 1852, 1854.

91 Zur Tariffähigkeit der CGM vgl. BAG vom 28.03.2006, NZA 2006, S. 1112 ff.

92 BAG vom 20.03.1991, AP Nr. 20 zu § 4 TVG Tarifkonkurrenz; sowie BAG vom 23.03.2005, AP Nr. 29 zu § 4 TVG Tarifkonkurrenz.

93 So erneut BAG vom 23.03.2005, AP Nr. 29 zu § 4 TVG Tarifkonkurrenz.

94 Vgl. hierzu bereits § 2 A II 1.

nomie auch zu bedenken bleibt, dass es den Arbeitsvertragsparteien ebenfalls gestattet ist, fachfremde oder bloße Teile eines Tarifvertrages zu übernehmen.[95] Im tarifgebundenen Arbeitsverhältnis erfolgt die Auflösung der Kollision dann aber über § 4 Abs. 3 TVG,[96] währenddessen es bei fehlender Verbandszugehörigkeit des Arbeitnehmers ausschließlich bei der Anwendung des Bezugnahmeobjekts bleibt. Übergeht man dagegen den bei Vertragsschluss vorliegenden Willen der Arbeitsvertragsparteien, stellt dies einen nicht zu rechtfertigenden Eingriff in die Vertragsfreiheit dar.[97]

Allerdings will die Rechtsprechung so nicht verstanden werden. Vielmehr soll eine Konkurrenzauflösung nach dem Grundsatz der Tarifeinheit gerade dann ausscheiden, „wenn die Verweisung erst nach oder trotz Inkrafttreten des spezielleren Tarifvertrages erfolgt."[98] Untersucht man die Ausführungen des BAG daher genau, ist festzustellen, dass der Einwand, die einzelvertragliche Verweisung sei lediglich eine von mehreren Bindungsarten an einen Tarifvertrag, ausschließlich Folge der Auslegung einer Bezugnahmevereinbarung ist.[99] Hierbei stellt das Gericht unter anderem auf den Gleichstellungszweck der Vertragsabrede ab.[100] Insoweit sollten Anhaltspunkte dafür fehlen, dass die Arbeitsvertragsparteien etwas anderes wollen, als die Gleichstellung ihrer Arbeitsbedingungen zu den tarifgebundenen Arbeitsverhältnissen des Betriebes. Damit steht jedoch fest, dass der durch das BAG vertretene Ansatz nur in den Fällen gewollt ist, in denen die einzelvertragliche Verweisung einen entgegenstehenden Willen der Arbeitsvertragsparteien vermissen lässt. Für die uneingeschränkte Umsetzung eines gerade zu

---

95 Ausführlich hierzu unter § 2 B I und § 2 B II 1.

96 *Annuß*, ZfA 2005, S. 405, 443 f.; *Däubler*, Tarifvertragsrecht, RdNr. 336; *Hanau/Kania*, Festschrift für Schaub, S. 239, 241; *dies.*, Anm. zu BAG, AP Nr. 20 zu § 4 TVG Tarifkonkurrenz, Bl. 10; *Kraft*, Festschrift für Zöllner, S. 831, 844; *Löwisch/Rieble*, § 3 TVG, RdNr. 283; *Oetker*, Anm. zu BAG, AP Nr. 6 zu § 1 TVG Bezugnahme auf Tarifvertrag, Bl. 10; *Reichel*, Die arbeitsvertragliche Bezugnahme auf den Tarifvertrag, S. 175 ff.; *Säcker/Oetker*, ZfA 1993, S. 1, 14; *Thüsing*, NZA 2005, S. 1280, 1281. Kritisch in diesem Zusammenhang auch *Kort*, SAE 2006, S. 247, 249 f.

97 *Hanau/Kania*, Anm. zu BAG, AP Nr. 20 zu § 4 TVG Tarifkonkurrenz, Bl. 10 f.; *Kraft*, Festschrift für Zöllner, S. 831, 846; *Reichel*, Die arbeitsvertragliche Bezugname auf den Tarifvertrag, S. 176 f.; *Reuter*, JuS 1992, S. 105, 109.

98 BAG vom 20.03.1991, AP Nr. 20 zu § 4 TVG Tarifkonkurrenz. Vgl. in diesem Zusammenhang auch BAG vom 28.05.1997, AP Nr. 6 zu § 1 TVG Bezugnahme auf Tarifvertrag; sowie BAG vom 25.10.2000, AP Nr. 13 zu § 1 TVG Bezugnahme auf Tarifvertrag.

99 So auch *Stein*, Anm. zu BAG, AP Nr. 13 zu § 1 TVG Bezugnahme auf Tarifvertrag, Bl. 9 R ff.

100 BAG vom 20.03.1991, AP Nr. 20 zu § 4 TVG Tarifkonkurrenz. Insoweit zustimmend *Hanau/Kania*, Anm. zu BAG, AP Nr. 20 zu § 4 TVG Tarifkonkurrenz, Bl. 10 R; *Säcker/Oetker*, ZfA 1993, S. 1, 14 ff.

Sanierungszwecken abgeschlossenen Firmentarifvertrages entscheidet daher stets die Auslegung der Bezugnahmeklausel.

bb) Auswirkung auf den Regelungsgehalt der Bezugnahmevereinbarung

Bezieht sich die Verweisung auf den jeweils für den Betrieb geltenden/einschlägigen Tarifvertrag, scheint ein schuldrechtlicher Tarifwechsel hinreichend gesichert. Zwar ermöglicht der Wortlaut der Klausel zunächst die Anwendung beider Tarifverträge, gleichwohl vermag eine Bezugnahmeklausel in Anlehnung an den Grundsatz der Tarifeinheit nur einem Tarifvertrag zur Geltung im Arbeitsvertrag zu verhelfen. Bei fachlicher und räumlicher Anwendbarkeit mehrerer Tarifverträge hat dies, wie schon an anderer Stelle gezeigt,[101] zur Folge, dass dem spezielleren Regelwerk der Vorrang gebührt. Ungeachtet des Zwecks der Verweisung als Gleichstellungsabrede führt die Interpretation der Bezugnahmevereinbarung damit zu einem eindeutigen Auslegungsergebnis.

Probleme ergeben sich allerdings dann, wenn der Arbeitsvertrag eine kleine dynamische Bezugnahmeabrede auf den einschlägigen Verbandstarif aufweist. Mit Blick auf die alten Auslegungsgrundsätze des 4. Senats des BAG ist die einzelvertragliche Anwendung des Firmentarifvertrages zumindest in den Fällen sichergestellt, in denen der Arbeitgeber schon bei Vertragsschluss an das in der Klausel benannte Bezugnahmeobjekt gebunden ist und die für den Haustarifvertrag verhandelnde Gewerkschaft zugleich Partei des Verbandstarifvertrages ist.[102] Auch der 10. Senat des BAG bestätigt mit Recht[103] dieses Auslegungsergebnis, wenngleich für das Gericht in diesem Fall ein Rückgriff auf die benannte Auslegungsregel nicht entscheidungserheblich war, da beide Arbeitsvertragsparteien von einem derartigen Zweck der Bezugnahmeklausel übereinstimmend ausgegangen sind.[104]

Soll nach neuer Rechtsprechung allerdings die wortlautgetreue Auslegung der Bezugnahmevereinbarung Platz greifen, sofern der mit der Klausel beabsichtigte Gleichstellungszweck nicht eindeutig zum Ausdruck kommt,[105] sind einer einzelvertraglichen Ablösung des einschlägigen Verbandstarifvertrages durch einen Firmentarifvertrag zusätzlich Grenzen gesetzt. Einen entsprechenden Wechsel hat das BAG bisher nur in einem Fall angenommen, bei dem durch einen Formulararbeitsvertrag nicht nur auf den gültigen Flächentarif, sondern auch auf die Be-

---

101 Vgl. dazu erneut § 7 B II und § 7 B III.

102 BAG vom 30.08.2000, AP Nr. 12 zu § 1 TVG Bezugnahme auf Tarifvertrag.

103 Vgl. im Zusammenhang mit der hier vertretnen Auffassung dazu erneut § 7 B II 1.

104 BAG vom 14.12.2005, AP Nr. 37 zu § 1 TVG Bezugnahme auf Tarifvertrag.

105 So nunmehr BAG vom 14.12.2005, AP Nr. 39 zu § 1 TVG Bezugnahme auf Tarifvertrag.

triebsvereinbarungen des Betriebes verwiesen wurde.[106] In diesem Kontext falle der wegen § 77 Abs. 4 BetrVG an sich überflüssige Hinweis ins Gewicht, wonach der Arbeitsvertragstext erkennbar auch die Anwendung der jeweils für den Betrieb maßgebenden Tarifverträge anordnen wolle.[107] Infolgedessen ist eine entsprechende Übernahme des zu Sanierungszwecken abgeschlossenen Firmentarifvertrages nur dann zweifelsfrei sichergestellt, sofern die Verweisung auf den einschlägigen Verbandstarifvertrag ebenso einen einzelvertraglichen Tarifwechsel anordnet.

Dem gegenüber stellt *Hanau*[108] die Frage, ob die einzelvertragliche Inbezugnahme eines genau bezeichneten Verbandstarifvertrages dahingehend auszulegen sei, dass bei Abschluss eines Firmentarifvertrags mit derselben Gewerkschaft das Bezugnahmeobjekt nicht einfach abgelöst, sondern lediglich modifiziert wird. Der Zweck der Klausel, so *Hanau*, sollte dem nicht entgegenstehen, da es einem Unternehmen bei der Bezugnahme auf den einschlägigen Verbandstarif nach dem objektiven Empfängerhorizont ersichtlich um eine für das Unternehmen maßgebliche Fassung geht. Dies erscheint auf den ersten Blick durchaus überzeugend, wenngleich hierfür unter der Prämisse einer im Wesentlichen auf den Wortlaut der Klausel abstellenden Auslegung[109] zu fordern ist, dass die Identität des Bezugnahmeobjekts unverändert erhalten bleibt. Beleuchtet man vor diesem Hintergrund indes die tarifrechtliche Ausgangslage, in der ein Arbeitgeber sowohl an den Verbands- als auch an den Firmentarifvertrag gebunden ist, muss ein derartiger Ansatz zunehmend in Frage gestellt werden, da auf der Grundlage des Tarifvertragsgesetzes der hier in Rede stehende Untersuchungsgegenstand als klassischer Fall einer Tarifkollision in Form der Tarifkonkurrenz innerhalb der tarifgebundenen Arbeitsverhältnisse des Betriebes zu qualifizieren ist.

Darüber hinaus ist auch unter Berücksichtigung der Vorgaben des Nachweisgesetzes zu bezweifeln, ob der von *Hanau* vorgetragne Ansatz lediglich als Modifizierung des in der Verweisung benannten Tarifvertrages zu qualifizieren ist. Insbesondere weist selbst die Rechtsprechung darauf hin, dass die erstmalige (schuldrechtliche) Anwendung von Firmentarifverträgen stets eine eigenständige nachweispflichtige Tatsache i. S. v. § 3 Satz 1 NachwG ist.[110] Hierfür fällt ins Gewicht, dass zumindest auf Arbeitgeberseite ein Austausch der Tarifvertragsparteien stattfindet. Der Abschluss eines Firmentarifvertrages ist aus Sicht des Nachweisgesetzes folglich nicht als inhaltliche Modifizierung i. S. d. § 3 Satz 2

---

106 BAG vom 23.03.2005, AP Nr. 29 zu § 4 TVG Tarifkonkurrenz.

107 Kritisch in diesem Zusammenhang allerdings *Kort*, SAE 2006, S. 247, 248 f.

108 *Hanau*, NZA 2005, S. 489, 492.

109 Hierfür auch *Hanau*, NZA 2005, S. 489, 490 f.; *ders.*, Anm. zu BAG, RdA 2005, S. 376, 376 f.

110 So BAG vom 05.11.2003, AP Nr. 1 zu § 3 NachwG.

NachwG, sondern als echte Ablösung des vorstehenden Verbandstarifvertrages zu werten. Damit liegt in der Sache aber ein Tarifwechsel vor, dem – ungeachtet des Zwecks der Bezugnahme als Gleichstellungsabrede – nur durch die Verwendung einer Tarifwechselklausel Rechnung zu tragen sein dürfte.[111]

III. Ergebnis

Wieder ist festzustellen, dass eine im Wesentlichen auf den Wortlaut abstellende Auslegung von Bezugnahmevereinbarungen nur schwer arbeitsrechtlichen Besonderheiten Rechnung zu tragen vermag. Infolgedessen ist mit Blick auf eine vorausschauende Vertragsgestaltung der Versuch zu unternehmen, den dynamischen Regelungegehalt arbeitsvertraglicher Bezugnahmevereinbarungen hinreichend zu konkretisieren.

Gilt das Bezugnahmeobjekt gegenüber tarifgebundenen Arbeitsverhältnissen des Betriebes bereits auf normativer Grundlage, erscheint es ausreichend, aber auch geboten, wenn der Arbeitgeber den mit der Klausel eigentlich beabsichtigten Gleichstellungszweck deutlich im Vertragstext kennzeichnet. So könnte ein Arbeitgeber in etwa formulieren:

> „Ungeachtet der Gewerkschaftszugehörigkeit des Arbeitnehmers finden auf das Arbeitsverhältnis die jeweils für den Arbeitgeber kraft eigenen Abschlusses oder kraft Mitgliedschaft im tarifschließenden Arbeitgeberverband gültigen Tarifverträge in ihrer jeweils geltenden Fassung Anwendung. Derzeit ist dies der Tarifvertrag (…).“

Ist der Arbeitgeber bei Abschluss des Arbeitsvertrages dagegen nicht tarifgebunden, beabsichtigt aber ggf. den Verbandsbeitritt bzw. den Abschluss eines Haustarifvertrages, bietet sich folgende Fassung der Bezugnahmevereinbarung an:

> „Für das Arbeitsverhältnis gelten die jeweils für den Betrieb einschlägigen Tarifverträge, insbesondere die, an die der Arbeitgeber zukünftig gebunden ist. Zurzeit erfasst der Arbeitsvertrag die Tarifverträge (…). Der Arbeitgeber behält sich ausdrücklich vor, künftige Tarifentwicklungen des jeweils einschlägigen Tarifvertrages auszuschließen, sofern betriebliche und/oder wirtschaftliche Gründe dies erfordern. Dies wird dem Arbeitnehmer rechtzeitig mitgeteilt.“[112]

---

[111] Anders dagegen *Reinecke*, BB 2006, S. 2637, 2642, der für eine ergänzende Vertragsauslegung plädiert.

[112] Ähnlich auch *Hanau*, NZA 2005, S. 489, 493.

Was die Weitergabe von künftigen Tariflohnerhöhungen angeht, steht eine solche standardisierte Anordnung nicht in Widerspruch zu § 308 Nr. 4 BGB.[113] Widerrufsvorbehalte ermöglichen dem Arbeitgeber einmal entstandene Ansprüche des Arbeitnehmers nachträglich zu beseitigen.[114] In der Praxis zeigt sich dies besonders im Rahmen der Kürzung übertariflicher Zulagen. Dagegen ist mit Blick auf ein eingeschränktes dynamisches Bezugnahmeverfahren zu konstatieren, dass der Arbeitgeber sich lediglich das Recht vorbehält, die Teilhabe an künftigen Tarifentwicklungen zu versagen. In den Bestand des Arbeitsverhältnisses soll hingegen nicht eingegriffen werden, womit sich ein Rückgriff auf § 308 Nr. 4 BGB schon unter Zugrundelegung seines Anwendungsbereiches verbietet.

Vergleichbares gilt auch für die Frage der inhaltlichen Angemessenheit der Klausel gemäß § 307 Abs. 1 Satz 1 BGB. Den Rechtsfolgen des Verbandsaustritts entsprechend legt der Arbeitgeber anhand des hier in Rede stehenden Vorbehalts nur die zur Geltung von Tarifverträgen nach dem Tarifvertragsgesetz statuierten Anforderungen dem Arbeitsverhältnis zugrunde. Insoweit wird der Arbeitnehmer nicht besser aber auch nicht schlechter gestellt, als im Fall der eigenen Tarifbindung kraft Verbandsmitgliedschaft. Dieser Umstand allein vermag jedoch keine unangemessene Benachteiligung des Arbeitnehmers zu begründen, zumal selbst das BAG unter Hinweis auf die Privatautonomie ausdrücklich klarstellt, dass gegen einen derartigen Regelungsbefehl der Verweisung keine Rechtsgründe bestehen, die einer entsprechenden Aufnahme der Klausel in den Arbeitsvertragstext entgegenstehen.[115]

---

113 Vgl. in diesem Zusammenhang § 8 B.

114 Dazu jüngst BAG vom 12.01.2005, AP Nr. 1 zu § 308 BGB; *Preis/V. Lindemann*, NZA 2006, S. 632, 636; sowie *Schimmelpfennig*, NZA 2005, S. 603, 604 ff.

115 Vgl. hierzu erneut BAG vom 14.12.2005, AP Nr. 39 zu § 1 TVG Bezugnahme auf Tarifvertrag.

§ 10 Tarifwechsel aufgrund Branchenwechsel

Wächst das Arbeitsverhältnis aufgrund von Unternehmensumstrukturierungen aus dem branchenmäßigen Geltungsbereich des anzuwendenden Verbandstarifvertrages heraus, wird der tarifgebundene Arbeitgeber regelmäßig bestrebt sein, durch Verbandswechsel in den nunmehr zuständigen Arbeitgeberverband eine Änderung der im Betrieb geltenden Tarifbestimmungen zu bewirken. Aber auch der nichtverbandsgebundene Arbeitgeber kann bei Verlagerung seines Produktionsschwerpunkts ein Interesse an der vertraglichen Einbeziehung des nunmehr einschlägigen Tarifwerks haben, insbesondere um die Wettbewerbsfähigkeit seines Betriebes zu erhöhen. Die Wahl des dem Schwerpunkt der Unternehmenstätigkeit entsprechenden Tarifniveaus ist somit eine unter der Geltung des Industrieverbandsprinzips adäquate Reaktion.[1] Dabei ist für deren uneingeschränkte Umsetzung zwischen tarifrechtlicher und einzelvertraglicher Ebene zu unterscheiden.

A. Statische Fortgeltung des alten Tarifvertrages entsprechend § 4 Abs. 5 TVG

Ausgehend vom Tarifvertragsgesetz verlangt § 4 Abs. 1 Satz 1 TVG neben der kongruenten Tarifgebundenheit der Arbeitsvertragsparteien auch die Einschlägigkeit des betreffenden Regelwerks. Das Arbeitsverhältnis muss daher auch vom fachlichen Geltungsbereich des Tarifvertrages erfasst sein. Die Tarifvertragsparteien stellen hierbei durch Nennung bestimmter Wirtschaftszweige oder Tätigkeitsfelder regelmäßig auf den Betriebs- oder Unternehmenszweck ab.[2] Ändert der Arbeitgeber demnach den Schwerpunkt seiner wirtschaftlichen Tätigkeit, kann der branchenmäßige Geltungsbereich des anzuwendenden Tarifvertrages nachträglich entfallen. Anderes gilt nur im Fall des Firmentarifvertrages, da der Betrieb hier unabhängig der Zugehörigkeit zu einer bestimmten Branche vom Anwendungsbereich des Normenvertrages erfasst ist. Daher kommt es lediglich zu einem nachträglichen Wegfall der Tarifzuständigkeit der beteiligten Gewerkschaft. Rechtsfolge ist dann, dass der Tarifvertrag aus wichtigem Grund gekündigt werden kann.[3] Für den nicht mehr einschlägigen Verbandstarifvertrag gilt es dagegen zu fragen, ob und inwieweit dessen Tarifbestimmungen gegenüber den tarifgebundenen Arbeitsverhältnissen ausstrahlen.

Geht man davon aus, dass § 4 Abs. 5 TVG die Entstehung inhaltsleerer Arbeitsverhältnisse vermeiden soll, wenn im Vertrauen auf die Geltung des Tarifvertrages keine adäquate Regelung durch die Arbeitsvertragsparteien getroffen ist,

---

1 *Henssler*, Festschrift für Wißmann, S. 133, 140.

2 Hierzu *Hromadka/Maschmann/Wallner*, Tarifwechsel, RdNr. 15 ff.

3 Anders dagegen *Löwisch/Rieble*, § 2 TVG, RdNr. 186.

erscheint es nur konsequent, die Vorschrift entsprechend auf all die Fälle anzuwenden, in denen die unmittelbare und zwingende Wirkung von Tarifinhalten ohne Zeitablauf des Tarifvertrages entfällt. Entsprechend der sog. Nachwirkungslehre des BAG und der Mehrheit im Schrifttum, ist daher zunächst von der Nachwirkung des zuvor branchenmäßig einschlägigen Verbandstarifvertrages auszugehen.[4] Der vereinzelt von *Däubler*[5] befürwortete Ansatz, eine Weitergeltung des Tarifvertrages gemäß § 3 Abs. 3 TVG anzuordnen, ist vereinzelt geblieben. Die Vorschrift ersetzt lediglich die fehlende Verbandsmitgliedschaft der Arbeitsvertragsparteien.[6] Gleichwohl müssen alle übrigen Voraussetzungen für die Tarifwirkung nach § 4 Abs. 1 Satz 1 TVG erfüllt sein. Dies erfasst auch die Zuständigkeit der tarifschließenden Verbände.[7] § 3 Abs. 3 TVG bezweckt daher nicht, die Bindung an einen Tarifvertrag zu schaffen, welche selbst bei Verbandsmitgliedschaft der Arbeitsvertragsparteien ausbliebe. Fällt ein Betrieb aufgrund von Umstrukturierungen demnach in den fachlichen Geltungsbereich eines anderen Tarifvertrages, steht es dem Arbeitgeber durch Verbandswechsel frei, die nunmehr einschlägigen Tarifbestimmungen zur Anwendung zu bringen. Der Wechsel in das neue, sachlich nunmehr zugeschnittene Tarifsystem ist folglich keine unbillige Handlungsweise, der über die Fortwirkung des zuvor einschlägigen Normenvertrages gemäß § 3 Abs. 3 TVG begegnet werden muss.[8]

Sind die Arbeitsvertragsparteinen an den neuen Tarifvertrag gebunden, da dieselbe Gewerkschaft auch Partei des branchenmäßig nunmehr einschlägigen Tarifvertrages ist, vollzieht sich der Tarifwechsel automatisch. Die Nachwirkung des vorangegangenen Tarifsystems tritt hier gar nicht erst ein. Fällt der Betrieb dagegen in den Zuständigkeitsbereich einer anderen Gewerkschaft und vollzieht der Arbeitnehmer nicht einen entsprechenden Gewerkschaftswechsel, bleibt die Nachwirkung des alten Tarifvertrages grundsätzlich erhalten. Anders wäre nur dann zu entscheiden, wenn im Wege des Grundsatzes der Tarifeinheit die lediglich nachwirkenden Tarifbestimmungen verdrängt werden.

---

4 BAG vom 10.12.1997, AP Nr. 20 zu § 3 TVG. Aus dem Schrifttum *Hanau/Kania*, Festschrift für Schaub, S. 239, 252; *Henssler*, Festschrift für Wißmann, S. 133, 139 f.; *Hromadka/Maschmann/Wallner*, Tarifwechsel, RdNr. 258; *Kania*, DB 1995, S. 625, 630; *Löwisch/Rieble*, § 4 TVG, RdNr. 112; *Reichel*, Die arbeitsvertragliche Bezugnahme auf den Tarifvertrag, S. 94 f.

5 *Däubler*, Tarifvertragsrecht, RdNr. 93b.

6 *Hromadka/Maschmann/Wallner*, Tarifwechsel, RdNr. 232; *Lieb*, NZA 1994, S. 337, 337 f.; *Löwisch/Rieble*, § 3 TVG, RdNr. 84; *Schaub*, BB 1995, S. 2003, 2003.

7 BAG vom 14.06.1994, AP Nr. 2 zu § 3 TVG Verbandsaustritt; *Hromadka/Maschmann/Wallner*, Tarifwechsel, RdNr. 232; *Kania*, DB 1995, S. 625, 629 f.; *Schaub*, BB 1995, S. 2003, 2004.

8 *Henssler*, Festschrift für Wißmann, S. 133, 140.

Wie bereits an anderer Stelle gezeigt,[9] unterstellt das BAG die Tarifpluralität bisher den gleichen Rechtsfolgen, wie einer Tarifkonkurrenz. Dabei soll es für das Vorliegen einer Tarifpluralität ausreichen, wenn es lediglich möglich erscheint, der Arbeitgeber habe für den Betrieb mindestens zwei Tarifverträge tarifrechtlich umzusetzen.[10] Allerdings verneint die Rechtsprechung den Grundsatz der Tarifeinheit im Betrieb, wenn ein vollwirksamer und ein nachwirkender Tarifvertrag aufeinander treffen.[11] Voraussetzung für eine Tarifpluralität sei, dass zumindest der Arbeitgeber an zwei Tarifverträge gebunden ist. Bei der Nachwirkung handele es sich dagegen um eine Sonderregelung, die einer Auflösung auf der Grundlage der Tarifeinheit entgegenstehe. Als Arbeitnehmerschutzvorschrift trete § 4 Abs. 5 TVG der Gefahr eines inhaltsleeren Arbeitsverhältnisses entgegen. Dieser Zweck impliziere, dass die Nachwirkung nur durch eine für das Arbeitsverhältnis rechtlich relevante „andere Abmachung" entfällt. Für die Ablösung mittels Tarifvertrag fordere dies aber die kongruente Tarifbindung der Arbeitsvertragsparteien.

Im Ergebnis kann dies überzeugen, wenngleich der Lösungsweg des BAG sich dem Widerspruch aussetzt, dass bei Aufrechterhaltung des Grundsatzes der Tarifeinheit im Betrieb der nachwirkende Tarifvertrag stärker geschützt werde, als zum Zeitpunkt seiner unmittelbaren und zwingenden Wirkung.[12] Anders hingegen *Hromadka/Maschmann/Wallner*,[13] die auch die zwischen einem nachwirkenden und vollwirksamen Tarifvertrag eingetretene Tarifkollision nach dem Grundsatz der Tarifeinheit auflösen wollen. Lehnt man den Grundsatz der Tarifeinheit bei Tarifpluralität dagegen ab,[14] bleibt es ohnehin bei der Nachwirkung des alten Tarifvertrages, sofern keine für das Arbeitsverhältnis rechtlich relevante andere Abmachung vorliegt.

---

9 Vgl. hierzu erneut § 9 B II 2 c) aa) (1).

10 BAG vom 05.09.1990, AP Nr. 19 zu § 4 TVG Tarifkonkurrenz; BAG vom 20.03.1991, AP Nr. 20 zu § 4 TVG Tarifkonkurrenz; BAG vom 26.01.1994, AP Nr. 22 zu § 4 TVG Tarifkonkurrenz; BAG vom 25.08.1997, AP Nr. 26 zu § 4 TVG Nachwirkung.

11 BAG vom 25.08.1997, AP Nr. 26 zu § 4 TVG Nachwirkung.

12 Vgl. hierzu unter anderem *Kania*, Anm. zu BAG, AP Nr. 26 zu § 4 TVG Nachwirkung, Bl. 8 R ff.

13 *Hromadka/Maschmann/Wallner*, Tarifwechsel, RdNr. 267.

14 So *Band*, Tarifkonkurrenz, Tarifpluralität und der Grundsatz der Tarifeinheit, S. 105; *Däubler*, Tarifvertragsrecht, RdNr. 1502 ff.; *Hanau*, NZA 2003, S. 128, 131 f.; *Hanau/Kania*, Anm. zu BAG, AP Nr. 20 zu § 4 TVG Tarifkonkurrenz, Bl. 5 R ff.; *Jacobs*, Tarifeinheit und Tarifkonkurrenz, S. 411 ff.; *Löwisch/Rieble*, § 4 TVG, RdNr. 132 ff.; *Waas*, Tarifkonkurrenz und Tarifpluralität, S. 114 ff.; *Zwanziger*, in: Däubler, § 4 TVG, RdNr. 943 ff.

B. Auswirkung auf den Regelungsgehalt arbeitsvertraglicher Bezugnahmen

Ob ein Tarifwechsel aufgrund Branchenwechsel auch als integraler Bestandteil des Arbeitsvertrages durchschlägt, hängt maßgeblich vom fachlichen Flexibilisierungsgrad der Bezugnahmeklausel ab. Hier gilt es, zwischen kleiner und großer dynamischer Verweisung zu unterscheiden.

I. Kleine dynamische Bezugnahmeklausel

Vom Wortlaut ausgehend nimmt die kleine dynamische Verweisung lediglich einen konkret bezeichneten Tarifvertrag in seiner jeweils geltenden Fassung in Bezug. Wie schon an anderer Stelle beschrieben,[15] ist somit Kernproblem solcher Bezugnahmevereinbarungen, ob und inwieweit die Klausel eine Auslegung erlaubt, dass mit Branchenwechsel der nunmehr einschlägige Tarifvertrag als integraler Bestandteil des Arbeitsvertrages anzuwenden ist.

1. Gleichstellungsabrede

Erfüllt die Verweisung den Zweck einer Gleichstellungsabrede, ist ein entsprechender Tarifwechsel zumindest in den Fällen gerechtfertigt, in denen besondere Umstände vorliegen, die belegen, es soll nach dem Willen der Arbeitsvertragsparteien der für den Betrieb jeweils fachlich und betrieblich einschlägige Tarifvertrag anzuwenden sein.[16] Allerdings ist bislang ungeklärt, wann derartige Anhaltspunkte vorliegen, die eine Auslegung der Bezugnahmevereinbarung als Tarifwechselklausel erlauben. Da das BAG in dieser Frage bisher keine präzisen Anhaltspunkte formuliert hat, ist die beschriebene Problematik besonders für die Arbeitsverhältnisse von Bedeutung, die unverändert auf die alten Auslegungsgrundsätze der Rechtsprechung für das Vorliegen von Gleichstellungsabreden vertrauen dürfen.[17]

a) Tarifwechsel bei Zuständigkeit derselben (DGB) Gewerkschaft

Ausgehend vom Urteil des 4. Senats des BAG aus dem Jahr 1996[18] ist die Auslegung der Gleichstellungsabrede als Tarifwechselklausel dann ihrem Zweck entsprechend zulässig, wenn die Zuständigkeit derselben Gewerkschaft unverändert

---

[15] Vgl. dazu erneut § 7 B II 1.

[16] Ausführlich hierzu unter § 7 B II 1.

[17] Vgl. dazu BAG vom 14.12.2005, AP Nr. 39 zu § 1 TVG Bezugnahme auf Tarifvertrag.

[18] BAG vom 04.09.1996, AP Nr. 5 zu § 1 TVG Bezugnahme auf Tarifvertrag.

erhalten bleibt.[19] Dies entspricht auch der Selbsteinschätzung der neuen Rechtsprechung, wenn ausgeführt wird, ein Tarifwechsel vollziehe sich gemäß § 4 Abs. 1 Satz 1 TVG nur bei kongruenter Tarifbindung der Arbeitsvertragsparteien.[20]

Gleichermaßen ersetzt eine Gleichstellungsabrede nur die ungeklärt gebliebene Tarifgebundenheit des Arbeitnehmers an das benannte Bezugnahmeobjekt. Anders formuliert: Die Klausel fingiert die Verbandsmitgliedschaft gegenüber der tarifschließenden Gewerkschaft. Ist aber dieselbe Gewerkschaft auch Tarifvertragspartei des nunmehr branchenmäßig einschlägigen Tarifvertrages, sind die gewerkschaftlich organisierten Arbeitnehmer automatisch an den neuen Normenvertrag gebunden. Infolgedessen muss dies auch gegenüber den nichttarifgebundenen Arbeitnehmern kraft Bezugnahmevereinbarung gelten, da der mit der Klausel intendierte Zweck nur durch einen schuldrechtlichen Tarifwechsel erhalten bleibt.[21]

b) Tarifwechsel bei Zuständigkeit einer anderen DGB-Gewerkschaft

Ob besondere Umstände eine Auslegung der Verweisung als Tarifwechselklausel darüber hinaus auch dann rechtfertigen, wenn die Tarifzuständigkeit zweier DGB-Gewerkschaften wechselt, ist höchstrichterlich bislang nicht entschieden.

Teilweise befürwortet das Schrifttum, in der Verwendung einer kleinen dynamischen Bezugnahmevereinbarung auch einen DGB-Tarifwechsel einzelvertraglich nachzuzeichnen.[22] Als Begründung führen *Hanau/Kania*[23] an, wenn der Arbeitsvertrag auf den branchenmäßig einschlägigen Tarifvertrag verweise, sei damit grundsätzlich der für die deutsche Tariflandschaft typische Branchentarif und somit der einschlägige DGB-Tarif gemeint. Soweit keine entgegenstehenden Anzeichen bestünden, müsse deshalb auch nach einem Branchenwechsel gewährleis-

---

19 *Henssler*, Festschrift für Wißmann, S. 133, 142; *Meyer*, NZA 2003, S. 1126, 1128; *Oetker*, in: Wiedemann, § 3 TVG, RdNr. 336; *Stein*, Anm. zu BAG, AP Nr. 13 zu § 1 TVG Bezugnahme auf Tarifvertrag, Bl. 8 R. Im Ergebnis wohl auch *Hanau*, NZA 2005, S. 489, 491 f.; a. A. dagegen *Lorenz*, in: Däubler, § 3 TVG, RdNr. 232.

20 BAG vom 30.08.2000, AP Nr. 12 zu § 1 TVG Bezugnahme auf Tarifvertrag.

21 Mit der Verschmelzung der fünf Gewerkschaften DAG, DPG, HBV, IG Medien und ÖTV zu Vereinigten Dienstleistungsgewerkschaft ver.di (§ 20 Abs. 1 Nr. 1 UmwG) gewinnt der dargestellte Ansatz zusätzlich an Bedeutung. Vgl. in diesen Zusammenhang auch BAG vom 11.05.2005, NZA 2005, S. 1362 ff.

22 So *Buchner*, Anm. zu BAG, EzA § 3 Bezugnahme auf Tarifvertrag Nr. 7, S. 21; *Hanau/Kania*, Festschrift für Schaub, S. 239, 254; *Kania*, NZA 2000, Sonderbeilage Heft 3, S. 45, 48; *Reichel*, Die arbeitsvertragliche Bezugnahme auf den Tarifvertrag, S. 159 f.; *Seitz/Werner*, NZA 2000, S. 1257, 1263; a. A. dagegen *Lorenz*, in: Däubler, § 3 TVG, RdNr. 232.

23 *Hanau/Kania*, Festschrift für Schaub, S. 239, 254.

tet sein, dass der von der zuständigen DGB-Gewerkschaft einschlägige Tarifvertrag zum Gegenstand der Bezugnahmeklausel wird. *Buchner*[24] verweist darüber hinaus auf den statutenmäßig vorgesehenen Verbandswechsel der DGB-Gewerkschaftsmitglieder, sofern der satzungsmäßig festgelegte Zuständigkeitsbereich zweier DGB-Gewerkschaften wechselt.

Berücksichtigt man den durch die Rechtsprechung geschaffenen Zweck der Gleichstellungsabrede, die Bezugnahmeklausel ersetze nur die ungeklärt gebliebene Tarifgebundenheit des Arbeitnehmers an den im Arbeitsvertrag bezeichneten Tarifvertrag,[25] rechtfertigt sich die Auslegung der kleinen dynamischen Bezugnahmeklausel als Tarifwechselklausel nur, wenn der aufgrund Branchenwechsel einhergehenden Tarifwechsel die Nachwirkung des bisherigen Tarifvertrages automatisch entfallen lässt. Bei Auftreten derselben Gewerkschaft ist dies, wie gezeigt, regelmäßig der Fall. Aber auch für den Wechsel des Zuständigkeitsbereichs zweier DGB-Gewerkschaften scheint ein solches Auslegungsergebnis hinreichend gerechtfertigt.

Wie bereits an anderer Stelle berücksichtigt,[26] gilt für DGB-Gewerkschaften als tragender Organisationsgrundsatz das Industrieverbandsprinzip.[27] Insofern plädiert *Henssler* dafür,[28] einen Tarifwechsel dann schuldrechtlich nachzuzeichnen, wenn die Mehrzahl der tarifgebundenen Arbeitnehmer durch Gewerkschaftswechsel unmittelbar und zwingend an den neuen Tarifvertrag gebunden ist. Für die Kollision zweier DGB-Tarifverträge scheint dem ausreichend Rechnung getragen zu sein. Abgrenzung und Änderungen der Zuständigkeitsgebiete von Gewerkschaften zählen zu den Organisationsaufgaben des DGB, welche durch ein Schiedsgerichtsverfahren sichergestellt sind.[29] Zwar fehlt dem Schiedsspruch die Kompetenz, Satzungen der Einzelgewerkschaften zu ändern oder zu ergänzen, gleichwohl ist bei der Satzungsauslegung von einem Beurteilungsspielraum der Schiedsstelle auszugehen, wobei die Tarifzuständigkeit einer Gewerkschaft auch für den tariflichen Gegenspieler bindend erklärt wird.[30]

---

24 *Buchner*, Anm. zu BAG, EzA § 3 Bezugnahme auf Tarifvertrag Nr. 7, S. 21.

25 BAG vom 16.10.2002, AP Nr. 22 zu § 1 TVG Bezugnahme auf Tarifvertrag.

26 § 9 B II 2 c) aa) (1).

27 Vgl. hierzu bereits BAG vom 19.01.1962, AP Nr. 13 zu § 2 TVG; BAG vom 19.11.1985, AP Nr. 4 zu § 2 TVG Tarifzuständigkeit; *Hromadka/Maschmann/Wallner*, Tarifwechsel, RdNr. 24; *Kania*, DB 1996, S. 1921, 1922; *Peter*, in: Däubler, § 2 TVG, RdNr. 166.

28 *Henssler*, Festschrift für Wißmann, S. 133, 143.

29 Vgl. hierzu die §§ 15 f. Satzung des DGB.

30 BAG vom 22.11.1988, AP Nr. 5 zu § 2 TVG Tarifzuständigkeit; BAG vom 25.09.1996, AP Nr. 10 zu § 2 TVG Tarifzuständigkeit.

Darüber hinaus ist zu konstatieren, dass mit der Mitgliedschaft in einer DGB-Gewerkschaft auch die Organisationsstruktur des DGB gebilligt wird.[31] Verbandsintern treten die Mitglieder daher regelmäßig in die DGB-Gewerkschaft über, die Vertragspartei des branchenmäßig einschlägigen Tarifvertrages ist.[32] Das durch den DGB geschaffene Organisationsprinzip, „ein Betrieb – eine Gewerkschaft", vermag damit als besonderer Umstand[33] die Auslegung der Bezugnahmevereinbarung als DGB-Tarifwechselklausel zu rechtfertigen. Dies gilt selbst dann, wenn der neue DGB-Tarif ungünstigere Arbeitsbedingungen aufweist. Branchenmäßige Unterschiede von Arbeitsbedingungen beruhen stets auf wirtschaftlichen Vorgaben bzw. Rahmenbedingungen und sind für die deutsche Tariflandschaft prägend, also nicht überraschend.[34] Darüber hinaus geben die Arbeitsvertragsparteien mit der Übernahme des einschlägigen Tarifvertrages zu erkennen, dass sie auf die inhaltliche Angemessenheit des Bezugnahmeobjekts vertrauen. Eine Verlagerung des Produktionsschwerpunktes führt aber zwangsläufig dazu, dass der in der Verweisung namentlich genannte Tarifvertrag seine Richtigkeitsgewähr für das Arbeitsverhältnis verliert. Folglich erscheint es auch nicht unangemessen, wenn das jeweils einschlägige DGB-Tarifsystem schuldrechtlich anzuwenden ist.[35]

c) *Tarifwechsel bei Zuständigkeit einer außerhalb des DGB liegenden Gewerkschaft*

Keine besonderen Umstände sollten dagegen vorliegen, wenn der für den Betrieb nunmehr branchenmäßig einschlägige Tarifvertrag einer außerhalb des DGB-Tarifsystems ist. Unter Zugrundelegung der Entscheidung des 4. Senats des BAG aus dem Jahr 1996 bestand hierzu noch Uneinigkeit,[36] da diese Fragestellung zunächst durch die Rechtsprechung unbeantwortet blieb.[37]

---

31 *Kania*, DB 1996, S. 1921, 1922.

32 Vgl. in diesen Zusammenhang § 6 Satzung IG Metall; §§ 5 f. Satzung IG Bau; sowie § 8 Satzung ver.di.

33 BAG vom 30.08.2000, AP Nr. 12 zu § 1 TVG Bezugnahme auf Tarifvertrag.

34 So *Hanau/Kania*, Festschrift für Schaub, S. 239, 254; *Reichel*, Die arbeitsvertragliche Bezugnahme auf den Tarifvertrag, S. 160.

35 Im Ergebnis auch *Hanau/Kania*, Festschrift für Schaub, S. 239, 254.

36 Vgl. hierzu *Buchner*, Anm. zu BAG, EzA § 3 TVG Bezugnahme auf Tarifvertrag Nr. 7, S. 21; *Hanau/Kania*, Festschrift für Schaub, S. 239, 254 f.; *Kania*, NZA 2000, Sonderbeilage Heft 3, S. 45, 48; *Reichel*, Die arbeitsvertragliche Bezugnahme auf den Tarifvertrag, S. 168 f.; *Seitz/Werner*, NZA 2000, S. 1257, 1264.

37 BAG vom 04.09.1996, AP Nr. 5 zu § 1 TVG Bezugnahme auf Tarifvertrag.

Hanau/Kania[38] qualifizieren die Ablösung eines DGB-Tarifvertrages durch den Tarifvertrag einer konkurrierenden Gewerkschaft als überraschende Abkehr vom üblichen Tarifsystem. Dagegen argumentieren *Seitz/Werner*,[39] die Dynamik der Bezugnahmeklausel wolle gerade verhindern, dass sich der Inhalt des Arbeitsverhältnisses nach einem „alten" Tarifvertrag bestimmt. Auch bei DGB-fremden Tarifverträgen sei daher strikt auf den Zweck der Verweisung abzustellen. Infolgedessen könne nicht angenommen werden, dass über eine Gleichstellungsklausel nichtorganisierte Arbeitnehmer günstiger zu stellen sind, als Verbandsmitglieder, für die sich die Lage aufgrund der Geltung eines neuen Tarifvertrages verschlechtert hat.

Letzterem Ansatz ist mit Urteil des BAG vom 30.08.2000[40] nunmehr die Grundlage genommen. Berücksichtigt man daneben die Ankündigung der Rechtsprechung, ihre Auslegungsgrundsätze für das Vorliegen von Gleichstellungsabreden ändern zu wollen,[41] gilt dies erst recht. Wie bereits mehrfach aufgezeigt,[42] steht die Bezugnahme als Gleichstellungsabrede lediglich in Wechselwirkung zu den bereits tarifgebundenen Arbeitsverhältnissen des Betriebes. Insoweit ersetzt die Klausel auch nur die ungeklärt gebliebene Tarifgebundenheit des Arbeitnehmers gegenüber dem im Arbeitsvertrag bezeichneten Tarifvertrag.[43] Verlässt der Arbeitgeber anhand des Branchenwechsels aber nicht nur den Geltungsbereich des ursprünglich einschlägigen Regelwerks, sondern gänzlich die Tarifordnung des DGB, ist ein entsprechender Gewerkschaftswechsel der bisher organisierten Arbeitnehmer nicht hinreichend sichergestellt. Verbandsintern besteht für die verdrängte Gewerkschaft gerade kein Anlass, einen entsprechenden Übertritt ihrer Mitglieder sicherzustellen oder gar anzuordnen. Dementsprechend bleibt es bei der Anwendung des im Arbeitsvertrag bezeichneten Tarifvertrages, solange die Verweisung keine Flexibilisierung des Bezugnahmeobjekts in fachlicher Hinsicht ermöglicht.[44]

---

38 *Hanau/Kania*, Festschrift für Schaub, S. 239, 245 f.

39 *Seitz/Werner*, NZA 2000, S. 1257, 1264.

40 BAG vom 30.08.2000, AP Nr. 12 zu § 1 TVG Bezugnahme auf Tarifvertrag; BAG vom 25.10.2000, AP Nr. 13 zu § 1 TVG Bezugnahme auf Tarifvertrag; sowie BAG vom 16.10.2002, AP Nr. 22 zu § 1 TVG Bezugnahme auf Tarifvertrag.

41 BAG vom 14.12.2005,AP Nr. 39 zu § 1 TVG Bezugnahme auf Tarifvertrag.

42 Vgl. in diesem Zusammenhang erneut § 4 D.

43 BAG vom 30.08.2000, AP Nr. 12 zu § 1 TVG Bezugnahme auf Tarifvertrag; BAG vom 16.10.2002, AP Nr. 22 zu § 1 TVG Bezugnahme auf Tarifvertrag.

44 Vgl. hierzu auch BAG vom 16.10.2002, AP Nr. 22 zu § 1 TVG Bezugnahme auf Tarifvertrag.

2. Volldynamische Bezugnahmevereinbarung

Erfüllt die kleine dynamische Bezugnahmevereinbarung nicht den Zweck einer Gleichstellungsabrede, ist aufgrund des eindeutigen Wortlauts der Klausel ein schuldrechtlicher Wechsel in das branchenmäßig nunmehr zuständige Tarifsystem nahezu ausgeschlossen. Dies gilt speziell bei Berücksichtigung der für die Interpretation Allgemeiner Geschäftsbedingungen besonderen Auslegungsmethoden.[45]

Allenfalls ist zu überlegen, ob mit der Bezugnahme, die auf den einschlägigen Tarifvertrag verweist, regelmäßig der für den Betrieb typische Branchentarif gemeint sei.[46] Mit Blick auf die Formulierungsverantwortung des Arbeitgebers ist dies aber schon deshalb verfehlt, weil der Arbeitsvertragstext auch ausdrücklich eine Vereinbarung enthalten kann, wonach das Arbeitsverhältnis den für den Betrieb jeweils einschlägigen Tarifverträgen unterstellt ist.[47] Eine korrigierende Auslegung sollte daher nicht möglich sein. Dies gilt insbesondere in den Fällen, in denen der Arbeitsvertrag von vornherein auf einen orts- oder branchenfremden Tarifvertrag verweist. Hier ist davon auszugehen, dass die Wahl des Bezugnahmeobjekts durch die Arbeitsvertragsparteien ernst gemeint und ein Austausch des betrieblich-fachlich einschlägigen Tarifvertrages ausgeschlossen ist.[48] Ein schuldrechtlicher Wechsel in das branchenmäßig einschlägige Tarifwerk ist somit nicht zwingend. Dass das Bezugnahmeobjekt dabei seine Richtigkeitsgewähr für das Arbeitsverhältnis verliert, ist unschädlich, da einer inhaltlichen Unangemessenheit des Tarifvertrages anhand der Inhaltskontrolle gemäß §§ 307 ff. BGB zu begegnen ist.[49]

Ungeachtet dessen befürwortet *Reichel*[50] eine Auslegung, die eine Umwandlung der Klausel hin zu einer statischen Bezugnahme erlaubt. Anderenfalls stünde ein tariffreier Arbeitgeber gegenüber einem verbandsgebundenen Arbeitgeber schlechter, da dieser bei einem Branchenwechsel ohne Verbandswechsel auch einzelvertraglich lediglich an die Bedingungen des gemäß § 4 Abs. 5 TVG nachwirkenden Tarifvertrages gebunden bleibt.

---

45 Ausführlich hierzu unter § 3 B II.

46 *Hromadka/Maschmann/Wallner*, Tarifwechsel, RdNr. 563 f.; *Seitz/Werner*, NZA 2000, S. 1257, 1264.

47 BAG vom 30.08.2000, AP Nr. 12 zu § 1 TVG Bezugnahme auf Tarifvertrag.

48 So bereits BAG vom 25.10.2000, AP Nr. 13 zu § 1 TVG Bezugnahme auf Tarifvertrag; *Annuß*, ZfA 2005, S. 405, 428; *Hanau/Kania*, Festschrift für Schaub, S. 239, 247; *Reichel*, Die arbeitsvertragliche Bezugnahme auf den Tarifvertrag, S. 98 f.

49 Vgl. hierzu erneut § 8 C II.

50 *Reichel*, Die arbeitsvertragliche Bezugnahme auf den Tarifvertrag, S. 99.

Grund hierfür ist aber regelmäßig der Zweck der Bezugnahmeklausel. Anders als beim tariffreien Arbeitgeber dient die Übernahme des einschlägigen Tarifvertrages in einem vom tarifgebundenen Arbeitgeber vorformulierten Arbeitsvertrag nicht der formalen Gleichstellung von organisierten und nichtorganisierten Arbeitnehmern einer bestimmten Branche. Dieser Zweck wäre auch bei einer Verlagerung des Produktionsschwerpunktes noch erreichbar. Vielmehr sind die Rechtsfolgen der Gleichstellungsabrede dieselben und keine weitergehenden als diejenigen, die sich im Verhältnis zu einem tarifgebundenen Arbeitsverhältnis des Betriebes ohne einzelvertragliche Übernahme des einschlägigen Tarifvertrages einstellen. Insofern ist es aber gerechtfertigt, die Dynamik der Bezugnahme bei Branchenwechsel nachträglich entfallen zu lassen, wenn die tarifrechtliche Umsetzungspflicht des Bezugnahmeobjekts lediglich eine i. S. d. § 4 Abs. 5 TVG ist.

Berücksichtigt man daneben die Ankündigung des BAG, seine Rechtsprechung für das Vorliegen von Gleichstellungsabreden aufgeben zu wollen,[51] beansprucht der Einwand ohnehin nur begrenzt Richtigkeit. Insofern wird eine statische Fortgeltung des alten Tarifvertrages nur anzunehmen sein, wenn der Zweck der Klausel als Gleichstellungsabrede zweifelsfrei erkennbar ist. Anderenfalls bleibt es bei der dynamischen Inanspruchnahme des zuvor einschlägigen Tarifvertrages. Versteht man die Bezugnahmeklausel daneben auch als andere Abmachung i. S. d. § 4 Abs. 5 TVG,[52] gilt dies gleichermaßen gegenüber den Gewerkschaftsmitgliedern des Betriebes. Will der Arbeitgeber einem solchen Auslegungsergebnis entgegentreten, ist die Bezugnahmeklausel wie folgt zu formulieren:

> „Auf das Arbeitsverhältnis finden die für den Betrieb einschlägigen Tarifverträge (ggf. an die der Arbeitgeber gebunden ist) in ihrer jeweils gültigen Fassung Anwendung. Zurzeit erfasst der Arbeitsvertrag die Tarifverträge (...). Die Bezugnahmeklausel erfasst darüber hinaus auch den Wechsel zu einem anderen Tarifwerk, insbesondere einer anderen Branche. Der Arbeitnehmer wird entsprechend dem Nachweisgesetz hierauf hingewiesen."[53]

II. Große dynamische Bezugnahmeklausel

Enthält der Arbeitsvertrag eine große dynamische Bezugnahmevereinbarung, wirft der einzelvertragliche Wechsel in das jeweils branchenmäßig einschlägige Tarifsystem keine Probleme auf. Ungeachtet der Verbandszugehörigkeit des Arbeitgebers ist der Tarifwechsel anhand des Wortlauts der Klausel hinreichend

---

51 BAG vom 14.12.2005, AP Nr. 39 zu § 1 TVG Bezugnahme auf Tarifvertrag.

52 Siehe hierzu bereits unter § 9 B II 1 a).

53 Vgl. *Klebeck*, NZA 2006, S. 15, 20.

sichergestellt.[54] Hierfür soll es nach bisheriger Ansicht des BAG ausreichen, wenn der Arbeitsvertrag allgemein auf die Arbeitsbedingungen des jeweils einschlägigen Tarifvertrages verweist.[55] Der Arbeitgeber bleibt unter Berücksichtigung des Nachweisgesetzes lediglich verpflichtet, den Arbeitnehmer über die Anwendung des neuen Bezugnahmeobjekts ordnungsgemäß in Kenntnis zu setzten (§ 3 Satz 1 NachwG). Erfüllt die Verweisung hierbei den Zweck einer Gleichstellungsabrede, ist der Tarifvertrag anzuwenden, an den der Arbeitgeber nunmehr gebunden ist. Anderenfalls bleibt es bei der statischen Fortgeltung des alten Bezugnahmeobjekts. Gewährt die Bezugnahme dagegen marktübliche Arbeitsbedingungen, ist darauf abzustellen, welcher Tarifvertrag den Bedürfnissen und spezifischen Eigenheiten des Betriebes am besten Rechnung trägt.[56]

Indes wollen Teile des Schrifttums die große dynamische Bezugnahmeklausel auf das DGB-Tarifsystem beschränken, sofern bei Abschluss des Arbeitsvertrages der einschlägige DGB-Tarif zur Anwendung kommt und ein anderweitiger Tarifwechsel, bspw. zu einem Tarifvertrag des CGM, nicht ausdrücklich in der Bezugnahmeklausel vorbehalten ist.[57]

Richtig ist, dass wegen des satzungsmäßig verankerten Organisationsprinzips des DGB, „ein Betrieb – eine Gewerkschaft", der unterlegenen DGB-Gewerkschaft die betriebliche Wirksamkeit ihres Tarifvertrages abgesprochen wird. Dagegen setzt eine einzelvertragliche Privilegierung des DGB-Tarifsystems voraus, dass auch in der Verwendung einer großen dynamischen Bezugnahmeklausel der Wille der Arbeitsvertragsparteien erkennbar ist, sich lediglich der branchenmäßig ausgerichteten Ordnung von DGB-Tarifverträgen unterwerfen zu wollen. Unter Zugrundelegung des objektiven Empfängerhorizontes erfordert dies aber die Vereinbarung eines ausdrücklichen Vorbehalts im Vertragstext. Dagegen bringt der Arbeitgeber mit der Übernahme „der für den Betrieb jeweils geltenden/einschlägigen Tarifverträge" auch die Geltung eines außerhalb des DGB-Tarifsystems stehenden Tarifvertrages hinreichend zum Ausdruck.[58] Auch der Einwand des Überraschungsschutzes vermag an diesem Auslegungsergebnis

---

54 Vgl. insoweit BAG vom 16.10.2002, AP Nr. 22 zu § 1 TVG Bezugnahme auf Tarifvertrag; *Annuß*, ZfA 2005, S. 405, 428; *Henssler*, Festschrift für Wißmann, S. 133, 143; *Kempen/Zachert*, § 3 TVG, RdNr. 202; *Hanau*, NZA 2005, S. 489, 492; *Hromadka/Maschmann/Wallner*, Tarifwechsel, RdNr. 565.

55 BAG vom 16.10.2002, AP Nr. 22 zu § 1 TVG Bezugnahme auf Tarifvertrag; BAG vom 14.12.2005, AP Nr. 39 zu § 1 TVG Bezugnahme auf Tarifvertrag.

56 Siehe hierzu bereits § 7 B III.

57 *Hanau/Kania*, Festschrift für Schaub, S. 239, 255; *Kania*, NZA 2000, Sonderbeilage Heft 3, S. 45, 48. In diese Richtung wohl auch *Reinecke*, BB 2006, S. 2637, 2641 f.

58 *Löwisch/Rieble*, § 3 TVG, RdNr. 304; *Thüsing/Lambrich*, RdA 2002, S. 193, 208.

nichts zu ändern.[59] Vielmehr gilt es zu fragen, inwiefern ein Arbeitgeber ein Interesse daran haben sollte, die Verwendung von Bezugnahmeklauseln an den Organisationsinteressen des DGB und seiner Gewerkschaften auszurichten. Unter Berücksichtigung der gebotenen Gegnerfreiheit ergibt dies keinen Sinn.[60]

Da eine Bezugnahmevereinbarung regelmäßig auch in den Arbeitsverträgen der zuvor tarifgebundenen Arbeitsverhältnisse enthalten ist, bleibt in diesem Zusammenhang allein problematisch, ob die Klausel aufgrund ihres neuen Inhalts die Nachwirkung des zuvor einschlägigen Tarifvertrages verhindert. Von Bedeutung ist dies insbesondere dann, wenn bei Verbandswechsel des Arbeitgebers der Übertritt des Arbeitnehmers in die nunmehr zuständige Gewerkschaft nicht hinreichend gesichert ist.

Vom Wortlaut sowie von der Bestandssicherungsfunktion des § 4 Abs. 5 TVG ausgehend, wäre eine ablösende Wirkung der Bezugnahmeklausel wohl zu verneinen. Dies gilt insbesondere dann, wenn der Branchenwechsel zu einer Verschlechterung der zuvor tarifvertraglich maßgebenden Arbeitsbedingungen führt. Gleichwohl ist an anderer Stelle dargelegt, dass der durch die Norm intendierte Schutz entfällt, sofern die Ablöse des Tarifvertrages schon im Vorgriff auf die Nachwirkung durch die Arbeitsvertragsparteien gewollt ist.[61] In der Verwendung einer großen dynamischen Bezugnahmeklausel erscheint dies bei Branchenwechsel des Betriebs durchaus gerechtfertigt.[62] Insoweit soll die Verweisung gerade eine vorausschauende Regelung dafür treffen, dass infolge der Verlagerung des Produktionsschwerpunktes das zuvor maßgebende Tarifsystem durch das nunmehr zuständige Tarifwerk ersatzlos abgelöst wird.[63] Für den objektiven Empfängerhorizont ersichtlich, will der Arbeitgeber das Arbeitsverhältnis für spätere Änderungen des Tarifregimes offen halten. Dementsprechend ist auch innerhalb der tarifgebundenen Arbeitsverhältnisse davon auszugehen, dass mit Branchenwechsel das nunmehr einschlägige Tarifsystem die Nachwirkung des zuvor maßgebenden Tarifvertrages entfallen lässt.

III. Ergebnis

Die vorangegangenen Ausführungen lassen abschließend folgende Bewertung zu. Auch die schuldrechtliche Nachzeichnung eines Tarifwechsels aufgrund Bran-

---

59 So aber *Hanau/Kania*, Festschrift für Schaub, S. 239, 255.

60 *Löwisch/Rieble*, § 3 TVG, RdNr. 304.

61 § 9 B II 1 a).

62 So auch *Annuß*, ZfA 2005, S. 405, 445 ff.; sowie *Henssler*, Festschrift für Wißmann, S. 133, 144.

63 *Henssler*, Festschrift für Wißmann, S. 133, 144.

chenwechsel scheint nur durch die Verwendung einer Tarifwechselklausel umfassend gesichert. Weist der Arbeitsvertrag dagegen eine kleine dynamische Bezugnahmevereinbarung auf, ist zu prüfen, ob der Verweisung der Zweck einer Gleichstellungsabrede innewohnt. Bleibt vor diesem Hintergrund die Identität der tarifschließenden Gewerkschaft erhalten, vollzieht sich der Tarifwechsel auch auf der Grundlage des Arbeitvertrages. Erneut ist in diesem Kontext daran zu erinnern, dass die Rechtsfolgen einer Gleichstellungsabrede dieselben und keine weitergehenden sind als diejenigen, die sich innerhalb eines tarifgebundenen Arbeitsverhältnisses des Betriebes ohne Bezugnahmevereinbarung einstellen. Besteht eine beiderseitige Tarifbindung der Arbeitsvertragsparteien somit auch für das nunmehr branchenmäßig einschlägige Tarifsystem, ist die Nachwirkung des alten Tarifvertrags schon im Voraus ausgeschlossen. Dasselbe Auslegungsergebnis rechtfertigt sich darüber hinaus auch in den Fällen, in denen die Verlagerung des Produktionsschwerpunktes zur Änderung des Zuständigkeitsbereichs zweier DGB-Gewerkschaften führt. Anhand des Organisationsprinzips des DGB ist auch hier hinreichend gewährleistet, dass die bereits tarifgebundenen Arbeitnehmer einen entsprechenden Gewerkschaftswechsel vollziehen. Infolgedessen rechtfertigt dieser besondere Umstand gleichermaßen eine Auslegung der Bezugnahme als Tarifwechselklausel.

§ 11 Bezugnahmeklausel und Betriebsübergang

Eine für die Praxis immer bedeutender werdende Möglichkeit zur Unternehmenssanierung stellt die Ausgliederung und rechtliche Verselbständigung von Betrieben oder Betriebsteilen dar. Dies erfolgt sowohl im Wege der Einzelrechtsnachfolge, etwa durch Verkauf oder Verpachtung von Betriebsmitteln, als auch durch gesellschaftsrechtliche Umwandlungen, wie Verschmelzung oder Spaltung nach dem Umwandlungsgesetz. Da für den hier in Rede stehenden Untersuchungsgegenstand § 324 UmwG die Einbeziehung einer Unternehmensumstrukturierung durch Gesamtrechtsnachfolge den Wirkungen der Einzelrechtsnachfolge gleichstellt,[1] rückt vor allem § 613a Abs. 1 Satz 2 bis 4 BGB in den Blickpunkt, dessen Regelungen das „Schicksal" tarifvertraglicher Normen nach Übergang eines Betriebes oder Betriebsteils auf einen neuen Rechtsträger betreffen.

A. Transformation der Tarifbestimmungen in den Arbeitsvertrag - § 613a Abs. 1 Satz 2 bis 4 BGB

Auf der Grundlage von § 613a Abs. 1 Satz 1 BGB tritt der Erwerber in die Rechte und Pflichten der zum Zeitpunkt des Betriebsübergangs bestehenden Arbeitsverhältnisse ein. Gleichwohl besteht für kollektivvertragliche Regelungen die Besonderheit, dass deren Inhalte von außen auf die Arbeitsvertragsparteien einwirken. In tarifrechtlicher Hinsicht stellt sich damit die Frage, ob und unter welchen Voraussetzungen es zu einer Weitergeltung der bisher maßgebenden Tarifbestimmungen kommt. Der Umsetzung sekundären Gemeinschaftsrechts in Form der Betriebsübergangsrichtlinie[2] geschuldet, trägt der Gesetzgeber diesem Problem durch § 613a Abs. 1 Satz 2 BGB Rechnung. Tarifvertragliche Regelungen werden danach Inhalt des Arbeitsverhältnisses, wobei deren Abänderung nicht vor Ablauf eines Jahres nach Übergang des Betriebes oder Betriebsteils zum Nachteil des Arbeitnehmers möglich ist. Die Übertragung von Betriebsvermögen auf einen neuen Rechtsträger soll demnach nicht nur den Bestand des Arbeitsverhältnisses

---

1 Trotz des missverständlichen Wortlauts der Norm ist nach dem Willen des Gesetzgebers davon auszugehen, dass § 613a BGB auch bei einer Unternehmensumstrukturierung anhand des Umwandlungsgesetzes anzuwenden ist. Vgl. statt aller BT-Drucks. 12/7850, S. 145; *Däubler*, RdA 1995, S. 136, 139; *Heinze*, ZfA 1997, S. 1, 14 f.; *Henssler*, Festschrift für Wißmann, S. 133, 145; *Hromadka/Maschmann/Wallner*, Tarifwechsel, RdNr. 335; *Oetker*, in: Wiedemann, § 3 TVG, RdNr. 236; *Reichel*, Die arbeitsvertragliche Bezugnahme auf den Tarifvertrag, S. 185 f.; *Willemsen*, NZA 1996, S. 791, 798.

2 Richtlinie 2001/23/EG des Rates vom 12.03.2001 zur Angleichung der Rechtsvorschriften der Mitgliedstaaten über die Wahrung von Ansprüchen der Arbeitnehmer beim Übergang von Unternehmen, Betrieben oder Unternehmens- und Betriebsteilen, ABl. EG Nr. L 82 vom 22.03.2001, S. 16 ff.

unberührt lassen, vielmehr erstreckt sich der Erhaltungsschutz auch auf die beim Rechtsvorgänger maßgebenden Bedingungen eines Tarifvertrages.

Dabei ist allerdings zu berücksichtigen, dass der auf Tarifebene gesicherte „status quo" keineswegs schrankenlos gewährleistet wird. Dies zeigt bereits ein Blick auf die Betriebsübergangsrichtlinie, wonach gemäß Art. 3 Abs. 3 die in einem Kollektivvertrag vereinbarten Arbeitsbedingungen nur „bis zur Kündigung oder zum Ablauf des Kollektivvertrages bzw. bis zum Inkrafttreten oder bis zur Anwendung eines anderen Kollektivvertrages" aufrechtzuerhalten sind. Dementsprechend gewährleistet der in § 613a Abs. 1 Satz 2 bis 4 BGB angeordnete Normenbestand auch nur einen angemessenen Ausgleich gegenüber dem Bestandsschutzinteresse der übernommenen Arbeitsverhältnisse einerseits und dem auf Betriebserwerberseite stehenden Bedürfnis nach Vereinheitlichung von Arbeitsbedingungen andererseits.[3]

I. Normative Fortgeltung des Tarifvertrages

Unter Berücksichtigung des Zwecks der Norm ist somit vorab zu bedenken, dass § 613a Abs. 1 Satz 2 BGB lediglich eine Auffangregelung[4] für die Sachverhalte schafft, in denen tarifvertragliche Arbeitsbedingungen infolge des Betriebsübergangs ihre unmittelbare und zwingende Wirkung verlieren. Deswegen greift die durch den Gesetzgeber angeordnete Transformationswirkung nicht ein, wenn die originäre Geltungskraft des Tarifvertrages zwischen den Arbeitsvertragsparteien unverändert erhalten bleibt.[5]

---

3 *Lambrich*, Festschrift für Ehmann, S. 169, 173.

4 BAG vom 29.08.2001, AP Nr. 17 zu § 1 TVG Bezugnahme auf Tarifvertrag; *Däubler*, Tarifvertragsrecht, RdNr. 1531; *Hanau/Vossen*, Festschrift für Hilger-Stumpf, S. 271, 288; *Heinze*, Festschrift für Schaub, S. 275, 278 f.; *Lambrich*, Festschrift für Ehmann, S. 169, 174 f.; *Oetker*, in: Wiedemann, § 3 TVG, RdNr. 231; *Reichel*, Die arbeitsvertragliche Bezugnahme auf den Tarifvertrag, S. 187; *Schiefer*, Festschrift 50 Jahre BAG, S. 859, 861; *Schliemann*, NZA 2003, Sonderbeilage Heft 16, S. 3, 11.

5 Vgl. nur BAG vom 24.06.1998, AP Nr. 1 zu § 20 UmwG; BAG vom 20.06.2001, AP Nr. 18 zu § 1 TVG Bezugnahme auf Tarifvertrag; BAG vom 29.08.2001, AP Nr. 17 zu § 1 TVG Bezugnahme auf Tarifvertrag; *Hromadka/Maschmann/Wallner*, Tarifwechsel, RdNr. 337; *Kempen/Zachert*, § 3 TVG, RdNr. 100; *Lambrich*, Festschrift für Ehmann, S. 169, 174 f.; *Oetker*, in: Wiedemann, § 3 TVG, RdNr. 231; *Reichel*, Die arbeitsvertragliche Bezugnahme auf den Tarifvertrag, S. 187; *Schiefer*, Festschrift 50 Jahre BAG, S. 859, 861; *Schliemann*, NZA 2003, Sonderbeilage Heft 16, S. 3, 11; *Waas*, Tarifvertrag und Betriebsübergang, S. 17 ff.; *Wank*, NZA 1987, S. 505, 506.

1. Verbandstarifvertrag

Für die Bindung an einen Verbandstarifvertrag beurteilt sich die Rechtslage dabei ausschließlich nach der Maßgabe des Verbandsrechts. Infolgedessen ist eine tarifrechtliche Fortgeltung des Tarifvertrages nur dann in Betracht zu ziehen, wenn der neue Betriebsinhaber selbst kraft eigener Verbandsmitgliedschaft tarifgebunden ist. Sowohl für die Gesamt- als auch die Einzelrechtsnachfolge setzt sich die Organisationszugehörigkeit des Betriebsveräußerers nicht auf den Erwerber fort.[6] Zwar übernimmt der Betriebserwerber im Wege der Verschmelzung oder Spaltung das Vermögen des übertragenden Rechtsträgers einschließlich seiner Verbindlichkeiten (§§ 20 Abs. 1 Nr. 1, 131 Abs. 1 Nr. 1 UmwG) bzw. tritt bei Übergang des Betriebes kraft Rechtsgeschäft in die Stellung des Arbeitgebers ein (§ 613a Abs. 1 Satz 1 BGB), die Mitgliedschaft im Arbeitgeberverband ist jedoch höchstpersönlicher Natur, die grundsätzlich einer Übertragung entzogen ist (§ 38 Satz 1 BGB).

Nichtsdestotrotz befürworten Teile des Schrifttums für die Gesamtrechtsnachfolge eine analoge Anwendung von § 3 Abs. 3 TVG, wenn eine verbandsmitgliedschaftliche Tarifbindung des Rechtsnachfolgers ausbleibt.[7] Dieser Ansatz hat jedoch mit Recht keine Zustimmung erfahren. Bereits im Feststellen einer planwidrigen Regelungslücke ist die Auffassung mit dem Problem konfrontiert, ob § 613a Abs. 1 Satz 2 bis 4 BGB eine abschließende Regelungswirkung zukommt.[8] Daneben ist ein Rückgriff auf § 3 Abs. 3 TVG aber auch deswegen verfehlt, da die Norm voraussetzt, dass die betreffende Arbeitsvertragspartei zuvor tarifgebunden war. Folglich ist der von der Vorschrift immanent verlangte autonome Austritt des Arbeitgebers aus dem Arbeitgeberverband nicht mit dem Verlust der Tarifbindung aufgrund einer Unternehmensumstrukturierung zu vergleichen. Da Umwandlungskonstellationen, wie Verschmelzung und Spaltung, stets mit einer Veränderung der Unternehmensidentität verknüpft sind, ist ein Unterlau-

---

6 BAG vom 13.07.1994, AP Nr. 14 zu § 3 TVG Verbandszugehörigkeit; BAG vom 24.06.1998, AP Nr. 1 zu § 20 UmwG; *Boecken*, Unternehmensumwandlungen und Arbeitsrecht, RdNr. 184; *Däubler*, Tarifvertragsrecht, RdNr. 1577; *Hanau/Vossen*, Festschrift für Hilger-Stumpf, S. 271, 288 f.; *Henssler*, Festschrift für Schaub, S. 311, 314; *ders.*, Festschrift für Wißmann, S. 133, 146; *Joost*, in: Lutter, § 324 UmwG, RdNr. 17; *Lambrich*, Festschrift für Ehmann, S. 169, 184; *Reichel*, Die arbeitsvertragliche Bezugnahme auf den Tarifvertrag, S. 188; *Thüsing/Lambrich*, RdA 2002, S. 193, 209.

7 So *Bange*, Fortgeltung von Kollektivverträgen bei Unternehmensumstrukturierung durch Umwandlung, 75 ff.; *Birk*, ZGR 1984, S. 23, 35; *Kempen/Zachert*, § 3 TVG, RdNr. 50, 89 und 138; *Quander*, Betriebsinhaberwechsel bei Gesamtrechtsnachfolge, S. 249 ff.

8 Vgl. hierzu auch BAG vom 20.06.2001, AP Nr. 18 zu § 1 TVG Bezugnahme auf Tarifvertrag; BAG vom 29.08.2001, AP Nr. 17 zu § 1 TVG Bezugnahme auf Tarifvertrag; *Henssler*, Festschrift für Schaub, S. 311, 315; sowie *Reichel*, Die arbeitsvertragliche Bezugnahme auf den Tarifvertrag, S. 188 f.

fen des tarifvertraglichen Ordnungssystems nicht zu befürchten, dem über die Fortwirkung des Tarifvertrages begegnet werden muss.[9] Unter Hinweis auf Art. 9 Abs. 3 GG wäre dies ohnehin nur schwer mit der negativen Koalitionsfreiheit des Rechtsnachfolgers vereinbar, da § 3 Abs. 3 TVG für Fälle dieser Art die Zwangsmitgliedschaft in einer Koalition anordnen würde.[10] Dementsprechend scheidet die normative Anwendung eines Verbandstarifvertrages aus, sofern der Betriebserwerber nicht Mitglied des tarifschließenden Arbeitgeberverbandes ist oder dem Tarifvertrag keine Allgemeinverbindlichkeitswirkung zukommt.

2. Firmentarifvertrag

Für die normative Weitergeltung des Firmentarifvertrages ist dagegen zwischen Einzel- und Gesamtrechtsnachfolge zu differenzieren.[11] Dabei stellt das BAG zumindest für letztere im Wege der Verschmelzung ausdrücklich klar, dass der Übernehmer auch in die Stellung als Tarifvertragspartei einrückt.[12] Problematischer stellt sich die Rechtslage dagegen bei einer Übertragung von Betriebsvermögen auf der Grundlage der Spaltung dar. Zwar ist auch in diesem Zusammenhang darauf zu erkennen, dass der übernehmende Rechtsträger eine partielle Gesamtrechtsnachfolge antritt (§ 131 Abs. 1 Nr. 1 UmwG), was eher für eine tarifrechtliche Bindungswirkung spricht.[13] Nichtsdestotrotz verliert der Tarifvertrag hierdurch seinen betriebsbezogenen Charakter, da er fortan mehrere Unternehmen

---

9 Treffend *Henssler*, Festschrift für Schaub, S. 311, 315.

10 Wie hier BAG vom 04.12.1974, AP Nr. 2 zu § 3 TVG; BAG vom 05.10.1993, AP Nr. 42 zu § 1 BetrAVG Zusatzversorgungskassen; *Gamillscheg*, Kollektives Arbeitsrecht I, S. 725; *Henssler*, Festschrift für Wißmann, S. 133, 146; *Hromdaka/Maschmann/Wallner*, Tarifwechsel, RdNr. 236; *Joost*, in: Lutter, § 324 UmwG, RdNr. 17; *Oetker*, in: Wiedemann, § 3 TVG, RdNr. 210; *Reichel*, Die arbeitsvertragliche Bezugnahme auf den Tarifvertrag, S. 189; *Säcker/Oetker*, ZfA 1993, S. 1, 20; *Thüsing/Lambrich*, RdA 2002, S. 193, 209.

11 *Lambrich*, Festschrift für Ehmann, S. 169, 184.

12 BAG vom 24.06.1998, AP Nr. 1 zu § 20 UmwG; BAG vom 20.06.2001, AP Nr. 18 zu § 1 TVG Bezugnahme auf Tarifvertrag; BAG vom 29.08.2001, AP Nr. 17 zu § 1 TVG Bezugnahme auf Tarifvertrag. Aus dem Schrifttum zustimmend unter anderem *Bange*, Fortgeltung von Kollektivverträgen bei Unternehmensumstrukturierung durch Umwandlung, S. 141 ff.; *Boecken*, Unternehmensumwandlungen und Arbeitsrecht, RdNr. 205; *Däubler*, Tarifvertragsrecht, RdNr. 1571; *Hromadka/Maschmann/Wallner*, Tarifwechsel, RdNr. 237; *Joost*, in: Lutter, § 324 UmwG, RdNr. 18; *Kempen/Zachert*, § 3 TVG, RdNr. 140; *Lorenz*, in: Däubler, § 3 TVG, RdNr. 180; *Löwisch/Rieble*, § 3 TVG, RdNr. 217; *Oetker*, in: Wiedemann, § 3 TVG, RdNr. 193; *Säcker/Oetker*; ZfA 1993, S. 1, 20. Kritisch allerdings *Lambrich*, Festschrift für Ehmann, S. 169 186 ff.

13 Hierfür insbesondere *Däubler*, RdA 1995, S. 136, 142.

tarifrechtlich binden würde.[14] Infolge der Spaltung entstünde somit ein mehrgliedriger Firmentarifvertrag, was allerdings voraussetzt, dass der übernehmende Rechtsträger aufgrund einer Zuordnung im Rahmen des Spaltungs- und Übernahmevertrages auch die Parteistellung bezüglich des Firmentarifvertrages erlangt.[15]

Im Rahmen des Betriebsübergangs durch Rechtsgeschäft können Tarifbestimmungen ihre originäre Geltungskraft hingegen nur beibehalten, sofern der Betriebserwerber im Weg der Vertragsübernahme eine Abmachung schließt, nach welcher er als neuer Arbeitgeber den bisherigen Firmentarifvertrag fortführt.[16] Eine tarifrechtliche Weitergeltung von Firmentarifverträgen auf der Grundlage ihrer betriebsbezogenen Besonderheit scheidet dagegen aus.[17] Hierfür streitet schon § 613a Abs. 1 Satz 1 BGB, wonach der Betriebserwerber lediglich in die Rechte und Pflichten des bestehenden Arbeitsverhältnisses eintritt. Nur insoweit wird er Rechtsnachfolger der Veräußerers.[18] Da die Tarifbindung des Arbeitgebers an den Firmentarifvertrag aber ausschließlich auf seiner Stellung als Tarifvertragspartei basiert (§ 2 Abs. 1 TVG), vermag der Betriebsübergang keinen entsprechenden Vertragspartnerwechsel zu begründen. Damit ist dem teilweise im Schrifttum vertretenen Ansatz, eine tarifrechtliche Fortgeltung des Firmentarifvertrages auch für die Einzelrechtsnachfolge anzuordnen,[19] vollständig die Grundlage genommen. Dies gilt auch im Lichte des Arbeitsrechtlichen EG-Anpassungsgesetzes.[20] Insofern bleibt speziell für eine unmittelbare oder entsprechende Anwendung von § 3 Abs. 3 TVG zu berücksichtigen, dass der in § 613a Abs. 1 Satz 2 bis 4 BGB angeordnete Regelungsbefehl als „lex specialis" ab-

---

14 Treffend *Oetker*, in: Wiedemann, § 3 TVG, RdNr. 198.

15 Siehe hierzu *Boecken*, Unternehmensumwandlungen und Arbeitsrecht, RdNr. 206 ff.; *Lambrich*, Festschrift für Ehmann, S. 169, 189 f.; *Oetker*, in: Wiedemann, § 3 TVG, RdNr. 198; *Teschner*, Firmentarifvertrag und Unternehmensumstrukturierung, S. 194 ff.

16 BAG vom 20.06.2001, AP Nr. 18 zu § 1 TVG Bezugnahme auf Tarifvertrag; BAG vom 29.08.2001, AP Nr. 17 zu § 1 TVG Bezugnahme auf Tarifvertrag; *Reichel*, Die arbeitsvertragliche Bezugnahme auf den Tarifvertrag, S. 187; *Thüsing/Lambrich*, RdA 2002, S. 193, 209. In diesem Sinne auch *Lambrich*, Festschrift für Ehmann, S. 169, 184 f.

17 So ausdrücklich BAG 20.06.2001, AP Nr. 18 zu § 1 TVG Bezugnahme auf Tarifvertrag; bestätigt durch BAG vom 29.08.2001, AP Nr. 17 zu § 1 TVG Bezugnahme auf Tarifvertrag.

18 BAG vom 20.06.2001, AP Nr. 18 zu § 1 TVG Bezugnahme auf Tarifvertrag.

19 Vgl. in diesem Zusammenhang unter anderem *Däubler*, Tarifvertragsrecht, RdNr. 1534; *Kempen/Zachert*, § 3 TVG, RdNr. 108; *Moll*, RdA 1996, S. 275, 275.

20 BGBl. I, S. 1308.

schließende Wirkung hat.[21] Daher verliert auch der Firmentarifvertrag zum Zeitpunkt des Betriebsübergangs seine originäre Geltungskraft, sofern der Betriebserwerber keinen entsprechenden Übernahmevertrag abschließt.

II. Individualvertragliche Wirkung des Tarifvertrages gemäß § 613a Abs. 1 Satz 2 BGB

Soweit eine tarifrechtliche Fortgeltung von Tarifbestimmungen ausscheidet, bestimmt sich deren Anwendung nach § 613a Abs. 1 Satz 2 BGB. Inhalts- und Beendigungsnormen werden hierdurch Inhalt des Arbeitsverhältnisses und dürfen nicht vor Ablauf eines Jahres nach Betriebsübergang durch den Betriebserwerber zum Nachteil des Arbeitnehmers geändert werden. Für Tarifbestimmungen, die auf den Abschluss eines Arbeitsvertrages gerichtet sind, bleibt dagegen zu bedenken, dass sie Anordnungen hinsichtlich der Aufnahme der Beschäftigung treffen, § 613a Abs. 1 Satz 2 BGB jedoch auf ein bereits bestehendes Arbeitsverhältnis abstellt.[22] Gleichermaßen sind auch betriebs- sowie betriebsverfassungsrechtliche Tarifbestimmungen vom Anwendungsbereich der Norm ausgeschlossen, da sie regelmäßig Bestimmungen enthalten, die nicht das einzelne Arbeitsverhältnis betreffen, sondern den Betrieb in seiner Gesamtheit strukturieren.

Mit der in § 613a Abs. 1 Satz 2 BGB angeordneten Transformationswirkung verliert der Tarifvertrag seine unmittelbare und zwingende Wirkung. Tarifbestimmungen über Arbeitsentgelt, Arbeitszeit, Urlaub u. a. sind damit lediglich schuldvertraglich anzuwenden.[23] In Anlehnung an den Zweck der Vorschrift gilt dies allerdings nur für die Tarifinhalte, die vor Betriebsübergang von außen auf das Arbeitsverhältnis einwirken,[24] was regelmäßig eine kongruente Tarifbindung

---

21 BAG vom 20.06.2001, AP Nr. 18 zu § 1 TVG Bezugnahme auf Tarifvertrag; BAG vom 29.08.2001, AP Nr. 17 zu § 1 TVG Bezugnahme auf Tarifvertrag; *Hanau/Vossen*, Festschrift für Hilger-Stumpf, S. 271, 295 f.; *Hromadka/Maschmann/Wallner*, Tarifwechsel, RdNr. 263; *Oetker*, in: Wiedemann, § 3 TVG, RdNr. 201; *Schiefer*, Festschrift 50 Jahre BAG, S. 859, 868 f.; *Teschner*, Firmentarifvertrag und Unternehmensumstrukturierung, S. 111 f.

22 *Lambrich*, Festschrift für Ehmann, S. 169, 191.

23 Für die nahezu einhellige Ansicht vgl. statt aller BAG vom 24.061998, AP Nr. 1 zu § 20 UmwG; BAG vom 29.08.2001, AP Nr. 17 zu § 1 TVG Bezugnahme auf Tarifvertrag; *Hanau/Kania*, Festschrift für Schaub, S. 239, 256; *Henssler*, Festschrift für Wißmann, S. 133, 147; *Joost*, in: Lutter, § 324 UmwG, RdNr. 20; *Kempen/Zachert*, § 3 TVG, RdNr. 99; *Löwisch/Rieble*, § 3 TVG, RdNr. 173; *Oetker*, in: Wiedemann, § 3 TVG, RdNr. 229; *Reichel*, Die arbeitsvertragliche Bezugnahme auf den Tarifvertrag, S. 189; *Schiefer*, Festschrift 50 Jahre BAG, S. 859, 863; *Thüsing/Lambrich*, RdA 2002, S. 193, 209; *Waas*, Tarifvertrag und Betriebsübergang, S. 22 ff.

24 BAG vom 29.08.2001, AP Nr. 17 zu § 1 TVG Bezugnahme auf Tarifvertrag.

der Arbeitsvertragsparteien voraussetzt. Gilt eine Tarifnorm dagegen auf der Grundlage einer arbeitsvertraglichen Bezugnahmevereinbarung, ist deren Anwendung als integraler Bestandteil des Arbeitsvertrages ausschließlich durch § 613a Abs. 1 Satz 1 BGB sichergestellt.[25]

In Übereinstimmung mit den europäischen Vorgaben gewährt § 613a Abs. 1 Satz 2 BGB lediglich einen statischen Bestandsschutz.[26] Bereits die Betriebsübergangsrichtlinie gebietet keinen Schutz im Hinblick auf die Erwartung hypothetischer Vergünstigungen. Dies stellt der EuGH in seiner noch näher zu analysierenden *Werhof* – Entscheidung ausdrücklich klar.[27] Als Arbeitnehmerschutzvorschrift beabsichtigt § 613a BGB demnach lediglich, dem Arbeitnehmer die ab Zeitpunkt des Betriebsübergangs bestehenden Arbeitsbedingungen zu erhalten.[28] Infolgedessen sind spätere Änderungen von Tarifbestimmungen bedeutungslos. Dies gilt speziell für die in einem Tarifvertrag enthaltenen dynamischen Bezugnahmen auf andere Rechtsquellen, insbesondere Tarifverträge. Verweist eine transformierte Tarifregelung somit ihrerseits auf sich verändernde Bestimmungen, wird deren Weiterentwicklung nicht zum Inhalt des Arbeitsverhältnisses.[29] Einer Abgrenzung bedürfen lediglich die Sachverhaltskonstellationen, in denen künftige Tarifentwicklungen bereits vor Betriebsübergang im transformierten Tarifvertrag enthalten sind. Hervorzuheben sind hierbei sog. Stufentarifverträge, die Lohnsteigerungen innerhalb bestimmter Zeitperioden vorsehen. Da die Dynamik der Arbeitsbe-

---

25 Vgl. nur BAG vom 04.03.1993, AP Nr. 101 zu § 613a BGB; *Annuß*, ZfA 2005, S. 405, 452; *Ebeling*, Die Bezugnahme auf Tarifverträge im Arbeitsvertrag, S. 231; *Gamillscheg*, Kollektives Arbeitsrecht I, S. 784 f.; *Hanau/Kania*, Festschrift für Schaub, S. 239, 256; *Henssler*, Festschrift für Wißmann, S. 133, 149; *Hergenröder*, Festschrift 50 Jahre BAG, S. 713, 720 f.; *Hromadka/Maschmann/Wallner*, Tarifwechsel, RdNr. 327; *Kania*, NZA 2000, Sonderbeilage Heft 3, S. 45, 49; *Kempen/Zachert*, § 3 TVG, RdNr. 204; *Löwisch/Rieble*, § 3 TVG, RdNr. 185; *Oetker*, in: Wiedemann, § 3 TVG, RdNr. 241; *Reichel*, Die arbeitsvertragliche Bezugnahme auf den Tarifvertrag, S. 191 f.; *Schiefer*, Festschrift 50 Jahre BAG, S. 859, 871; *Thüsing/Lambrich*, RdA 2002, S. 193, 210.

26 BAG vom 20.06.2001, AP Nr. 18 zu § 1 TVG Bezugnahme auf Tarifvertrag; BAG vom 29.08.2001, AP Nr. 17 zu § 1 TVG Bezugnahme auf Tarifvertrag; *Henssler*, Festschrift für Schaub, S. 311, 318; *ders.*, Festschrift für Wißmann, S. 133, 147; *Lambrich*, Festschrift für Ehmann, S. 169, 193; *Reichel*, Die arbeitsvertragliche Bezugnahme auf den Tarifvertrag, S. 190; *Schiefer*, Festschrift 50 Jahre BAG, S. 858, 864; *Thüsing/Lambrich*, RdA 2002, S. 193, 209.

27 EuGH vom 09.03.2006, DB 2006, S. 673, 674.

28 BAG vom 20.06.2001, AP Nr. 18 zu § 1 TVG Bezugnahme auf Tarifvertrag.

29 BAG vom 20.06.2001, AP Nr. 18 zu § 1 TVG Bezugnahme auf Tarifvertrag; BAG vom 29.08.2001, AP Nr. 17 zu § 1 TVG Bezugnahme auf Tarifvertrag; *Henssler*, Festschrift für Wißmann, S. 133, 147; *Lambrich*, Festschrift für Ehmann, S. 169, 193; *Löwisch/Rieble*, § 3 TVG, RdNr. 179; *Oetker*, in: Wiedemann, § 3 TVG, RdNr. 248; *Schiefer*, Festschrift 50 Jahre BAG, S. 859, 864.

dingungen bereits im Tarifvertrag selbst angelegt ist und nicht aus einer neuen Verhandlungsrunde der tarifschließenden Verbände resultiert, muss der Erwerber auch die Lasten berechnen können, die er infolge des Betriebsübergangs übernimmt.[30]

III. Ausschluss der Transformation gemäß § 613a Abs. 1 Satz 3 BGB

Der durch § 613a Abs. 1 Satz 2 BGB gewährte Bestandsschutz besteht allerdings nur dann, sofern der Betriebserwerber nicht an einen anderen Tarifvertrag desselben Inhalts, also derselben Regelungsmaterie, gebunden ist (§ 613a Abs. 1 Satz 3 BGB).[31] Dies gilt sowohl für die Tarifverträge, die erst nach Betriebsübergang durch den Erwerber anzuwenden sind,[32] als auch gegenüber den Tarifbestimmungen, die im Vergleich zum vorangegangenen und nunmehr nach § 613a Abs. 1 Satz 2 BGB schuldrechtlich wirkenden Normenvertrag ungünstiger sind.[33] Auf Grundlage des Gesetzeszwecks ist dem beim Betriebserwerber geltenden Tarifvertrag stets Vorrang zu verleihen, so dass ein Rückgriff auf das Günstigkeitsprinzip ausscheidet.[34] Damit erweist sich § 613a Abs. 1 Satz 3 BGB als attraktives Gestaltungsinstrument, um einen Wechsel in das für den Betriebserwerber zuständige Tarifsystem zu ermöglichen.

Allerdings ist in diesen Zusammenhang noch ungeklärt, ob die ablösende Wirkung des für den Rechtsnachfolger geltenden Tarifvertrages bereits dann eintritt, wenn allein der Erwerber aufgrund eigener Stellung als Tarifvertragspartei oder kraft Mitgliedschaft im Arbeitgeberverband tarifgebunden ist. Unter Berücksichtigung des Vereinheitlichungsinteresses von Arbeitsbedingungen erscheint das

---

30 So auch *Annuß*, in: Staudinger, § 613a BGB, RdNr. 266; *Lambrich*, Festschrift für Ehmann, S. 169, 193 f.; *Moll*, RdA 1996, S. 275, 279; *Preis*, in: ErfK, § 613a BGB, RdNr. 113.

31 Vgl. in diesen Zusammenhang unter anderem BAG vom 20.04.1994, AP Nr. 108 zu § 613a BGB; BAG vom 22.01.2003, AP Nr. 242 zu § 613a BGB; sowie *Lambrich*, Festschrift für Ehmann, S. 169, 200 ff.

32 BAG vom 19.03.1986, AP Nr. 49 zu § 613a BGB; BAG vom 20.04.1994, AP Nr. 108 zu § 613a BGB; BAG vom 29.08.2001, AP Nr. 17 zu § 1 TVG Bezugnahme auf Tarifvertrag; BAG vom 11.05.2005, NZA 2005, S. 1362, 1365; *Henssler*, Festschrift für Wißmann, S. 133, 148; *Hromadka/Maschmann/Wallner*, Tarifwechsel, RdNr. 358; *Joost*, in: Lutter, § 324 UmwG, RdNr. 22; *Lorenz*, in: Däubler, § 3 TVG, RdNr. 205; *Löwisch/Rieble*, § 3 TVG, RdNr. 198; *Müller-Glöge*, in: MüKo, § 613a BGB, RdNr. 141; *Waas*, Tarifvertrag und Betriebsübergang, S. 64.

33 Vgl. hierzu auch BAG vom 19.11.1996, AP Nr. 153 zu § 613a BGB.

34 BAG vom 11.05.2005, NZA 2005, S. 1362, 1365; *Hromadka/Maschmann/Wallner*, Tarifwechsel, RdNr. 359; *Henssler*, Festschrift für Wißmann, S. 133, 148; *Kania*, DB 1994, S. 529, 530; *Reichel*, Die arbeitsvertragliche Bezugnahme auf den Tarifvertrag, S. 211.

Postulat einer kongruenten Tarifbindung der Arbeitsvertragsparteien fraglich, da anderenfalls der Arbeitnehmer durch die Zugehörigkeit zu einer für den Betrieb des neuen Rechtsträgers nicht zuständigen Gewerkschaft den Regelungszweck von § 613a Abs. 1 Satz 3 BGB unterlaufen könnte.[35] Gleichwohl verlangt das BAG in Übereinstimmung mit der führenden Ansicht im Schrifttum neben der Tarifbindung des Arbeitgebers auch die Verbandszugehörigkeit des Arbeitnehmers in der tarifschließenden Gewerkschaft.[36] Dabei verweist die herrschende Meinung mit Recht auf das Zusammenspiel von § 613a Abs. 1 Satz 2 und 3 BGB. Ebenso wie die Transformation von Tarifbestimmungen nur eingreift, wenn der vor Betriebsübergang anzuwendende Tarifvertrag unmittelbar und zwingend gilt, kommt eine Ablösung dessen Inhalts nur dann gemäß § 613a Abs. 1 Satz 3 BGB in Betracht, wenn der für den Erwerber geltende Tarifvertrag gleichermaßen von außen, d. h. im Regelfall wegen kongruenter Tarifbindung der Arbeitsvertragsparteien, auf das Arbeitsverhältnis einwirkt.[37] Anderenfalls entstünde ein tarifloser Zustand, da der alte Normenvertrag wegen der Sperrwirkung von Satz 3 seinen Geltungsanspruch verliert, der neue Tarifvertrag aber wegen fehlender Zugehörigkeit des Arbeitnehmers zur tarifschließenden Gewerkschaft keine Anwendung findet (§§ 4 Abs. 1 Satz 1, 3 Abs. 1 TVG).[38] Ob und inwieweit die von § 613a Abs. 1 Satz 2 BGB erfassten Tarifbestimmungen durch einen beim Betriebserwerber geltenden Tarifvertrag abgelöst werden, ist somit ausschließlich anhand der allgemeinen Anforderungen zu lösen, welche das Tarifvertragsgesetz für die unmittelbare und zwingende Wirkung tarifvertraglicher Inhalte bereitstellt. Infolgedessen tritt § 613a Abs. 1 Satz 3 BGB nicht ausnahmslos für die Vereinheitli-

---

35 Hierauf hinweisend unter anderem *Henssler*, Festschrift für Schaub, S. 311, 319 f.

36 BAG vom 30.08.2000, AP Nr. 12 zu § 1 TVG Bezugnahme auf Tarifvertrag; BAG vom 21.02.2001, AP Nr. 20 zu § 4 TVG; BAG vom 01.08.2001, AP Nr. 225 zu § 613a BGB; BAG vom 11.05.2005, NZA 2005, S. 1362, 1364; *Bange*, Fortgeltung von Kollektivverträgen bei Unternehmensumstrukturierung durch Umwandlung, S.176 ff.; *Gamillscheg*, Kollektives Arbeitsrecht I, S. 782; *Hergenröder*, Festschrift 50 Jahre BAG, S. 713, 716; *Joost*, in: Lutter, § 324 UmwG, RdNr. 22; *Kempen/Zachert*, § 3 TVG, RdNr. 114; *Lorenz*, in: Däubler, § 3 TVG, RdNr. 201; *Oetker*, in: Wiedemann, § 3 TVG, RdNr. 253; *Preis*, in: ErfK, § 613a BGB, RdNr. 119; *Schaub*, ZTR 1997, S. 245, 247; *Schliemann*, NZA 2003, Sonderbeilage Heft 16, S. 3, 12 f.; *Waas*, Tarifvertrag und Betriebsübergang, S. 64 ff.; *Wiedemann*, Festschrift für Fleck, S. 447, 454; *Wieland*, Recht der Firmentarifverträge, RdNr. 273 ff. Auf das DGB-Tarifsystem abstellend *Hanau/Kania*, Festschrift für Schaub, S. 239, 256. Andere Ansicht dagegen *Henssler*, Festschrift für Schaub, S. 311, 319 f.; sowie *Zöllner*, DB 1995, S. 1401, 1403 ff. Kritisch auch *Lambrich*, Festschrift für Ehmann, S. 169, 202 ff.

37 Treffend *Oetker*, in: Wiedemann, § 3 TVG, RdNr. 254.

38 *Schliemann*, NZA 2003, Sonderbeilage Heft 16, S. 3, 13.

chung von Arbeitsbedingungen ein,[39] sondern nur insoweit, wie die Schutz- und Ordnungsfunktion des ablösenden Normenvertrages auch gegenüber den übernommenen Arbeitsverhältnissen durchschlägt. In tarifrechtlicher Hinsicht erfordert dies aber regelmäßig die Verbandsmitgliedschaft des Arbeitnehmers in der tarifschließenden Gewerkschaft. Nur so behält auch § 613a Abs. 1 Satz 4 Alt. 2 BGB einen eigenständigen Regelungsgehalt, wonach bei fehlender beiderseitiger Tarifbindung der Arbeitsvertragsparteien im Geltungsbereich eines anderen Tarifvertrages dessen Anwendung vereinbart werden kann.

§ 613a Abs. 1 Satz 3 BGB läuft damit weitgehend leer, wenn der beim Rechtsnachfolger bestehende Tarifvertrag nicht von derselben Gewerkschaft geschlossen wurde, die auch für das vorangegangene Regelwerk tarifzuständig war. Für den Wechsel einer DGB-Gewerkschaft sollte dies jedoch keine schwerwiegenden Folgeprobleme nach sich ziehen, da ein statutenmäßig vorgesehner Gewerkschaftsübertritt anhand des Organisationsprinzips des DGB regelmäßig sichergestellt sein dürfte.[40] Hinsichtlich der Verschmelzung von DAG, DPG, HBV, IG Medien und ÖTV zur Vereinigten Dienstleistungsgewerkschaft ver.di (§ 20 Abs. 1 Nr. 1 UmwG) stellt dies die Rechtsprechung ohnehin ausdrücklich klar.[41]

B. Auswirkung auf den Regelungsgehalt arbeitsvertraglicher Bezugnahmen

Findet ein Tarifvertrag nicht kraft beiderseitiger Tarifbindung der Arbeitsvertragsparteien Anwendung, sondern ausschließlich auf der Grundlage einer im Arbeitsvertrag aufgenommenen Bezugnahmeklausel, folgt die Weitergeltung der im Bezugnahmeobjekt enthaltenen Tarifbestimmungen unmittelbar aus § 613a Abs. 1 Satz 1 BGB. Dies resultiert aus der arbeitsvertraglichen Wirkung der Verweisung, wodurch Tarifregelungen Rechte und Pflichten des zu übernehmenden Arbeitsverhältnisses darstellen. Infolge dieser unterschiedlichen Rechtswirkung liegt für den weiteren Verlauf der Untersuchung damit bereits jetzt auf der Hand,

---

39 Hierfür aber *Lambrich*, Festschrift für Ehmann, S. 169, 208; sowie *Zöllner*, DB 1995, S. 1401, 1403 f.

40 Kritisch dagegen *Henssler*, Festschrift für Wißmann, S. 133, 148 f.

41 BAG vom 11.05.2005, NZA 2005, S. 1362, 1364 f. Dabei weist das Gericht mit Recht darauf hin, dass § 95 Abs. 1 Satz 3 Satzung ver.di, wonach die „Tarifbindung" im persönlichen und fachlichen Geltungsbereich des jeweiligen Tarifvertrages so lange erhalten bleibt, bis der bisherige Tarifvertrag durch einen nachfolgenden Tarifvertrag ersetzt wird, einer ablösenden Wirkung gemäß § 613a Abs. 1 Satz 3 BGB nicht entgegensteht. § 95 Satzung ver.di trifft lediglich eine Regelung für eine durch die Gründung von ver.di entstehende Konkurrenz normativ geltender Tarifverträge. Dementsprechend setzt die Vorschrift eine unmittelbare und zwingende Bindung an tarifvertragliche Arbeitsbedingungen voraus, die auf der Grundlage von § 613a Abs. 1 Satz 2 BGB gerade entfallen ist.

dass arbeitsvertragliche Bezugnahmevereinbarungen einen vom Inhalt des § 613a Abs. 1 Satz 2 bis 4 BGB losgelösten Regelungsbefehl auslösen können. Nimmt der Arbeitsvertrag Tarifbestimmungen in ihrer jeweils gültigen Fassung in Bezug, wäre der Betriebserwerber allein wegen des Wortlauts der Klausel zur Weitergabe von zukünftigen Tarifentwicklungen verpflichtet, obgleich § 613a Abs. 1 Satz 2 BGB lediglich einen statischen Bestandschutz anordnet. Vergleichbare Widersprüche können daneben auch dann auftreten, sofern § 613a Abs. 1 Satz 3 BGB einen Wechsel des maßgebenden Tarifsystems ermöglicht, der Arbeitsvertrag hingegen keine Tarifwechselklausel beinhaltet. Deshalb ist für den hier in Rede stehenden Untersuchungsgegenstand zu hinterfragen, ob und inwieweit dem Bedürfnis zur Vereinheitlichung von Arbeitsbedingungen Rechnung zu tragen ist.

Unproblematisch sind vor diesem Hintergrund zunächst die Fälle, in denen sowohl der Betriebsveräußerer als auch dessen Rechtsnachfolger an denselben Tarifvertrag gebunden sind. Hier bleibt der in Bezug genommene Tarifvertrag auch nach Betriebsübergang derselbe. „Kopfzerbrechen“ bereiten allerdings die Sachverhaltskonstellationen, bei denen der Betriebsübergang zum Wechsel in eine andere Tarifbranche führt bzw. der Erwerber einer anderen Koalition angehört oder gar Tarifvertragspartei eines anderen Firmentarifvertrages ist. Selbst für das Festhalten an einer einseitigen Tarifbindung, ist eine (schuldrechtliche) Tarifeinheit innerhalb des Erwerberbetriebes hier nicht über § 613a Abs. 1 Satz 3 BGB zu realisieren, da allein wegen des untrennbaren Gesetzeszusammenhangs zu § 613a Abs. 1 Satz 2 BGB sowohl eine unmittelbare als auch eine entsprechende Anwendung der Vorschrift ausscheidet.[42] Insofern bleibt es Sache der Auslegung arbeitsvertraglicher Bezugnahmen, um die beim Rechtsnachfolger geltenden Tarifbestimmungen auch auf der Grundlage des Arbeitsvertrages anzuwenden.[43] Als Ausgangspunkt muss hierbei zwischen kleiner und großer dynamischer Bezugnahmeklausel unterschieden werden.

---

42 Hierfür aber noch *Henssler*, Festschrift für Schaub, S. 311, 322 f.

43 Vgl. nur BAG vom 30.08.2000, AP Nr. 12 zu § 1 TVG Bezugnahme auf Tarifvertrag; BAG vom 29.08.2001, AP Nr. 17 zu § 1 TVG Bezugnahme auf Tarifvertrag; BAG vom 21.08.2002, AP Nr. 21 zu § 157 BGB; BAG vom 25.09.2002, AP Nr. 26 zu § 1 TVG Bezugnahme auf Tarifvertrag; BAG vom 16.10.2002, AP Nr. 22 zu § 1 TVG Bezugnahme auf Tarifvertrag; *Annuß*, ZfA 2005, S. 405, 452 ff.; *Ebeling*, Die Bezugnahme auf Tarifverträge im Arbeitsvertrag, S. 234 ff.; *B. Gaul*, Das Arbeitsrecht der Betriebs- und Unternehmensspaltung, § 24, RdNr. 103; *Hanau/Kania*, Festschrift für Schaub, S. 239, 256 ff.; *Hergenröder*, Festschrift 50 Jahre BAG, S. 713, 721 ff.; *Kempen/Zachert*, § 3 TVG, RdNr. 204 ff.; *Oetker*, in: Wiedemann, § 3 TVG, RdNr. 365 ff.; *Reichel*, Die arbeitsvertragliche Bezugnahme auf den Tarifvertrag, S. 191 ff. und 212 ff.; *Thüsing/Lambrich*, RdA 2002, S. 193, 210 ff. Nunmehr auch *Henssler*, Festschrift für Wißmann, S. 133, 150 ff.

I. Kleine dynamische Bezugnahmeklausel

Bei einer kleinen dynamischen Verweisung nehmen die Arbeitsvertragsparteien einen konkret benannten Tarifvertrag in seiner jeweils geltenden Fassung in Bezug. Angesichts des Wortlauts der Klausel ist der Wechsel in ein anderes Tarifsystem damit nahezu ausgeschlossen. Da der Erwerber in die Stellung als Arbeitgeber eintritt (§ 613a Abs. 1 Satz 1 BGB), ist der vor Betriebsübergang entäußerte Wille der Arbeitsvertragsparteien unverändert zu berücksichtigen. Lässt sich daher aus der Verweisungsklausel bzw. den sonstigen Umständen des Arbeitsvertragsschlusses entnehmen, dass die Arbeitsvertragsparteien einen bestimmten Tarifvertrag anwenden wollen, ist das Bezugnahmeobjekt auch nach Betriebsübergang unverändert im übernommenen Arbeitsverhältnis anzuwenden.[44] Ein besonderes Indiz liefert dabei unter anderem die Übernahme eines fremden Tarifvertrages. Hier tritt der gesteigerte Wille hervor, das in der Bezugnahmevereinbarung benannte Tarifsystem ungeachtet eines Branchenwechsel bzw. einer Unternehmensumstrukturierung einzelvertraglich umzusetzen.

1. Gleichstellungsabrede

War der Betriebsveräußerer allerdings tarifgebunden und übernimmt der Arbeitsvertrag den einschlägigen Tarifvertrag, ist die Verweisung als Gleichstellungsabrede auszulegen. Für diesen Fall sind die Rechtsfolgen der Bezugnahme dieselben und keine weitgehenderen als diejenigen, die sich im Verhältnis zu beiderseitig tarifgebunden Arbeitsvertragsparteien des Betriebes ohne entsprechende Verweisung einstellen.[45]

a) Statische Fortgeltung des Bezugnahmeobjekts

Vor diesem Hintergrund vertrat der 5. Senat das BAG zunächst die Ansicht,[46] eine Bezugnahmevereinbarung würde in ihrer Eigenschaft als Gleichstellungsabrede ihren materiell – rechtlichen Bedeutungsgehalt verlieren, solang und soweit der Betriebserwerber nicht tarifgebunden ist. Dies folge aus dem vertraglichen Zweck der Gleichstellung von organisierten und nichtorganisierten Arbeitnehmern, der wegen fehlender Verbandszugehörigkeit des neuen Arbeitsgebers nicht länger

---

44 In diesem Sinne auch *Annuß*, ZfA 2005, S. 405, 452; *Henssler*, Festschrift für Wißmann, S. 133, 152; *Hergenröder*, Festschrift 50 Jahre BAG, S. 713, 725; *Lambrich*, Festschrift für Ehmann, S. 169, 232; sowie *Thüsing/Lambrich*, RdA 2002, S. 193, 211.

45 Vgl. in diesem Zusammenhang erneut § 4 D.

46 BAG vom 04.08.1999, AP Nr. 14 zu § 1 TVG Tarifverträge: Papierindustrie. Kritisch hierzu unter anderem *Annuß*, Anm. zu BAG, RdA 2002, S. 178, 179 ff.; sowie *Thüsing/Lambrich*, RdA 2002, S. 193, 210 f.

aufrechtzuerhalten sei. In seiner Entscheidung vom 30.08.2000[47] hat der 4. Senat des BAG diesem Ansatz jedoch zu Recht die Gefolgschaft verweigert. Vielmehr bleibt der Regelungsgehalt einer Gleichstellungsabrede auch nach Betriebsübergang unverändert erhalten, wenngleich die Dynamik der Bezugnahmevereinbarung in Anlehnung an die Fortgeltung tarifvertraglicher Arbeitsbedingungen gemäß § 613a Abs. 1 Satz 2 BGB entfällt.[48] Wegen der Zielsetzung der Gleichstellungsabrede wird der Arbeitnehmer auch im Fall eines Betriebesübergangs so gestellt, wie auf der Grundlage einer beiderseitigen Tarifbindung der Arbeitsvertragsparteien.[49] Da der Betriebserwerber bei fehlender Verbandszugehörigkeit Tarifbestimmungen infolge des Betriebsübergangs aber nur mit dem Bestand anzuwenden hat, der zum Zeitpunkt des Betriebsübergangs vorlag (§ 613a Abs. 1 Satz 2 BGB), sind auch die durch Bezugnahmevereinbarung anzuwendenden Regelungen nur mit jenem Inhalt weiterzugeben.[50]

b) Tarifwechsel

Ist der Betriebserwerber dagegen tarifgebunden, kommt eine Umwidmung der Bezugnahmevereinbarung als Tarifwechselklausel nur in Betracht, sofern die von der Rechtsprechung geforderten „besonderen Umstände“ eine Auslegung der kleinen dynamischen Bezugnahmeklausel hin zu einer großen dynamischen Verweisung erlauben.[51] Wie für den Verbandswechsel aufgrund Branchenwechsel ist hierbei den Fällen zentrale Bedeutung beizumessen, in denen die Identität der tarifschließenden Gewerkschaft unverändert erhalten bleibt.[52] Ausgehend von §

---

47 BAG vom 30.08.2000, AP Nr. 12 zu § 1 TVG Bezugnahme auf Tarifvertrag.

48 BAG vom 30.08.2000, AP Nr. 12 zu § 1 TVG Bezugnahme auf Tarifvertrag; BAG vom 29.08.2001, AP Nr. 17 zu § 1 TVG Bezugnahme auf Tarifvertrag; BAG vom 21.08.2002, AP Nr. 21 zu § 157 BGB; BAG vom 25.09.2002, AP Nr. 26 zu § 1 TVG Bezugnahme auf Tarifvertrag. Im Ergebnis ebenso *Henssler*, Festschrift für Wißmann, S. 133, 150; *Oetker*, in: Wiedemann, § 3 TVG, RdNr. 369; *Kempen/Zachert*, § 3 TVG, RdNr. 205; *Reichel*, Die arbeitsvertragliche Bezugnahme auf den Tarifvertrag, S. 194 ff.; sowie *Schliemann*, NZA 2003, Sonderbeilage Heft 16, S. 3, 13. Kritisch dagegen unter anderem *Thüsing/Lambrich*, RdA 2002, S. 193, 211.

49 BAG vom 29.08.2001, AP Nr. 17 zu § 1 TVG Bezugnahme auf Tarifvertrag.

50 BAG vom 21.08.2001, AP Nr. 21 zu § 157 BGB; *Henssler*, Festschrift für Wißmann, S. 133, 150; *Kempen/Zachert*, § 3 TVG, RdNr. 205; *Schliemann*, NZA 2003, Sonderbeilage Heft 16, S. 3, 13.

51 Vgl. hierzu erneut BAG vom 30.08.2000, AP Nr. 12 zu § 1 TVG Bezugnahme auf Tarifvertrag.

52 Dazu bereits unter § 10 B I 1 a). Im Ergebnis auch *Hanau/Kania*, Festschrift für Schaub, S. 239, 257; *Henssler*, Festschrift für Wißmann, S. 133, 151; *Oetker*, in: Wiedemann, § 3 TVG, RdNr. 372; *Reichel*, Die arbeitsvertragliche Bezugnahme auf den Tarifvertrag, S. 238 ff.

613a Abs. 1 Satz 3 BGB, wonach der Bestandsschutz i. S. d. § 613 Abs. 1 Satz 2 BGB entfällt, wenn die beim Betriebserwerber geltenden Tarifbestimmungen wegen beiderseitiger Tarifbindung der Arbeitsvertragsparteien auch innerhalb des übernommenen Arbeitsverhältnisses anzuwenden sind, ist der mit einer Gleichstellungsabrede verfolgte Zweck nur aufrechtzuerhalten, sofern der auf Tarifebene vollzogene Austausch des maßgeblichen Tarifsystems auch auf der Grundlage des Arbeitsvertrages durchschlägt. Anderenfalls würde nicht nur das durch den Gesetzgeber in § 613a Abs. 1 Satz 3 BGB verfolgte Ziel der Vereinheitlichung von Arbeitsbedingungen konterkariert, vielmehr wäre auch der Widerspiegelungszweck der Bezugnahmevereinbarung verfehlt, da die Rechtsfolgen der Klausel dieselben und keine weitgehenderen sind als diejenigen, die sich innerhalb eines tarifgebundenen Arbeitsverhältnisses des Betriebes ohne entsprechende Verweisung einstellen.

2. Volldynamische Bezugnahmevereinbarung und negative Vereinigungsfreiheit als Bestandteil der europäischen Gemeinschaftsrechtsordnung

Nichtsdestotrotz bleibt unter der Berücksichtigung der Ankündung des BAG vom 14.12.2005[53] ungeklärt, wie die Rechtsprechung für die nach dem 31.12.2001 begründeten Arbeitsverhältnisse verfahren wird, wenn besagter Gleichstellungszweck lediglich möglich erscheint und nicht ausdrücklich im Vertragstext aufzufinden ist. Unter Hinweis auf das Transparenzgebot sowie die Unklarheitsregel sollte das BAG dann zu dem Auslegungsergebnis gelangen, die Dynamik von Bezugnahmevereinbarungen auch nach einem Betriebsübergang aufrechtzuerhalten.[54]

Berücksichtigt man in diesem Zusammenhang den stets konstitutiven Charakter arbeitsvertraglicher Bezugnahmen, gilt dies gleichermaßen für die zuvor tarifgebundenen Arbeitsverhältnisse des übernommenen Betriebes. Dabei sollte besonders der durch § 613a Abs. 1 Satz 2 BGB intendierte Bestandsschutz einer dynamischen Fortgeltung tarifvertraglicher Arbeitsbedingungen nicht entgegen-

---

53 BAG vom 14.12.2005, AP Nr. 39 zu § 1 TVG Bezugnahme auf Tarifvertrag.

54 Für das Vorliegen einer volldynamischen Bezugnahmevereinbarung schon BAG vom 25.09.2002, AP Nr. 26 zu § 1 TVG Bezugnahme auf Tarifvertrag. Hierauf hinweisend auch *Klebeck*, NZA 2006, S. 15, 17; *Meinel/Herms*, DB 2006, S. 1429, 1429; *Nicolai*, DB 2006, S. 670, 671 f.; *Oetker*, in: Wiedemann, § 3 TVG, RdNr. 370. Dieses Auslegungsergebnis bereits vor der Ankündigung des BAG befürwortend *Annuß*, ZfA 2005, S. 405, 452; *Lambrich*, Festschrift für Ehmann, S. 169, 232; sowie *Thüsing/Lambrich*, RdA 2002, S. 193, 211.

stehen.[55] Kommt es zu einem Betriebsübergang, werden die zuvor normativ geltenden Tarifbestimmungen Inhalt des Arbeitsverhältnisses. Allerdings ist die Transformation in § 613a Abs. 1 Satz 2 BGB statisch, während die Dynamik der Bezugnahmevereinbarung gemäß § 613a Abs. 1 Satz 1 BGB erhalten bleibt. Mit der Ablösung nachwirkender Tarifregelungen i. S. d. § 4 Abs. 5 TVG vergleichbar,[56] dürfe letztere folglich wiederaufleben, sobald das Bezugnahmeobjekt eine Änderung speziell zu Gunsten des Arbeitnehmers erfährt.[57] Bis zur Grenze des Günstigkeitsprinzips wären Arbeitsbedingungen des in der Bezugnahmevereinbarung bezeichneten Tarifwerks somit ungeachtet dessen weiterzugeben, ob der Arbeitnehmer kraft Verbandszugehörigkeit an den für den Betriebserwerber geltenden Tarifvertrag gebunden ist.[58] Mit Blick auf die Betriebsübergangsrichtlinie ist dies allerdings in Zweifel zu ziehen, vergegenwärtigt man sich die *Werhof*-Entscheidung des EuGH vom 09.03.2006.[59] Mit seiner Urteilsbegründung könnte der Gerichtshof den Rechtsfolgen der Ankündigungsrechtsprechung des BAG[60] die Grundlage nehmen, zumindest aber ein Vorabentscheidungsverfahren erforderlich machen.

a) EuGH vom 09.03.2006 – C 499/04 (Werhof)

Aufgrund eines Vorlagebeschlusses des LAG Düsseldorf[61] galt es zu klären, ob es mit Art. 3 Abs. 1 RL 23/2001/EG vereinbar sei, „wenn der nichttarifgebundene Betriebserwerber an eine Vereinbarung zwischen dem tarifgebundenen Betriebsveräußerer und dem Arbeitnehmer, nach der die jeweiligen Lohntarifverträge, an die der Betriebsveräußerer gebunden ist, Anwendung finden, in der Weise gebunden ist, dass der zurzeit des Betriebsübergangs gültige Lohntarifvertrag Anwendung findet, nicht aber spätere Lohntarifverträge Anwendung finden?" Hintergrund war die Zahlungsklage eines Arbeitnehmers, der die Tarifentgelterhöhung der nordrhein-westfälischen Metalltarifverträge verlangte. Die Beklagte, die im Rahmen eines Betriebsteilübergangs gemäß § 613a Abs. 1 Satz 1 BGB in die Stellung als Arbeitgeber eingetreten war, gehörte dagegen nicht dem tarifschließenden Metallarbeitgeberverband an. Nichtsdestotrotz fanden auf der Grundlage des Ar-

---

55 *Lambrich*, Festschrift für Ehmann, S. 169, 232; *Thüsing/Lambrich*, RdA 2002, S. 193, 211.

56 Hierzu ausführlich unter § 9 B II 1 a).

57 *Lambrich*, Festschrift für Ehmann, S. 169, 232; *Thüsing/Lambrich*, RdA 2002, S. 193, 211.

58 In diesen Sinne auch *Henssler*, Festschrift für Wißmann, S. 133, 152.

59 EuGH vom 09.03.2006, DB 2006, S. 673 ff. = NZA 2006, S. 376 ff.

60 BAG vom 14.12.2005, AP Nr. 39 zu § 1 TVG Bezugnahme auf Tarifvertrag.

61 LAG Düsseldorf vom 08.10.2004, NZA-RR 2005, S. 148 ff.

beitsvertrages die einschlägigen Metalltarifverträge in ihrer jeweils gültigen Fassung Anwendung.

Das LAG Düsseldorf sah die Klage unter Zugrundelegung des nationalen Rechts als unbegründet an. Einerseits folge aus § 613a Abs. 1 Satz 2 BGB kein Zahlungsanspruch des Klägers, da die Transformation von Tarifbestimmungen lediglich statisch wirke. Andererseits sei die Bezugnahmevereinbarung wegen der Tarifbindung des Betriebsveräußerers als Gleichstellungsabrede i. S. d. (alten) BAG-Rechtsprechung zu werten, so dass das mit Betriebsübergang übernommene Arbeitsverhältnis auch auf arbeitsvertraglicher Grundlage nicht an den Neuerungen des einbezogenen Tarifvertrages teilnehmen könne.[62] Aus gemeinschaftsrechtlicher Sicht begründe letzteres allerdings Zweifel, so dass zu prüfen sei, ob es mit dem Wortlaut und Zweck des Art. 3 Abs. 1 RL 32/2001/EG vereinbar ist, dass nach Betriebsübergang verabschiedete Tarifentwicklungen nicht Anwendung finden, obgleich der Arbeitsvertrag hierauf verweist.[63]

Bereits die Anfrage des LAG Düsseldorf ist verfehlt. Nach Art. 3 Abs. 1 RL 23/2001/EG gehen die Rechte und Pflichten des Betriebsveräußerers aus einem zum Zeitpunkt des Betriebsübergangs bestehenden Arbeitsvertrages oder Arbeitsverhältnisses auf den Erwerber über. Diese Rechtsfolge wird durch das BAG jedoch nicht in Frage gestellt. Beleuchtet man die einschlägige Rechtsprechung genau, wird unzweifelhaft ersichtlich, dass die statische Fortgeltung des Bezugnahmeobjekts weniger aus der unsachgemäßen Anwendung nationalen Rechts resultiert, sondern ausschließlich der zweckorientierten Auslegung einer Vereinbarung des Arbeitsvertrages geschuldet ist.[64] In seiner Eigenschaft als Gleichstellungsabrede hat die einzelvertragliche Verweisung auch vor Betriebsübergang ausschließlich die Funktion, dem nichttarifgebundenen Arbeitnehmer keine stärkere Rechtsposition zu verschaffen, als bei unmittelbarer und zwingender Wirkung des Bezugnahmeobjekts.[65] Insoweit folgt der Inhalt der Klausel aber den in § 613a Abs. 1 Satz 1 BGB angeordneten Regelungsbefehl, wenn unter Hinweis auf die statische Transformationswirkung von Tarifbestimmungen i. S. d. § 613a Abs. 1 Satz 2 BGB auch die Dynamik der Bezugnahmeklausel zum Zeitpunkt des Betriebsübergangs entfällt. Unter Berücksichtigung der Ankündigungsrechtspre-

---

62 LAG Düsseldorf vom 08.10.2004, NZA-RR 2005, S. 148, 148 f.

63 LAG Düsseldorf vom 08.10.2004, NZA-RR 2005, S. 148, 150.

64 Vgl. hierzu erneut BAG vom 30.08.2000, AP Nr. 12 zu § 1 TVG Bezugnahme auf Tarifvertrag; BAG vom 29.08.2001, AP Nr. 17 zu § 1 TVG Bezugnahme auf Tarifvertrag; BAG vom 21.08.2002, AP Nr. 21 zu § 157 BGB; BAG vom 25.09.2002, AP Nr. 26 zu § 1 TVG Bezugnahme auf Tarifvertrag; BAG vom 16.10.2002, AP Nr. 22 zu § 1 TVG Bezugnahme auf Tarifvertrag.

65 BAG vom 29.08.2001, AP Nr. 17 zu § 1 TVG Bezugnahme auf Tarifvertrag.

chung des BAG[66] ist allenfalls darüber nachzudenken, ob die bisherigen Auslegungsgrundsätze für das Vorliegen von Gleichstellungsabreden mit dem Schutzzweck der Betriebsübergangsrichtlinie zu vereinbaren sind. Dies hat der EuGH jedoch mit Recht bejaht. Vielmehr noch, nach Ansicht des europäischen Gerichts entscheidet für die Reichweite von Art. 3 Abs. 1 RL 23/2001/EG auch Art. 3 Abs. 2 RL 23/2001/EG. So heißt es: „Was die Auslegung von Art. 3 Abs. 1 der Richtlinie betrifft, so kann eine Klausel, die auf einen Kollektivvertrag verweist, keine weitergehende Bedeutung haben als dieser Kollektivvertrag. Daher ist Art. 3 Abs. 2 der Richtlinie Rechnung zu tragen, der Beschränkungen des Grundsatzes der Anwendbarkeit des Kollektivvertrages enthält, auf den der Arbeitsvertrag verweist.“[67]

Im Folgenden führt der Gerichtshof sodann aus, die Betriebsübergangsrichtlinie bezwecke nicht den Schutz von Erwartungen und hypothetischen Vergünstigungen, die sich aus zukünftigen Entwicklungen von Kollektivverträgen ergeben. Vielmehr wolle der europäische Gesetzgeber ausschließlich die Aufrechterhaltung des „status quo“ im übernommenen Arbeitsverhältnis nachzeichnen. Vor diesem Hintergrund sei auch der Interessenlage des Betriebserwerbers Rechnung zu tragen.[68] Insbesondere sei zu berücksichtigen, dass die Inhaltsbestimmung einer Richtlinie keinen Widerspruch zum Grundsatz der Einheit der Gemeinschaftsrechtsordnung aufweisen darf, der verlangt, dass abgeleitetes Gemeinschaftsrecht gemäß den allgemeinen Grundsätzen des Gemeinschaftsrechts ausgelegt wird.[69] Deshalb sei für den hier in Rede stehenden Untersuchungsgegenstand an die Vereinigungsfreiheit zu erinnern, die nach ständiger Rechtsprechung als geschütztes Grundrecht der Gemeinschaftsrechtsordnung auch das Recht umfasse, einer Koalition fernzubleiben.[70] Würde daher – so der EuGH wörtlich – „die vom Kläger vertretene dynamische Auslegung der (...) vertraglichen Verweisungsklausel vorgenommen, so bedeutete dies, dass künftige Kollektivverträge für den Erwerber gälten, der dem Kollektivvertrag nicht angehört, und dass sein Grundrecht der negativen Vereinigungsfreiheit beeinträchtigt werden könnte.“[71] Bei einem Verständnis der Bezugnahmevereinbarung als Gleichstellungsabrede werde die negative Vereinigungsfreiheit dagegen umfassend gewahrt.[72]

---

66 BAG vom 14.12.2005, AP Nr. 39 zu § 1 TVG Bezugnahme auf Tarifvertrag.

67 EuGH vom 09.03.2006, DB 2006, S. 673, 674.

68 EuGH vom 09.03.2006, DB 2006, S. 673, 674.

69 EuGH vom 09.03.2006, DB 2006, S. 673, 674.

70 EuGH vom 09.03.2006, DB 2006, S. 673, 674.

71 EuGH vom 09.03.2006, DB 2006, S. 673, 674.

72 EuGH vom 09.03.2006, DB 2006, S. 673, 675.

b) *Auswirkung auf das nationale Recht*

Legt man der *Werhof* – Entscheidung die vor dem 14.12.2005 maßgebliche Rechtsprechung des BAG zugrunde, stellen die Ausführungen des EuGH lediglich eine Bestätigung der ohnehin bestehenden Rechtslage dar.[73] Mit Blick auf die nunmehr favorisierten Auslegung,[74] insbesondere unter Hinweis auf die Besonderheiten des AGB-Rechts, stellt sich allerdings die Frage, ob das Gemeinschaftsrecht eine statische Fortgeltung des im Arbeitsvertrag bezeichneten Tarifvertrages nicht nur zulässt, sondern darüber hinaus gebietet.[75] So lassen sich die Ausführungen des EuGH auch dahin verstehen, dass der Gerichtshof die negative Vereinigungsfreiheit innerhalb der Betriebsübergangsrichtlinie so zu umschreiben versucht, diese sei auch durch die einzelvertragliche Übernahme von Tarifbestimmungen verletzt, sofern der Betriebserwerber zur Weitergabe von Tarifentwicklungen verpflichtet bleibt, an die er selbst nicht gebunden ist. Ungeachtet des Vorliegens von Gleichstellungsabreden wäre dieser Ansatz dann auch auf die Fälle zu übertragen, in denen die Bezugnahmevereinbarung bereits vor Betriebsübergang als volldynamische Verweisung[76] gemeint ist.[77]

aa) *Verstoß gegen die negative Koalitionsfreiheit*

Nicolai[78] führt in diesem Zusammenhang aus, die Anerkennung der negativen Vereinigungsfreiheit als ein von der Gemeinschaftsordnung geschütztes Rechtsgut habe als sog. Primärrecht nicht nur die unmittelbare, sondern zugleich die horizontale Wirkung im nationalen Recht zur Folge. Soweit es um die Anwendung im Rahmen eines Betriebs(teil)übergangs gehe, sei die Auslegung arbeitsvertraglicher Bezugnahmevereinbarungen folglich daran zu messen, ob sie der negativen Vereinigungsfreiheit des Betriebserwerbers hinreichend Rechnung trägt. Ohnehin stelle sich schon im nationalen Recht die Frage, ob die beschriebene horizontale Wirkung des Grundrechtsschutzes nicht bereits aus Art. 9 Abs. 3 GG herzuleiten sei.[79] Jedenfalls müsse sich der 4. Senat des BAG die Frage stellen, ob die von ihm propagierte wortlautorientierte Auslegung immer zu Lasten des Arbeitgebers ausgehen kann, oder ob und wenn ja in welchem Umfang die Auslegung von Be-

---

73 Vgl. in diesem Zusammenhang auch *Meinel/Herms*, DB 2006, S. 1429, 1430; *Nicolai*, DB 2006, S. 670, 671 f.; *Thüsing*, NZA 2006, S. 473, 474.

74 BAG vom 14.12.2005, AP Nr. 39 zu § 1 TVG Bezugnahme auf Tarifvertrag.

75 Hierauf hinweisend nunmehr auch *Meinel/Herms*, DB 2006, S. 1429, 1430; *Nicolai*, DB 2006, S. 670, 672; sowie *Thüsing*, NZA 2006, S. 473, 474.

76 Vgl. zur Terminologie erneut § 7 A I.

77 *Meinel/Herms*, DB 2006, S. 1429, 1430; *Nicolai*, DB 2006, S. 670, 672 f.

78 *Nicolai*, DB 2006, S. 670, 672.

79 So ausdrücklich *Nicolai*, DB 2006, S. 670, 672.

zugnahmeklauseln im oben genannten Sinn gemeinschaftsrechts- bzw. verfassungskonform erfolgen muss.

Aus Sicht der Rechtsprechung wird letzteres zu verneinen sein, da sowohl das BVerfG als auch das BAG die negative Koalitionsfreiheit lediglich auf das Verbot der Zwangsmitgliedschaft in einer Koalition beschränken.[80] Voraussetzung für eine Grundrechtsverletzung aus Art. 9 Abs. 3 GG ist somit, dass Zwang oder Druck auf nichtorganisierte Arbeitsvertragsparteien ausgeübt wird, einer Koalition beizutreten. Anhand der lediglich arbeitsvertraglichen Wirkung von Tarifbestimmungen ist der Betriebserwerber jedoch nicht gehindert, dem tarifschließenden Arbeitgeberverband fernzubleiben. Darüber hinaus ist auch die Privatautonomie der Arbeitsvertragsparteien, speziell die Verhandlungsmacht des Arbeitgebers, zu berücksichtigen. Infolgedessen stellt schon das BVerfG in seinem Beschluss zur zeitlich unbegrenzten Nachwirkung von Tarifbestimmungen fest, im Stadium der Nachwirkung könne der ehemals unmittelbar und zwingend geltende Tarifvertrag jederzeit durch eine einzelvertragliche oder kollektive „Abmachung" ersetzt werden.[81] Dementsprechend habe es der Arbeitgeber selbst in der Hand, eine abdingbar geltende Tarifwirkung einvernehmlich oder durch Änderungskündigung abzuändern. Entsprechendes ist auch auf die schuldrechtliche Tarifbindung kraft Bezugnahmevereinbarung übertragbar. Auch hier steht es den Arbeitsvertragsparteien nach Betriebsübergang frei, die Dynamik der Verweisung aufzuheben, um zumindest zu einer statischen Fortgeltung des Bezugnahmeobjekts zu gelangen. Folgerichtig ist ein Verstoß gegen Art. 9 Abs. 3 GG zu verneinen, da ein nicht unerheblicher Druck zum Verbandsbeitritt in den durch die Bezugnahmeklausel vorgegebenen Arbeitgeberverband ausscheidet.

bb) Verstoß gegen die europäische Gemeinschaftsrechtsordnung

Unter Berücksichtigung der Gemeinschaftsrechtsordnung könnte dagegen anders zu entscheiden sein. Insoweit lassen die Ausführungen des EuGH erkennen, dass die negative Vereinigungsfreiheit sich nicht auf das Verbot der Zwangsmitgliedschaft in einer Koalition beschränkt, sondern auch eine schuldrechtliche Unterwerfung unter Tarifverträge verbietet, die lediglich vor Betriebsübergang vertragsrechtlich legitimiert sind.[82] Für den hier in Rede stehenden Untersuchungsgegenstand ist somit zu problematisieren, ob und inwieweit der auf europäischer Ebene propagierte Grundrechtsschutz auf eine fortbestehende Tarifbindung kraft arbeitsvertraglicher Bezugnahmenvereinbarung durchschlägt. Dies stellt vorab die

---

80 Vgl. nur BVerfG vom 24.05.1977, BVerfGE 44, S. 322, 342 f.; BVerfG vom 14.06.1983, BVerfGE 64, S. 208, 213 f.; BVerfG vom 18.07.2000, NJW 2000, S. 3704 f.; BAG (GS) vom 29.11.1967, AP Nr. 13 zu Art. 9 GG.

81 BVerfG vom 03.07.2000, NZA 2000, S. 947, 948.

82 Vgl. hierzu erneut EuGH vom 09.03.2006, DB 2006, S. 673, 674.

Frage nach der Bindung der EU-Mitgliedstaaten an die Gemeinschaftsgrundrechte.

(1) Bindung an europäisches Gemeinschaftsrecht

Unter Zugrundelegung des geschriebenen Primärrechts ist zunächst festzustellen, dass Art. 6 Abs. 2 EUV lediglich die Bindungswirkung der Union an die 1950 in Rom unterzeichnete „Europäische Konvention zum Schutz der Menschenrechte und Grundfreiheiten" bewirkt. Angesichts der zunehmenden Verflechtung von Gemeinschaftsrecht und nationalem Recht sowie des Anspruches des Gemeinschaftsrechts auf Wirksamkeit und einheitliche Geltung im nationalen Recht, erkennt der EuGH[83] in Übereinstimmung mit der herrschenden Ansicht im Schrifttum[84] dennoch auf eine Verpflichtungswirkung der Gemeinschaftsgrundrechte gegenüber den Mitgliedstaaten. Unter Hinweis auf das Prinzip der begrenzten Einzelermächtigung sind die Mitgliedstaaten demnach bei einem hinreichend engen Gemeinschaftsbezug – namentlich im Anwendungsbereich des Gemeinschaftsrechts[85] – an die Gemeinschaftsgrundrechte gebunden.

Der EuGH unterscheidet hierbei drei Fallgruppen, wobei der Richtlinienvollzug in staatliches Recht eine zentrale Stellung einnimmt.[86] Dessen ungeachtet wird in den Judikaten des Gerichtshofs aber auch zunehmend die Tendenz ersichtlich, mitgliedstaatliche Hoheitsgewalt verstärkt an die europäischen Gemeinschaftsgrundrechte zu binden. Dies gilt sowohl für die gemeinschaftskonforme Auslegung von Richtlinien, als auch für die Beschränkung binnenmarktbezogener Grundfreiheiten. Besonders illustrativ sei in diesem Zusammenhang auf die *Carpenter* – Entscheidung[87] verwiesen, in welcher der EuGH für Recht anerkannt hat, die Dienstleistungsfreiheit eines Briten sei durch die Ausweisung seiner philippi-

---

83 EuGH vom 18.06.1991, Slg. 1991, I-2925, 2964 RdNr. 42 – ERT; EuGH vom 24.03.1994, Slg. 1994, I-955, 983 RdNr. 16 – Bostock; EuGH vom 29.05.1997, Slg. 1997, I-2629, 2645 RdNr. 15 – Kremzow; EuGH vom 18.12.1997, Slg. 1997, I-7493, 7510 RdNr. 13 – Annibaldi.

84 Vgl. nur *Cirkel*, Die Bindungen der Mitgliedstaaten an die Gemeinschaftsgrundrechte, S. 172 ff.; *Ehlers*, Jura 2002, S. 468, 473; *Jones*, Die Bindung der Mitgliedstaaten an die Grundrechte der Europäischen Gemeinschaft, S. 199; *Jürgensen/Schlünder*, AöR 121 (1996), S. 200, 222; *Kingreen*, in: Calliess/Ruffert, EUV/EGV, Art. 6 EUV, RdNr. 56; *Kühling*, in: Bogandy, Europäisches Verfassungsrecht, S. 609 f.; *Lindner*, DÖV 2000, S. 543, 549; *Ruffert*, EuGRZ 1995, S. 518, 529; *ders.*, Anm. zu EuGH, EuGRZ 2004, S. 446, 467; *Scheuing*, EuR 2005, S. 162, 178 f.; *Suerbaum*, EuR 2003, S. 390, 411 ff.

85 So die seit EuGH vom 18.06.1991, Slg. 1991, I-2925, 2964 RdNr. 42 – ERT stets verwendete Formel.

86 Vgl. in diesem Zusammenhang unter anderem *Scheuing*, EuR 2005, S. 162, 163 f.

87 EuGH vom 11.07.2002, Slg. 2002, I-6279 – Carpenter.

nischen Ehefrau berührt, weil dieser infolge des Verlustes der Kinderbetreuung gehindert sei, Dienstreisen mit gleicher Intensität durchzuführen. Einschränkungen der Grundfreiheiten durch mitgliedstaatliche Hoheitsgewalt seien aber nur im Einklang mit den Gemeinschaftsgrundrechten möglich, so dass die Ausweisungsverfügung am Maßstab der Achtung des Familienlebens (Art. 8 EMRK i. V. m. Art. 6 Abs. 2 EUV) zu messen sei.

Inwieweit die Europäische Grundrechtscharta als Teil der Europäischen Verfassung die durch den EuGH geschaffene Grundrechtsbindung der Mitgliedstaaten einschränkt,[88] bleibt abzuwarten und kann angesichts ihrer gescheiterten Ratifizierung in sämtlichen EU-Mitgliedstaaten derzeit vernachlässigt werden. Demzufolge ist von einer Bindungswirkung gegenüber europäischen Gemeinschaftsgrundrechten dann auszugehen, soweit hoheitliches Handeln der Mitgliedstaaten mit einem hinreichend engen Gemeinschaftsbezug in Frage steht.

(2) *Konsequenz für die Tarifbindung aufgrund volldynamischer Bezugnahmeklausel*

Im Unterschied zur tarifrechtlichen Anwendung von Tarifbestimmungen kann die negative Vereinigungsfreiheit eine privatautonome Entscheidung zur Bindung an einen Tarifvertrag somit nicht negieren. Treffend führt *Thüsing*[89] an, im Rahmen der arbeitsvertraglichen Bezugnahmevereinbarung folge der Geltungsanspruch tarifvertraglicher Arbeitsbedingungen nicht aus dem Verbandsbeitritt der Arbeitsvertragsparteien, sondern beruhe ausschließlich auf der Grundlage des Arbeitsvertrages.[90] Resultiert der Zwang zur Weitergabe des in der Bezugnahmeklausel benannten Tarifvertrages somit aber nicht aus dem Tarifrecht selbst, entfaltet die *Werhof* – Entscheidung des EuGH keine Bindungswirkung gegenüber den neu geschaffenen Auslegungsmaximen des BAG.[91] Vielmehr kann die negative Vereinigungsfreiheit als Interpretationsrichtlinie nur dort Wirkung entfalten, wo nationale Regelungen in den Anwendungsbereich des europäischen Gemeinschaftsrechts fallen. Da eine europarechtskonforme Auslegung privater Willenserklärun-

---

88 So sieht Art. II-111 Abs. 1 Verf. vor, die als Teil II in der Verfassung integrierte Charta der Grundrechte der Union „für die Mitgliedstaaten ausschließlich bei der Durchführung des Rechts der Union" zur Geltung zu bringen. Abl. EU Nr. C 310 vom 16.12.2004, S. 1 ff.

89 *Thüsing*, NZA 2006, S. 473, 474. Dem zustimmend *Reinecke*, BB 2006, S. 2637, 2641.

90 Ebenso auch *Meinel/Herms*, DB 2006, S. 1429, 1430; *Nicolai*, DB 2006, S. 670, 672.

91 *Meinel/Herms*, DB 2006, S. 1429, 1430; *Thüsing*, NZA 2006, S. 473, 474.

gen ausscheidet,[92] ist mithin auch die wortlautorientierte Auslegung arbeitsvertraglicher Bezugnahmevereinbarungen gemeinschaftskonform.[93]

Ob hieraus allerdings eine Pflicht zur dynamischen Weitergabe künftiger Tarifinhalte folgt, ist keineswegs entschieden, da speziell der von *Thüsing*[94] hervorgehobene private Willensentschluss der Arbeitsvertragsparteien gerade nicht durch den Betriebserwerber begründet wird. Mit Recht verweisen *Meinel/Herms*[95] daher auf die gesetzliche Regelungsanordnung in § 613a Abs. 1 Satz 1 BGB, ohne die der Eintritt des Rechtsnachfolgers in die Stellung als Arbeitgeber grundsätzlich ausscheidet und nur durch eine einvernehmliche Vertragsübernahme aller Beteiligten gesichert wäre. Die Frage, ob und zu welchen Bedingungen das Arbeitsverhältnis fortzusetzen ist, beurteilt sich daher allein durch den in Umsetzung europäischen Sekundärrechts geschaffenen § 613a BGB.[96] Hierzu hat der EuGH in Sachen „*Werhof*" aber entscheidende Anforderungen formuliert. So verpflichtet die Betriebsübergangsrichtlinie nur, einen zum Zeitpunkt des Betriebsübergangs erreichten „status quo" nachzuzeichnen, wobei die dynamische Fortgeltung tarifvertraglicher Arbeitsbedingungen nur dann in Betracht zu ziehen ist, sofern der Betriebserwerber hieran gebunden ist.[97] Damit ist unter Berücksichtigung der Betriebsübergangsrichtlinie festzustellen, dass die Bindung an einen Tarifvertrag gemäß § 613a Abs. 1 Satz 1 BGB nicht weiter reichen darf, als unter den Geltungsvoraussetzungen des § 613a Abs. 1 Satz 2 BGB. Für die statische Anwendung des Bezugnahmeobjekts entscheidet somit nicht die Auslegung der entsprechenden Bezugnahmevereinbarung, sondern ein anhand der Betriebsübergangsrichtlinie zu konkretisierender Regelungsbefehl von § 613a BGB. Konsequent fortgeführt gilt dies selbst dann, wenn die im Arbeitsvertrag enthaltene Klausel unzweifelhaft als volldynamische Verweisung zu verstehen ist.[98]

Mit Blick auf die negative Vereinigungsfreiheit als Bestandteil der europäischen Gemeinschaftsrechtsordnung sind der nationalen Rechtsprechung somit Grenzen gesetzt. Dies gilt auch unter Hinweis auf den eingeschränkt akzentuierten Grundrechtsschutz aus Art. 9 Abs. 3 GG. Insbesondere ist in diesem Kontext auf den „Solange II-Beschluss"[99] sowie das „Maastricht-Urteil"[100] des BVerfG zu

92 *Meinel/Herms*, DB 2006, S. 1429, 1430; *Thüsing*, NZA 2006, S. 473, 474.

93 So auch *Reinecke*, BB 2006, S. 2637, 2641.

94 So *Thüsing*, NZA 2006, S. 473, 474 f.

95 *Meinel/Herms*, DB 2006, S. 1429, 1430.

96 Treffend *Meinel/Herms*, DB 2006, S. 1429, 1430.

97 Vgl. erneut EuGH vom 09.03.2006, DB 2006, S. 673, 674.

98 *Meinel/Herms*, DB 2006, S. 1429, 1430; sowie *Nicolai*, DB 2006, S. 670, 672 f.

99 BVerfG vom 22.10.1986, BVerfGE 73, S. 339 ff.

100 BVerfG vom 12.10.1993, BVerfGE 89, S. 155 ff.

verweisen, wonach eine Grundrechtskontrolle gegenüber sekundärem Gemeinschaftsrecht ausscheidet, solange der EuGH einen dem Grundgesetz vergleichbaren Grundrechtschutz gewährleistet.[101] Diese Einschränkung der Grundrechtsbindung betrifft dabei nicht nur das sekundäre Gemeinschaftsrecht als solches, sondern auch innerstaatliches Recht, welches der Gesetzgeber auf Grundlage eines Integrationsvollzugs verabschiedet. *Hain*[102] befürwortet in diesem Zusammenhang eine systematische Auslegung von Art. 1 Abs. 3 GG, wonach Art. 23 Abs. 1 Satz 1 GG als „lex specialis" die deutsche Staatsgewalt bei deren Mitwirkung an der Entwicklung der Europäischen Integration lediglich an einen dem Grundgesetz im Wesentlichen vergleichbaren Grundrechtsschutz durch die Union bindet. Soweit der Umsetzungsauftrag von Richtlinien daher zwingende Vorgaben enthält und keinen Ermessensspielraum erkennen lässt, findet eine Kontrolle am Maßstab der Grundrechte des Grundgesetzes nicht statt.[103] Damit steht für den hier in Rede stehenden Untersuchungsgegenstand fest, dass die Anwendung tarifvertraglicher Arbeitsbedingungen auch als integraler Bestandteil des Arbeitsvertrages vorerst statisch zu verstehen ist, sofern der Arbeitnehmer die Weitergabe künftiger Tarifentwicklungen begehrt, an die der Betriebserwerber selbst nicht gebunden ist. Die speziell durch den 4. Senat des BAG nunmehr propagierte Auslegungsregel[104] steht folglich nicht in Widerspruch gegenüber den zwingenden Vorgaben der Betriebsübergangsrichtlinie, kann jedoch aufgrund des eingeschränkten Regelungsgehalts von § 613a Abs. 1 Satz 1 BGB nicht Platz greifen.[105]

II. Große dynamische Bezugnahmeklausel

Enthält der Arbeitsvertrag eine Verweisung auf die jeweils für den Betrieb geltenden Tarifverträge, ist vom Vorliegen einer Tarifwechselklausel auszugehen, die eine Auswechselung des anzuwendenden Tarifvertragsystems grundsätzlich ermöglicht.[106] Unter Zugrundelegung des Wortlauts erfasst die Bezugnahmeverein-

---

101 BVerfG vom 22.10.1986, BVerfGE 73, S. 339, 387; BVerfG vom 12.10.1993, BVerfGE 89, S. 155, 175.

102 *Hain*, DVBl. 2002, S. 148, 152 f.

103 BVerfG vom 09.01.2001, NJW 2001, S. 1267, 1268.

104 BAG vom 14.12.2005, AP Nr. 39 zu § 1 TVG Bezugnahme auf Tarifvertrag.

105 *Meinel/Herms*, DB 2006, S. 1429, 1430. Im Ergebnis auch *Nicolai*, DB 2006, S. 670, 672 f. Dagegen eine Vertragsanpassung wegen Wegfalls der Geschäftsgrundlage befürwortend *Henssler*, Festschrift für Wißmann, S. 133, 152 f. Vgl. in diesem Zusammenhang auch *Hromadka/Maschmann/Wallner*, Tarifwechsel, RdNr. 615 ff.; sowie *Reichel*, Die arbeitsvertragliche Bezugnahme auf den Tarifvertrag, S. 206 ff.

106 Vgl. nur BAG vom 16.10.2002, AP Nr. 22 zu § 1 TVG Bezugnahme auf Tarifvertrag; *Annuß*, ZfA 2005, S. 405, 452 ff.; *Lambrich*, Festschrift für Ehmann, S. 169, 233; *Hanau/Kania*, Festschrift für Schaub, S. 239, 257; *Henssler*, Festschrift für Wißmann, S.

barung hier regelmäßig den Tarifvertrag, unter dessen Geltungsbereich das Arbeitsverhältnis fällt.[107] Da der Betriebserwerber gemäß § 613a Abs. 1 Satz 1 BGB in die Stellung als Arbeitgeber einrückt, ist die Vereinbarung deshalb dahin zu verstehen, dass die für den Betriebserwerber maßgebenden Tarifverträge Anwendung finden.[108] Unter Berücksichtigung des Nachweisgesetzes bleibt der Rechtsnachfolger lediglich verpflichtet, den Arbeitnehmer über die Anwendung des neuen Bezugnahmeobjekts ordnungsgemäß in Kenntnis zu setzten.

1. Gleichstellungsabrede

Für das Vorliegen von Gleichstellungsabreden gilt dieses Auslegungsergebnis gleichwohl nur dann, wenn der Rechtsnachfolger seinerseits an den nunmehr einschlägigen Tarifvertrag gebunden ist.[109] Insofern ist abermals daran zu erinnern,[110] dass die Rechtsfolgen benannter Klausel dieselben und keine weitergehenderen sind als diejenigen, die sich im Verhältnis zu einem tarifgebundenen Arbeitsverhältnis des Betriebes ohne entsprechende Verweisung einstellen. Findet dieser Regelungsbefehl auch im Rahmen eines Betriebsübergangs unverändert Berücksichtigung, ist die Bezugnahmeklausel so auszulegen, dass der Tarifvertrag Anwendung findet, an den der Betriebserwerber seinerseits kraft Mitgliedschaft im tarifschließenden Arbeitgeberverband oder kraft eigener Stellung als Tarifvertragspartei gebunden ist.[111] Anderenfalls bleibt es bei der statischen Anwendung des vorangegangenen Bezugnahmeobjekts, solange und soweit eine Tarifbindung des Rechtsnachfolgers entfällt.

133, 153 ff.; *Hergenröder*, Festschrift 50 Jahre BAG, S. 713, 721 ff.; *Kempen/Zachert*, § 3 TVG, RdNr. 205; *Oetker*, in: Wiedemann, § 3 TVG, RdNr. 367 und 372; *Reichel*, Die arbeitsvertragliche Bezugnahme auf den Tarifvertrag, S. 216 und 243 f.; *Schliemann*, NZA 2003, Sonderbeilage Heft 16, S. 3, 14; *Thüsing/Lambrich*, RdA 2002, S. 193, 212.

107 BAG vom 15.03.2006, AP Nr. 38 zu § 1 TVG Bezugnahme auf Tarifvertrag.

108 BAG vom 16.10.2002, AP Nr. 22 zu § 1 TVG Bezugnahme auf Tarifvertrag.

109 BAG vom 16.10.2002, AP Nr. 22 zu § 1 TVG Bezugnahme auf Tarifvertrag; *Henssler*, Festschrift für Wißmann, S. 133, 153; *Kempen/Zachert*, § 3 TVG, RdNr. 205; a. A. dagegen *Annuß*, ZfA 2005, S. 405, 453; *Thüsing/Lambrich*, RdA 2002, S. 193, 212.

110 Vgl. hierzu erneut § 4 D.

111 BAG vom 16.10.2002, AP Nr. 22 zu § 1 TVG Bezugnahme auf Tarifvertrag.

2. Tarifwechselklausel und ihre Wirkung gegenüber nicht mehr kongruent tarifgebundenen Arbeitnehmern - § 613a Abs. 1 Satz 4 Alt. 2 BGB

Unter Berücksichtigung des konstitutiven Charakters arbeitsvertraglicher Bezugnahmen steht damit lediglich in Frage, welchen Bedeutungsgehalt eine Tarifwechselklausel in den Fällen aufweist, in denen der Betriebsübergang einen Wechsel in das für den Betriebserwerber maßgebende Tarifvertragsystem bewirkt, die zuvor tarifrechtlich unterworfenen Arbeitnehmer jedoch nicht Mitglied der nunmehr zuständigen Gewerkschaft sind. Mit Blick auf § 613a Abs. 1 Satz 2 BGB wäre zunächst von einem einjährigen Bestandsschutz der zuvor unmittelbar und zwingend geltenden Tarifbestimmungen auszugehen, obgleich der Arbeitsvertrag kraft großer dynamischer Bezugnahmevereinbarung das Arbeitsverhältnis bereits zum Zeitpunkt des Betriebsübergangs an den Neuerungen des nunmehr einschlägigen Tarifvertrages teilnehmen lässt.

Soweit der hier in Rede stehende Untersuchungsgegenstand überhaupt einer genaueren Analyse unterzogen wird, verweisen Teile des Schrifttums auf § 613a Abs. 1 Satz 4 Alt. 2 BGB.[112] Danach können die Rechte und Pflichten eines Tarifvertrages vor Ablauf der Frist nach § 613a Abs. 1 Satz 2 BGB geändert werden, wenn im Geltungsbereich eines anderen Tarifvertrages dessen Anwendung einzelvertraglich vereinbart wird. Zwar fordert die Vorschrift nicht, wie der Wortlaut zunächst vermuten lässt, die fehlende Tarifbindung beider Arbeitsvertragsparteien.[113] Fraglich ist allerdings, ob der durch den Gesetzgeber statuierte Regelungsbefehl auch dann Platz greift, wenn die Bezugnahmevereinbarung bereits vor Betriebsübergang Bestandteil des Arbeitsvertrages ist. Dieses bislang nicht höchstrichterlich entschiedene Problem wird seitens der Literatur unter Hinweis auf die Gesetzesfassung mehrfach verneint.[114] § 613a Abs. 1 Satz 4 Alt. 2 BGB spreche ausschließlich davon, dass die Anwendung eines anderen Tarifvertrages zwischen „dem neuen Inhaber und dem Arbeitnehmer" vereinbart werden kann. Demgegenüber verweist *Annuß*[115] auf die amtliche Begründung, wonach nicht der Zeitpunkt der Vereinbarung entscheidend sein soll, sondern jede materielle Kollision

---

112 *Annuß*, Anm. zu BAG, RdA 2000, S. 178, 182; *ders.*, ZfA 2005, S. 405, 455 f.; *B. Gaul*, Das Arbeitsrecht der Betriebs- und Unternehmensspaltung, § 24, RdNr. 56; *Henssler*, Festschrift für Wißmann, S. 133, 153 f.; *Jacobs*, Anm. zu BAG, AP Nr. 34 zu § 4 TVG Nachwirkung, Bl. 8; *Lambrich*, Festschrift für Ehmann, S. 169, 233 f.; *Müller-Glöge*, in: MüKo, § 613a BGB, RdNr. 138; *Thüsing/Lambrich*, RdA 2002, S. 193, 212 f.

113 Statt aller *B. Gaul*, Das Arbeitsrecht der Betriebs- und Unternehmensspaltung, § 24, RdNr. 54 m. w. N.

114 So *Jacobs*, Anm. zu BAG, AP Nr. 34 zu § 4 TVG Nachwirkung, Bl. 8; *Müller-Glöge*, in: MüKo, § 613a BGB, RdNr. 138; *Thüsing/Lambrich*, RdA 2002, S. 193, 212.

115 *Annuß*, ZfA 2005, S. 405, 456.

zwischen einer nach § 613a Abs. 1 Satz 2 fortgeltenden Tarifbestimmung und einer auf der Grundlage von § 613a Abs. 1 Satz 4 Alt. 2 BGB anzuwendenden Tarifregelung zu Gunsten letzterer aufzulösen ist.[116]

Die Ansicht von *Annuß* verdient Zuspruch. Bedenkt man die Zukunftsbezogenheit großer dynamischer Bezugnahmevereinbarungen, ist der aus § 613a Abs. 1 Satz 2 BGB folgende Bestandsschutz entbehrlich, sofern der auf Betriebserwerberseite maßgebende Tarifinhalt günstigere Tarifbestimmungen aufweist. Unproblematisch zeitigt eine einzelvertraglicher Verweisung somit dann i. S. d. § 613a Abs. 1 Satz 4 Alt. 2 BGB Wirkung, wenn hierdurch die Arbeitsbedingungen der übernommenen Belegschaft verbessert werden.[117] Hinsichtlich des Zwecks der Norm ist dies jedoch keineswegs zwingend. Vielmehr bleibt zu berücksichtigen, dass die Vorschrift in einem engen gesetzessystematischen Zusammenhang zu § 613a Abs. 1 Satz 3 BGB steht.[118] Hiernach scheidet die Fortwirkung tarifvertraglicher Regelungen aus, wenn bei beiderseitiger Tarifbindung der Arbeitsvertragsparteien ein anderer Tarifvertrag Anwendung findet, gleichgültig ob dessen Regelungsgegenstand günstigere Tarifbestimmungen beinhaltet oder nicht.[119] Der durch § 613a Abs. 1 Satz 2 BGB intendierte Arbeitnehmerschutz ist somit überflüssig, wenn das nach Betriebsübergang einschlägige Tarifsystem auch innerhalb der übernommenen Arbeitsverhältnisse seine Schutzfunktion erfüllt.[120] Folgerichtig beruht auch § 613a Abs. 1 Satz 4 Alt. 2 BGB auf dem Gedanken, die Fortwirkung tarifvertraglicher Arbeitsbedingungen entfallen zu lassen, wenn eine Vereinbarung der Arbeitsvertragsparteien vorliegt, nach der gleichermaßen von der Richtigkeitsgewähr des neuen Tarifvertrages auszugehen ist. Im Interesse der erleichterten Durchsetzung einheitlicher Arbeitsbedingungen sind beide Ausnahmetatbestände somit von der Überlegung getragen, dass es einer entsprechenden Absicherung des Arbeitnehmers nicht bedarf, sofern gewährleistet bleibt, dass auch dem neuen Tarifvertrag die gleiche Schutz- und Ordnungsfunktion zuteil wird, wie dem zuvor maßgebenden Regelwerk.[121] Für die Ablösung nach § 613a Abs. 1 Satz 3 BGB entscheidet hierfür die beiderseitige Tarifbindung der Arbeitsvertragsparteien. Für eine Vereinbarung auf der Grundlage des Arbeitsvertrages ist dagegen – ausweislich der Gesetzesbegründung[122] - nur die Übernahme des

---

116 Siehe dazu BT-Drucks. 8/3317, S. 11.

117 So ausdrücklich *Lambrich*, Festschrift für Ehmann, S. 169, 234.

118 *Annuß*, Anm. zu BAG, RdA 2002, S. 178, 182; *Gamillscheg*, Kollektives Arbeitsrecht I, S. 784; *Henssler*, Festschrift für Wißmann, S. 133, 154; *Skuderis*, Die Weitergeltung von Tarifverträgen bei Betriebsübergängen nach § 613a Abs. 1 Satz 2 bis 4 BGB, S. 227.

119 Vgl. hierzu erneut § 11 A III.

120 *B. Gaul*, Das Arbeitsrecht der Betriebs- und Unternehmensspaltung, § 24, RdNr. 56.

121 Treffend *Annuß*, Anm. zu BAG, RdA 2002, S. 178, 182.

122 BT-Drucks. 8/3317, S. 11.

einschlägigen Tarifvertrages erlaubt.[123] Die Arbeitsvertragsparteien können somit nur den Tarifvertrag in Bezug nehmen, der unter den Anwendungsvoraussetzungen des Tarifvertragsgesetzes normative Wirkung entfaltet.[124] Entscheidet für § 613a Abs. 1 Satz 4 Alt. 2 BGB somit aber ausschließlich die Sachgerechtigkeit des Bezugnahmeobjekts, kann es keinen Unterschied machen, ob der Arbeitsvertrag bereits vor oder erst nach Betriebsübergang eine entsprechende Bezugnahmevereinbarung enthält.[125]

Gleichermaßen wie im Fall des Tarifwechsels aufgrund Branchenwechsel ist es Kernanliegen der großen dynamischen Bezugnahmevereinbarung, eine vorausschauende Regelung für die Durchführung des Arbeitsverhältnisses zu schaffen. Angesichts der konstitutiven Wirkung arbeitsvertraglicher Bezugnahmen wird diesem Zweck jedoch nur Rechnung getragen, sofern ein schuldrechtlicher Tarifwechsel auch gegenüber den zuvor tarifgebundenen Arbeitnehmern gewährleistet wird.[126] Mit § 613a Abs. 1 Satz 4 Alt. 2 BGB ist dies auch für den Betriebsübergang hinreichend abgesichert.

III. Ergebnis

Auch für den Betriebsübergang ist zusammenfassend festzustellen, dass ein Austausch des im Arbeitsvertrag benannten Bezugnahmeobjekts grundsätzlich nur durch Aufnahme einer Tarifwechselklausel umfassend gesichert wird. Für die kleine dynamische Bezugnahmevereinbarung gilt dagegen das für den Tarifwechsel aufgrund Branchenwechsel entsprechend Gesagte,[127] wenngleich der Betriebserwerber nicht der Gefahr ausgesetzt ist, künftige Tarifentwicklungen einzelvertraglich weitergeben zu müssen, an die er selbst nicht gebunden ist. Erfüllt die Verweisung den Zweck einer Gleichstellungsabrede, folgt dies bereits aus dem Wesensgehalt der Bezugnahmevereinbarung. Anderenfalls ist der mit einer volldynamischen Bezugnahmeklausel umfasste Regelungsinhalt im Wege einer richtlinienkonformen Auslegung zu korrigieren. Da unter Berücksichtigung der Betriebsübergangsrichtlinie der aus § 613a Abs. 1 Satz 1 BGB folgende Gesetzesbe-

---

123 *B. Gaul*, Das Arbeitsrecht der Betriebs- und Unternehmensspaltung, § 24, Rdnr. 53.; *Hromadka/Maschmann/Wallner*, Tarifwechsel, RdNr. 373; *Müller-Glöge*, in: MüKo, § 613a BGB, RdNr. 138; *Schaub*, ZIP 1984, S. 272, 279; *Skuderis*, Die Weitergeltung von Tarifverträgen bei Betriebsübergängen nach § 613a Abs. 1 Satz 2 bis 4 BGB, S. 231.

124 *Müller-Glöge*, in: MüKo, § 613a BGB, RdNr. 138.

125 Ebenso *Annuß*, Anm. zu BAG, RdA 2002, S. 178, 182; *B. Gaul*, Das Arbeitsrecht der Betriebs- und Unternehmensspaltung, § 24, Rdnr. 56; *Henssler*, Festschrift für Wißmann, S. 133, 154.

126 Ebenso *Henssler*, Festschrift für Wißmann, S. 133, 154.

127 Vgl. dazu erneut § 10 B I 1.

fehl nicht weiter reichen darf, als der in § 613a Abs. 1 Satz 2 BGB angeordnete Bestandsschutz, ist ein nichttarifgebundener Betriebserwerber lediglich zur statischen Anwendung des in der Bezugnahmevereinbarung benannten Tarifvertrages verpflichtet.

§ 12 Zusammenfassung der wesentlichen Ergebnisse

1. Mit Inkrafttreten des Gesetzes zur Modernisierung des Schuldrechts unterliegt die Serienverwendung von arbeitsvertraglichen Bezugnahmevereinbarungen nunmehr ausdrücklich der AGB-Kontrolle. Dies gilt im Grundsatz auch für die durch die Verweisung erfassten Tarifinhalte, da ein vertraglich einbezogener Tarifvertrag lediglich als integraler Bestandteil des Arbeitsvertrages zwischen den Arbeitsvertragsparteien anzuwenden ist. Infolgedessen ist die Bereichsausnahme von § 310 Abs. 1 Satz 1 BGB nicht eröffnet.

2. Die Einbeziehung tarifvertraglicher Arbeitsbedingungen folgt auch nach Verabschiedung der Schuldrechtsreform grundsätzlich den Regeln der allgemeinen Rechtsgeschäftslehre (§ 310 Abs. 4 Satz 2 Halbsatz 2 BGB). Damit ist die Anwendung von Tarifbestimmungen sowohl durch eine stillschweigende Vereinbarung der Arbeitsvertragsparteien als auch kraft betrieblicher Übung möglich.

3. Anhand des Nachweisgesetzes bleibt der Arbeitgeber allerdings verpflichtet, wesentliche Arbeitsbedingungen des Vertragsverhältnisses schriftlich gegenüber dem Arbeitnehmer niederzulegen. Für die einzelvertragliche Übernahme tarifvertraglicher Arbeitsbedingungen ist hierbei zwischen Bezugnahmeklausel und Bezugnahmeobjekt zu differenzieren.

Als Bindeglied zwischen Arbeits- und Tarifvertrag ist die Aufnahme einer arbeitsvertraglichen Bezugnahmevereinbarung bereits gemäß § 2 Abs. 1 Satz 1 NachwG nachweispflichtig. Hinsichtlich des anzuwendenden Tarifvertrages verlangt der Gesetzgeber daneben einen allgemeinen Hinweis nach § 2 Abs. 1 Satz 2 Nr. 10 NachwG. Dieser befreit den Arbeitgeber aber nicht davon, wesentliche Bedingungen des Tarifvertrages ausreichend zu dokumentieren, wenngleich Tarifbestimmungen einer erleichterten Nachweismöglichkeit gemäß § 2 Abs. 3 NachwG (ggf. analog) unterliegen.

4. Auch mit Inkrafttreten des Gesetzes zur Modernisierung des Schuldrechts knüpft die Auslagepflicht eines Tarifvertrages gemäß § 8 TVG unverändert an die Geltungsvoraussetzungen des Tarifvertragsgesetzes an. Ungeachtet einer Allgemeinverbindlichkeitsverklärung von Tarifbestimmungen ist daher zumindest die Tarifbindung des Arbeitgebers zu fordern. Schuldrechtlich wirkende Tarifinhalte sind dagegen nicht von § 8 TVG erfasst.

5. Die Privatautonomie erlaubt im Grundsatz einen weiten Spielraum bei der vertragstechnischen Ausgestaltung von Bezugnahmevereinbarungen. In zeitlicher als auch in inhaltlicher Hinsicht kann eine Bezugnahmeklausel daher statisch aber

auch dynamisch vereinbart werden. Ferner ist es den Arbeitsvertragsparteien erlaubt, einzelne Tarifbestimmungen bzw. branchenfremde Tarifverträge in Bezug zu nehmen.

6. Im Rahmen der AGB-Kontrolle sind der Vertragsgestaltungsmacht des Arbeitgebers allerdings Grenzen gesetzt. Infolgedessen gilt es für die einzelvertragliche Übernahme tarifvertraglicher Arbeitsbedingungen, einige Besonderheiten zu beachten.

Die Bezugnahme auf einen nicht einschlägigen Tarifvertrag unterliegt grundsätzlich der Kontrolle des § 305c Abs. 1 BGB. Nichtsdestotrotz sollte dem Überraschungsschutz regelmäßig Genüge getan sein, wenn der Arbeitgeber die Verweisung auf fremde Tarifverträge deutlich im Arbeitsvertragstext kennzeichnet und hervorhebt.

Eine dynamische Bezugnahmeklausel ist dagegen an § 307 Abs. 1 Satz 2 BGB zu messen, wobei unter Berücksichtigung arbeitsrechtlicher Besonderheiten (§ 310 Abs. 4 Satz 2 Halbsatz 1 BGB) das Transparenzgebot anhand der Einbeziehungskontrolle vorformulierter Arbeitsvertragsbedingungen zu konkretisieren ist. Infolgedessen kann sowohl die standardisierte Verwendung einer kleinen dynamischen Bezugnahmeklausel als auch einer großen dynamischen Bezugnahmeklausel den Anforderungen von § 307 Abs. 1 Satz 2 BGB genügen.

7. Neben § 310 Abs. 4 Satz 1 BGB ist im Grundsatz auch die Inhaltskontrolle von schuldrechtlich wirkenden Tarifbestimmungen ausgeschlossen. Gleichwohl gilt die Gleichstellungsanordnung in § 310 Abs. 4 Satz 3 BGB nur in den Fällen, in denen die Arbeitsvertragsparteien auf den einschlägigen Tarifvertrag verweisen. Hinsichtlich des Verweisungsumfangs ist im Grundsatz die Übernahme des gesamten Tarifvertrages erforderlich. Eine Ausnahme ist lediglich für die Bezugnahme aufgrund gesetzlicher Zulassung gestattet, sofern der Gesetzgeber auch die schuldrechtliche Anwendung einzelner Tarifkomplexe des von gesetzlichen Mindestarbeitsbedingungen abweichenden Tarifvertrages erlaubt.

8. Mit Inkrafttreten des Gesetzes zur Modernisierung des Schuldrechts gewinnt die Formulierungsverantwortung des Arbeitgebers besonders unter Hinweis auf die für die Interpretation Allgemeiner Geschäftsbedingungen spezifischen Auslegungsmethoden zunehmend an Gewicht. Für die Verwendung von Bezugnahmevereinbarungen verlangt die Rechtsprechung daher eindeutig, den mit der Verweisung beabsichtigten Zweck klar im Arbeitsvertragstext auszuweisen. Damit ist besonders die Funktion der Klausel als Gleichstellungsabrede nicht länger durch eine Bezugnahme auf den für den Betrieb einschlägigen Tarifvertrag in seiner jeweils gültigen Fassung sichergestellt.

9. Tritt ein tarifgebundener Arbeitgeber vor diesem Hintergrund aus dem tarifschließenden Arbeitgeberverband aus, wandelt sich die Dynamik der Bezugnahmeklausel solange nicht in eine statische Verweisung um, solange der Arbeitsvertrag keinen entsprechenden Vorbehalt im Vertragstext enthält. Angesichts der stets konstitutiven Wirkung arbeitsvertraglicher Bezugnahmevereinbarungen gilt dieses Auslegungsergebnis auch gegenüber den tarifgebundenen Arbeitnehmern des Betriebes, da die Verweisung gleichzeitig als andere Abmachung i. S. d. § 4 Abs. 5 TVG zu verstehen ist.

10. Da eine Bezugnahmevereinbarung ausschließlich den Regeln der Rechtsgeschäftslehre unterliegt, folgt die Reichweite der Klausel nicht zwingend den Geltungsvoraussetzungen zur Anwendung eines Tarifvertrages nach dem Tarifvertragsgesetz. Damit ist ein Tarifwechsel als integraler Bestandteil des Arbeitsvertrages, etwa wegen Verbandswechsel des Arbeitgebers, nur ausnahmslos sichergestellt, sofern die Arbeitsvertragsparteien eine Tarifwechselklausel vereinbart haben.

Ein kleine dynamische Verweisung ermöglicht einen Austausch des arbeitsvertraglich benannten Tarifvertrages dagegen nur, sofern die Vereinbarung die Funktion einer Gleichstellungsabrede erfüllt und besondere Umstände vorliegen, aus denen zu schließen ist, die Arbeitsvertragsparteien haben gleichzeitig auf die für den Betrieb jeweils geltenden Tarifverträge verweisen wollen.

11. Im Rahmen eines Betriebsübergangs sind der dynamischen Fortgeltung von Tarifbestimmungen allerdings Grenzen gesetzt. Da mit Blick auf die Betriebsübergangsrichtlinie der in § 613a Abs. 1 Satz 1 BGB angeordnete Regelungsbefehl für die Weitergebe tarifvertragliche Arbeitsbedingungen nicht weiter reichen darf, als der durch § 613a Abs. 1 Satz 2 BGB angeordnete statische Bestandschutz, findet die Dynamik von Bezugnahmevereinbarungen dann ihr Ende, sofern der Betriebserwerber nicht an den im Arbeitsvertrag benannten Tarifvertrag gebunden ist.

Enthält der Arbeitsvertrag dagegen eine Tarifwechselklausel, erlaubt dies die Anwendung des beim Betriebserwerber einschlägigen Tarifvertrages. Dies gilt auch gegenüber den Arbeitnehmern, die ihren tarifrechtlichen Schutz wegen des Betriebsübergangs verlieren. Speziell der durch § 613a Abs. 1 Satz 2 BGB gewährte Bestandsschutz ist wegen der Vereinbarung einer großen dynamischen Bezugnahmeklausel gemäß § 613a Abs. 1 Satz 4 Alt. 2 BGB entbehrlich.

Literaturverzeichnis

Annuß, Georg: Die einzelvertragliche Bezugnahme auf Tarifverträge, BB 1999, S. 2558 ff.

ders.: Anm. zu BAG, Urteil vom 04.08.1999, RdA 2000, S. 178 ff.

ders.: AGB-Kontrolle im Arbeitsrecht: Wo geht die Reise hin?, BB 2002, S. 458 ff.

ders.: Das BAG und die „kleine dynamische Bezugnahme" auf Tarifvertrag – zugleich Anm. zu BAG, Urteil vom 26.09.2001, AuR 2002, S. 361 ff.

ders.: Tarifbindung durch arbeitsvertragliche Bezugnahme?, ZfA 2005, S. 405 ff.

ders.: Grundstrukturen der AGB-Kontrolle von Arbeitsverträgen, BB 2006, S. 1333 ff.

Annuß, Georg / Richardi, Reinhard: J. von Staudingers – Kommentar zum Bürgerlichen Gesetzbuch mit Einführungsgesetz und Nebengesetzen, Buch 2 Recht der Schuldverhältnisse, §§ 611-615 (Dienstvertragsrecht 1), Neubearbeitung 2005, Berlin 2005 (zit.: *Berabeiter*, in: Staudinger)

Annuß, Georg / Thüsing, Gregor (Hrsg.): Teilzeit- und Befristungsgesetz – Kommentar, Heidelberg 2002 (zit.: *Bearbeiter*, in: Annuß/Thüsing, TzBfG)

Baeck, Ulrich / Deutsch, Markus: Arbeitszeitgesetz – Kommentar, 2. Auflage, München 2004 (zit.: *Baeck/Deutsch*, ArbzG)

Bamberger, Georg / Roth, Herbert (Hrsg.): Kommentar zum Bürgerlichen Gesetzbuch, Band 1, Gesamtsachverzeichnis §§ 1-610, München 2003

Band, Maren: Tarifkonkurrenz, Tarifpluralität und der Grundsatz der Tarifeinheit, Frankfurt a. M. 2003 – zugl. Diss. Göttingen 2002

Bange, Markus: Fortgeltung von Kollektivverträgen bei Unternehmensumstrukturierung durch Umwandlung, Frankfurt a. M 2001 – zugl. Diss. Frankfurt a. M. 2000

Bauschke, Hans-Joachim: Zur Problematik tariflicher Bezugnahmeklauseln, ZTR 1993, S. 416 ff.

Bauer, Jobst-Hubertus / Haußmann, Katrin: Tarifwechsel durch Branchenwechsel, DB 2003, S. 610 ff.

Bayreuther, Frank: Die Rolle des Tarifvertrages bei der AGB-Kontrolle von Arbeitsverträgen, RdA 2003, S. 81 ff.

ders.: Anm. zu BAG, Urteil vom 21.08.2002, RdA 2003, S. 303 ff.

ders.: Das Verbot der geltungserhaltenden Reduktion im Arbeitsrecht, NZA 2004, S. 953 ff.

Becker, Friedrich / Hillebrecht, Wilfried (u. a.): Gemeinschaftskommentar zum Kündigungsschutzrecht und zu sonstigen kündigungsschutzrechtlichen Vorschriften, 7. Auflage, München 2004

Belling, Detlev / Hartmann, Christian: Die Unzumutbarkeit als Begrenzung der Bindung an den Tarifvertrag, ZfA 1997, S. 87 ff.

Benecke, Martina: Anm. zu BAG, Urteil vom 17.04.2002, SAE 2003, S. 138 ff.

Bepler, Klaus: Der Nachweis von Ausschlussfristen, ZTR 2001, S. 241 ff.

Bergwitz, Christoph: Anm. zu BAG, Urteil vom 16.02.2000, AP Nr. 3 zu § 2 NachwG

ders.: Die Bedeutung des Nachweisgesetzes für die Darlegungs- und Beweislast beim Arbeitsvertrag, BB 2001, S. 2316 ff.

Birk, Rolf: Betriebsaufspaltung und Änderung der Konzernorganisation, ZGR 1984, S. 23 ff.

ders.: Das Nachweisgesetz - zur Umsetzung der Richtlinie 91/533/EWG in das deutsche Arbeitsrecht, NZA 1996, S. 281 ff.

Bock, Sandra: Tarifdispositives Arbeitnehmerschutzrecht und Tarifautonomie, Berlin 2005 – zugl. Diss. Jena 2005

Boecken, Winfried: Unternehmensumwandlungen und Arbeitsrecht, Köln 1996

ders.: Anm. zu BAG, Urteil vom 21.08.2002, SAE 2003, S. 21 ff.

Boemke, Burkhard (Hrsg.): Gewerbeordnung – Kommentar zu §§ 105-110, Heidelberg 2003

ders.: Fragerecht des Arbeitnehmers nach der Mitgliedschaft im Arbeitgeberverband?, NZA 2004, S. 142 ff.

Boldt, Gerhard / Röhsler, Waldemar: Mindesturlaubsgesetz für Arbeitnehmer (Bundesurlaubsgesetz) – Kommentar, 2. Auflage, Köln 1968 (zit.: *Boldt/Röhsler*, BUrlG)

Bratz, Marko: Arbeitsrechtliche Besonderheiten bei der Kontrolle Allgemeiner Geschäftsbedingungen, Hamburg 2005 – zugl. Diss. Jena 2005

Braun, Matthias / Mühlhausen, Peter / Munk, Udo / Stück, Volker: Berufsbildungsgesetz – Kommentar, Köln 2004

Braun, Wilfried: Verbandstarifliche Normen in Firmentarifverträgen und Betriebsvereinbarungen - Ein Beitrag zur Rechtstechnik von Verweisungsklauseln, BB 1986, S. 1428 ff.

v. Bogandy, Armin (Hrsg.): Europäisches Verfassungsrecht – Theoretische und dogmatische Grundzüge, Heidelberg 2003 (zit.: *Bearbeiter*, in: Bogandy, Europäisches Verfassungsrecht)

Buchner, Herbert: Anm. zu BAG, Urteil vom 04.09.1996, EzA § 3 TVG Bezugnahme auf Tarifvertrag Nr. 7

ders.: Die tarifrechtliche Situation bei Verbandsaustritt und bei Auflösung eines Arbeitgeberverbandes, RdA 1997, S. 259 ff.

ders.: Verbandsmitgliedschaft ohne Tarifbindung – Tarifrechtliche Konsequenzen eines Wechsels der Mitgliedschaftskategorie – Erfordernis der Aussetzung nach § 97 Abs. 5 ArbGG – zugl. Anm. zu BAG, Urteil vom 23.02.2005, RdA 2006, S. 308 ff.

Calliess, Christian /Ruffert, Matthias: Kommentar des Vertrages über die Europäische Union und des Vertrages zur Gründung der Europäischen Gemeinschaft – EUV/EGV, 2. Auflage, Neuwied 2002

Canaris, Claus-Wilhelm: Die Vertrauenshaftung im deutschen Privatrecht, München 1971 – zugl. Habil. München 1967

Cirkel, Johannes: Die Bindungen der Mitgliedstaaten an die Gemeinschaftsgrundrechte, Baden-Baden 2000 – zug. Diss. Frankfurt a. O. 1999

Coester, Michael / Coester-Waltjen / Schlosser, Peter: J. von Staudingers – Kommentar zum Bürgerlichen Gesetzbuch mit Einführungsgesetz und Nebengesetzen, Buch 2 Recht der Schuldverhältnisse, §§ 305-310; UKlaG, Neubearbeitung 2006, Berlin 2006 (zit.: *Bearbeiter*, in: Staudinger)

Danne, Harald: Anm. zu BAG, Urteil vom 04.09.1996, SAE 1998, S. 107 ff.

Däubler, Wolfgang (Hrsg.): Kommentar zum Tarifvertragsgesetz mit Arbeitnehmer-Entsendegesetz, 2. Auflage, Baden-Baden 2006 (zit.: *Bearbeiter*, in: Däubler)

ders.: Tarifvertragsrecht, 3. Auflage, Baden-Baden 1993

ders.: Das Arbeitsrecht im neuen Umwandlungsgesetz, RdA 1995, S. 136 ff.

ders.: Die Auswirkungen der Schuldrechtsmodernisierung auf das Arbeitsrecht, NZA 2001, S. 1329 ff.

ders.: Anm. zu BAG, Urteil vom 29.08.2001, RdA 2002, S. 299 ff.

Däubler, Wolfgang / Dorndorf, Eberhard: AGB-Kontrolle im Arbeitsrecht – Kommentierung zu den §§ 305 bis 310 BGB, München 2004 (zit.: *Däubler/Dorndorf*, AGB-Kontrolle im Arbeitsrecht)

Deinert, Olaf: Anm. zu BAG, Urteil vom 01.12.2004, AP Nr. 34 zu § 1 TVG Bezugnahme auf Tarifvertrag

Diehn, Thomas: AGB-Kontrolle von arbeitsvertraglichen Verweisungsklauseln, NZA 2004, S. 129 ff.

Dieterich, Thomas / Müller-Glöge, Rudi / Preis, Ulrich / Schaub, Günter (Hrsg.): Erfurter Kommentar zum Arbeitsrecht, 5. Auflage, München 2005 (zit. *Bearbeiter*, in: ErfK 5. Auflage)

Dieterich, Thomas / Müller-Glöge, Rudi / Preis, Ulrich / Schaub, Günter (Hrsg.): Erfurter Kommentar zum Arbeitsrecht, 7. Auflage, München 2007 (zit. *Bearbeiter*, in: ErfK)

Dieterich, Thomas / Hanau, Peter / Henssler, Martin / Oetker, Hartmut / Wank, Rolf / Wiedemann, Herbert: Empfehlungen zur Entwicklung des Tarifvertragsrechts, RdA 2004, S. 65 ff.

Dietz, Rolf: Die Berufung auf den Tarifvertrag, Berlin 1933

Dorndorf, Eberhard: Besonderheiten des Arbeitsrechts nach § 310 Abs. 4 BGB, in: Oetker, Hartmut / Preis, Ulrich / Rieble, Volker (Hrsg.), Festschrift 50 Jahre Bundesarbeitsgericht, München 2004, S. 19 ff. (zit.: *Dorndorf*, Festschrift 50 Jahre BAG)

Dörner, Hans-Jürgen: Der befristete Arbeitsvertrag – Eine systematische Darstellung des Befristungsrechts, München 2004 (zit.: *Dörner*, Der befristete Arbeitsvertrag)

Ebeling, Ralph: Die Bezugnahme auf Tarifverträge im Arbeitsvertrag, n. v. - zugl. Diss. Regensburg 2003

Ehlers, Dirk: Die Grundrechte des europäischen Gemeinschaftsrechts, Jura 2002, S. 468 ff.

Etzel, Gerhard: Tarifordnung und Arbeitsvertrag, NZA 1987, Sonderbeilage Heft 1, S. 19 ff.

Feger, Sandra: Flucht aus dem Arbeitgeberverband, AiB 1995, S. 490 ff.

Fenn, Herbert: Der Grundsatz der Tarifeinheit – Zugleich zu Voraussetzungen und Grenzen richterlicher Rechtsfortbildung, in: Heinze, Meinhard / Söllner, Alfred (Hrsg.), Arbeitsrecht in der Bewährung – Festschrift für Otto Rudolf Kissel zum 65. Geburtstag, München 1994, S. 213 ff. (zit.: *Fenn*, Festschrift für Kissel)

Fieberg, Christian: TVöD – ohne Tarifwechselklausel ade – oder nicht?, NZA 2005, S. 1226 ff.

Fitting, Karl / Engels, Gerd / Schmidt, Ingrid / Trebinger, Yvonne / Linsenmaier, Wolfgang: Betriebsverfassungsgesetz – Handkommentar, 23. Auflage, München 2006 (zit.: *Fitting/Engels/Schmidt/Trebinger/Linsenmaier*)

Friedrich, Hans-Wolf: Nachwirkender Tarifvertrag und seine Ablösung durch einen Tarifvertrag eines anderen Arbeitgeberverbandes mit einer anderen Gewerkschaft – eine Fallstudie, in: Schlachter, Monika / Ascheid, Reiner / Friedrich, Hans-Wolf (Hrsg.), Tarifautonomie für ein neues Jahrhundert – Festschrift für Günter Schaub zum 65. Geburtstag, München 1998, S. 193 ff. (zit.: *Friedrich*, Festschrift für Schaub)

Frieges, Holger M.: Wegfall der Tarifbindung und einzelvertragliche Inbezugnahme von Tarifverträgen, DB 1996, S. 1281 ff.

Friese, Birgit: Der Nachweis der wesentlichen Bedingungen des Arbeitsvertrages, EAS B 3050

Frölich, Armin: Eintritt und Beendigung der Nachwirkung von Tarifnormen, NZA 1992, S. 1105 ff.

Fuchs, Maximilian: Tarifvertragsrecht – Ein Leitfaden, Baden-Baden 2003

Gamillscheg, Franz: Kollektives Arbeitsrecht Band I: Grundlagen / Koalitionsfreiheit / Tarifvertrag / Arbeitskampf und Schlichtung, München 1997 (zit.: *Gamillscheg*, Kollektives Arbeitsrecht I)

ders.: Anm. zu BAG, Urteil vom 19.11.1967, AP Nr. 63 zu § 611 BGB Gratifikation

Gaul, Björn: Das Arbeitsrecht der Betriebs- und Unternehmensspaltung: Gestaltung von Betriebsübergang, Outsourcing, Umwandlung, Köln 2002 – zugl. Habil. Köln 2002 (zit.: *B. Gaul*, Das Arbeitsrecht der Betriebs- und Unternehmensspaltung)

ders.: Anm. zu BAG, Urteil vom 04.09.1996, EzA § 3 TVG Bezugnahme auf Tarifvertrag Nr. 7

ders.: Einzelvertragliche Bezugnahmeklausel beim Übergang des Arbeitsverhältnisses auf den nicht tarifgebundenen Arbeitgeber – Anm. zu BAG, Urteil vom 04.08.1999, BB 2000, S. 1086 ff.

ders.: Der Musterarbeitsvertrag – zwischen unternehmerischer Vorsorge und den Vorgaben des Nachweisgesetzes, NZA 2000, Sonderbeilage Heft 3, S. 51 ff.

ders.: Bezugnahmeklauseln – zwischen Inhaltskontrolle und Nachweisgesetz, ZfA 2003, S. 75 ff.

Gaul, Dieter: Erstreckungsinhalt und Umfang einer tariflichen Bezugnahmeklausel auf den BAT, ZTR 1991, S. 188 ff.

ders.: Schranken der Bezugnahme auf einen Tarifvertrag, ZTR 1993, S. 355 ff.

Giesen, Richard: Bezugnahmeklauseln – Auslegung, Formulierung und Änderung, NZA 2006, S. 625 ff.

Gotthardt, Michael: Arbeitsrecht nach der Schuldrechtsreform – Neue Rechtslage für bestehende Arbeitsverträge ab 1.1.2003, 2. Auflage, München 2003 (zit. *Gotthardt*, Arbeitsrecht nach der Schuldrechtsreform)

ders.: Grenzen von Tarifverträgen zur Beschäftigungssicherung durch Arbeitszeitverkürzungen, DB 2000, S. 1462 ff.

ders.: Der Arbeitsvertrag auf dem AGB-rechtlichen Prüfstand, ZIP 2002, S. 277 ff.

Gutzeit, Martin: Anm. zu BAG, Urteil vom 07.11.2001, SAE 2003, S. 112 ff.

Hagenmeier, Christian / Kempen, Otto Ernst / Zachert, Ulrich / Zilius, Jan: Tarifvertragsgesetz – Kommentar für die Praxis, 3. Auflage, Köln 1997 (zit.: *Kempen/Zachert*, 3. Auflage)

Hamacher, Anno: Deklaratorische und konstitutive Klauseln in Tarifverträgen, Köln 2000 – zugl. Diss. Hagen 1999

Hanau, Peter: Der Tarifvertrag in der Krise, RdA 1998, S. 65 ff.

ders.: Anm. zu BAG, Urteil vom 23.05.2001, EWiR 2002, S. 419 f.

ders.: Verbands-, Tarif- und Gerichtspluralismus, NZA 2003, S. 128 ff.

ders.: Die Rechtsprechung des BAG zur arbeitsvertraglichen Bezugnahme auf Tarifverträge – Wem sie nützt, wem sie schadet und wie man das ändern kann, NZA 2005, S. 489 ff.

ders.: Anm. zu BAG, Urteil vom 01.12.2004, RdA 2005, S. 376 f.

Hanau, Peter / Kania, Thomas: Die Bezugnahme auf Tarifvertrag durch Arbeitsvertrag und betriebliche Übung, in: Schlachter, Monika / Ascheid, Reiner / Friedrich, Hans-Wolf (Hrsg.), Tarifautonomie für ein neues Jahrhundert –

Festschrift für Günter Schaub zum 65. Geburtstag, München 1998, S. 239 ff. (zit.: *Hanau/Kania*, Festschrift für Schaub)

dies.: Anm. zu BAG, Urteil vom 20.03.1991, AP Nr. 20 zu § 4 TVG Tarifkonkurrenz

Hanau, Peter / Steinmeyer, Hans-Dietrich / Wank, Rolf: Handbuch des europäischen Arbeits- und Sozialrechts, München 2002

Hanau, Peter / Vossen, Reinhard: Die Auswirkungen des Betriebsinhaberwechsels auf Betriebsvereinbarung und Tarifverträge, in: Dieterich, Thomas / Gamillscheg, Franz / Wiedemann, Herbert (Hrsg.), Festschrift für Marie-Luise Hilger und Hermann Stumpf, München 1983, S. 271 ff. (zit.: *Hanau/Vossen*, Festschrift für Hilger-Stumpf)

Hanspach, Astrid: Umfang der Nachwirkung betrieblicher und betriebsverfassungsrechtlicher Tarifnormen, Frankfurt a. M. 2005 – zugl. Diss. Marburg 2004

Heinrichs, Helmut: Das Gesetz zur Änderung des AGB-Gesetzes – Umsetzung der EG-Richtlinie über missbräuchliche Klauseln in den Verbraucherverträgen durch den Bundesgesetzgeber, NJW 1996, S. 2190 ff.

Heinze, Meinhard: Ausgewählte Rechtsfragen zu § 613a BGB, in: Schlachter, Monika / Ascheid, Reiner / Friedrich, Hans-Wolf (Hrsg.), Tarifautonomie für ein neues Jahrhundert – Festschrift für Günter Schaub zum 65. Geburtstag, München 1998, S. 275 ff. (zit.: *Heinze*, Festschrift für Schaub)

ders.: Arbeitsrechtliche Fragen bei der Übertragung und Umwandlung von Unternehmen, ZfA 1997, S. 1 ff.

Heinze, Meinhard / Ricken, Oliver: Verbandsautritt und Verbandsauflösung im Spannungsfeld von Tarifeinheit und Tarifpluralität, ZfA 2001, S. 159 ff.

Henssler, Martin: Unternehmensumstrukturierung und Tarifrecht, in: Schlachter, Monika / Ascheid, Reiner / Friedrich, Hans-Wolf (Hrsg.), Tarifautonomie für ein neues Jahrhundert – Festschrift für Günter Schaub zum 65. Geburtstag, München 1998, S. 311 ff. (zit.: *Henssler*, Festschrift für Schaub)

ders.: Arbeitsrecht und Schuldrechtsreform, RdA 2002, S. 129 ff.

ders.: Tarifbindung durch Betriebliche Übung, in: Oetker, Hartmut / Preis, Ulrich, Rieble, Volker (Hrsg.), Festschrift 50 Jahre Bundesarbeitsgericht, München 2004, S. 683 ff. (zit.: *Henssler*, Festschrift 50 Jahre BAG)

ders.: Schuldrechtliche Tarifgeltung bei Verbandsaustritt, Verbandswechsel und Unternehmensumstrukturierung, in: Kohte, Wolfhard / Dörner, Hans-Jürgen / Anzinger, Rudolf (Hrsg.), Arbeitsrecht im sozialen Dialog – Festschrift für Helmut Wißmann zum 65. Geburtstag, München 2005 (zit.: *Henssler*, Festschrift für Wißmann)

Henssler, Martin / Heiden, Ralph: Anm. zu BAG, Urteil vom 19.03.2003, RdA 2004, S. 241 ff.

Henssler, Martin / Willemsen, Heinz Josef / Kalb, Heinz-Jürgen (Hrsg.): Arbeitsrecht – Kommentar, Köln 2004 (zit.: *Bearbeiter*, in: Henssler/Willhemsen/Kalb, Arbeitsrecht)

Hergenröder, Curt Wolfgang: Tarifeinheit und Tarifmehrheit durch Betriebsübergang, in: Oetker, Hartmut / Preis, Ulrich / Rieble, Volker (Hrsg.), Festschrift 50 Jahre Bundesarbeitsgericht, München 2004, S. 713 ff. (zit.: *Hergenröder*, Festschrift 50 Jahre BAG)

Herschel, Wilhelm: Tariffähigkeit und Tarifmacht – Eine Skizze, Berlin 1932

ders.: Gratifikationsrückzahlung und Tarifvertrag – zugleich ein Beitrag zu den Zulassungsnormen und zur Bezugnahme auf den Tarifvertrag, DB 1967, S. 245 ff.

ders.: Anm. zu BAG, Urteil vom 07.12.1977, AP Nr. 9 zu § 4 TVG Nachwirkung

Hohenstatt, Klaus-Stefan: Problematische Ordnungsvorstellung des BAG im Tarifrecht – Tarifpluralität und Tarifeinheit, zugl. Anm. zu BAG, Urteil vom 20.031991, DB 1992, S. 1678 ff.

v. Hoyningen-Huene, Gerrick: Die Bezugnahme auf den Tarifvertrag – ein Fall der Tarifbindung, RdA 1974, S. 138 ff.

Hromadka, Wolfgang: Tarifvertrag und Arbeitsvertrag bei der Ausgründung von Betriebsteilen, DB 1996, S. 1872 ff.

ders.: Anm. zu BAG, Urteil vom 24.06.2003, AuA 2004, Heft 10, S. 20 ff.

ders.: Tarifeinheit bei Tarifpluralität, in: Söllner, Alfred / Gitter, Wolfgang / Waltermann, Raimund / Giesen, Richard / Ricken, Oliver (Hrsg.), Gedächtnisschrift für Meinhard Heinze, München 2005, S. 383 ff. (zit.: *Hromadka*, Gedächtnisschrift für Heinze)

Hromadka, Wolfgang / Maschmann, Frank / Wallner, Franz: Der Tarifwechsel – Tarifvertrag und Arbeitsvertrag bei Änderung von Verbandsmitgliedschaft, Betriebszweck und Betriebsinhaber, München 1996 (zit.: *Hromadka/Maschmann/Wallner*, Tarifwechsel)

Hümmerich, Klaus / Mäßen, Christian: TVöD – ohne Tarifwechselklausel ade!, NZA 2005, S. 961 ff.

Jacobi, Erwin: Grundlehren des Arbeitsrechts, Leipzig 1927

Jacobs, Matthias: Tarifeinheit und Tarifkonkurrenz, Berlin 1999 – zugl. Diss. Mainz 1998

ders.: Anm. zu BAG, Urteil vom 24.11.1999, AP Nr. 34 zu § 4 TVG Nachwirkung

Jones, Stephen: Die Bindung der Mitgliedstaaten an die Grundrechte der Europäischen Gemeinschaft: zur Frage der innerstaatlichen Anwendbarkeit der Gemeinschaftsgrundrechte und der Bindung der nationalen Stellen am Beispiel der Bundesrepublik Deutschland, Sinzheim 1999 – zugl. Diss. Frankfurt a. M. 1999 (zit.: *Jones*, Die Bindung der Mitgliedstaaten an die Grundrechte der Europäischen Gemeinschaft)

Joost, Detlev: Allgemeine Geschäftsbedingungen und Arbeitsvertrag – Ein Beispiel für eine missglückte Gesetzgebung, in: Habersack, Mathias / Hommelhoff, Peter / Hüffer, Uwe / Schmidt, Karsten (Hrsg.), Festschrift für Peter Ulmer zum 70. Geburtstag am 2. Januar 2003, Berlin 2003, S. 1199 ff. (zit.: *Joost*, Festschrift für Ulmer)

Jürgensen, Thomas / Schlünder, Irene: EG-Grundrechtsschutz gegenüber Maßnahmen der Mitgliedstaaten, AöR 121 (1996), S. 200 ff.

Kania, Thomas: Tarifeinheit bei Betriebsübergang?, DB 1994, S. 529 ff.

ders.: Tarifbindung bei Ausgliederung eines Betriebes, DB 1995, S. 625 ff.

ders.: Tarifpluralität und Industrieverbandsprinzip, DB 1996, S. 1921 ff.

ders.: Anm. zu BAG, Urteil vom 28.05.1997, AP Nr. 26 zu § 4 TVG Nachwirkung

ders.: Anm. zu BAG, Urteil vom 19.01.1999, RdA 2000, S. 173 ff.

ders.: Die arbeitsvertragliche Bezugnahme auf Tarifverträge bei Veränderung der tariflichen Strukturen im Betrieb, NZA 2000, Sonderbeilage Heft 3, S. 45 ff.

Käppler, Renate: Tarifvertragliche Regelungsmacht, NZA 1991, S. 745 ff.

Kempen, Otto Ernst / Zachert, Ulrich (Hrsg.): Tarifvertragsgesetz – Kommentar für die Praxis, 4. Auflage, Frankfurt a. M. 2006

Kirchhof, Ferdinand: Private Rechtsetzung, Berlin 1987

Klebeck, Ulf: Anm. zu BAG, Urteil vom 15.10.2003, AP Nr. 41 zu § 4 TVG Nachwirkung

ders.: Unklarheiten bei arbeitsvertraglicher Bezugnahmeklausel – Zur angekündigten Anwendbarkeit des § 305c Abs. 2 BGB auf arbeitsvertragliche Bezugnahmeklauseln, NZA 2006, S. 15 ff.

Kliemt, Michael: Formerfordernisse im Arbeitsverhältnis, Heidelberg 1995 – zugl. Diss. Köln 1994

Knorr, Gerhard: Tarifvertraglich verlängerte Arbeitszeiten und die Nachwirkung nach § 4 Abs. 5 Tarifvertragsgesetz, RdA 1979, S. 201 ff.

Koch, Ulrich: Der fehlende Hinweis auf tarifliche Ausschlussfristen und seine Folgen, in: Schlachter, Monika / Ascheid, Reiner / Friedrich, Hans-Wolf (Hrsg.), Tarifautonomie für ein neues Jahrhundert – Festschrift für Günter Schaub zum 65. Geburtstag, München 1998, S. 421 ff. (zit.: *Koch*, Festschrift für Schaub)

Kort, Michael: Zum Verhältnis von Tarifkonkurrenz und Anwendung des Günstigkeitsprinzips bei arbeitsvertraglichen Bezugnahmeklauseln, SAE 2006, S. 247 ff.

Kraegeloh, Wolfgang: Berufsbildungsgesetz, 4. Auflage München 1998

Kraft, Alfons: Einzelvertragliche Bezugnahme auf Tarifverträge, Tarifpluralität und das Prinzip der Tarifeinheit, in: Lieb, Manfred / Noack, Ulrich / Westermann, Harm Peter (Hrsg.), Festschrift für Wolfgang Zöllner zum 70. Geburtstag – Band II Arbeitsrecht, Köln 1998, S. 831 ff. (zit.: *Kraft*, Festschrift für Zöllner)

Krause, Rüdiger: Nachweis von Arbeitsbedingungen, AR-Blattei SD 220.2.2

Kreienbaum, Birgit: Transparenz und AGB-Gesetz – Eine Untersuchung des Inhalts und der Schranken des Transparenzgebotes, Berlin 1998 – zugl. Diss. Münster 1997 (zit.: *Kreinebaum*, Transparenz und AGB-Gesetz)

Koberski, Wolfgang / Clasen, Lothar / Menzel, Horst: Tarifvertragsgesetz – Kommentar, Stand: 15. Ergänzung – November 1999, Neuwied 1999

Könitz, Daniel: Die Reichweite der Nachwirkung von Tarifverträgen nach § 4 Abs. 5 TVG, Berlin 2002 – zugl. Diss. Münster 2002 (zit.: *Könitz*, Die Reichweite der Nachwirkung von Tarifverträgen)

Kothe, Wolfhard: Arbeitsvertragliche Bezugnahme auf Tarifvertrag, AuA 1997, S. 171 ff.

Lakies, Thomas: AGB-Kontrolle im Arbeitsrecht – Kontrolle vorformulierter Arbeitsvertragsinhalte, AR-Blattei SD 35

Lambrich, Thomas: Anm. zu BAG, Urteil vom 26.09.2001, BB 2002, S. 1264 ff.

ders.: Anm. zu BAG, Urteil vom 23.01.2002, EZA § 2 NachwG Nr. 3

ders.: Weitergeltung und Ablösung von Tarifverträgen nach Betriebsübergang, in: Sutschet, Holger (Hrsg.), Tradition und Moderne – Schuldrecht und Arbeitsrecht nach der Schuldrechtsreform – Festschrift für Horst Ehmann zum 70. Geburtstag, Berlin 2005, S. 169 ff. (zit.: *Lambrich*, Festschrift für Ehmann)

Lange, Oliver: Auslegung, Unklarheitsregel und Transparenzklausel, ZGS 2004, S. 208 ff.

Larenz, Karl / Canaris, Claus-Wilhelm: Methodenlehre der Rechtswissenschaft, 3. Auflage, Berlin 1995 (zit.: *Larenz/Canaris*, Methodenlehre)

Leinemann, Wolfgang / Linck, Rüdiger: Urlaubsrecht, 2. Auflage, München 2001

Leipold, Dieter: Anm. zu BAG, Urteil vom 29.01.1975, SAE 1976, S. 85 ff.

Lembke, Mark: Die Arbeitskampfbeteiligung von Außenseitern, Berlin 2000 – zugl. Diss. Heidelberg 1999

Lieb, Manfred: Die Entwicklung des Arbeitsrechts im Jahre 1969, ZfA 1970, S. 197 ff.

ders.: Mehr Flexibilität im Tarifvertragsrecht? „Moderne" Tendenzen auf dem Prüfstand, NZA 1994, S. 337 ff.

ders.: AGB-Recht und Arbeitsrecht nach der Schuldrechtsmodernisierung; in: Habersack, Mathias / Hommelhoff, Peter / Hüffer, Uwe / Schmidt, Karsten (Hrsg.), Festschrift für Peter Ulmer zum 70. Geburtstag am 2. Januar 2003, Berlin 2003, S. 1231 ff. (zit.: *Lieb*, Festschrift für Ulmer)

Linde, Klaus / Lindemann, Viola: Der Nachweis tarifvertraglicher Ausschlussfristen, NZA 2003, S. 649 ff.

Lindemann, Achim: Anm. zu BAG, Urteil vom 17.04.2002, AP Nr. 6 zu § 2 NachwG

Lindemann, Achim / Simon, Oliver: Tarifpluralität – Abschied vom Grundsatz der Tarifeinheit?, BB 2006, S. 1852 ff.

Lindemann, Viola: Flexible Gestaltung von Arbeitsbedingungen nach der Schuldrechtsreform, Köln 2003 – zugl. Diss. Köln 2003

Lindena, Bodo: Publizität von Tarifverträgen, DB 1988, S. 1114 ff.

Lindner, Franz: EG-Grundrechtscharta und mitgliedschaftsrechtlicher Kompetenzvorbehalt, DÖV 2000, S. 543 ff.

Lingemann, Stefan: Allgemeine Geschäftsbedingungen und Arbeitsvertrag, NZA 2002, S. 181 ff.

Löwisch, Manfred: Blankettverweisung und Überraschungsklauseln, NZA 1985, S. 317

ders.: Viertagewoche durch Änderungskündigung?, BB 1993, S. 2371 f.

Löwisch, Manfred / Rieble, Volker: Tarifvertragsgesetz, 2. Auflage, München 2004

dies.: Tarifvertragliche und arbeitskampfrechtliche Fragen des Übergangs vom Haustarifvertrag zum Verbandstarifvertrag, in: Schlachter, Monika / Ascheid, Reiner / Friedrich, Hans-Wolf (Hrsg.), Tarifautonomie für ein neues Jahrhundert – Festschrift für Günter Schaub zum 65. Geburtstag, München 1998, S. 457 ff. (*Löwisch/Rieble*, Festschrift für Schaub)

Lutter, Marcus / Winter, Martin (Hrsg.): Umwandlungsgesetz – Kommentar, Band II §§ 138 – 325, 3. Auflage, Köln 2004 (zit.: *Bearbeiter*, in: Lutter)

Matthes, Hans-Christoph: Der Arbeitgeber als Tarifvertragspartei, in: Schlachter, Monika / Ascheid, Reiner / Friedrich, Hans-Wolf (Hrsg.), Tarifautonomie für ein neues Jahrhundert – Festschrift für Günter Schaub zum 65. Geburtstag, München 1998, S. 477 ff. (zit.: *Matthes*, Festschrift für Schaub)

Meinel, Gernod / Heyn, Judith / Herms, Sascha: Teilzeit- und Befristungsgesetz – Kommentar, 2. Auflage, München 2004

Meinel, Gernod / Herms, Sascha: Änderung der BAG-Rechtsprechung zu Bezugnahmeklauseln in Arbeitsverträgen, zugl. Anm. zu BAG, Urteil vom 14.12.2005, DB 2006, S. 1429 ff.

Meyer, Cord: Das Regelungsverhältnis von Verbands- und firmenbezogenen Verbandstarifvertrag im Vergleich zum Haustarifvertrag, NZA 2004, S. 366 ff.

ders.: Beschäftigungssichernde Tarifverträge, ZTR 2005, S. 394 ff.

Michalski, Lutz: Die Berücksichtigung von vertragsschlussbegleitenden Umständen nach § 24a Nr. 3 AGB-Gesetz, DB 1999, S. 677 ff.

Mitsch, Michael: Praktische Konsequenzen aus dem Nachweisgesetz, AuA 1996, Heft 1, S. 7 ff.

Moll, Willhelm: Kollektivvertragliche Arbeitsbedingungen nach einem Betriebsübergang, RdA 1996, S. 275 ff.

Möller, Reinhard: Gleichstellungsrechtsprechung „Der Anfang vom Ende?“, NZA 2006, S. 579 ff.

Möller, Berenice / Welkoborsky: Bezugnahmeklauseln unter Berücksichtigung des Wechsels vom BAT zum TVöD, NZA 2006, S. 1382 ff.

Müller, Gerhard: Die Tragweite der tariflichen Bezugnahmeklauseln, RdA 1990, S. 321 ff.

Müller-Glöge, Rudi: Zur Umsetzung der Nachweisrichtlinie in nationales Recht, RdA 2001, Sonderbeilage Heft 5, S. 46 ff.

Müller-Glöge, Rudi / v. Senden, Ulrike: Gesetzliche Schriftform für Kündigung, Auflösungsvertrag und Befristung, AuA 2000, S. 199 ff.

Neumann, Dirk / Oetker, Hartmut / Preis, Ulrich: J. von Staudingers – Kommentar zum Bürgerlichen Gesetzbuch mit Einführungsgesetz und Nebengesetzen, Buch 2 Recht der Schuldverhältnisse, §§ 616-630, Neubearbeitung 2002, Berlin 2002 (zit.: *Bearbeiter*, in: Staudinger)

Neumann, Dirk / Biebl, Josef: Arbeitszeitgesetz, 14. Auflage, München 2004

Neumann, Dirk / Fenski, Martin: Bundesurlaubsgesetz, 9. Auflage, München 2003

Nicolei, Andrea: EuGH bestätigt statische Weitergeltung von Tarifnormen nach Betriebsübergang, zugl. Anm. zu EuGH, Urteil vom 09.03.2006, DB 2006, S. 670 ff.

Nikisch, Arthur: Anm. zu BAG, Urteil vom 10.06.1965, AP Nr. 13 zu § 9 TVG a. F.

Nömeier, Wolfgang: Bezugnahme auf Tarifinhalte im Einzelarbeitsverhältnis, Aachen 1996 – zugl. Diss. Regensburg 1990

Oetker, Hartmut: Anm. zu BAG, Urteil vom 28.05.1997, AP Nr. 6 zu § 1 TVG Bezugnahme auf Tarifvertrag

ders.: Nachwirkende Tarifnormen und Betriebsverfassung, in: Schlachter, Monika / Ascheid, Reiner / Friedrich, Hans-Wolf (Hrsg.), Tarifautonomie für ein neues Jahrhundert - Festschrift für Günter Schaub zum 65. Geburtstag, München 1998, S. 535 ff. (zit.: *Oetker*, Festschrift für Schaub)

ders.: Anm. zu BAG, Urteil vom 19.01.1999, AP Nr. 9 zu § 1 TVG Bezugnahme auf Tarifvertrag

ders.: Arbeitsvertragliche Bezugnahme auf Tarifverträge und AGB-Kontrolle, in: Wank, Rolf / Hirte, Heribert / Frey, Kaspar / Fleischer, Holger / Thüsing, Gregor (Hrsg.), Festschrift für Herbert Wiedemann zum 70. Geburtstag, München 2002, S. 383 ff. (zit.: *Oetker*, Festschrift für Wiedemann)

ders.: Dynamische Verweisungen in Allgemeinen Geschäftsbedingungen als Rechtsproblem, JZ 2002, S. 337 ff.

ders.: Anm. zu EuGH, Urteil vom 08.02.2001, SAE 2002, S. 161 ff.

ders.: Anm. zu BAG, Urteil vom 01.12.2004, AuR 2005, S. 685

Opolony, Bernhard: Der Federstrich des Gesetzgebers - § 623 BGB und das Bühnenarbeitsrecht, NJW 2000, S. 2171 ff.

Oppermann, Angelika: Die Kontrolle von Tarifvertragsregelungen in ihrer Anwendung auf den Einzelfall, Baden-Baden 1997 – zugl. Diss. Frankfurt a. M. 1996

Otte, Karl: Der BAT-Arbeitsvertrag – überhaupt ein Vertrag?, ZTR 1998, S. 241 ff.

Palandt, Otto (Begr.): Bürgerliches Gesetzbuch, 66. Auflage, München 2007 (zit.: *Bearbeiter*, in: Palandt)

Peter, Gabriele / Kempen, Ernst Otto / Zachert, Ulrich: Die Sicherung tariflicher Mindeststandards – Rechtliche und rechtspolitische Aspekte, Baden-Baden 2004 (zit.: *Bearbeiter*, in: Sicherung tariflicher Mindeststandards)

Preis, Ulrich (Hrsg.): Der Arbeitsvertrag – Handbuch der Vertragspraxis und -gestaltung, Köln 2002 (zit.: *Preis*, Der Arbeitsvertrag)

ders.: Grundfragen der Vertragsgestaltung im Arbeitsrecht, Neuwied 1993 – zugl. Habil. Köln 1992

ders.: Kompensation von Ungleichgewichtslagen in der Rechtsprechung der Arbeitsgerichte und Zivilgerichte – ein Vergleich, AuR 1994, S. 139 ff.

ders.: Arbeitsvertragliche Verweisungen auf Tarifverträge, in: Wank, Rolf / Hirte, Heribert / Frey, Kaspar / Fleischer, Holger / Thüsing, Gregor (Hrsg.), Festschrift für Herbert Wiedemann zum 70. Geburtstag, München 2002, S. 425 ff. (zit.: *Preis*, Festschrift für Wiedemann)

ders.: Das Nachweisgesetz – lästige Förmelei oder arbeitsrechtliche Zeitbombe?, NZA 1997, S. 10 ff.

ders.: Arbeitsrecht, Verbraucherschutz und Inhaltskontrolle, NZA 2003, Sonderbeilage Heft 16, S. 19 ff.

Preis, Ulrich / Gotthardt, Michael: Schriftformerfordernis für Kündigungen, Aufhebungsverträge und Befristungen nach § 623 BGB, NZA 2000, S. 348 ff.

Preis, Ulrich / Lindemann, Viola: Anm. zu EuGH, Urteil vom 08.02.2001, EAS RL 91/533/EWG Art. 2 Nr. 2

dies.: Änderungsvorbehalte – Das BAG durchschlägt den gordischen Knoten, NZA 2006, S. 632 ff.

Quander, Thomas: Betriebsinhaberwechsel bei Gesamtrechtsnachfolge, München 1990 – zugl. Diss. München 1989

Raiser, Ludwig: Das Recht der Allgemeinen Geschäftsbedingungen, 2. Auflage, Bad Homburg vor der Höhe 1961

Reichel, Michael E.: Die arbeitsvertragliche Bezugnahme auf den Tarifvertrag, Köln 2001 – zugl. Diss. Köln 2000

ders.: Quasi-Verbandsaustritt – ein Weg zur Lösung von in Bezug genommenen Tarifverträgen, NZA 2003, S. 832 ff.

ders.: Die Auslegung arbeitsvertraglicher Bezugnahmeklauseln bei überraschenden Tarifentwicklungen unter Berücksichtigung der Schuldrechtsreform, AuR 2003, S. 366 ff.

ders.: Anm. zu BAG, Urteil vom 19.03.2003, AuA 2004, S. 46 f.

Reinecke, Gerhard: Vertragskontrolle im Arbeitsverhältnis, NZA 2000, Sonderbeilage Heft 3, S. 23 ff.

ders.: Kontrolle Allgemeiner Geschäftsbedingungen nach dem Schuldrechtsmodernisierungsgesetz, DB 2002, S. 583 ff.

ders.: Vertragskontrolle im Arbeitsrecht nach der Schuldrechtsreform – eine Zwischenbilanz, NZA 2004, Sonderbeilage Heft 18, S. 27 ff.

ders.: Die gerichtliche Kontrolle von Ausschlussfristen nach dem Schuldrechtsmodernisierungsgesetz, BB 2005, S. 378 ff.

ders.: Flexibilisierung von Arbeitsentgelt und Arbeitsbedingungen nach dem Schuldrechtsmodernisierungsgesetz, NZA 2005, S. 953 ff.

ders.: Vertragliche Bezugnahme auf Tarifverträge in der neueren Rechtsprechung des Bundesarbeitsgerichts, BB 2006, S. 2637 ff.

Reuter, Dieter: Anm. zu BAG, Urteil vom 21.09.1989, JuS 1990, S. 855 f.

ders.: Die problematische Tarifeinheit – BAG, NZA 1991, 736, JuS 1992, S. 105 ff.

ders.: Die Mitgliedschaft ohne Tarifbindung (OT-Mitgliedschaft) im Arbeitgeberverband, RdA 1996, S. 201 ff.

Richardi, Reinhard: Streitfragen aus dem ersten Arbeitsrechtsbereinigungsgesetz, ZfA 1971, S. 73 ff.

ders.: Formzwang im Arbeitsverhältnis, NZA 2001, S. 57 ff.

ders.: Gestaltung der Arbeitsverträge durch Allgemeine Geschäftsbedingungen nach dem Schuldrechtsmodernisierungsgesetz, NZA 2002, S. 1057 ff.

Richardi, Reinhard / Annuß, Georg: Der neue § 623 BGB – Eine Falle im Arbeitsrecht?, NJW 2000, S. 1231 ff.

Richardi, Reinhard / Wlotzke, Otfried (Hrsg.): Münchener Handbuch zum Arbeitsrecht, Band 1: Individualarbeitsrecht I und Band 3: Kollektives Arbeitsrecht, 2. Auflage, München 2000 (zit.: *Bearbeiter*, in: MünchArbR)

Rieble, Volker: Arbeitsmarkt und Wettbewerb – Der Schutz von Vertrags- und Wettbewerbsfreiheit im Arbeitsrecht, Berlin 1996 – zugl. Habil. Freiburg 1996 (zit.: *Rieble*, Arbeitsmarkt und Wettbewerb)

ders.: Anm. zu BAG, Urteil vom 13.12.1995, AP Nr. 3 zu § 3 TVG Verbandsaustritt

ders.: Anm. zu BAG, Urteil vom 29.08.2001, SAE 2003, S. 7 ff.

Roth, Herbert: Funktion und Anwendungsbereich der Unklarheitenregel des § 5 AGBG – Teil I und II, WM 1991, S. 2085 ff. und S. 2125 ff.

Rotter, Stephan: Nachwirkung der Normen eines Tarifvertrags – Eine dogmatische Untersuchung, Heidelberg 1992 – zugl. Diss. Augsburg 1991 (zit.: *Rotter*, Nachwirkung der Normen eines Tarifvertrages)

Ruffert, Matthias: Die Mitgliedstaaten der Europäischen Gemeinschaft als Verpflichtete der Gemeinschaftsgrundrechte, EuGRZ 1995, S. 518 ff.

ders.: Die künftige Rolle des EuGH im europäischen Grundrechtssystem, zugl. Anm. zu EuGH, Urteil vom 20.05.2003, EuGRZ 2004, S. 466 ff.

Rüßmann, Helmut: Die „ergänzende Auslegung“ Allgemeiner Geschäftsbedingungen, BB 1987, S. 843 ff.

Säcker, Franz Jürgen / Rixecker, Roland (Hrsg.): Münchener Kommentar zum Bürgerlichen Gesetzbuch, Band 1 Allgemeiner Teil – 1. Halbband: §§ 1-240 und ProstG, 5. Auflage, München 2006 (zit.: *Bearbeiter*, in: MüKo)

Säcker, Franz Jürgen / Rebmann, Kurt / Rixecker,Rolan (Hrsg.): Münchener Kommentar zum Bürgerlichen Gesetzbuch, Band 2a Schuldrecht Allgemeiner Teil: §§ 241-432, 4. Auflage, München 2003 (zit.: *Bearbeiter*, in: MüKo)

Säcker, Franz Jürge / Rebmann, Kurt / Rixecker, Roland (Hrsg.): Münchener Kommentar zum Bürgerlichen Gesetzbuch, Band 4 Schuldrecht Besonderer Teil II: §§ 611-704, EFZG, TzBfG, KSchG, 4. Auflage, München 2005 (zit.: *Berabeiter*, in: MüKo)

Säcker, Franz Jürgen / Oetker, Hartmut: Grundlagen und Grenzen der Tarifautonomie, München 1992

dies.: Tarifeinheit im Betrieb – ein Akt unzulässiger richterlicher Rechtsfortbildung?, ZfA 1993, S. 1 ff.

Schaub, Günter u. a. (Hrsg.): Arbeitsrechts-Handbuch – Systematische Darstellung und Nachschlagewerk für die Praxis, 11. Auflage, München 2005 (zit.: *Schaub*, Arbeitsrechts-Handbuch)

ders.: Rechtsprobleme des Betriebsübergangs, ZIP 1984, S. 272 ff.

ders.: Aktuelle Fragen des Tarifvertragsrechts, BB 1995, S. 2003 ff.

ders.: Die Tarifverträge bei Umwandlung von Unternehmen, ZTR 1997, S. 245 ff.

ders.: Die arbeitsvertragliche Bezugnahme von Tarifverträgen, ZTR 2000, S. 259 ff.

Scheuing, Dieter H.: Zur Grundrechtsbindung der EU-Mitgliedstaaten, EuR 2005, S. 162 ff.

Schiefer, Bernd: Fortgeltung kollektivvertraglicher Regelungen im Falle des Betriebsübergangs gem. § 613a BGB, in: Oetker, Hartmut / Preis, Ulrich / Rieble, Volker (Hrsg.), Festschrift 50 Jahre Bundesarbeitsgericht, München 2004, S. 859 ff. (zit.: *Schiefer*, Festschrift 50 Jahre BAG)

Schimmelpfennig, Hans-Christoph: Inhaltskontrolle eines formularmäßigen Änderungsvorbehaltes – Zum Widerrufsvorbehalt in Arbeitsverträgen nach der Schuldrechtsreform, NZA 2005, S. 603 ff.

Schlechtriem, Peter: Die sogenannte Unklarheitenregel des § 5 AGBG, in: Heldrich, Andreas / Schlechtriem, Peter / Schmidt, Eike (Hrsg.), Recht im Spannungsfeld von Theorie und Praxis – Festschrift für Helmut Heinrichs zum 70. Geburtstag, München 1998, S. 503 ff. (zit.: *Schlechtriem*, Festschrift für Heinrichs)

Schliemann, Harald: Arbeitsgerichtliche Kontrolle von Tarifverträgen, ZTR 2000, S. 198 ff.

ders.: Arbeitsvertragliche Verweisungen auf Tarifverträge, NZA 2003, Sonderbeilage Heft 16, S. 3 ff.

ders.: Tarifgeltung und arbeitsvertragliche Bezugnahme auf Tarifverträge in der neuen Rechtsprechung des BAG, ZTR 2004, S. 502 ff.

Schlodder, Antje: Der Arbeitsvertrag im neuen Schuldrecht, Heidelberg 2004 - zugl. Diss. Regensburg 2003

Schöne, Steffen: Die Novellierung der Gewerbeordnung und die Auswirkungen auf das Arbeitsrecht, NZA 2002, S. 829 ff.

Schrader, Peter: Neues zu Ausschlussfristen, NZA 2003, S. 345 ff.

ders.: Die arbeitsvertragliche Bezugnahme auf den Tarifvertrag, BB 2005, S. 714 ff.

Schwab, Martin: Mindestarbeitsbedingungen nach Verbandsaustritt des Arbeitgebers, BB 1994, S. 781 ff.

Schwarze, Roland: Praktische Handhabung und dogmatische Einordnung des Nachweisgesetzes, ZfA 1997, S. 43 ff.

Schubert, Claudia: Ist der Außenseiter vor der Normensetzung durch die Tarifvertragsparteien geschützt? - Ein Beitrag zum sachlichen Schutzbereich der negativen Koalitionsfreiheit, RdA 2001, S. 199 ff.

Seibert, Ulrich: Auslegung und Inhaltskontrolle arbeitsvertraglicher Verweisungen, NZA 1985, S. 730 ff.

Seiter, Hugo: Die Betriebsübung – Zugleich ein Beitrag zur Lehre vom Rechtsgeschäft und von den Zurechnungsgründen rechtserheblichen Verhaltens im Privatrecht, Düsseldorf 1967 – zugl. Diss. Mainz 1967

Seitz, Stefan / Werner, Marc: Arbeitsvertragliche Bezugnahmeklauseln bei der Unternehmensumstrukturierung, NZA 2000, S. 1257 ff.

Sievers, Jochen: Kommentar zum Teilzeit- und Befristungsgesetz, München/Neuwied 2003

Simon, Stefan / Kock, Martin / Halbsguth, Julian: Dynamische Bezugnahmeklausel als Gleichstellungsabrede – Vertrauensschutz für alle „Altverträge", BB 2006, S. 2354 ff.

Singer, Reinhard: Neue Entwicklungen im Recht der Betriebsübung, ZfA 1993, S. 487 ff.

ders.: Arbeitsvertragsgestaltung nach der Reform des BGB, RdA 2003, S. 194 ff.

Sinzheimer, Hugo: Grundzüge des Arbeitsrechts, Jena 1927

Skuderis, Antje: Die Weitergeltung von Tarifverträgen bei Betriebsübergängen nach § 613a Abs. 1 Satz 2 bis 4 BGB, Frankfurt a. M. 1999 – zugl. Diss. Jena 1998

Soergel, Hans Theodor (Begr.): Bürgerliches Gesetzbuch mit Einführungsgesetz und Nebengesetzen, Band 2 Allgemeiner Teil 2: §§ 104-240, 13. Auflage, Stuttgart 1999 (zit.: *Bearbeiter*, in: Soergel)

ders.: Bürgerliches Gesetzbuch mit Einführungsgesetz und Nebengesetzen, Band 2 Schuldrecht I: §§ 241-432, 12. Auflage Stuttgart 1990 (zit.: *Bearbeiter*, in: Soergel)

ders.: Bürgerliches Gesetzbuch mit Einführungsgesetz und Nebengesetzen, Band 3 Schuldrecht II: §§ 433-515, AGB-Gesetz, AbzG, EAG, EKG, UN-KaufAbK, 12. Auflage, Stuttgart 1991 (zit.: *Bearbeiter*, in: Soergel)

ders.: Bürgerliches Gesetzbuch mit Einführungsgesetz und Nebengesetzen Band 4/1 Schuldrecht III/1: §§ 516-651, Gesetz zur Regelung der Miethöhe, Verbraucherkreditgesetz, 13. Auflage, Stuttgart 1998 (zit.: *Bearbeiter*, in: Soergel)

Stahlhacke, Eugen / Bachmann, Bernward / Bleistein, Franzjosef / Berscheid, Ernst-Dieter: Gemeinschaftskommentar zum Bundesurlaubsgesetz, 5. Auflage, Neuwied 1992 (zit.: *Bearbeiter*, in: GK-BUrlG)

Stein, Axel: Tarifvertragsrecht, Berlin 1997

ders.: Anm. zu BAG, Urteil vom 30.08.2000, SAE 2001, S. 298 ff.

ders.: Anm. zu BAG, Urteil vom 25.10.2000, AP Nr. 13 zu § 1 TVG Bezugnahme auf Tarifvertrag

ders.: Verweisungen auf Tarifverträge – Ein kritischer Blick auf die BAG-Rechtsprechung, AuR 2003, S. 361 ff.

v. Steinau-Steinbrück, Robert: Wann liegt eine ausreichende Bezugnahme auf den TVöD vor?, NJW-Spezial 2005, S. 561 ff.

Stoffels, Markus: AGB-Recht, München 2003

ders.: Vertragsgestaltung nach der Schuldrechtsreform – eine Zwischenbilanz, NZA 2004, Sonderbeilage Heft 1, S. 19 ff.

Suerbaum, Joachim: Die Schutzpflichten der Gemeinschaftsgrundrechte, EuR 2003, S. 390 ff.

Teschner, Carsten: Firmentarifvertrag und Unternehmensumstrukturierung, Frankfurt a. M. 2002 – zugl. Diss. Heidelberg 2002

Thüsing, Gregor (Hrsg.): Tarifautonomie im Wandel – Beiträge zum Tarif-, Arbeitskampf- und Koalitionsrecht, Köln 2003 (zit.: *Bearbeiter*, in: Tarifautonomie im Wandel)

ders.: Anm. zu BAG, Urteil vom 26.09.2001, AP Nr. 21 zu § 1 TVG Bezugnahme auf Tarifvertrag

ders.: Was sind die Besonderheiten des Arbeitsrechts, NZA 2002, S. 591 ff.

ders.: Inhaltskontrolle von Formulararbeitsverträgen nach neuem Recht, BB 2002, S. 2666 ff.

ders.: Statische Rechtsprechung zur dynamischen Bezugnahme, NZA 2003, S. 1184 ff.

ders.: Tarifkonkurrenz durch arbeitsvertragliche Bezugnahme – Warum schon Nipperdey recht hatte und der 4. Senat dem 10. Senat hätte folgen sollen, NZA 2005, S. 1280 ff.

ders.: Europarechtliche Bezüge der Bezugnahmeklausel, zugl. Anm. zu EuGH, Urteil vom 09.03.2006, NZA 2006, S. 473 ff.

Thüsing, Gregor / Lambrich, Thomas: Arbeitsvertragliche Bezugnahme auf Tarifnormen, RdA 2002, S. 193 ff.

dies.: AGB-Kontrolle arbeitsvertraglicher Bezugnahmeklauseln – Vertragsgestaltung nach der Schuldrechtsreform, NZA 2002, S. 1361 ff.

Trieschmann, Günther: Anm. zu BAG, Urteil vom 15.02.1965, AuR 1966, 284 ff.

Ulmer, Peter / Brandner, Hans Erich / Hensen, Horst-Diether: AGB-Recht, Kommentar zu den §§ 305 – 310 BGB und zum Unterlassungsklagegesetz, 10. Auflage, Köln 2006 (zit.: *Bearbeiter*, in: Ulmer/Brandner/Hensen)

Umbach, Torsten: Rechtsfragen des Anerkennungstarifvertrages, Berlin 2004 – zugl. Diss. Jena 2003

Waas, Bernd: Tarifkonkurrenz und Tarifpluralität, Baden-Baden 1999

ders.: Tarifvertrag und Betriebsübergang – Die Fortgeltung tarifvertraglicher Regelungen im Fall des Betriebsübergangs gem. § 613a Abs. 1 Satz 2-4 BGB, Baden-Baden 1999 (zit.: *Waas*, Tarifvertrag und Betriebsübergang)

Waltermann, Raimund: Die betriebliche Übung, RdA 2006, S. 257 ff.

Wank, Rolf: Das Nachweisgesetz, RdA 1996, S. 21 ff.

Willemsen, Heinz Josef: Arbeitsrecht im Umwandlungsgesetz – Zehn Fragen aus Sicht der Praxis, NZA 1996, S. 791 ff.

Willemsen, Heinz Josef / Grau, Timo: Geltungserhaltende Reduktion und „Besonderheiten des Arbeitsrechts" – Zu den Rechtsfolgen unzulässiger Klauseln in Formulararbeitsverträgen, RdA 2003, S. 321 ff.

Werthebach, Pia: Tarifreform im öffentlichen Dienst – Zur Entbehrlichkeit einer Tarifwechselklausel, NZA 2005, S. 1224 ff.

v. Westphalen, Friedrich (Hrsg.): Vertragsrecht und AGB-Klauselwerke, Stand November 2002 (zit.: *Bearbeiter*, in: v. Westphalen, AGB-Recht)

Wiedemann, Herbert (Hrsg.): Tarifvertragsgesetz, 7. Auflage, München 2007 (zit.: *Bearbeiter*, in: Wiedemann)

ders.: Anm. zu BAG, Urteil vom 29.01.1975, AP Nr. 8 zu § 4 TVG Nachwirkung

ders.: Anm. zu BAG, Urteil vom 18.05.1977, AP Nr. 4 zu § 4 BAT

ders.: Anm. zu BAG, Urteil vom 27.06.1978, AP Nr. 12 zu § 13 BUrlG

ders.: Arbeitsrechtliche Probleme der Betriebsausgliederung, in: Goerdeler, Reinhard / Hommelhoff, Peter / Lutter, Marcus / Wiedemann, Herbert (Hrsg.), Festschrift für Hans-Joachim Fleck zum 70. Geburtstag am 30. Januar 1988, Berlin 1988, S. 447 ff. (zit.: *Wiedemann*, Festschrift für Fleck)

Wieland, Peter: Recht der Firmentarifverträge, Köln 1998

Witt, Alexander: Keine AGB-Kontrolle tariflicher Regelungen?, NZA 2004, S. 135 ff.

Wohlgemuth, Hans Hermann: Berufsbildungsgesetz – Kommentar für die Praxis, 2. Auflage, Köln 1995

Wolf, Manfred / Horn, Norbert / Lindacher, Walter: AGB-Gesetz, Gesetz zur Regelung des Rechts der Allgemeinen Geschäftsbedingungen, 4. Auflage, München 1999 (zit.: *Bearbeiter*, in: Wolf/Horn/Lindacher)

Zachert, Ulrich: Rechtsfragen zu den aktuellen Tarifverträgen über Arbeitszeitverkürzungen und Beschäftigungssicherung, AuR 1995, S. 1 ff.

Zeller-Müller, Linus: Auswirkungen der Schuldrechtsreform auf die Inhaltskontrolle von Arbeitsverträgen und auf Aufhebungsverträge, Frankfurt a. M. 2004 – zugl. Diss. Augsburg 2003 (zit.: *Zeller-Müller*, Inhaltskontrolle von Arbeitsverträgen)

Zöllner, Wolfgang: Veränderung und Angleichung tarifvertraglich geregelter Arbeitsbedingungen nach Betriebsübergang, DB 1995, S. 1401 ff.

Zwanziger, Bertram: Ausgewählte Einzelprobleme des Nachweisgesetzes, DB 1996, S. 2027 ff.

FSC
www.fsc.org
MIX
Papier | Fördert
gute Waldnutzung
FSC® C083411

Kolibri 360 GmbH
Ferdinand-Jühlke-Straße 7
99095 Erfurt, Deutschland
produktsicherheit@kolibri360.de

Druck:
CPI Druckdienstleistungen GmbH
im Auftrag der
Kolibri 360 GmbH
Ferdinand-Jühlke-Str. 7
99095 Erfurt